中国社会科学院创新工程学术出版资助项目

人口预测方法与应用

POPULATION PROJECTION

METHODS AND APPLICATIONS

王广州 著

社会科学文献出版社
SOCIAL SCIENCES ACADEMIC PRESS (CHINA)

目　　录

第一章　前言

内容提要：本章主要介绍本书的写作目的、定位和对人口预测方法的需求。通过对研究问题的学习、探讨，了解中国人口预测的主要内容和面临的问题。探讨人口预测方法和研究结果在发展战略规划、公共政策以及人口科学研究训练过程中的重要意义和实质性研究价值。

众所周知，中国是世界第一人口大国，也是有着悠久历史和深厚传统文化的国家。判断中国未来人口发展特点和发展态势离不开对人口变动预测方法、预测参数和预测结果的深入研究。中国人口研究自20世纪70年代恢复以来，经历了人口政策特别是生育政策的巨大变化。总结和研究国内外人口发展的历史经验和教训，不仅有利于深入研究适合中国人口发展和公共政策需要的人口预测模型，同时也有利于正确认识中国人口变动的基本规律和主要特点。纵观中国和世界人口发展历史，近40年来，中国的人口变动过程不仅深受计划生育政策影响，而且人口区域分布差异以及人口迁移流动也深受户籍管理制度等行政干预因素的影响。20世纪80年代以来，中国人口变动的最大特点是生育水平快速下降、出生性别比持续升高和人口流动迁移总量规模迅速扩大，这些变动的新趋势和新特点无疑都是我们需要深入研究的重要课题。

第一节　为什么需要人口预测？

凡事预则立，不预则废。人们对未来或未知总是充满了好奇，所有能

够预知未来的科学方法都具有无限魅力，尤其是对涉及个人前途、命运的事情都期望未卜先知，对人类自身的变化充满了期许。

人口是社会、经济和文化构成的基础，而人口预测正是对未来人口状况和变化趋势进行分析和判断的一门科学，也和其他预测未来的科学方法一样，具有广泛的需求和应用性。大到国家战略规划，小到百姓日常生活，尽管对人口预测的需求内容和方式不同，但全社会对人口预测结果的高度关注却是前所未有的，无论是区域还是国家战略规划，都需要对未来人口状况进行科学预测。

人口预测的第一要务是为规划服务。从国家和区域发展角度，通过人口预测研究判断未来的人口状况，从而实现对工作机会、教师数量、学校规模、医疗服务（如医生、护士总量结构）、公共交通、轨道交通以及城镇住宅、零售供应和服务等变化趋势进行科学判断，人口预测可以确定未来服务规模等人口基本指标的状况。比如，幼儿园扩建需要多大的规模。此外，人口预测往往也是许多定量社会科学研究的基础和起点。

人口预测的第二要务是在政策制定和解决问题过程中扮演重要角色并发挥重要作用。在快速人口变化过程中，许多问题主要是由不协调发展造成的。政策制定和实施的重要依据是判断存在问题的大小和涉及的目标人群或区域。因此，迫切需要以人口预测结果作为基础支撑，确定问题的走向和发展趋势。

总之，中国作为世界第一人口大国，人口变动的作用举足轻重。中国人口发展趋势、面临的主要问题和产生的影响攸关全世界人口、经济、资源、环境和社会发展。人口预测方法和应用是人口科学研究的重要组成部分，是人口科学研究的核心内容之一，相关人口预测方法和预测结果是定量社会科学研究以及政府发展战略规划部门非常关心和关注的。

第二节　为什么要写这样一本书？

写一本书与写一篇学术研究论文有很大不同，需要总结、提炼以往科学研究成果，并且有一个比较符合实际需要的内容设计、表达方式和目标定位。写作的目标定位不仅决定了一本书的内容，而且决定了一本书的写法。本书试图对人口预测基本原理、基础知识和计算方法进行比较全面、系统的介绍，通过实际研究问题和研究案例，讨论在人口预测的基础上产出更为丰富的研究结果，同时也是对以往研究经验和教训的总结。此外，中国人口研究和人口政策变化的历史表明，在中国研究人口预测确实有很多实际问题和真实的研究案例值得深入思考。

第一，人口预测经验和教训值得总结。向后看的目的是向前进。20世纪70年代以来，我国人口预测及人口预测研究蓬勃发展，国内20世纪七八十年代以来比较有影响的人口预测成果有宋健等（1980，1981）、马瀛通等（1986a，1986b），"单独二孩"生育政策调整、全面二孩生育政策调整主要成果有翟振武等（2014）、王广州和张丽萍（2012）等。除了我国政府部门、研究机构以外，国际研究机构对中国人口未来发展趋势也进行过很多预测。国外进行中国人口预测研究的主要机构有联合国人口司、世界银行、美国人口咨询局、法国人口研究所、比利时系统科学研究所。人口预测研究为正确判断我国的人口形势，制定、调整相关人口与计划生育政策都起到非常重要的作用，对人口发展战略和相关规划的制定与实施产生很大影响。然而，在众多中国人口预测研究中，有一些预测结果经过了实践的检验，与中国的实际情况比较接近，有一些研究严重脱离实际。究竟哪些预测结果比较接近中国人口的实际发展历程？什么样的预测方法才能满足中国人口预测的实际需要？这些都是需要我们认真研究和总结的。因此，回顾以往几十年的人口变动预测结果，总结中国人口变动的基本规律和人口预测研究成果，特别是低生育水平下的人口规律具有重要意义。

第二，中国人口变动过程受政策影响巨大。一方面中国有非常严格的户籍管理制度，人口的迁移、流动受到很多限制；另一方面，中国受计划生育政策尤其是独生子女政策影响巨大。20世纪70年代以来，我国开始推行计划生育政策，人口快速增长的势头得到有效遏制，总和生育率30年内从5以上降低到更替水平以下。即便独生子女政策进行了全面调整，我国依然是世界上受计划生育政策影响最大的国家，这种深刻影响将持续显现。对较强政策干预下的人口变动规律需要深入研究和探索，尤其是需要开展针对强有力政策影响或非连续变化条件下人口系统行为、变化规律和特点方面的研究。中国人口发展面临许多问题，尤其是30多年来出生性别比持续升高，出生性别比已经由常量成为变量。因此，中国人口变动预测、模拟和分析方法需要适应中国人口特点和变化，尤其是有很多研究需求是很特殊的，在分析模型和预测方法中需要考虑。

第三，人口预测遭遇前所未有的挑战。中国已经进行了六次人口普查，人口信息日益丰富，但现有数据信息应用还很不充分，需要对已有信息进行深入挖掘和充分利用。特别是，由于第五次、第六次人口普查数据质量存在很大争议，需要深入研究数据质量对人口预测可能产生的影响，对基础数据需要强有力的分析工具和分析方法并对存在的主要问题进行深入分析和科学调整。有很多人不重视人口预测，要么认为非常简单，要么认为人口预测没什么用处，甚至一度有学者认为中国人口分析、人口预测就是"假数真算"，也有学者甚至认为人口预测就是巫术。

第四，人口预测软件工具和系统训练欠缺。中国需要自主知识产权和自主创新的人口预测研究分析工具。人口预测尤其是中长期人口发展趋势预测是人口发展战略研究和发展规划制定、评估的重要基础，其他相关领域也迫切需要人口分析工具和预测研究成果。因此，人口预测研究成果与分析软件相结合，既体现了现有人口预测、参数估计研究成果，又起到对现有研究不断丰富、检验、更新和完善的目的，为人口及相关领域研究提供便利条件。在研究实际问题的过程中，有很多研究者经常进行人口预测或使用人口预测结果，但一些研究人员确实没有经过系统、全面的人口统计学训练，对人口模型、参数和结果的含义不是特别熟悉，所以，经常出现模型和方法使用的问题。

第五，人口预测应用情景比较复杂。无论是短期预测还是长期预测，预测未来人口总量结构需要一系列的基础研究作为预测的支撑，需要对未来生育、死亡和迁移水平等参数进行分析与合理假定。由于在简化假设的过程中通常进行高、中、低三种水平的假定，并且试图使每一个假定的范围更接近实际，这需要对人口变动规律的把握和基础数据的校验。即便是短期人口预测和应用，对于公共政策制定和区域发展计划，都需要充分考虑各种人口变化的重要性和预测结果偏差的影响。比如，分析人口增长对教育、医疗、就业、社会保障系统的压力，应该预测人口高速增长或低速增长或持续减少对教育、医疗、就业、社会保障系统的影响，以及对国家教育、医疗、就业、社会保障发展目标实现的可能性进行分析等。

总之，本书试图研究并总结人口预测方法及其应用的经验与教训，不断完善、探索适合分析中国人口问题的方法和计算机应用软件，为全面推广具有自主知识产权的人口预测软件奠定基础。

第三节 我们需要一本什么样的书？

人口学能干些什么？人口学是一门定量和应用性很强的基础社会科学。许多研究成果会很快得到检验，而且，人口内部的科学规律也有助于研究结果的重复检验。因此，人口预测科学方法的积累是学术研究和实践经验总结的重要工作。

目前国内关于人口预测与应用的专著很少。虽然有一些人口分析技术、人口统计学、数理人口学专著涉及人口预测的内容，但往往比较抽象，只是对人口预测模型基本数学推导进行展示，很少涉及实际应用以及对全面的人口预测进行系统讲解。

现有的一些比较经典的人口分析技术或人口预测类专著的学习起点还是比较高的，需要有一定的数理基础。一些专著对于读者来说可能理论性太强，很难懂；而另外一些应用性强的专著也难以满足解决实际研究问题的需求。所以，需要有能够帮助读者快速上手的、研究实际人口科学问题的、比较专业和系统的著作。

其实对于不同的人口预测需求，需要不同的人口预测方法。如果没有经过比较全面和系统的科学训练，往往对人口预测的需求和应该注意的问题并不是特别清楚，特别是在一知半解的情况下，经常错误地使用人口预测方法或相关软件。

科学研究的过程是循序渐进的过程，尤其是对不太熟悉和没有研究积

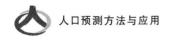

累的科学研究领域需要非常谨慎的学习与探索，更需要一些辅助资料和工具的帮助。从抽象到直观、从案例到实际研究问题、从猜测到实际动手能力的训练都是不同研究阶段必不可少的。

第四节　这是一本什么样的书？

本书适合大学本科高年级学生和研究生使用，试图比较系统、全面介绍基本的人口统计测量和预测方法，使专业研究人员和兴趣爱好者对基本人口分析方法、人口分析视角和人口分析技术有一个了解；试图通过实际数据、算法、文献和研究结果的讨论与探索来训练人口预测方法和人口分析技术所需的基本技能；试图通过实际研究问题和应用案例，对科学决策、战略规划以及研究部门关心、百姓日常生活关切和学术研究者关注的人口预测关键问题和人口统计推断的研究思路予以展示；试图通过对人口预测的基础数据、预测模型和预测参数估计等误差来源进行深入研究，使研究成果具有可重复和可检验的特征。

第五节　希望什么人读这本书？

第一类读者是人口学及相关社会科学专业学生。本书可以作为专业教材或教材的辅助。通过系统学习人口预测方法，对人口科学问题与方法的创新研究提供借鉴，为人口分析技术水平的提高奠定基础。通过学习和练习，训练以人口学的独特视角来分析问题和研究问题。通过重复检验前人研究成果，提出自己的研究问题。

第二类读者是社会科学研究者与公共政策研究者。自己动手解决社会科学研究中对人口预测的基本需求，特别是在研究或承担本学科领域的研究课题过程中，需要基本的人口预测结果时，有必要深入理解人口预测的实质和内涵。比如，医疗卫生、教育、就业、养老服务等发展规划研究，养老金系统等社会保障体系研究，公共交通和住宅建设研究等。

第三类读者是关心相关研究的兴趣爱好者。关心中国人口、社会和家庭发展的长期趋势，关心国家重大战略、规划的实施与面临的长期问题，对个人、家庭、社区和社会发展变化趋势研究成果有浓厚兴趣的读者等。

总之，只有经过努力和投入精力获得的知识和技能才是有价值的，人口预测方法研究也不例外。因此，本书尽量将研究中的问题展现出来，尽量提供全部研究过程和研究细节，尽量在有限的篇幅内涵盖丰富的内容，尽量让图文表达形象直观和容易理解，尽量能够使阅读变得有成就感和充满乐趣。

第六节　本书的章节安排

本书主要内容共分为人口数据来源、年龄结构数据质量评价和调整方法，生育水平和死亡水平测量，人口预测研究的历史回顾与检验以及人口预测模型，中国人口预测软件（CPPS）和人口预测应用研究案例五个部分。本书共计十一章，从第二章到第十一章为核心内容，覆盖上述五个部分，各章的具体内容如下。

第一章前言。本书的撰写目的、特色、目标和读者群体定位。

第二章人口预测的历史与结果检验。本章分为两个部分，第一部分是介绍人口预测的发展历史，第二部分是对部分重要人口预测结果的检验与评价。

第三章数据来源与数据质量评价。本章分为两个部分，第一部分是人口统计数据来源及中国人口统计数据问题，第二部分是人口年龄结构数据质量评价方法。

第四章死亡水平测量。本章分为四个部分，第一部分是假想队列方法，第二部分是测量指标的标准化方法，第三部分是生命表的构建，第四部分是平均预期寿命敏感性分析案例等。

第五章生育水平测量。本章分为四个部分，第一部分是生育水平基本测量方法，第二部分是总和生育率和生育模式，第三部分是孩次递进与孩次性别递进，第四部分是中国育龄妇女生育水平变化测量案例。

第六章人口预测模型。本章分为六个部分，第一部分是人口总量预测，第二部分是队列要素人口预测，第三部分是分城乡人口预测，第四部分是孩次递进人口预测，第五部分是育龄妇女孩次结构预测实例，第六部

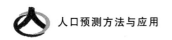

分是中国人口情景预测与生育政策。

第七章年龄结构数据质量评估与调整。本章分为两个部分，第一部分讨论年龄结构数据质量评估方法，第二部分讨论年龄结构数据偏差调整方法。

第八章中国人口预测软件。本章主要对中国人口预测软件的基本结构、数据结构和使用方法进行简单介绍，其中包括软件的安装、卸载，如何进行队列要素人口预测、递进生育人口预测、生命表构建和数据质量评估与调整等。

第九章北京出生人口预测案例。本章主要介绍了 2006 年承担的北京人口和计划生育委员会委托课题"北京第四次出生人口高峰研究"，其目的是研究"双独"和"单独"政策调整对北京第四次出生人口高峰的影响。本章以北京出生人口预测研究为案例，展示开放系统人口预测面临的问题和解决的方案。

第十章伤残死亡独生子女父母人数预测案例。本章主要内容来源于 2007 年 8 月作者负责完成的"独生子女伤残死亡家庭扶助制度"目标人群测算课题研究报告，通过本案例研究，展示两代人口预测或估计模型的构建方法和研究的可行性。

第十一章劳动力与高等教育人口预测案例。本章主要包含两个研究案例，第一部分是对劳动供给和就业人口总量、结构进行预测研究案例，第二部分是对高等教育人口和就学人口总量、结构进行预测研究案例。

第七节　关于本书配套软件

本书介绍的人口预测方法和相关测量的算法已经标准化为一个人口预测软件（China Population Projection System，CPPS），本软件已经在"十一五""十二五"期间在全国人口和计划生育系统推广应用，2003 年的版本还被应用于教育、统计、规划以及相关科学研究中。经过十多年的应用和完善，CPPS 软件不断改进。目前涉及的应用实例的基本算法可以实现编制生命表、进行人口预测等功能。在传统人口预测基础上，CPPS 增加了递进人口预测模型和随机人口预测模型等新的人口预测模块。

参考文献

马瀛通、王彦祖、杨书章，1986a，《递进人口发展模型的提出与总和递进指标体系的确立》，《人口与经济》第 2 期。

马瀛通、王彦祖、杨书章，1986b，《递进人口发展模型的提出与总和递进指标体系的确立（续）》，《人口与经济》第 3 期。

宋健、田雪原、于景元、李广元，1981，《人口预测和人口控制》，人民出版社。

宋健、于景元、李广元，1980，《人口发展过程的预测》，《中国科学》第 9 期。

王广州，2009，《中国人口学研究方法 60 年》，载《中国人口年鉴 2009》，社会科学文献出版社。

王广州，2012，《"单独"育龄妇女总量、结构及变动趋势研究》，《中国人口科学》第 3 期。

王广州、张丽萍，2012，《到底能生多少孩子？——中国人的政策生育潜力估计》，《社会学研究》第 5 期。

翟振武、张现苓、靳永爱，2014，《立即全面放开二胎政策的人口学后果分析》，《人口研究》第 2 期。

第二章　人口预测的历史与结果检验[*]

　　内容提要： 本章分为两个部分，第一部分是介绍人口预测的发展历史，第二部分是对部分重要人口预测结果的检验与评价。人口预测就是对未来人口总量、结构进行数学推算。联合国从 20 世纪 50 年代就开始进行人口预测，并定期发布预测结果。与国际机构开展人口预测相比，中国人口预测起步较晚。虽然中外学者在人口预测研究过程中从总量预测到结构预测不断深化，但人口预测的假设条件和适用范围没有得到应有的重视，往往把可能性当作必然。本章通过对中外人口预测技术发展的回顾和对一些人口预测结果的检验，展示人口预测是建立在人口科学基本原理基础上对未来可能性的推断；预测时间越短、基础数据越可靠，预测的偏差越小。在展示预测结果时，应该将预测的基础数据、假设条件、模型方法一并完全介绍清楚，不能为服务于可能有偏见的观点而进行选择性呈现。社会科学研究具有非常复杂和不可逆的特点，对于长期的人口预测结果只能作为一个有条件的参考，而不能作为未来真实世界必然发展过程的描述。

　　从人口统计学发展的历史来看，人口预测一直是人口统计学的重要组成部分。自人口统计学创始人格兰特 1662 年编制了最早的生命表，人口预测就开始成为人口及相关研究领域不可或缺的基本工具之一。

---

　　* 本章部分内容源于国家社会科学基金项目"中国人口变动发展预测比较研究"（批准号：06BRK010）课题结项成果报告。课题负责人：王广州；课题组成员：杨书章、田丰、张丽萍、姜玉。

美国人口学者凯菲茨认为，人口学中的预测是计算存活于某一时点的人沿队列生命线的存活者，计算每一相继时期的出生数和对迁移的适当补偿（凯菲茨，2000）。中国人口学者认为，人口预测就是从现有的人口状况出发，按照科学的方法，推算未来的人口发展趋势（查瑞传，1977）。单从预测（projection）来说，它被视为了解现在或过去数据资料在一系列假设条件下的数学描述（Keyfitz，1972）。可见，人口预测就是制订人口预测方案，通过设定预测参数，选择预测方法，建立预测模型，获得预测成果的过程。许多人口学家及相关领域的研究者们使用各种假定模型进行人口预测，但是预测（forecasting）面对的是现实世界，未来的人口受到许多因素影响——社会、经济、技术——这些因素的影响，人口预测不能完全包括（Keyfitz，1981）。我们面临着由人类行为多样性而带来的更严重的困难，还需要考虑到人口预测并不是第一手数据，而是对原始数据进行计算，实际上误差是肯定存在的（Keyfitz，1972）。因此，对现有人口预测及其方法的回顾和检验，对指导和实施科学的人口预测具有一定的理论和实践意义。

根据使用的需要，人口预测方法可以分成不同的种类，比如人口总量预测、劳动就业人口预测等。从人口预测区域规模来进行划分有世界、国家、区域、城市等人口变动预测；从时间上来进行划分有长期、中期和短期人口预测；从人口预测的目标来进行划分有单目标和多目标人口预测。

随着科学技术的不断进步，特别是计算机的广泛应用，人口预测方法和技术也得到了长足的发展。人口预测不只是对人口自身未来发展趋势的分析和判断，而且是对人口与社会、经济、文化和资源环境等因素相互作用与影响的预期或推断的重要工具。人口预测的重要性日益超出人口学研究本身，扩展到其他学科领域。不同学科根据研究目的与需要，对人口预测所获得的数据进行深入挖掘，使人口预测数据同社会、经济、资源环境等方面数据相结合，为制订社会、经济、资源环境等方面的中长期规划提供决策依据。人口预测在各领域中的应用日益广泛，其价值也得以提升。科学的人口预测结果已经成为国家战略决策的重要参考依据。

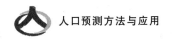

第一节　经典人口预测方法简述

人口预测就是对未来人口总量、结构进行数学推算。人口预测的基本逻辑是：现在是过去变化的结果，未来可以从过去和现在推算。引起人口总量和结构变化的因素包括生育、死亡和迁移，即人口平衡方程：

$$P_{(t+1)} = P_{(t)} + B_{(t,t+1)} - D_{(t,t+1)} + I_{(t,t+1)} - E_{(t,t+1)}$$

$P_{(t+1)}$ 为时点 $t+1$ 总人口，$P_{(t)}$ 为时点 t 总人口，$B_{(t,t+1)}$ 为时点 t 至 $t+1$ 出生人口，$D_{(t,t+1)}$ 为时点 t 至 $t+1$ 死亡人口，$I_{(t,t+1)}$ 为时点 t 至 $t+1$ 迁入人口，$E_{(t,t+1)}$ 为时点 t 至 $t+1$ 迁出人口。$B_{(t,t+1)}$ 和 $D_{(t,t+1)}$ 是人口 $P_{(t)}$ 自身变化引起的，称为人口的自然变动。$I_{(t,t+1)}$ 和 $E_{(t,t+1)}$ 是人口 $P_{(t)}$ 以外变动引起的，也称为人口的机械变动。人口预测万变不离其宗，人口平衡方程就是人口总量、结构预测的最基本的出发点。为了研究时间序列 $P_{(t+1)}$，就需要对 $B_{(t,t+1)}$、$D_{(t,t+1)}$、$I_{(t,t+1)}$ 和 $E_{(t,t+1)}$ 进行深入的研究。为了满足研究的各种需要，经常需要对 $P_{(t+1)}$ 进行各种条件下的细分，这就使得人口预测变得非常复杂，下面通过人口预测数学模型的变化，来反映在不同需求条件下的人口预测以及人口预测经典方法的发展历史。

一　人口总量预测

数学是一切定量研究的基础，数学推导是从已知推导未知，人口预测也不例外。对于未来人口总量的预测往往取决于已知基础数据和对未知预测内容或结果的需求。对人口总量进行预测最简单的想法就是建立现在与未来的函数关系，即 $P_{(t)}$ 与 $P_{(t+1)}$ 的关系。

如果预测的时间很短，那么，从 $P_{(t)}$ 推算 $P_{(t+1)}$ 可以根据人口变化的特点选择适当的数学公式，希望通过简单的函数关系建立 $P_{(t)}$ 与 $P_{(t+1)}$ 之间的联系，比如有许多简单的近似方法：$P_{(t+1)} = A_n \times P_{(t)}$，式中 A_n 就是对引起人口变动因素 $B_{(t,t+1)}$、$D_{(t,t+1)}$、$I_{(t,t+1)}$ 和 $E_{(t,t+1)}$ 的综合。如果研究的区域是封闭系统，那么，研究问题可进一步简化为对 $B_{(t,t+1)}$、$D_{(t,t+1)}$

的综合，而 $B_{(t,t+1)}$、$D_{(t,t+1)}$ 与 $P_{(t)}$ 密切相关，由此推出，对 $P_{(t+1)}$ 的预测完全取决于 $P_{(t)}$ 的总量和自然变动规律。

如果假定 $P_{(t+n)}$ 与 $P_{(t)}$ 比例固定（即以下公式中 r 不变），那么，可以通过线性增长方程 $P_{(t+n)} = P_{(t)} \times (1 + r \times n)$；或几何级增长方程 $P_{(t+n)} = P_{(t)} \times (1 + r)^n$；或指数增长方程 $P_{(t+n)} = P_{(t)} e^{rn}$ 的方法来预测 $P_{(t+n)}$。对于未知参数 r，可以通过历史数据 $P_{(t)}$，…，$P_{(t+n)}$ 来进行估计。

除了通过单一参数 r 来预测未来人口总量外，一度有相当一些学者相信逻辑斯蒂（Logistic）曲线是生物增长的普遍规律。事实上，各种生物现象包括过去人口增长在某种程度上看上去会符合逻辑斯蒂曲线的变化趋势（U. N. Department of Economic and Social Affairs，1956）。

逻辑斯蒂曲线：$P_t = \dfrac{C}{1 + e^{a+bt}}$；$C$ 是假定的极限，a、b 是待估计参数，t 是时点变量。与单一参数 r 不同，逻辑斯蒂曲线估计方法需要在假定 C 的基础上根据历史数据估计参数 a、b。除了比较简单的逻辑斯蒂曲线估计以外，还有许多在此基本模型基础上的其他逻辑斯蒂人口模型，比如 $P_{(t_n)} = \dfrac{aP_{t_0}}{bP_{t_0} + (a - bP_{t_0}) e^{-a(t_0 - t_n)}}$；$P_{t_0}$ 为预测起始人口规模，aP_{t_0} 为极限人口规模；P_{t_n} 为 t_n 时点人口规模；a、b 为待估计参数，t_0、t_n 为时间点。

除了仅依靠时间序列人口总数来建立模型以外，还有许多简单类似的方法，通过对人口平衡方程中的出生、死亡和迁移人数的预测，然后，与人口初始预测数据相结合来实现对未来人口总量的预测。这类方法的出发点是利用人口总量和人口总量以外的更多信息，总结人口变动要素的变化规律。例如线性、非线性回归模型，自回归模型（姜爱平等，2007），灰色动态预测模型（郝永红、王学萌，2002；王承宽，2006；王泽旻、潘虹，2005），BP 神经网络模型（尹春华、陈雷，2005），Logistic 曲线模型及其扩展的 Bertalanffy 模型（孟亮、高亮，2004）等。

应用复杂数学方法进行人口总量预测的关键是把人口发展看作一个按照时间序列发展的过程，通过数学手段模拟人口发展变化的趋势，从而实现对所需要人口总量变化趋势和过程的预测。鉴于人口总量数据方法的共同建模思路、基础数据需求和结果产出特征，可以将这类复杂数学预测方法统称为基于时间序列的人口预测方法。基于时间序列的数学方法不仅能够预测人口总量，也可以预测相关的人口变量，比如用灰色动态预测模型预测死亡率（刘涛，2004），用神经网络方法模拟生育率（杨华民、龚跃，1997），等等。有学者依据家庭户模型发展出可以同时预测家庭户与人口变化的多维动态人口学模型并开发了软件（曾毅等，1998），有研究将该方法应用在小区域人口预测领域（蒋耒文、考斯顿，2001）。

二 人口结构预测

虽然用于人口总量预测的数学模型可以预测人口总数，建模思路比较简单，需要的基础数据也不复杂，既可以对未来人口总量进行预测，也可以对历史数据进行回推或用于人口数据的插补，但对人口结构的预测则无法实现。人口总量预测固然重要，但结构预测对区域发展战略和规划的制定更具价值。人口结构预测主要是指分性别、分年龄结构和对不同人口群体的总量进行预测。

就人口预测所使用的技术方法而言，国内有学者将人口预测方法归为数学法和因素法两类（黄荣清等，1989）。数学法是根据人口变化的特点选择适当的数学公式，直接估算未来人口总数；因素法是根据对影响总人口发展的各个重要因素，如出生、死亡和迁移分别做估算，然后综合计算人口总数。因素法与其他人口预测方法相比，最明显的特征在于因素法不仅可以预测人口总量，还可以预测人口的年龄和性别结构。这些方法属于最基本的人口预测方法，也是在计算机技术尚未普及时，研究者可以通过手工计算使用的主要方法。

人口结构预测的经典方法是队列要素（cohort-component）方法。人口队列要素法在人口学界有着悠久的历史，尽管目前对人口队列要素法的应用比以前要详细和复杂得多，但其基本的框架仍然与100年前非常相似。

1895 年坎南（Edwin Cannan）提出队列 - 分组人口预测模型，该方法后来在 1924 年被波利（Arthur Bowley）拓展并用于英国人口预测。1928 年维普顿（Pascal Whelpton）再次独立发现该预测方法，并用于美国国家层面的人口预测。尽管目前的队列 - 分组人口预测方法非常经典、成熟，但基本框架与三位先驱创立的模型变化不大（Siegel & Swanson，2004）。队列要素人口预测方法的核心是要把握三个部分。

第一部分现有存活人口。现有人口的死亡可能性大小决定存量人口的多少。随着预期寿命的稳定和死亡的模式变化趋于缓慢，通常来说，一个人口群体的主体变动取决于存量人口的多少。

第二部分新增出生人口。从新增出生人口规模来看，由于仅涉及一个年龄组，相对已有存活人口的数量来说比较小。尽管一个年度的出生人口规模与存量人口规模相比是比较小的，但出生人口规模的大小将决定长期存量人口的多少和发展趋势的增减。

第三部分人口的净迁移。封闭系统的人口预测通常假定人口的净迁移可以忽略不计。

队列要素法既可以采用 1 岁组的分年龄性别数据，也可以采取 5 岁组的，二者的差别是 1 岁组的按一年期进行预测，而 5 岁组的是按五年期进行预测。一年期预测是输入上一年的数据来预测下一年，循环往复。五年期是输入五年前的数据来预测下一个五年，循环往复。

队列要素人口预测法因为能够提供灵活和有力（强大）的预测而成为被广泛使用的人口预测方法，长期的全球性人口预测都是使用人口队列要素法（O'Neill et al.，2001）。它可以采用完全没有理论支持的方式进行计算，也可以融合不同类型的理论模型；适用于不同地域大小的区域人口预测；更为重要的是它可以提供综合人口、人口构成和个体人口变动方面的信息（Smith et al.，2001）。相对于其他人口预测方法而言，人口队列要素方法是一种更为复杂的人口预测方法，一些人口学家对历史上使用复杂人口队列要素方法进行预测的结果与其他简单人口预测方法得到的结果进行了比较，其结论也存在一些争论（Smith，1997）。例如，Leach（1981）使用了几个国家的数据，发现使用时间序列的方法

描述人口规模的历史变动和进行短期预测是非常有效的。Marchetti 等
（1996）发现总和生育率和预期寿命的历史趋势也可以很好地利用逻辑
斯蒂曲线进行模拟，逻辑斯蒂曲线对长期人口变动趋势预测的偏差较
小。而 Keyfitz 则认为复杂人口队列要素方法要比其他简单方法更为准确
（Keyfitz，1981）。

第二节 中国人口预测的历史回顾

中国在历史上虽然很早就有比较完整和完善的人口户籍登记制度，但
系统、科学、全面的人口研究还是起步较晚的。中国现代人口研究发展的
历史主要是从结合中国的社会实践引进国外人口研究思想、方法和技术解
决中国人口实际问题开始的（王广州，2009）。早期的中国人口问题研究
也是从相关学科开始的，1900 年以来，经济学、地理学、社会学和统计
学领域的研究开始关注中国的人口问题。生死问题是人口学研究的开始和
现代人口学研究的起点，比较系统和专门的人口预测问题的基础研究也是
随着对死亡和寿命的关注开始的。中国现代人口分析技术和方法也主要是
从引进国外先进的研究方法和分析技术开始的。1949 年以前中国的人口
研究虽然也引进了一些先进的分析技术，如生命表编制方法等（罗志如，
1934），但主要受马尔萨斯人口理论的影响，重点讨论中国人口的多寡问
题。早期的人口研究主要集中在人口总量估计、人口压力和人口分布上
（商务印书馆编辑部，1960）。

一 中国人口预测研究起步与发展

虽然 1949 年以来，特别是 1980 年以来，中国人口研究迅速发展，人
口预测方面的研究文献很多，但对人口预测研究方法本身的创新研究文献
却数量有限。中国人口科学的建立、发展与中国人口与计划生育问题密不
可分。人口预测作为人口研究基础分析工具的重要组成部分，其研究与应
用还是非常有限的。新中国成立之初，中国人口学主要是学习苏联的人口
统计，人口学研究方法主要是少量的人口统计学介绍、评论以及对 1953

年全国人口普查的准备和问题研究。虽然 1953 年第一次全国人口普查开
创了中国科学、全面收集人口基础数据的先河，但当时人口学研究方法和
分析技术还比较粗略，主要是从总人口、出生率、死亡率等方面进行比较
简单的应用研究。这一方面反映人口预测研究与应用创新的困难；另外一
方面也反映中国人口学界在人口预测创新研究方面的薄弱。中国历史上真
正具有现代科学意义的人口预测是在 1978 年以后。《人口研究》杂志于
1978 年发表了系列文章讨论和介绍了人口预测方法，也标志着中国人口
预测研究开始与国际人口预测及相关应用研究接轨。回顾中国人口预测研
究主要有以下几个阶段。

第一阶段，1980 年前后。为了研究实现小康社会人均 GDP 翻两番
的人口目标，即研究 2000 年人口总量和为计划生育政策特别是独生子
女政策研究服务的人口预测，这也是中国现代人口预测的开始。1980
年，联合国统计司人口统计专家游允中发表了《对 1978 年到 2028 年我
国人口增长的展望》，使用了两种方法对中国人口发展做出系统的预测。
1980 年宋健、于景元和李广元发表了《人口发展过程的预测》，对中国
独生子女政策的出台起到了重要的作用。尽管宋健等人所做的人口预测
被美国人口学家（Greenhalgh 和 Winckler，2005）称为用导弹技术预测
人口，但在中国实施计划生育政策决策过程中，宋健、于景元和李广元
等学者的人口预测起到了重要的作用。此外，林富德、梁中堂等学者也
采用线性增长模型进行人口预测（林富德，1980；梁中堂，1980），这
些研究都可以被看作对中国中长期人口发展状况做出的最早的人口
预测。

第二阶段，1990 年前后。1985 年前后，生育政策"开小口、堵大
口"，生育率发生很大变化。20 世纪 90 年代之前的人口预测使用的方法
相对较为简单，线性增长模型较多；1990 年之后，人口队列要素方法等
更为复杂的人口预测方法成为主流的人口预测方法。对中国人口总量发展
态势进行了中长期的预测，预测结果还包括人口年龄结构、家庭结构等
内容。

　　宋健、于景元和李广元的人口发展方程预测方法其实就是队列要素人口预测方法，该预测假定如下。①生育假设：平均生育率分别为 1.0、1.5、2.0、2.3 和 3.0，共五套方案。②死亡假设：根据中日死亡率差异，设每年固定衰减因子趋势外推。

　　游允中采用的也是分批要素推算法，该预测假定如下。①根据 1953 年全国人口普查数据推算 1978 年人口年龄、性别结构。②生育假设：其第一组假设为 1978～1983 年终身生育率 2.5，1998～2003 年降到世界最低 1.4，之后按低生育水平国家模式发展，2023～2028 年恢复到 2.0。③死亡假设：第一组人均预期寿命从 1978～1983 年的 67.0 岁增加到 2023～2028 年的 75.1 岁，第二组从 1978～1983 年的 68.5 岁增加到 2023～2028 年的 75.5 岁。

　　林富德采用线性增长模型，该预测主要是生育参数假设。假设一：两胎化，基本消除多胎。假设二：在假设一的基础上，迅速提高独生子女率，适当保留城乡差别，1981 年城市独生子女率为 95%，农村为 90%。假设三：逐步提高独生子女率，有效控制人口增长，2000 年城市独生子女率为 95%，农村为 90%。

　　梁中堂采用线性增长模型，该预测从生育和死亡两个方面进行参数假设。①生育假设。假设一：1980 年人口自然增长率为 10‰。假设二：自然增长率在 1985 年之前每年以 1 个千分点下降，以后以每年 0.3 个～0.4 个千分点下降。②死亡假设：1984 年以后死亡人数逐步上升，2000 年达到 900 万人。

　　第三阶段，2000 年前后。自 1986 年开始，中国学者（马瀛通等，1986a，1986b）已经意识到以总和生育率为基础的队列要素人口预测方法并不适用于生育政策变化对妇女生育水平影响的研究以及出生人口规模的研究，因此创立了递进人口预测模型，并用于中国人口预测（杨书章，1991）。2004 年，郭志刚采用递进人口预测模型为《国家人口发展战略研究报告》提供了中国人口预测结果。至此，递进人口预测模型开始成为研究人口和计划生育政策的重要分析工具。

　　虽然 1990 年以后，采用队列要素人口预测方法对中国人口进行预测已经非常普遍，但真正更大范围的应用还是从中国人口预测软件（CPPS）的开发和推广应用开始的。2002 年，广州受国家计生委委托开发中国人口预测软件（CPPS）Windows 版本并于 2004 年开发了递进人口预测模型。

于景元、何湘伟等采用人口队列要素法。生育假设：使用 1987 年国家统计局 1% 抽样调查数据，按照不同的总和生育率、妇女终身生育率和妇女平均胎次递进比三项指标设定三套方案；其中方案主要指标为：从 1989 年将妇女总和生育率逐步降低到 2.25 的水平，二胎和三胎递进比递减，终身生育率为 2.23。

张羚广和蒋正华采用人口队列要素法。①生育假设：统计公布数据，人口增长可争取方案中长期目标设定在更替水平。②死亡假设：统计公布数据。

胡英和刘长松采用人口队列要素法。生育假设：使用"四普"数据，考虑城乡妇女生育模式差异，设定分城乡总和生育率的高、中、低方案，中方案假设农村总和生育率由 1991 年的 2.36 降到 2000 年的 2.14，2000 年之后继续下降到 2010 年的 2.12，以后保持不变；城镇总和生育率由 1991 年的 1.47 降到 2000 年的 1.33，再逐渐上升到 2010 年的 1.8，以后保持不变。

杨书章采用孩次递进生育法。生育假设：使用了"三普"、"四普"和 1988 年 2‰生育节育抽样调查数据，使用分孩次递进模型，设定三套方案，中方案假设为从 1990 年之后 10 年，多孩总和孩次递进生育率（TPPR）以 8% ~9% 的年衰减降低到 0.1，二孩总和孩次递进生育率以 2.5% ~3.5% 的年衰减降低到 9.65。

袁建华使用年龄别升学递进模型。①使用"四普"数据、1988 年 2‰生育节育抽样调查数据和 1987 年 1% 抽样调查数据。②生育假设：根据 1993 年、1994 年国家统计局人口变动和抽样调查及国家人口计划生育委员会 1992 年 38 万人生育率抽样调查数据设定低方案，中方案比低方案高 10%，高方案比中方案高 5%。③死亡假设：2025 年男性 77.58 岁，女性 83.68 岁。④教育能力三种假设。

此外，2004 年曾毅家庭人口预测模型及其软件开发（ProFamy）也为丰富和发展基于宏观汇总数据的家庭结构预测提供了方法和工具。

第四阶段，2010 年前后。以往宏观人口预测方法越来越无法满足复杂问题研究的需要，微观人口仿真方法开始引入人口预测和人口系统仿真。国内对于微观人口仿真模型的建模方法和实现过程的研究早期主要集中在养老金和教育发展预测应用领域（李善同、高嘉陵，1999；杨耀臣，1999）。后续的对微观仿真人口预测方法的应用研究主要集中在"四二一"家庭的总量和面临的问题方面（齐险峰、郭震威，2007；郭震威、齐险峰，2008）。生育政策调整问题越来越引起学术研究和政策制定部门的重视。"单独"二孩生育政策调整研究涉及两代人的婚姻和生育史，以往宏观人口预测方法很难解决这个问题。微观人口仿真模型解决了个人、夫妻、家庭人口预测的基础问题（王广州、张丽萍，2012；王广州，2012，2014，2016）。

二 中国人口预测结果的回顾与评价

（一）宋健等为独生子女政策所做的人口预测

联合国从20世纪50年代就开始进行人口预测，并定期发布预测结果。与国际机构开展的人口预测相比，中国人口预测起步较晚。美国人口普查局、世界银行和国际应用系统分析研究所都做长期的全球性的人口预测，只要有过人口学正规、基础训练的学者都不会或不太可能对几十年前的经典文献一无所知（王广州，2017）。然而，对中国影响最大的人口预测是宋健等进行的一系列人口预测（宋健等，1980）。"在当时中国与世界科学交流缺乏的情况下，（宋健）研究团队重新发展了用于描述人口年龄结构变化的方程，这与1907～1911年洛特卡（Lotka）和1926～1927年麦克肯德瑞克（McKendrick）已经做过的研究是相同的。"其实宋健团队模型的离散形式与莱斯利（Leslie）模型非常相似（Bacaër，2011）。

宋健等（1980）提出人口发展预测模型中的比生育率的概念，但从参数的推导来看其实与总和生育率的计算方法没有什么差别。该预测给出了6个预测情景（见表2-1）。这属于比较早的采用队列要素人口预测方法的研究，研究的内容不仅包括人口总量，也包括比较粗略的年龄结构信息（见表2-2），但并没有完全呈现与表2-1相同时间序列的信息，也就是2030年以后的信息没有同时发表。

宋健等最初发表未来人口预测结果并得出影响中国生育政策的成果时，总人口预测期限是1980～2080年，而相关指标只是1980～2030年的主要数据，这两个结果一是回答总量变化问题，二是回答结构性指标问题。尽管后续发表的成果补充了2080年的主要预测指标，如少儿人口0.18亿等，在没有呈现完整的总量和结构数据的情况下，很难判断和比

表 2 - 1　一百年人口预测数据（1980～2080 年）

单位：亿人

生育率 比 ρ'(t) 全国总人数N(t) 年份t	1	1.5	2	2.3*	2.5	3**
1980	9.78	9.78	9.78	9.78	9.78	9.78
1985	10.02	10.09	10.24	10.41	10.52	10.69
1990	10.21	10.43	10.83	11.15	11.36	11.75
1995	10.37	10.86	11.52	12.01	12.31	12.97
2000	10.50	11.25	12.17	12.82	13.23	14.15
2005	10.54	11.51	12.67	13.49	14.00	15.20
2010	10.45	11.62	13.04	14.07	14.72	16.28
2015	10.26	11.66	13.39	14.67	15.51	17.54
2020	10.03	11.69	13.79	15.38	16.41	19.02
2025	9.78	11.72	14.22	16.11	17.36	20.61
2030	9.51	11.71	14.60	16.81	18.28	22.19
2035	9.19	11.64	14.90	17.42	19.13	23.76
2040	8.79	11.49	15.09	17.97	19.95	25.43
2045	8.26	11.14	15.19	18.47	20.75	27.22
2050	7.71	10.82	15.32	19.03	21.64	29.23
2055	7.01	10.34	15.30	19.45	22.41	31.29
2060	6.13	9.67	15.07	19.68	23.00	33.09
2065	5.23	8.97	14.81	19.89	23.60	35.10
2070	4.58	8.49	14.78	20.36	24.48	37.57
2075	4.07	8.15	14.81	20.83	25.36	40.10
2080	3.70	7.77	14.72	21.19	26.24	42.64

注：*1978 年的比生育率为 2.3；**1975 年的比生育率为 3.0。

资料来源：宋健、于景元、李广元：《人口发展过程的预测》，《中国科学》1980 年第 9 期。

表 2 - 2　五十年内我国主要人口指数预测数据

人口指数 年份	老化指数	老少比	抚养指数	全国劳动力人数（亿人）	全国人口平均年龄（岁）
1980	0.39	0.16	0.89	5.20	26.80
1985	0.42	0.22	0.67	6.10	29.10
1990	0.46	0.34	0.48	6.90	31.70

续表

人口指数 年份	老化指数	老少比	抚养指数	全国劳动力 人数（亿人）	全国人口 平均年龄（岁）
1995	0.48	0.48	0.40	7.40	33.80
2000	0.51	0.62	0.48	7.60	35.90
2005	0.54	0.72	0.40	7.50	38.00
2010	0.57	0.92	0.42	7.40	40.50
2015	0.60	1.30	0.44	7.10	43.20
2020	0.63	1.90	0.48	6.80	45.70
2025	0.67	2.80	0.56	6.30	48.50
2030	0.70	3.80	0.72	5.50	51.00

注：比生育率等于1。

资料来源：宋健、于景元、李广元：《人口发展过程的预测》，《中国科学》1980年第9期。

较人口变化过程和变动趋势的人口学含义，很容易对预测结果的认识产生偏差。另外，现实世界是不可能稳定在固定的参数上的。因此，在呈现研究结果的过程中还应该讨论参数的科学性与合理性。其他领域学者研究人口科学问题，必须首先掌握和明白人口科学基本概念体系、定量研究方法和分析技术，这是一个最基础的前提条件，正如梁中堂1986年在评价宋健、于景元的人口测算时指出的，"人口问题很复杂，不是照搬外国公式就可以搞清的"（梁中堂，2014）。

从对生育参数的理解和研究结果的展示，既可以看到中国学者的努力探索，也充分体现了当时的研究与国际规范的人口预测研究还有许多差距，同时对许多基本专业概念的理解以及相关统计口径的交代也不是非常清楚。由此可见，早期中国人口预测研究者对国际人口预测研究的成果不甚了了，这充分反映出人口学科发展中断的历史和教训。从一个侧面反映出规范人口科学或规范科学训练的重要性。

（二）"中国未来人口发展与生育政策研究"课题人口预测

"中国未来人口发展与生育政策研究"课题是由中国人口信息研究中心、中国人民大学人口研究所、南开大学人口与发展研究所具体承担的研究任务。这三个主要人口研究机构在同等数据条件下展开研究，预测所使用方法更为一致，即便在不同的情景假设下，所做出的短期人口预测结果差异很小，中长期人口预测结果差异也在 5% 以内（见表 2-3）。考虑到国家计划生育委员会"中国未来人口发展与生育政策研究"课题组的数据是建立在 1990 年第四次全国人口普查数据和 1998 年国家统计局公布数据基础之上，其估算 1998 年总人口为 12.48 亿人，总和生育率约为 1.85。

表 2-3　"中国未来人口发展与生育政策研究"主要预测结果

单位：亿人

主要年份	中国人民大学（1998 年）	南开大学（1998 年）	中国人口信息中心（1998 年）
2000	12.71	12.73	12.69
2005	13.19	13.27	13.22
2010	13.60	13.71	13.77
2025	14.63	14.83	15.04
2050	14.56	15.30	15.22

资料来源：国家计划生育委员会"中国未来人口发展与生育政策研究"课题组：《中国未来人口发展与生育政策研究》，《人口研究》2000 年第 3 期。

据不完全统计，在不同的历史时期，国内还有很多人口预测，为了方便比较，本章选择了不同研究人员人口预测方案中 2000 年预测结果为参照，发现预测值与 2000 年普查实际公布的 12.67 亿人相差不是很大的是用人口队列要素法所做结果；误差最大的是使用线性增长模型所做结果，为 10.5 亿人。总体来看 1990 年前后人口预测结果差异较大，20 世纪 90 年代所做的人口预测结果误差基本都在 5% 以内。其原因有以下几点。首先，政策层面变化导致人口数据不稳定。20 世纪 90 年代之前，计划生育政策正处于逐步实施的阶段，生育率变化较大，难以获得稳定的人口数据，尤其是生育率数据；而 20 世纪 90 年代之后计划生育政策趋于稳定，生育水平相对变化较小。其次，数据支持程度不同。20 世纪 80 年代后期，国家统计局和计划生育委员会分别开展了大规模的人口调查，1987 年的 1% 人口抽样调查和 1988 年 2‰生育节育抽样调查，以及随后的 1990 年全国人口普查，为 1990 年之后的人口预测提供了非常详细的人口数据

和指标。最后，预测方法不同存在一定影响。此外，1990 年之后进行的人口预测到 2000 年的时间周期较短，基本属于中短期人口预测，其准确程度自然要超过 20 世纪 90 年代之前的人口预测结果。如果将 20 世纪 90 年代所做的中长期（以 2050 年结果为参照）人口预测结果进行比较，发现其结果也存在着从 12.6 亿人到 16.07 亿人的巨大差别。

第三节　国际人口研究机构中国人口预测回顾

国际人口研究机构与一般个体研究者所做的人口预测有所不同，个体研究者的人口预测往往只是对所在国家及以下单元的预测，对于不同的预测单元采取的方法可能也各不相同，研究区域范围的大小、系统性和可比性可能受到基础数据等限制，通常预测的期限也较短。与此不同，国际机构的人口预测通常包括许多国家，而且预测的期限也比较长，一般 50 年至 150 年。

一　国际（国外）人口预测机构

（一）联合国人口基金会

联合国（UN）对全世界每一个国家或地区都做了比较详细的人口预测，在 1978 年以前，每五年更新一次人口预测。自 1978 年开始，每两年更新一次人口预测，出版的《世界人口展望》（*World Population Prospects*）系列报告，一般设定中、高、低的生育率假设情景，还有一个保持现有生育水平不变的假设情景。目前对生育参数部分进行了一些修改，摒弃了传统的中、高、低情景假设，转变为贝叶斯生育率变动区间的预测方法。

（二）世界银行

1978 年世界银行（WB）在每年发布的世界发展报告中有相关人口预测内容，预测单元是到国家一级。到 1984 年，人口预测仅预测到 1990 年和 2000 年，并假设届时人口趋于稳定人口结构。2004 年，世界发展报告中人口预测延伸到 2010 年和 2025 年，但没有假设人口会形成一个稳定的人口结构。

（三）美国人口普查局

美国人口普查局（USCB）在 1985 年开始做全球人口预测，发布每年两期的《世界人口概况》（*World Population Profile*）。该预测对世界上每个国家和地区做了一个情景假设，公布了 15~25 年的预测结果。1998 年的人口预测结果截止到 2025 年。2050 年的人口预测结果是提供在线服务，且每年对数据源升级。此外，对美国的人口预测延伸到 2100 年。

（四）美国人口咨询局

美国人口咨询局（PRB）每年出版世界人口数据手册，包括人口数量、生育率、婴儿死亡率和城市人口比例，对世界上每一个国家都做了到 2010 年和 2025 年的短期人口预测。从 2000 年开始，预测的年限延长到 2025 年和 2050 年，但仅给出一种情景假设下的总人口的预测结果。需要指出的是美国人口咨询局使用的总人口数据是各个国家提供的人口预测结果的汇总。

（五）国际系统分析研究所

国际系统分析研究所（IIASA）的第一次人口预测是在 1994 年发布的。迄今为止国际系统分析研究所做了一系列长期的世界人口预测，包括世界上 13 个地区，到 2100 年，对生育率、死亡率和人口迁移都考虑了二种情景假设，总共产出了 27 个情景假设下的人口预测结果。国际系统分析研究所人口预测的一个独到之处在于预测结果的可信度，即他们给出了在预测时期内达到预测人口规模和结果的可能性。但国际系统分析研究所的预测只有分地区的人口预测结果，并没有单独的中国人口预测结果。

二　国际机构对中国人口预测的主要结果

从国际机构网站上获取的各机构最新中国人口预测数据如表 2-4 所

示。因为各个机构公布数据的详细程度不同，所以只能通过几个主要的时点来进行比较。第一，以 2010 年为标准来考察预测数据的准确性。美国人口普查局人口预测数据最为准确，美国人口普查局预测的 2010 年中国人口数据为 13.48 亿人，与中国国家统计局实际公布的人口数 13.41 亿人差别最小，其次是联合国人口基金会。第二，以 2025 年为标准，预测值最低的是世界银行 14.24 亿人，最高的是美国人口咨询局 14.67 亿人，各机构人口预测结果差异仅在 3% 左右。第三，联合国人口基金会与美国人口普查局公布的人口预测数据最为详细（本研究都是选取两个机构预测的中方案），两者的预测结果也最为接近，但两者最大的差别在于 2010 年之前美国人口普查局预测数据比联合国人口基金会更低，而 2010 年之后更高，可能由于两个机构对中国生育率反弹的情况估计并不一致。最后，联合国人口基金会、美国人口普查局和美国人口咨询局预测 2050 年的中国人口将低于 2025 年的中国人口，说明各个机构均认可在中国生育政策条件下，未来中国将出现人口负增长的趋势。

表 2 - 4   国际机构对中国未来人口发展的主要预测结果

单位：亿

年份	联合国人口基金会	世界银行	美国人口咨询局	美国人口普查局	中国国家统计局
2000	12.70	12.96	—	12.69	12.67
2005	13.13	13.05	13.18	13.06	13.07
2010	13.52	13.78	—	13.48	13.41
2015	13.89	—	—	13.93	13.75
2020	14.21	—	—	14.31	
2025	14.46	14.24	14.67	14.53	
2030	14.58	12.96		14.61	
2035	14.58	13.05		14.61	
2040	14.48	13.78		14.54	
2045	14.31	—		14.43	
2050	14.09	—	14.37	14.24	

资料来源：联合国人口基金会网站（https://www.unfpa.org/）；世界银行网站（http://www.worldbank.org/）；美国人口咨询局网站（https://www.prb.org/）；美国人口普查局网站（https://www.census.gov/）；中国国家统计局网站（http://www.stats.gov.cn/）。

第四节　联合国对世界各国和地区人口预测结果评估

在众多人口预测机构中，联合国所做的人口预测是贯穿时间最长、预测最为全面、数据最为完整，且对世界人口发展，特别是发展中国家人口发展影响最大的人口预测。因此，选择联合国人口预测的结果作为评估对象，对其进行研究分析，以确定影响人口预测的主要因素。受到时间和篇幅的限制，难以对以往所有的联合国人口预测进行评估，考虑各种因素的影响，本项研究选择 1988 年联合国《世界人口展望》（*World Population Prospects*）所提供的资料，以独立的国家和地区为人口预测分析单位进行评估。

一　1988 年联合国《世界人口展望》（*World Population Prospects*）预测方案

1988 年联合国人口研究机构对全世界每一个国家和地区都做了比较详细的人口预测，实际上使用的是 1950～1985 年的人口变动情况作为基本参数的来源，包括人口总量、年龄和性别结构、人口增长率、生育率、死亡率、城市化率和国际人口迁移比例，预测时间区间为 1985～2025 年。世界各国和地区被划分为 7 个大区和 22 个次级区域，主要考虑了国家和地区的政治构成、人口特征和人口统计资料的可获得性及数据质量。预测以 1950～1985 年各个国家的人口变动为基础，但由于数据质量不同，各个国家 1950～1985 年人口数据的可信程度不同，部分国家或地区的数据质量并不高。预测方法仍然采用人口队列要素方法，主要考虑的因素包括生育、死亡和迁移，基本是依据人口转变理论设定高、中、低三种情景假设。

二　联合国对世界各国和地区人口预测结果准确性统计分析

对人口预测的评估须建立在现实的人口数量基础之上，而根据联合国最新人口预测，其人口基数年的选择为 2000 年，因为相当一部分国家在

2000 年前后进行了人口普查，所以可以认为联合国最新人口预测所使用的 2000 年人口数量是实际上准确数值。因而使用联合国 1988 年人口预测中的 2000 年人口预测数与实际数进行比较，对联合国人口预测结果的科学性进行评估。由于联合国 1988 年人口预测只针对人口规模在 30 万人以上的国家和地区使用人口队列要素的方法进行预测，本节只选择了 2000 年人口超过 100 万人的国家和地区进行分析。此外，考虑到国际政治局势中的一些变化，比如两德统一、苏联解体等因素，一些出现明显变化的国家和地区也没有包含在内。除去上述因素后，可以使用 120 个国家和地区的人口预测结果和调查结果进行比较、评估。评估指标为预测的相对误差，即（预测值－实际统计数）/实际统计数。

经过计算和统计分析可以发现，在联合国 1988 年所做的 120 个实际人口数量在 2000 年超过 100 万人的国家和地区中，仅有 4 个国家和地区的误差几乎为 0，分别是意大利、印度、埃及和古巴；误差不等于 0，但在 5% 以内（含 5%）的国家和地区共有 47 个；误差超过 5%，但在 10% 以内（含 10%）的国家和地区共 32 个；误差超过 10%，但在 20% 以内（含 20%）的国家和地区共 21 个；误差超过 20%，但在 30% 以内（含 30%）的国家和地区共 10 个；误差超过 30%，但在 40% 以内（含 40%）的国家和地区共 6 个（见表 2－5）。

表 2－5 联合国世界各国和地区人口预测结果误差

误差区间	国家和地区数量	国家和地区名称
－40%	2	阿联酋、也门
－30%	1	新加坡
－20%	8	冈比亚、刚果、阿曼、以色列、多哥、乍得、尼日尔、埃塞俄比亚
－10%	15	马来西亚、瑞士、几内亚比绍、贝宁、哥伦比亚、海地、奥地利、希腊、加拿大、喀麦隆、美国、瑞典、新西兰、塞内加尔、哥斯达黎加
－5%	22	南非、荷兰、安哥拉、黎巴嫩、丹麦、挪威、巴布亚新几内亚、中国香港特别行政区、澳大利亚、中非共和国、英国、芬兰、阿根廷、法国、印尼、土耳其、巴拿马、老挝、比利时、智利、沙特阿拉伯、多米尼加共和国
0	4	意大利、印度、埃及、古巴

误差区间	国家和地区数量	国家和地区名称
5%	25	马拉维、苏丹、中国（不含港、澳、台）、乌拉圭、布基纳法索、加纳、西班牙、日本、菲律宾、马达加斯加、突尼斯、匈牙利、巴西、尼加拉瓜、葡萄牙、巴拉圭、斯里兰卡、津巴布韦、博茨瓦纳、波兰、毛里求斯、毛里塔尼亚、泰国、越南、伊拉克
10%	17	斯威士兰、乌干达、爱尔兰、阿拉伯叙利亚共和国、墨西哥、孟加拉国、几内亚、摩洛哥、秘鲁、阿尔及利亚、布隆迪、萨尔瓦多、科特迪瓦、危地马拉、波多黎各、罗马尼亚、洪都拉斯
20%	13	牙买加、莫桑比克、保加利亚、巴基斯坦、伊朗、厄瓜多尔、特立尼达和多巴哥、利比里亚、赞比亚、坦桑尼亚联合共和国、玻利维亚、塞拉利昂、肯尼亚
30%	9	蒙古国、阿拉伯利比亚民众国、阿尔巴尼亚、卢旺达、莱索托、科威特、马里、尼日利亚、阿富汗
40%	4	约旦、加蓬、纳米比亚、索马里

资料来源：根据1988年联合国《世界人口展望》（*World Population Prospects*）数据计算。

第五节　人口预测方法讨论

单纯从人口总量预测来看，到底是简单方法预测更准确还是复杂方法更准确？这一问题存在不同的看法。通过对人口总量预测准确性的经验进行研究，有学者认为复杂人口预测模型不比简单人口预测模型更精确（Marchetti et al.，1996；Leach，1981；Long，1995；Stoto，1983）。而著名数理人口学者凯菲茨持有不同的观点，认为复杂人口预测模型比简单人口预测模型更精确（Keyfitz，1981）。

简单模型往往采用人口总量时间序列方法，该方法的基本局限在于用一个简单的曲线模型很难模拟出多个人口变量及复杂的变化趋势，也无法选择关于未来人口变化的假设。时间序列方法预测人口变动的方向与历史数据的趋势是一致的，无法产生逆向于过去人口增长模型的变动，比如在一个增长型人口模型中出现人口数量减少的情况。短期人口预测中时间序列方法可能比人口队列要素法更加精准。比如，在社会生态和经济因素对人口变动的直接影响大于人口自身相关因素的影响时，直接使用时间序列方法预测总人口则更为有效。但时间序列方法也有很多缺陷，比如置信区间的快速增大，限制了它们在长期预测中的应用。此外，预测者往往不仅对人口总量的预测感兴趣，而且对人口的年龄和性别结构感兴趣，而时间序列方法并没有考虑到人口的年龄分布，以及生育率和死亡率变化对人口变动的影响。如果只是做一个短期的单目标人口预测，不同方法预测所获得结果之间的差异并不很大，可以有很多种方法进行选择。尤其是对数据资料的质量和详细程度要求不高的情况下，时间序列方法更方便使用。但短期的单目标人口预测并不能满足对人口预测数据使用的要求，特别是需要大量详尽的人口预测数据和指标时，往往人口队列要素法是更好的选择。

使用人口队列要素法进行人口预测也有劣势，人口队列要素法比数学法对原始人口数据资料的要求更高，正是出于此原因，队列要素法的使用受到了一定限制，一般需要比较详细而准确的人口普查数据支持。

一 影响联合国人口预测准确性的主要因素的回归分析

从 2000 年各个国家和地区实际人口规模与预测值之间的差异来看，联合国 1988 年人口预测还是比较准确的。但也有一些国家和地区人口状况出现了比较大的差异，其原因大多是由人口大规模的迁移造成的，比如一些富有石油的阿拉伯国家吸引了大量的外来劳动力，还有一些政治上出现动乱的国家人口流失，如索马里。但是这些因素并不能从预测技术的角度来解释预测出现误差的原因。所以本研究认为，从 1988 年联合国人口预测的技术环节来说，主要有三个影响预测准确程度的技术因素：第一个是预测国家和地区基础数据的准确程度；第二个是预测国家和地区人口变动的剧烈程度；第三个是预测国家和地区自身的人口规模。

首先，1988 年联合国人口预测是使用 1950～1985 年的数据作为预测基础数据的，因此，在 1988 年联合国人口预测中所使用的 1950 年数据准确与否对预测质量有较大的影响。如果 1988 年联合国人口预中所使用的 1950 年数据准确，那么这个数据应该与联合国在 1988 年之后使用的数据保持一致，而联合国会对当时不准确的数据进行调整和修改。经与联合国最近公布的人口数据进行比对可以发现，120 个国家和地区中有 52 个国家和地区 1950 年人口数据在 1988 年前后保持一致，没有变动，而其他 68 个国家和地区 1950 年人口数据在 1988 年前后并不一致。这说明在做 1988 年人口预测时，有相当一部分国家和地区的人口基础数据是不准确的，而 52 个没有变动的国家和地区的数据可以视为是相对准确的。因此，根据各个国家的 1950 年人口数据在 1988 年前后是否变动建立第一个二分变量测量指标，代表基础数据的是否准确。

其次，从各个国家和地区人口发展的历史来看，从 1950 年到 1988 年各个国家和地区人口变动的态势是不一样的，有高增长的，也有低增长的。从 1985 年人口规模和 1950 年人口规模的比值来看，差异巨大。最少的仅增长了 8%，而最多却增加了 19 倍以上。而依据人口转变理论对不同国家和地区人口发展态势进行判断在人口预测的过程中也非常重要，人口发展的态势也是影响人口预测准确程度的关键因素。因此，使用 1985 年人口规模和 1950 年人口规模的比值，计算出这段时间内人口增长的平均速度，作为测量人口变动剧烈程度的指标。

最后，各个国家和地区人口规模对预测准确性也存在着一定的影响，主要是考虑到人口规模小的国家和地区受到预想不到因素（比如大规模人口迁移）的影响程度比人口规模大的国家和地区更为严重。联合国最新的人口预测是假设中国每年净迁出人口超过 30 万人，对中国 13 亿人口基数而言则微不足道，但对一个只有 100 万人口的小国来说则是规模巨大的。因此，本节根据 2000 年各个国家和地区人口数量建立第三个测量指标，其意义是各个国家和地区自身的人口规模。

将 1988 年人口预测的相对误差作为因变量，把 1950 年基础数据是否准确、1950～1985 年人口的平均增长速度和 2000 年人口规模作为自变量建立回归模型，其中 1950 年基础数据是否准确作为虚拟变量，而考虑到人口规模之间的巨大差异,为了方便分析和理解,对其取自然对数。同时,考虑到相对误差本身的正负并无实际意义,对相对误差取绝对值。经过回归分析,结果如表 2 - 6 所示。

表 2 - 6 影响 1988 年联合国人口预测 2000 年结果误差的主要因素统计分析

	相关系数	显著性	相关系数	显著性	相关系数	显著性
常数项	0.0497	0.000	0.2303	0.000	0.2269	0.000
人口变动剧烈程度	0.6819	0.000	0.6230	0.000	0.6204	0.000
国家和地区人口规模(对数)	—	—	-0.0430	0.001	-0.0446	0.001
基础数据的是否准确(准确为参照组)	—	—	—	—	0.0177	0.25
R^2	0.1492		0.2239		0.2326	

资料来源:根据 1988 年联合国《世界人口展望》(*World Population Prospects*)数据计算。

回归方程结果显示,从 1950 年到 1985 年平均年人口增长速度每增加 1 个百分点,人口预测相对误差上升 0.62 个百分点;单个国家或地区人口规模越大,预测的准确程度越高,人口规模每增加 10 倍,人口预测相对误差下降 0.11 个百分点;基础数据准确比基础数据不准确的国家和地区人口预测准确程度高,但在统计上并不显著。

上面的回归模型并不是对 1988 年联合国人口预测最好的检验方式,但是从回归分析的结果来看还是有一定的借鉴意义,而且按照这个模型做预测得到的结果,按照预测准确程度以及国家和地区人口规模画出的散点图,说明还是存在一些不能用模型解释的人口预测问题(见图 2 - 1)。

从前面的分析中,已经可以知道人口预测的准确程度会受到基础数据准确程度、人口变动剧烈程度和人口规模大小的影响,除了上述三种因素之外,人口预测的准确程度还受到预测周期时间长短的影响。

联合国 1988 年人口预测,多使用 1980 年数据作为基数,因此 1985~2000 年的人口数据都可以看作联合国 1988 年人口预测数据。使用联合国 1988 年人口预测数据与最新公布的实际人口数据进行比对,验证人口的预测周期时间长短对人口预测准确程度的影响。为了便于

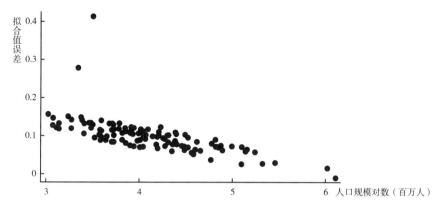

图 2 - 1　根据 1988 年联合国人口规模与预测误差散点图

直观表达人口的预测周期时间长短对人口预测准确程度的影响，我们在分析时对 120 个 2000 年人口在 100 万人以上且行政区域没有变化的国家和地区进行系统抽样，抽取部分国家作为样本。抽取国家为纳米比亚、冈比亚、黎巴嫩、老挝、瑞士、几内亚、匈牙利、安哥拉、斯里兰卡、秘鲁、西班牙、菲律宾、美国和中国（不含港、澳、台）。样本基本覆盖了世界上主要地区和发达程度不同的国家。1988 年人口预测周期时间长短对人口预测准确程度影响的分析是建立在对上述被抽中的 14 个样本国家分析之上的。

　　首先从 14 个国家人口预测的准确程度来看，大多数国家人口预测相对误差的绝对值在 10% 以内。14 个国家中，纳米比亚人口预测的相对误差最大，且 1985 年误差高达 41.4%。而 14 个国家中，斯里兰卡、西班牙、秘鲁、中国（不含港、澳、台）的误差相对较小。

　　从预测周期的时间变化上看，大多数国家人口预测的相对误差都随着预测周期时间的延长而增加（见图 2 - 2），但并非所有的国家都如此。通过均值分析，可以发现其中的规律性。如果将 14 个国家的误差平均值进行计算可以看出误差的趋势也随着预测周期时间的延长而增加。由于受到纳米比亚人口预测的相对误差及误差值变化过大的影响，1990 年预测甚至要比 1985 年预测更为准确，但是在剔除纳米比亚这个奇异值之后，

1990 年人口预测误差就要略高于 1985 年的人口预测误差，这说明预测周期越长，预测的准确程度越低（见图 2-3）。此外，从均值分析中还可以看出，1990 年之前的预测值的相对误差较为稳定，而 1990 年之后的误差则呈直线上升趋势，因此，可以认为短期预测的准确程度要高于中长期人口预测。

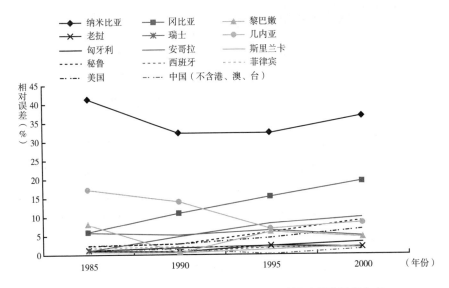

图 2-2　14 个国家不同预测周期人口预测相对准确程度分布

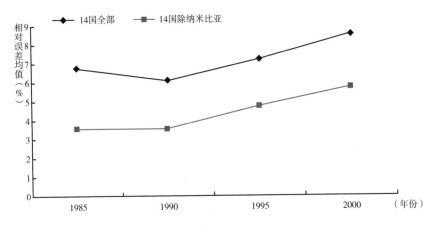

图 2-3　14 个国家不同预测周期人口预测相对准确程度均值分布

二　影响人口预测结果的关键因素总结

（一）原始数据质量

人口预测是根据现有数据推算未来的工作，因此人口原始数据，包括人口总量规模、结构和分布等相关指标的准确性，对于准确预测未来人口趋势而言非常重要。即便在参数设置过程中，假定未来生育率、死亡率、人口迁移、人口城市化和人口受教育水平等发展趋势，也是在分析原始数据基础之上获得的。最权威的人口统计资料来源就是人口普查，可将人口普查数据作为描述人口指标的历史状况和外推趋势的依据。人口普查数据包括生育率、死亡率和净迁移率等人口预测的关键数据。如果没有人口普查数据，或者认为人口普查数据不准确，那么有时候抽样调查数据也被用于人口预测。在缺乏准确、可信的人口数据的特殊情况下（尹文耀、沈秀平，2007），使用间接估计技术不失为一种选择。在抽样调查的数据中，生育状况比死亡信息更容易得到。若缺失死亡率数据，要估计基线年数据的年龄、性别结构就会比较困难。任强等（2004）研究认为，通过对人口在不同时期的死亡水平、变化规律和发展趋势进行分析，将年龄结构死亡模式变化对期望寿命变动的影响做分解，构建模型生命表可以提供一些帮助；但是在一个大区域的人口预测中，地区之间的差异往往使得模型生命表难以适用，会产生比较大的误差。

（二）模型的选择和不确定性估计

未来人口变化的方向是很难准确预测的，无论采用什么样的预测方法也总会包含一些不确定性在其中，所以总是选择"最有可能"的结果。现在大多数预测都使用一些方法来表示其不确定性，最常见的人口预测方法就是使用不同的假设情景模式，对人口指标设定不变，以高、中、低等模式进行预测。尽管情景模式表示的是未来人口发展可能的趋向，但是，大部分情景模式在设定时，优先考虑的是人口相关指标的变化，而不是相关社会经济发展状况的变化情况，所以情景的模式往往会与实际发展状况相脱节，导致预测不准确。而且情景模式很难真正详细准确地说明哪一种情景代表未来某种真实的状况，容易陷入情景不足导致无法对应、情景过多带来迷惑的双重矛盾之中，情景模式更多是和人口指标相联系，而与实际无关。

原始数据的准确程度是可知的，而未来人口生命指标是未知的，预测中使用的所有的关于生育率、死亡率和人口迁移的指标的设定和调整都是根据现有的条件、过去发展的趋势、理论和专家建议得来的。在长期的人口预测中，生育率水平是对人口增长影响最大的因素，因为其影响具有乘法效应。总和生育率是一个关键的指标，基于稳定人口的假设，设定了人口的终身生育水平，一旦总和生育率保持在更替水平，净迁移率为零，人口将最终发展为一个稳定的静态人口结构。但事实上的稳定人口很难出现，静态人口预测的依据往往取决于理论上的假设。因此，人口预测相关指标的确定往往是主观和客观相结合的产物：一方面专家的意见非常重要；另一方面历史数据的统计分析以及发生概率的推断也很重要。

（三）生育理论和生育政策

生育理论对未来人口预测有重要的指导意义，特别是生育转变理论更是被许多中长期人口预测设定为最终的发展方向。可是，最近几十年世界人口发展的经验证明，处于低生育水平国家的人口生育率反弹的趋势并不明显，甚至有些国家已经进入超低生育水平。联合国1998年长期人口预测中放弃了关于生育水平低于更替水平国家生育率会反弹到更替水平的假设。涂肇庆（2006）研究认为在中国香港地区目前还看不到生育率回升的迹象，因此人口预测对生育理论的借鉴更多地要从一个国家和地区的基本事实和经验出发。

与生育理论相比，事实上生育政策与生育水平更为接近，郭志刚等（2003）研究认为，我国人口大多数处于1.3~2.0的政策生育率地区，政策生育率的限定为人口预测提供了很好的预测参数。回顾以往人口预测也可以发现，与早期人口预测相比，计划生育政策稳定后的人口预测更为准确。与生育理论相比，生育政策变化对人口预测影响程度更大，特别是在实施计划生育的中国，曾毅（2006）在总结前人研究基础之上，使用ProFamy家庭人口宏观模拟预测方法，模拟不同生育政策环境进行人口预测，从其2080年长期人口预测结果来看，差异非常显著。

总之，随着数学方法的不断发展，人口科学与其他学科不断融合也主要是建立在人口预测方法基础之上。一些学科也发展出在专门领域内使用的人口预测方法，例如有学者总结了在城市规划领域内使用的人口预测，其中包括平均增长率法、劳动平衡法、带眷系数法、剩余劳动力转化法、二次移动平均法、二次指数平滑法、回归分析预测法、灰色模型预测法、逻辑斯蒂曲线模型、皮尔斯模型、Malthus人口模型、生命表法、PS决策系统预测法、人工神经网络预测法和资源环境容量法（郭士梅等，2005）。由此可以看出，对于不同的预测需求应当使用不同的预测方法。

此外，需要指出的是目前所讨论的人口预测模型是对出生性别比正常情况下人口变动规律研究的基本方法。然而，20多年来中国出生人口性别比出现了持续升高的问题。出生性别比升高持续时间之长，上升幅度之大，涉及人口之多，是迄今为止世界人口前所未有的。对出生性别比持续升高或变动条件下中国人口预测问题的研究，需要开发新的分析方法和预测模型来适应中国人口变动预测和发展的需要。

参考文献

国家计划生育委员会"中国未来人口发展与生育政策研究"课题组，2000，《中国未来人口发展与生育政策研究》，《人口研究》第3期。

龚跃、杨华民，1997，《应用神经网络方法仿真生育率结构》，《人口与经济》第6期。

郭士梅、牛慧恩、杨永春，2005《城市规划中人口规模预测方法评析》，《西北人口》第1期。

郭震威、齐险峰，2008，《"四二一"家庭微观仿真模型在生育政策研究中的应用》，《人口研究》第2期。

郭志刚，1990，《中国未来家庭户发展的预测》，《中国人口科学》第 6 期。

郭志刚、张二力、顾宝昌、王丰，2003，《从政策生育率看中国生育政策的多样性》，《人口研究》第 5 期。

郝永红、王学萌，2002，《灰色动态模型及其在人口预测中的应用》，《数学的实践与认识》第 5 期 。

胡英，2004，《"五普"长表抽样方法的评估及相关问题讨论》，载国务院人口普查办公室、国家统计局人口和社会科技统计司编《2000 年人口普查方法研究》，中国统计出版社。

胡英、刘长松，1993，《人口发展的预测》，《经济研究参考》Z6 期。

华民，1992，《年龄结婚胎次和胎次间隔人口动力学模型》，《中国人口科学》第 2 期。

黄荣清、秦芳芳、王树新，1989，《人口分析技术》，北京经济学院出版社。

姜爱平、张德生、武新乾、张小静，2007，《预测我国人口总量的具有外生变量的半参数自回归模型》，《河南科技大学学报》（自然科学版）第 1 期。

蒋耒文、考斯顿，2001，《小区域家庭户预测的理论、方法与应用》，《人口与经济》第 5 期。

李南、胡华清，1998，《中国随机人口预测》，《中国人口科学》第 1 期。

李善同、高嘉陵，1999，《微观分析模拟模型及其应用》，机械工业出版社。

梁中堂，1980，《我国人口变动五十年展望》，《经济问题》第 5 期。

梁中堂，2014，《评宋健、于景元的人口测算》，载梁中堂《中国生育政策研究》，山西人民出版社。

林富德，1980，《我国人口发展前景的预测》，《人口研究》第 2 期。

林富德、路磊，1989，《中国人口发展的形势》，《人口与经济》第 2 期。

刘涛，2004，《人口死亡率的灰色预测模型》，《数理医药学杂志》第 4 期。

罗志如，1934，《生命表编制法》，商务印书馆。

吕良、刘秀莲，1991，《利用高珀茨曲线实现人口预测的新方法》，《西北人口》第 4 期。

马瀛通、王彦祖、杨书章，1986a，《递进人口发展模型的提出与总和递进指标体系的确立》，《人口与经济》第 2 期。

马瀛通、王彦祖、杨书章，1986b，《递进人口发展模型的提出与总和递进指标体系的确立（续）》，《人口与经济》第 3 期。

［美］内森·凯菲茨，2000，《应用数理人口学》，郑真真等译，华夏出版社。

孟亮、高亮，2004，《Bertalanffy 模型在人口预测中的应用》，《河北省科学院学报》第 3 期。

齐险峰、郭震威，2007，《"四二一"家庭微观仿真模型与应用》，《人口研究》第 3 期。

任强、游允中、郑晓瑛、宋新明、陈功，2004，《20 世纪 80 年代以来中国人口死亡的水平、模式及区域差异》，《中国人口科学》第 3 期。

商务印书馆编辑部编，1960，《人口问题资料》，商务印书馆。

史希来，1989，《按 1.90 方案对我国人口发展的预测》，《科技导报》第 4 期。

宋健、于景元、李广元，1980，《人口发展过程的预测》，《中国科学》第 9 期。

宋健、田雪原、于景元、李广元，1981，《人口预测和人口控制》，人民出版社。

涂肇庆，2006，《生育转型、性别平等与香港生育政策选择》，《人口研究》第 3 期。

王承宽，2006，《灰色动态模型在人口总量预测中的应用》，《南京人口管理干部学院学报》第 1 期。

王广州，2009，《中国人口学研究方法 60 年》，载中国社会科学院人口与劳动经济研究所主编《中国人口年鉴 2009》，社会科学文献出版社。

王广州，2012，《"单独"育龄妇女总量、结构及变动趋势研究》，《中国人口科学》第 3 期。

王广州、张丽萍，2012，《到底能生多少孩子？——中国人的政策生育潜力估计》，《社会学研究》第 5 期。

王广州，2014，《中国老年人口亲子数量与结构计算机仿真分析》，《中国人口科学》第 3 期。

王广州，2016，《中国失独妇女总量、结构及变动趋势计算机仿真研究》，《人口与经济》第 5 期。

王广州，2017，《中国人口科学的定位与发展问题再认识》，《中国人口科学》第 3 期。

王泽旻、潘虹，2005，《灰色系统模型在我国人口数量预测中的应用》，《统计与决策》第 1 期。

杨华民、龚跃，1997，《多元非参数回归建模的神经网络方法》，《长春光学精密机械学院学报》第 2 期。

杨书章，1991，《中国人口规模现状与 90 年代展望》，《中国人口科学》第 2 期。

杨耀臣，1999，《蒙特卡罗方法与人口仿真学》，中国科技大学出版社。

尹春华、陈雷，2005，《基于 BP 神经网络人口预测模型的研究与应用》，《人口学刊》第 2 期。

尹文耀、沈秀平，2007，《间接估计技术在特殊区域人口预测中的应用——以杭州经济技术开发区为例》，《人口学刊》第 1 期。

游允中，1980，《对 1978 到 2028 年我国人口增长的展望》，《人口研究》第 3 期。

于景元、何湘伟、袁建华、刘建平，1990，《对我国人口发展趋势的预测和分析》，《系统工程理论与实践》第 3 期。

袁建华、庄岩、许屹，1996，《应用离散型年龄别升学递进模型预测中国未来人

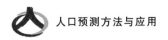

口》，《中国人口科学》第 4 期。

张根明，1995，《未来 15 年中国人口发展趋势分析》，《预测》第 2 期。

张羚广、蒋正华，1995，《中国人口发展前景分析》，《中国人口科学》第 3 期。

曾毅，2006，《试论二孩晚育政策软着陆的必要性与可行性》，《中国社会科学》第 2 期。

曾毅、金沃泊、王正联，1998，《多维家庭人口预测模型的建立及应用》，《中国人口科学》第 5 期。

查瑞传，1977，《人口预测的方法》，《人口研究》第 3 期。

朱力为，1985，《"七五"人口的初步预测》，《宏观经济管理》第 7 期。

Bacaër, Nicolas. 2011. *A Short History of Mathematical Population Dynamics*. New York: Springer.

Croxton, Frederick Emory & Dudley Johnstone Cowden. 1964. *Applied General Statistics (2nd Edition)*. New Delhi: Prentice – Hall of India Pvt Ltd.

Greenhalgh, Susan & Edwin A. Winckler. 2005. *Governing China's Population: From Leninist to Neoliberal Biopolitics*. Stanford: Stanford University Press.

Keyfitz, Nathan. 1972. On Future Population. *Journal of the American Statistical Association*, 67 (338).

Keyfitz, Nathan. 1981. The Limits of Population Forecasting. *Population and Development Review*, 7 (4).

Leach, Donald. 1981. Re – Evaluation of the Logistic Curve for Human Populations. *Journal of the Royal Statistical Society. Series A (General)*, 144 (1).

Long, John F. 1995. Complexity, Accuracy, and Utility of Official Population Projections. *Mathematical Population Studies*, 5 (3).

Marchetti, Cesare, Perrin S. Meyer & Jesse H. Ausubel. 1996. Human population dynamics revisited with the Logistic model: How much can be modeled and predicted? *Technological Forecasting and Social Change*, 52 (1).

O'Neill, Brian C., Deborah Balk, Melanie Brickman & Markos Ezra. 2001. A Guide to Global Population Projections. *Demographic Research*, 4 (8).

Siegel, Jacob & David A. Swanson. 2004. *The Methods and Materials of Demography (2nd Edittion)*. California: Elsevier Academic Press.

Smith, Stanley K. 1997. Further Thoughs on Simplicity and Complexityin Population Projection Models. *International Journal of Forecasting*, 13 (4).

Smith, Stanley K., Jeff Tayman & David A. Swanson. 2001. *State and Local Population Projections: Methodology and Analysis*. New York: Kluwer Academic/Plenum Publishers.

Stoto, Michael A. 1983. The Accuracy of Population Projections. *Publications of the*

American Statistical Association, 78（381）.

U. N. Department of Economic and Social Afffairs. 1956. *Manuals on Methods of Estimating Population*, *Manual III*: *Methods for Population Projections by Sex and Age*, *Population Studies*, *No.* 25. New York: United Nations.

Yusuf, Farhat, Jo. M. Martins & David A. Swanson. 2014. *Methods of Demographic Analysis*. The Netherlands: Springer.

第三章　数据来源与数据质量评价

内容提要：基础数据质量的高低是研究成果科学性、可靠性的决定性因素。本章分为两个部分，第一部分是人口统计数据来源及统计数据问题，第二部分是人口年龄结构数据质量评价方法。本章的重点是讨论人口科学研究的数据来源和数据质量问题。传统的人口科学研究最具权威性和高质量的数据来源是人口普查，世界各国都是如此。在人口普查数据资源开发过程中，除了汇总数据以外，人口普查原始基础数据不仅是人口科学研究的重要资源，也是许多相关社会科学深入研究的重要途径之一。随着人口普查数据质量问题越发受到重视和大数据时代的到来，人口大数据来源日益丰富，人口登记系统信息等人口大数据越来越发挥重要作用。纷繁复杂的数据面临数据质量和应用范围问题，根据人口发展内在的客观规律，判断和评价人口数据质量是深入研究人口问题的基础，本章给出一些传统的人口数据质量检验和判断的方法，目的是初步检验人口数据的可靠性。

人口学是定量社会科学，人口预测和其他人口分析方法、分析技术一样需要建立在基本统计调查基础之上。俗话说：基础不牢，地动山摇。人口数据就是人口科学研究，特别是人口预测的基础。

第一节　人口数据来源

人口数据作为区域社会、经济特征等的基础信息，具有重要的社会经济价值。由于数据使用和数据获得的方式不同，人口数据可以划分为不同的形式。从数据的结构来看，人口数据可以划分为微观个体数据和宏观汇总数据。从数据指标的测量方式来看，人口数据可以划分为时点数据和时期数据。从数据的收集方式来看，人口数据可以划分为实时人口大数据和历史人口大数据。总之，不论从哪个角度看，人口数据来源和收集方法会直接影响数据的权威性、可靠性。数据的存在形式决定了数据使用的方式和信息挖掘的深度。

一 人口普查

人口普查是当今世界各国广泛采用的搜集人口资料的一种最基本的科学方法，是提供全国基本人口数据的主要来源。2005 年以来，世界上已经有 70 多个国家和地区进行了新的一轮人口普查，另有 150 多个国家和地区将开展人口普查。人口普查是我国最基本的国情调查，是正确判断人口形势、制定科学发展规划和重大发展战略的基础信息。人口普查无论是对短期的还是中长期的国家发展目标的实现，无论是区域的还是全局的公共政策实施，乃至社会经济的协调可持续发展都具有十分重要的现实意义。真实的人口统计数据是制定公共政策、做好民生工作的重要基础，无论是扩大居民消费、增加就业，还是提供义务教育、基本医疗、基本住房以及推进基本公共服务均等化，都需要对翔实人口数据进行分析，人口政策、劳动就业政策、教育政策、社会福利政策和民族政策等的制定都需要翔实可靠的人口数据。

新中国成立以来，中国分别于 1953 年、1964 年、1982 年、1990 年、2000 年和 2010 年进行了六次人口普查（2010 年普查以下简称"六普"），对象是在中华人民共和国境内居住的自然人，并采用普查员入户查点询问、当场填报的方式进行。

自 1953 年全国第一次人口普查以来，我国人口普查的内容逐渐全面和完善。1953 年人口普查内容仅有 6 项，而 2010 年"六普"的调查内容多达 45 项。调查内容日益丰富，可供研究的内容异常复杂、庞大。目前通过人口普查，不仅可以查清全国人口的数量、结构和分布等基本情况，还可以查清人口的家庭特征、教育特征、社会特征、经济特征、住房状况以及普查标准时间前一年人口的出生死亡状况等。除了1953年第一次全国人口普查和1964年第二次人口普查数据没有进行数字化外，从1982年开始，人口普查所获得的信息全部实现数字化。

（一）测量方法

（1）短表

人口普查是以户为单位进行登记的。户信息和户内人口信息是最小的信息采集单元。第六次全国人口普查表分为《第六次全国人口普查表短表》和《第六次全国人口普查表长表》两种。普查短表的调查内容覆盖全部住户和人口，普查长表是在所有住户中抽取10%的住户填报，而其余90%的住户只填报普查短表。

普查短表共有18个项目，其中包含按户填报的6项和按人填报的12项两个部分（见表3-1）。

表3-1 2010年全国人口普查短表数据

项目	采集方式	数据类别	项目	采集方式	数据类别
户编号	户	数值	出生年月	人	数值
户别	户	数值	民族	人	数值
本户应登记人数	户	数值；人	普查时点居住地	人	数值
出生人口和死亡人口	户	数值；人	户口登记地	人	数值
本户住房建筑面积	户	数值；平方米	离开户口登记地时间	人	数值
本户住房间数	户	数值；间	离开户口登记地原因	人	数值
姓名	人	字符	户口性质	人	数值
与户主关系	人	数值	是否识字	人	数值
性别	人	数值	受教育程度	人	数值

短表调查的最主要目的是调查清楚各区域总人口和总户数。调查内容核心是搞清人口学最基本的平衡方程所反映的调查时点总人口，即总人口=调查时期初总人口+出生人口-死亡人口+迁入总人口-迁出总人口，摸清人口总量、结构是短表调查内容的最主要目的。从表3-1可以

看到，由于短表数据是覆盖全国100%人口的调查，普查短表登记的信息是最基本的人口属性统计信息。

从住户登记中个人信息收集的角度看，人口普查短表登记人口的最基本自然属性，比如，性别、年龄；最基本的社会属性，比如，与户主关系、民族、受教育程度等。

从住户登记中住户信息收集的角度看，与登记个人信息类似，人口普查对于住户信息也是登记住户的最基本户信息，比如，本户居住人数、住宅的建筑面积等最基本情况。

虽然人口普查短表按地址登记住户信息和个人信息的项目很少，但通过这些基本信息可以进一步加工生成许多人口统计学指标，比如性别比、各地区人口年龄构成和抚养比等按人统计的指标。当然也可以进行人、户数据结合形成更具社会科学含义的测量，比如"各地区分年龄、性别的一人户"、"各地区家庭户中民族混合户户数"、"各地区有60岁及以上老年人口的家庭户户数"和"各地区有65岁及以上老年人口的家庭户户数"等。

（2）长表

普查长表共有45个项目，其中按户填报的有17项，按人填报的有28项。除了短表的项目内容外，还需要额外填报人口的迁移流动状况、身体健康状况、就业状况、妇女生育状况和住房情况等（见表3-2）。

表3-2 2010年全国人口普查长表数据

项目	采集方式	数据类别	项目	采集方式	数据类别
户编号	户	数值	户口登记地	人	数值
户别	户	数值	离开户口登记地时间	人	数值
本户应登记人数	户	数值；人	离开户口登记地原因	人	数值
出生人口和死亡人口	户	数值；人	户口登记类型	人	数值
住房用途	户	数值	户口性质	人	数值
本户住房建筑面积	户	数值；平方米	出生地	人	数值
本户住房间数	户	数值；间	五年前常住地	人	数值
建筑层数	户	数值	是否识字	人	数值
普查时点居住地	人	数值	承重类型	户	数值

续表

项目	采集方式	数据类别	项目	采集方式	数据类别
住房建成年代	户	数值	学业完成情况	人	数值
主要炊事燃料	户	数值	工作情况	人	数值
住房有无自来水	户	数值	行业	人	数值
住房有无厨房	户	数值	职业	人	数值
住房有无厕所	户	数值	未工作原因	人	数值
住房有无洗澡设施	户	数值	三个月内是否找过工作	人	数值
住房来源	户	数值	能否工作	人	数值
月租费用	户	数值	主要生活来源	人	数值
姓名	人	字符	婚姻状况	人	数值
与户主关系	人	数值	结婚年月	人	数值
性别	人	数值	生育子女数	人	数值
出生年月	人	数值	生育状况	人	数值
民族	人	数值	身体状况	人	数值
受教育程度	人	数值			

人口普查长表调查10%的住户，采取长表调查的目的之一是减轻调查工作量以确保数据质量，目的之二是获得比较详尽的住户、个人的信息，目的之三是对于许多人口统计指标10%的人口普查样本就可以保证足够的精度。

对比表3-2和表3-1可以看到，普查长表是在对短表兼容的基础上进行全面扩充。在住户方面，除了住房面积等基本指标以外，还包括住房的建成年代，基础设施情况，比如有无厨房、厕所、洗澡设施和自来水等准确反映住房特征的测量指标。在个人登记方面，除了短表登记的内容外，重点对教育、就业、婚姻、生育和健康等方面进行了补充。

由于普查长表是在短表的基础上进行扩容，长表数据可以提供的数据信息的丰富程度是短表无法比拟和替代的。从调查原理、指标构建和数据分析的角度看，人口普查采取长短表结合的方法，两者既可以独立使用，也可以对许多指标进行相互校验和间接估计。

人口普查长表可以生成的数据指标维度是非常巨大的。然而，国家公布的普查长表的资料主要包括概要、就业、婚姻、生育、老年人口和住房以及通过数据之间逻辑关系生成的人口统计指标。这些指标对于数据资源本身的开发利用来说是微乎其微的。从数据挖掘的角度看，调查的基本信息可以通过地址代码和住户信息、个人信息以及特定选项进行匹配而生成巨大的数据仓库。

（二）公开数据

从国家统计局公开的数据来看，1990 年的"四普"和 2000 年的"五普"不仅公开了人口普查的汇总数据、分县数据，而且还提供了一定抽样比的原始数据，如提供了 2000 年人口普查 0.95‰原始抽样数据，样本人口 118 万人（实际登记人口 12.4 亿人）。

从 2010 年"六普"开始，国家只是逐步发布人口普查汇总数据和分县数据，而不再对外提供原始抽样数据，给人口统计分析和研究工作带来一定困难。从目前可获得的 2010 年"六普"数据地域单元来看，地区数据可以分为分省数据、分地市数据、分县数据和分街道（乡镇）数据四个主要层级。分省汇总数据主要依据国家统计局公布的《中国 2010 年人口普查资料》，具体查询网址为：http：//www. stats. gov. cn/tjsj/pcsj/rkpc/6rp/indexch. htm。

从目前公开的数据来看，短表汇总数据主要包括以下几类。第一类，人口总数和比例信息，比如，各个县的总人口、户籍人口、少数民族人口比重、非农业户口人口比重、城乡人口、家庭户人口、家庭户类别。第二类，户和户结构信息，比如，家庭户户数、人口数和平均户规模，家庭户类。第三类，年龄结构信息。分年龄、性别的人口，各年龄组人口比重。第四类，迁移流动等变动信息。人口自然变动和迁入人口。人口自然变动主要包括出生率、死亡率和自然增长率；迁入人口主要包括本县（市）/本市市区迁入，本省其他县（市）、市区迁入，外省迁入。第四类，受教育信息。各种受教育程度人口、平均受教育年限、文盲人口。第五类，家庭户住房状况信息。主要包括家庭户规模（户）、平均每户住房间数（间/户）、人均住房建筑面积（平方米/人）等。

在短表数据的基础上，长表公开汇总数据主要还包括以下四类信息。

第一类，职业信息，调查对象从事的职业类型。第二类就业信息，包括未就业人口状况、主要生活来源等。第三类人口婚姻状况和妇女生育状况信息。其中按婚姻状况主要可划分出未婚、有配偶、离婚、丧偶这四类人口规模；生育状况主要包括 15～64 岁妇女平均活产子女数和平均存活子女数。第四类家庭户住房状况信息。主要包括住房内有无管道自来水、住房内有无厨房、住房内有无厕所、住房内有无洗澡设施；住房来源包括租赁、自建、购买、其他。第五类是健康信息。主要是调查 60 岁及以上老年人口的健康状况，特别是生活不能自理的状况。

地级市汇总数据。全国各个省份的地级市层次的 2010 年人口普查汇总数据目前有两个公布渠道。第一个渠道是国家统计局 2012 年公布了《中国 2010 年人口普查分县资料》，数据资料的主要内容除了对县的人口普查数据进行汇总外，还包括地级市的简要人口汇总数据，具体内容见下一部分对分县汇总数据的介绍。

第二个渠道请具体参见各个省份的《××省 2010 年人口普查资料》，目前网络上可直接查询的如北京市 2010 年人口普查汇总资料，查询网址为：http：//www. bjstats. gov. cn/tjnj/rkpc－2010/indexch. htm。各个省份公布的地级市的短表、长表汇总数据与国家统计局公布的各省份的汇总短表和长表数据格式基本相同，具体内容见下一部分对分省汇总数据的介绍。

分县汇总数据。国家统计局 2012 年公布了《中国 2010 年人口普查分县资料》，对全国各个县（县级市、市辖区）的人口信息进行了汇总统计，分县资料包括的指标非常有限，只有 8 张汇总表，具体情况见表 3－3。

表 3－3　　《中国 2010 年人口普查分县资料》基本情况

表号	项目	数据范围	数据类别
表 1	总人口、户籍人口、少数民族人口比重、非农业户口人口比重、城乡人口、家庭户人口、家庭户类别	全部数据	人数,比例,户
表 2	分年龄、性别的人口	全部数据	5 岁分组人数
表 3	各年龄组人口比重、有老年人口的户数、人口自然变动、迁入人口	全部数据	人数,比例

表号	项目	数据范围	数据类别
表4	各种受教育程度人口、平均受教育年限、文盲人口	全部数据	人数,比例
表5	各职业大类人口和未工作人口	长表数据	人数
表6	各行业门类人口及三次产业人口比重	长表数据	人数,比例
表7	人口婚姻状况和妇女生育状况	长表数据	人数,平均数
表8	家庭户住房状况	全部数据、长表数据	户,平均数

需要指出，目前国家统计局和各省统计局公布的 2010 年人口普查数据地理单元的最小分析单位即为街道（乡镇），至今还没有公布关于以社区（村委会）为单位的人口汇总数据。同时，"六普"原始抽样数据没有对学术机构和研究人员公开，因此也无法通过计算获得社区（村委会）等层级的人口信息。

总结目前人口普查数据资料公开的基本情况可以看到，国家公布的人口普查短表和长表的数据资料具有以下几个特点。

第一，按区域公布原始登记人口汇总信息，比如，包括概要、年龄、家庭、死亡和住房的基本信息，需要大量的二次数据处理，才能形成全国统一的数据集。

第二，在公布原始汇总信息的基础上，可以衍生计算许多二次生成指标，也需要对数据进行二次加工。比如，年龄指标包括"各地区人口年龄构成和抚养比"；家庭指标包括"各地区分年龄、性别的一人户"、"各地区家庭户中民族混合户户数"、"各地区有 60 岁及以上老年人口的家庭户户数"和"各地区有 65 岁及以上老年人口的家庭户户数"；住房包括"各地区按住房间数分的家庭户户数"、"各地区按人均住房建筑面积分的家庭户户数"和"各地区按家庭户类别和住房间数分的家庭户户数"。

第三，随着地理单元的缩小，国家公布的统计指标锐减。统计指标不断缩水的主要原因，一方面是由于有些人口指标在较小的人口尺度上不具有稳定性和统计学含义；另一方面是数据处理的工作量较大和纸质出版成本增加。

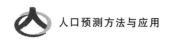

（三）原始数据可生成数据

由于人口普查具有完整的住户地址登记信息，既包含个人属性信息，也包含家庭属性信息，蕴含的信息是十分丰富的。然而，目前提供的汇总信息却是非常有限的，远远没有充分发挥人口普查原始数据的重要作用，无论是指标的统计分析还是不同层级的数据挖掘都有巨大的潜力和空间，不仅需要生成新的指标进行深化研究，而且需要采用新的观察尺度进行详细分析，因此，人口普查原始数据深入开发不可避免。

（1）省级层次

目前国家和省级统计局公布的各地区层级数据汇总，省级层次数据包含的人口信息量要远高于分县和分街道（乡镇）数据，但与2010年人口普查涉及的调查内容相比，目前已公布的分省数据提供的人口信息量还远远不够。

第一，从原始数据深入挖掘和应用的角度看，需要增加外来人口与本地人口在生育、教育、健康、养老、就业、居住等方面的人口统计信息。如生育方面增加"各地区分流动与否、分性别、孩次的出生人口"、"各地区分流动与否的育龄妇女年龄别生育率及总和生育率"和"各地区分流动与否的15~64岁妇女平均活产子女数和平均存活子女数"；住房方面增加"各地区按流动与否、人均住房建筑面积分的家庭户户数"。

第二，应增加教育方面的基本信息。国家统计局公布的分省数据没有教育方面的人口信息，而鉴于教育的重要性，要获得其相关信息需要借助各个省份公布的本省2010年人口普查汇总资料。此外，还应增加本地人口与流动人口教育方面的人口统计信息。

（2）县级（地市级）层次

首先，与省级数据类似，县级层次数据同样需要增加本地人口和外来人口在生育、教育、健康、养老、就业、居住方面的人口信息，尤其需要增加分流动与否的生育和居住信息。

其次，应增加老年人口方面的信息，如在县级层次增加"各地区有65岁及以上老年人口的家庭户户数及占比"、"各地区分性别、健康状况的 60 岁及以上老年人口"和"各地区分性别、主要生活来源的 60 岁及以上老年人口"。

最后，应增加死亡方面的信息，如增加"各地区分年龄、性别的死亡人口""各地区分性别、受教育程度的 6 岁及以上死亡人口""各地区分性别、婚姻状况的 15 岁及以上死亡人口"。

（3）街道（乡镇）层次

第一，与省级和县级数据类似，街道（乡镇）层次同样需要增加分流动与否的生育、就业、居住等方面的人口信息。

第二，与县级数据一样，街道（乡镇）层次也需要增加老年人口方面的信息，具体添加内容与县级数据类似。

第三，需要增加就业和失业信息。如各职业大类人口和未工作人口规模、各行业门类人口及三次产业人口比重。

第四，需要增加家庭户住房状况方面信息，如家庭户规模（户）、平均每户住房间数（间/户）、人均住房建筑面积（平方米/人）、住房内有无管道自来水、住房内有无厨房、住房内有无厕所、住房内有无洗澡设施；住房来源（租赁、自建、购买），等等。

总之，人口普查虽然不是实时的信息采集方式，但人口普查全部信息具有数据量大和结构复杂的特征。目前世界各国人口普查都是采用按住户全覆盖调查，是信息量巨大的全人口数据。人口普查不仅涉及个人的人口学特征信息，同时涉及家庭和社区以及为普查服务的地理信息，是非常复杂的结构化数据。随着人口普查的现代化，有些国家已经开始采集图像或指纹等人口生物学特征信息，这些新技术手段的应用不仅确保了普查的数据质量，同时也对数据分析提出了更高的要求。伴随着人口信息化建设和大数据时代的到来，人口普查的基础信息收集创新将不可避免。尽管人口普查不是实时的人口信息，但人口普查提供的基础人口信息是不可替代的。

从中国目前人口普查数据的开发利用情况来看，正在开发利用的主要是个人、家庭和社区以及家庭住宅统计的汇总信息；然而，与人口普查同时进行的人口分布的空间地理信息作为普查的辅助资料和工具却没有得到充分利用，地理信息与个人、家庭、社区和住宅信息相结合的空间地理信息也没有得到开发利用。从大数据应用的角度看，由于我国人口普查只有地址、姓名可以作为个案识别的标识，很难确保个人记录识别的唯一性，多次人口普查的原始基础数据之间以及人口普查与其他数据关联使用的难度很大。只有深入开发人口普查原始数据，才能够实现人口普查与其他普查数据的无缝联结。只有在原始数据层级上进行数据的匹配使用，才能实现对现有各类普查数据资源的深入开发和利用，避免数据资源的大量闲置和浪费。

与人口普查非常类似的是人口抽样调查，中国目前制度化的抽样调查包括两次人口普查间的 1% 人口抽样调查和年度 1‰ 人口变动抽样调查。其内容和形式与人口普查的长表调查类似，只是样本量大小和调查内容的不同而已。

（四）中国人口普查问题与争论①

人口普查需要巨大的人力、物力和财力投入，因此，人口普查对于任何一个国家或地区来讲都不是一件容易的事情。尽管事后发现普查设计可能存在这样或那样的缺陷，但毫无疑问任何一个人口普查都是精心设计的。然而，随着社会经济的发展，人口普查涉及的调查内容和调查项目必须适应这种新的形势和新的变化。人口普查调查内容变动是绝对的也是必需的，如何改进调查内容、如何确立调查重点，以及如何对具体调查项目进行取舍和设计，这些问题都是需要深入研究的。从研究者的角度和数据的使用价值来看，研究者希望调查表的变动方向是普查与普查之间项目要兼容、内容要详尽。从调查者的角度来看，希望内容要简单、任务要明确。从政府公共管理、公共政策以及决策和规划的角度看，要求数据要准确、内容要丰富。正是出于不同的角度、目的和要求来考虑，对人口普查的内容设计和对如何搞好普查存在许许多多不同的看法、认识和争论。经

---

① 部分内容来自王广州、张齐超、赵元元：《从国际视角看中国人口普查的内容设计》，《人口与发展》2010 年第 2 期。

过"三普"、"四普"、"五普"和"六普"以及多次 1% 人口抽样调查，目前对人口普查存在问题和调查内容的争论主要集中在以下几个方面。

第一，常住与流动概念界定的争论。对常住人口在本地登记的时间概念是一年还是半年，空间范围是本县还是本乡镇或街道？"四普"结束后研究认为：一年太长、本县范围太大。"五普"结束后研究认为：半年太短、本乡镇（街道）范围太小。随着户籍制度改革的发展方向和人口迁移流动规模和范围的扩大，对于常住与流动的概念界定我们认为与国外多数国家人口迁移的概念接轨为好，即以半年为登记时间界限。对于地域范围的划分当然是越详细越好，但考虑到调查成本和数据使用，以县级范围作为流动迁移识别的基本地域单元是比较适合的，主要原因是目前很少研究能够分析到乡镇（街道）一级。况且普查能够提供的原始数据的地址代码在县级以上，因此对于研究者来说，就目前的能力区分县级以下的人口迁移和流动显然没有多大意义。

第二，调查内容争论。第五次人口普查首次引进长短表相结合的调查方法，这无疑具有重大意义。"五普"结束后，对于我国人口普查是否继续采用长表和短表相结合的调查方式没有任何疑问。争论的焦点是"短表太短和长表太长"。从我国完成的五次人口普查的调查项目来看，前四次都只有一个调查表，调查项目也随着国家的实际情况变化和需要的调整而不断增加，从 1953 年的 6 个项目增加到 1990 年的 21 项（见表 3-4）。在"六普"中，短表按人填报的项目却缩减到只有 12 个项目，长表按人填报的项目有 28 项。

表 3-4　中国人口普查项目

单位：项

年份	1953	1964	1982	1990	2000	2010
项目	6	9	19	21	9（短表）/ 26（长表）	12（短表）/ 28（长表）

那么，长表是否太长？从全世界 100 个国家和地区的普查项目来看，主要内容可以划分为：基本特征、生育状况、受教育状况、经济活动、居

住迁移、健康与死亡、其他 7 大类。具体每一类的调查项目情况见表 3-5。从表 3-5 可以看到，世界 100 个国家和地区普查项目主要集中在经济活动、基本情况和居住迁移。对经济活动包括就业等内容的调查平均在 10 项以上，其次是基本情况，平均在 9.5 项以上，第三为居住迁移，平均在 9 项以上。若简单地将所有国家和地区普查项目的均值作为标准的话，平均调查 36.7 项，70% 以上的国家和地区人口普查项目在 39 项以内。可见，中国人口普查长表项目确实偏长。长表是否太长取决于长表调查人口数量和比例，从抽样数量和比例来看，我国采用 1/10 的比例。简单的系统抽样对于全国的抽样设计来说整齐划一，操作方便。从调查项目的人均申报负担来说，长短表设计的调查项目总量小于 1990 年 21 项的设计。在实际操作调查过程中为什么会出现"长表太长，短表太短"的感觉和问题呢？其主要原因是调查短表找到调查对象的单位信息成本太高。尤其是在流动迁移等因素的影响下，短表的单位成本就显得更高了。

表 3-5　世界 100 个国家和地区普查项目统计分布

单位：个，项

项目	国家和地区	最多	平均	标准差
基本情况	100	19	9.51	2.72
生育情况	100	11	2.81	2.45
受教育程	100	8	2.23	2.15
经济活动	100	23	10.11	5.80
居住迁移	100	42	9.03	8.09
健康与死亡	100	17	2.50	4.24
其他	100	6	0.49	1.30

第三，普查长表抽取家庭户是系统抽样好还是整群抽样好？"五普"结束后，一种观点认为在每个调查小区随机等距抽取 10% 的家庭户和集体户，这种方法抽取的调查户能分散到全国范围内几乎所有的普查区和调查小区，长表各项指标的代表性强。另外一种观点认为，抽 10% 的普查区或调查小区，调查抽中区域中的全部家庭户和集体户，认为这种方法仅涉及全国范围内的 10% 的调查区，有利于现场工作的组织，不易漏登调

查区的住户。在第五次人口普查中，全国大部分地区采取的是按户抽样，而新疆地域辽阔，人口居住分散和多种语言文字并行，给普查带来困难，因此采取了整群抽样的方法。胡英（2004）对廊坊与喀什的比较研究认为，系统抽样（抽户）要好于整群抽样。胡英的依据是利用河北廊坊市和新疆喀什地区的长表数据的抽样数据误差，分析了"五普"的市、县级长表数据的质量。研究发现，对于长表整群抽样的所有指标，其抽样误差都大于按户抽样；而在设计效应的比较上，两种抽样方法的差别更大，喀什地区 12 个县级单位长表采用整群抽样登记的民族人口中，汉族人口比重的抽样误差很大，大部分县的相对误差超过了 50%，没有统计意义；而廊坊的设计效应值很小，大部分指标的设计效应值小于 1.2，接近简单随机抽样。笔者认为系统抽样是一种特殊的简单随机抽样，整群抽样一定有设计效应和牺牲效率的情况存在，但对两个地区的这种比较很难区分是数据质量的原因还是抽样设计的原因，因此研究结论不足以充分支持人口普查具体操作和实施是系统抽样优于整群抽样的结论。此外，把全国系统抽样交给数以万计的普查长表调查指导员，很难保证样本没有抽样的选择性问题。

除了上述主要争论以外，还有就是普查地图问题。有观点认为地图对于城市人口普查非常重要，对农村地区没什么用处。

总之，从争论焦点和争论的内容来看，归根结底都与长表的内容、长短表优化设计和长表抽样工作量有关。

二　全员人口信息系统

中国是世界上人口最多的国家，实时记录中国人口的属性特征、结构特点和变化规律显然是巨大的系统工程。尽管中国目前已经积累了非常丰富的人口基础数据，但人口大数据研究还没有真正起步。虽然可以公开获得的个体层次人口普查原始数据一次比一次少，这种变化趋势与大数据时代潮流背道而驰，但面对新技术浪潮不可阻挡的巨大动力，有理由相信未来可供使用、系统收集的基础数据总量将会越来越大，可供选择的数据来源也越来越多，可供使用的范围也必将越来越广。就中国目前的技术条件和信息采集方式，人口大数据的来源主要是人口普查、人口信息系统和行政登记大数据。根据人口数据的收集方式的不同，可以把中国人口大数据划分为全员人口大数据和特定人群或亚人口大数据。

（一）户籍管理数据

中国的户籍制度和户籍管理是全世界独一无二的。户口不仅是人口区域划分的依据，也是很多公共政策和社会福利的依据。因此，户籍管理不仅是中国人口管理的重要手段，同时也是公共政策制定的重要依据。尽管对户口有不同的争论和看法，但与户口相关的社会管理和公共管理仍然是当今中国社会政府治理的主要途径。虽然中国户籍管理有着悠久的历史，但与全国人口普查不同，中国户籍管理信息数字化却是相对滞后的。2001 年 3 月 27 日成立全国公民身份证号码查询服务中心，负责建设、管理和运营全国公民身份信息系统。2003 年 12 月底，完成 42 个城市 2.1 亿人口的数据整理、加载工作。2005 年 3 月 14 日完成 70 个城市 3.2 亿人口数据整理、加载工作。2010 年 1 月完成新旧系统升级改造，新系统正式上线运行。中国各省、自治区、直辖市公安户籍管理部门开始陆续向国家身份证服务中心提供户籍信息的部分字段，到 2010 年基本上实现了全国各省份每年一次的同步更新。目前户籍管理信息系统主要是维护户口本所提供的信息，登记人口达到 13.7 亿人，全国范围全部省级和国家级信息系统已经实现了当日更新；但更新的范围主要是必须进行申报，否则将严重影响到就业、就学、就医和社会保障等日常生活的相关信息。因此，各项信息并非能够全部同步更新。不能及时与其他相关行政管理部门共享和同步更新的项目包括受教育程度、死亡注销、出生登记和婚姻状况等基础信息。在全国身份证信息中心的数据库中，还有一个非常重要的与户主的关系信息没有提交到国家层面。因此，目前全国户籍信息无法进行家庭关系和家庭结构以及住户信息等方面的深入数据分析。

（二）婚姻登记

婚姻登记是我国民政部门重要的登记系统之一，也是人口基本状况、社会属性的重要信息，是具有法律效力的婚姻状况信息。目前合法婚姻登记涉及全国 20 岁及以上女性和 22 岁及以上男性。虽然只涉及特定的人群，但结婚、离婚、再婚和丧偶随时发生。因此，需要实时的信息变更。婚姻状况和婚姻登记不仅是人口的重要信息，也是市场研究等相关产业、商业乃至政府公共政策研究的重要信息。全国婚姻登记管理信息系统建立的目标是全国联网办理婚姻登记业务。2011 年底，全国已有上海、北京、天津等十多个省市实现婚姻登记信息全国联网。到"十二五"末，全国基本实现婚姻登记信息联网。2013 年 5 ~ 6 月民政部规划财务司全国婚姻登记信息系统[①]升级招标，新系统目前已经上线运行。

（三）出生登记

出生登记是卫生计生部门重要的登记系统之一（见图 3 - 1）。出生登记不仅是人口总量、结构变动的重要信息，也是亲子血缘关系获得的重要渠道。目前全国出生登记系统主要服务于出生证办理和计划生育管理。出生证作为身份和亲生父母认定的重要信息，既包括本人的出生时间、性别、国籍，也包括亲生父母的身份信息，是具有法律效力的唯一身份文件。到目前为止，全国接近一半的省份可以进行同步更新，还有另外一部分出生登记信息分散在县级单位，没有实现集中数据更新和管理。虽然有些省份目前在人口信息化过程中，将出生登记与父母信息结合起来，比如广东，但由于标准化出生登记信息采集时间较短，目前还仅有一小部分人口的亲子关系通过出生登记获得，距离全人口亲子关系全覆盖的目标还有相当大的差距。

---

① 　http：//www. ccgp. gov. cn/cggg/zybx/gkzb/201305/t20130523_ 2765141. shtml.

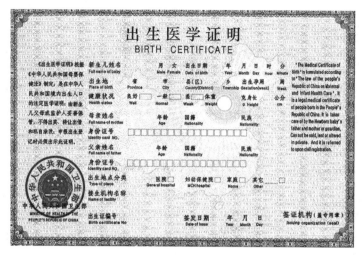

图 3 - 1　中国出生医学证明

（四）学籍登记

2010 年以来，教育部开始全面推进电子学籍，目的是实现学生学籍的唯一性。不论学生入学、休学、转学，都可以实现全国唯一学籍的统一管理，避免学生因失学、转学等导致的重复或瞒、漏登记。全国中小学生学籍信息管理系统目前已经实现全国联网运行，该系统将为每名中小学生建立全国唯一的、跟随一生的学籍编号，从小学一直沿用至研究生教育乃至继续教育，并在全国范围内实现学生转学、升学等动态跟踪管理。系统将涉及全国 1.9 亿名中小学生，该系统同时实行动态管理，包括对全国范围内的学校信息、父母信息、学生注册、学生信息维护、毕业升级、学籍变动等实现计算机信息化管理，可及时跟踪全国的学生流动，全面掌握全国中小学生的真实情况（见图 3 - 2）。截至 2014 年 8 月 20 日，已有近 1.6 亿名学生信息入库，共完成省内转学 206 万例，完成跨省转学 22 万例。虽然中小学生学籍信息管理系统发挥重要的作用，但仍然存在数据质量不够高、运行维护不够顺畅、学籍管理不够规范、功能应用不够全面等问题，亟待进一步完善。①

---

① http：//www.moe.edu.cn/publicfiles/business/htmlfiles/moe/s5987/201408/174316.html.

从大数据管理的角度看，目前该系统存在的比较突出的具体问题，比如有些学生是有身份证号的，还有些学生是没有身份证号的，无身份证号的学生命名规则为：学校标识码_ 班号_ 姓名等，这为系统的后期维护和系统之间的校验带来了许多麻烦和问题。

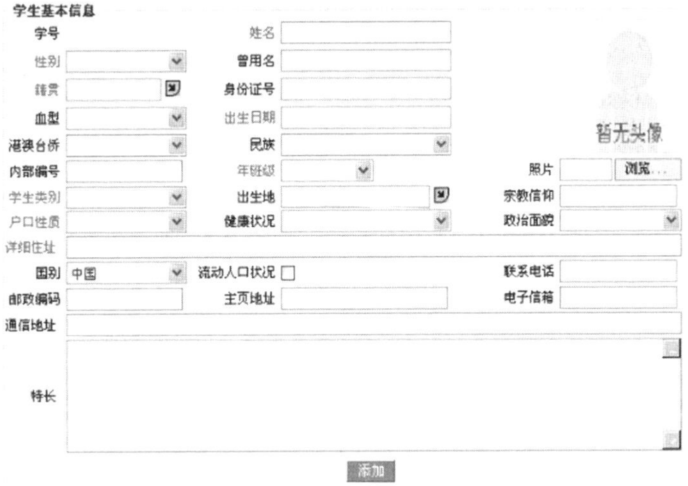

图 3 - 2　全国中小学生学籍信息管理系统

（五）其他实名登记系统

全员人口大数据主要是人口普查信息和户籍管理信息，理论上覆盖全国所有人口，是最具有权威性和历史积累的大数据。

有些信息的变更无时无刻不在发生，有些信息是阶段性的。对于构建一个完整的核心系统，需要对关键信息进行核查与确认。目前全国能够形成人口大数据的信息系统还包括以下几类。

第一是医疗保障信息系统。2008 年以来全国建立覆盖"新农合"和城镇基础医疗保险网络，实现覆盖城乡的医疗保障制度、医疗住院报销等行政管理体系构建，完整记录了个人的就医和死亡等信息，作为身份核查系统之一具有重要意义。

第二是民航、铁路交通售票信息系统。民航、铁路实名售票系统每时每刻都生成大量的交通信息和身份证信息，不仅是重要的交通出行信息，而且对核查人口的存活与死亡具有不可替代的价值。

第三是劳动保障信息系统。劳动就业保障系统也实现了基本保障网络覆盖，登记系统存量变化和跨地区转移、接续等行政管理过程中对参保人的信息实时更新，具有重要意义。随着参保劳动者的比例不断提高，这些记录也是重要的身份核查和就业状况等重要基础信息的来源。

第四是银行信息系统。银行系统的实名身份证信息与交通系统实名信息类似，不仅可以提供身份的校验核查，而且可以实现人口经济状况等重要信息的确认。

第五是住宅产权信息系统。住宅产权办理和交易是目前房产管理的基础平台，虽然省际信息互联还没有实现，但与户籍管理信息、人口普查信息的互联、互通，将会更为准确、实时地反映家庭住房和财产的实际情况。

尽管目前国家基础人口信息系统建设取得了长足进展，人口信息在决策支持和行政管理过程中具有重要的作用，但人口大数据系统的最基本信息还没有实现全部的互联、互通，共享基础信息如姓名、性别、出生年月、身份证号等也没有完全收集，人口的自然、社会、经济属性信息的实时开发利用还面临着很多挑战和实际困难。需要解决数据的标准化，数据流程的规范化，数据管理更新、共享、安全机制体系的建立和数据的实时动态清理、更新以及历史数据的保存与归档等实际问题。

人口数据是不是大数据不仅取决于人口数量的多少，同时还取决于数据的收集和存储方式。和其他数据系统一样，随着智能终端特别是手机、可穿戴设备的广泛应用和互联网信息采集能力的不断升级，对个体信息的收集越来越便捷，越来越丰富，每个个体都可以实时产生大量数据，数据资源的积累也必然是源源不断的。可见，基于大数据的特点，个体层次人口数据不仅具有体量大、时效性强等大数据特征，而且动态采集每个个体的复杂信息，使实时处理面临巨大挑战。仅从人口普查数据来看，个体水平的数据呈爆炸式增长，2000年只有100多个国家和地区1亿人的普查个体微观数据可以获得，现在有7.5亿人口的个体微观数据，预计到2018年将超过20亿人，另外还有20亿~40亿人有严格限制的人口普查个体微观数据可以使用（Ruggles，2014）。

面对快速变化和纷繁复杂的信息渠道，人口大数据研究又有许多特殊性和不可替代性，可以肯定，随着新技术革命的到来和迅猛发展，人口信息资源和可供使用的人口大数据资源也必将成为今后研究的重要领域，迫切需要从理论、方法和应用等各个研究领域重新构建人口科学研究的范式，以适应新技术革命的要求和科学研究的挑战。深入探讨人口大数据时代人口科学研究创新的核心问题和面临的挑战，认真研究和挖掘人口大数据具有重大的理论意义和实际应用价值。

第二节 人口数据质量评价

人口数据是通过调查或行政登记获得的。从人口统计的角度来看，能够造成数据与客观事实差距即误差的主要原因有覆盖误差、应答误差和数据处理误差。覆盖误差是指在人口数据收集过程中遗漏或丢失了一定的人口数量，"丢失"的原因可能是特定时间内一些人口由于流动或距离遥远或调查成本太大而没有被访问登记到。应答误差通常是被调查者回答问题不准确、不清楚或无法理解并回答相应的选项。数据处理误差是指将原始登记的文字信息进行电子化、标准化编码过程中出现的问题。

人口数据质量评价包括内部数据质量评价和外部数据质量评价。由于事后质量评价需要进行再抽样，目前从可获得的数据来看，通常对人口数据质量评价采用的方法是内部数据质量评价，简单地说就是根据人口的内在数量和结构关系评价数据的质量。众所周知，任何人口普查和人口抽样调查都是任务艰巨的大范围的人口调查。在人口调查过程中，由于调查者和被调查者的主观和客观等多方面因素的影响，人口数据的误报和漏报时有发生。从人口统计基本原理出发，人口数据质量的评估方法主要是通过年龄结构构建人口统计指标，从而发现数据的异常和质量的高低。

年龄结构信息是人口总量和结构的基础性信息，是人口特征的缩影，不仅记录了过去人口变化的历史，也是未来人口变化的基石。从人口结构的内部特点和逻辑关系出发，检验数据内部的一致性，构建数据质量评估指数是目前比较常见的人口数据质量评价方法。虽然各种指数的构建方法有所不同，但基本原理都是通过年龄别人口的分布状况和相邻年龄组数据的相互关系，发现数据的奇异点等问题，各种指数暗含的一个基本假定就是人口的变化过程是相对比较平稳的，指数很大或偏离的原因是调查误差造成的。比较常用的人口数据质量评估方法通过对人口年龄结构的评估来判定人口数据质量的高低，如年龄结构偏好指数等。具体人口数据质量评估方法如下。

一　年龄结构偏好指数

年龄结构偏好指数用于分析任何年龄的"堆积"现象（见图 3-3）。该方法假设年龄分布比较均匀，试图通过相邻年龄人口的比例关系发现某些年龄组数据的异常。

$$IAP_a = \frac{p_a}{\dfrac{1}{5}\left(p_{a-2}+p_{a-1}+p_a+p_{a+1}+p_{a+2}\right)} \times 100$$

这里 P_a 为需要检验的 a 岁人口数。IAP_a 越接近 100，说明数据质量越好；大于 110 说明年龄堆积现象存在，大得越多说明年龄堆积越严重；小于 100 则说明年龄堆积现象没有发生，但该年龄存在回避现象。

二　惠普尔指数

现实生活中年龄偏好和堆积现象容易发生在 0 和 5 结尾的年龄组，为测量 0 和 5 结尾的年龄偏好与堆积现象设计了惠普尔指数来检验。

$$WI = \frac{P_{25}+P_{30}+\cdots+p_{55}+p_{60}}{\dfrac{1}{5}\left(p_{23}+p_{24}+p_{25}+p_{26}+\cdots+p_{60}+p_{61}+p_{62}\right)} \times 100$$

正常情况下，WI 的取值范围为 100~500。WI 等于 100，说明年龄分布均匀，不存在堆积现象；WI 介于 100 和 110 之间，可以认为无明显年龄偏好，数据质量较好；如果 WI 介于 110 和 130 之间，说明存在年龄偏好，但数据质量可以接受；如果 WI 大于 130，说明年龄偏好严重，数据质量不可接受。

以 1990 年新疆人口年龄结构为例，从图 3-3 可以看到 0 和 5 结尾的年龄组的人口比例明显高于周围年龄组，通过惠普尔指数计算得到 1990 年新

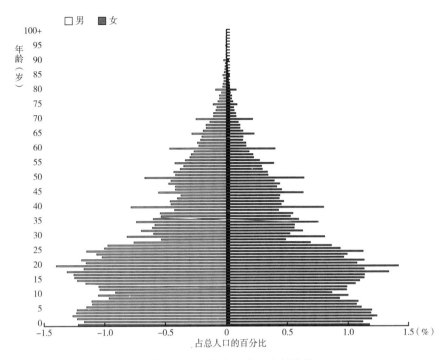

图 3 - 3 1990 年新疆人口年龄结构

疆男性人口惠普尔指数为 126.02，女性为 133.13，明显高于 1990 年全国男性人口惠普尔指数 101.09 和全国女性人口惠普尔指数 100.86（见表 3 - 6）。

表 3 - 6 1990 年中国人口普查数据质量比较

	惠普尔指数		迈叶斯指数		年龄准确性指数		联合国综合指数
	男性	女性	男性	女性	男性	女性	总人口
全 国	101.09	100.86	1.85	2.01	4.64	4.90	29.44
新 疆	126.02	133.13	4.50	5.67	4.56	4.26	41.39

三 迈叶斯指数

迈叶斯指数用于检验年龄结构总体异常现象，具体算法如下：

（1）在给定年龄区间内（10～89 岁）和（20～89 岁）分别将具有同一尾数（0，1，2，3，4，5，6，7，8，9）的年龄相加，记作 $p_1(x)$ 和

$p_2(x)$，$x \in$ （0，1，2，3，4，5，6，7，8，9）；

（2）将 $p_1(x)$ 和 $p_2(x)$ 分别乘以相应的权数（1，2，3，4，5，6，7，8，9，10）和（9，8，7，6，5，4，3，2，1，0），记作 $Wp_1(x)$ 和 $Wp_2(x)$；

（3）$sp(x) = Wp_1(x) + Wp_2(x)$；

（4）$Tp = \sum\limits_{x=0}^{9} sp(x)$；

（5）$perp(x) = \dfrac{sp(x)}{Tp} \times 100$；

（6）$dev(x) = |perp(x) - 10|$；

（7）$MI = \dfrac{\sum\limits_{x=0}^{9} dev(x)}{2}$；$MI$ 为迈叶斯指数。

迈叶斯指数的变动区间为 0 ~ 90。迈叶斯指数越接近 0，说明年龄堆积程度越小。一般来说，迈叶斯指数小于 5，可以认为数据比较好；介于 5 和 10 之间，认为可以接受；大于 10 则数据不可接受。

四　年龄准确性指数

年龄准确性指数旨在对 5 岁一组的年龄准确性进行检验。

（1）$AR(a) = \dfrac{{}_5p_a}{\dfrac{1}{3}({}_5p_{a-5} + {}_5p_a + {}_5p_{a+5})} \times 100$；$AR(a)$ 为年龄比；${}_5p_a$

为年龄在区间（a，$a+5$）岁的人口数，$a \in$（0，74）；

（2）$DEV(a) = |AR(a) - 100|$；$DEV(a)$ 为年龄比离差；

（3）$Tdev = \sum DEV(a)$；$Tdev$ 为年龄比离差之和；

（4）$IAR = \dfrac{Tdev}{n-2}$；IAR 为年龄准确性指数，n 为年龄组数。

年龄准确性指数的值越小，说明资料的质量越好。年龄准确性指数小于 3，说明数据误差较小；介于 3 和 7 之间为可接受，大于 7 为不可接受。

五　联合国综合指数

相较于其他指数不对性别进行区分，联合国综合指数（联合国年龄－性别指数）被用于同时检验年龄和性别的准确程度。

（1）${}_5SR\ (a)\ =\dfrac{{}_5p_m\ (a)}{{}_5p_f\ (a)}\times100$；${}_5SR\ (a)$ 为年龄在区间（a，$a+5$）岁的年龄组性别比；${}_5p_m\ (a)$ 为年龄在区间（a，$a+5$）岁的年龄组男性人口数；${}_5p_f\ (a)$ 为年龄在区间（a，$a+5$）岁的年龄组女性人口数；

（2）$DEV_{SR}\ (a+5)\ =\left|{}_5SR\ (a)\ -{}_5SR\ (a+5)\right|$；$DEV_{SR}\ (a+5)$ 为 ${}_5SR\ (a)$ 与 ${}_5SR\ (a+5)$ 性别比离差；

（3）$Tdev_{SR}\ =\sum DEV_{SR}(a)$；$Tdev_{SR}$ 为性别比离差之和；

（4）$AVRdev_{SR}=\dfrac{Tdev_{SR}}{n-1}$；$AVRdev_{SR}$ 为性别比离差之均值；

（5）$AR\ (a)\ =\dfrac{{}_5p_a}{\dfrac{1}{2}\ ({}_5p_{a-5}+{}_5p_{a+5})}\times100$；$AR\ (a)$ 为年龄比；${}_5p_a$ 为年龄在区间（a，$a+5$）岁的人口数，$a\in$（0，74）；

（6）$DEV\ (a)\ =\left|AR\ (a)\ -100\right|$；$DEV\ (a)$ 为年龄比离差；

（7）$Tdev\ =\sum DEV(a)$；$Tdev$ 为年龄比离差之和；

（8）$IAR=\dfrac{Tdev}{n-2}$；IAR 为年龄准确性指数，n 为年龄组数；

（9）$UNI=3\times AVRdev_{SR}+IAR_m+IAR_f$；$IAR_m$ 和 IAR_f 分别为男性和女性年龄准确性指数。

联合国综合指数是对人口性别年龄结构的一种综合性检验。联合国综合性指数小于 20 时，说明数据是准确的；介于 20 和 40 之间说明数据不够准确，但可以接受；大于 40 说明数据很不准确，不可接受。

通过全国和新疆数据质量的对比可以看到，虽然各个指数的相对大小不同，但对人口年龄结构数据质量的评估还是有较好的区分度和一致性的。

总之，年龄结构数据质量评估方法只是人口普查数据质量评估的一个方面，对人口普查数据质量的检验和评估是建立在人口变动基本稳定的假设之上的。通过各种评估指数发现数据的异常，并比较数据质量的相对好坏，并不能确切解决数据偏差的问题。

参考文献

崔红艳、张为民，2002，《对 2000 年人口普查人口总数的初步评价》，《人口研究》第 4 期。

乔晓春，2002，《从"主要数据公报"看第五次人口普查存在的问题》，《中国人口科学》第 4 期。

于学军，2002，《对第五次全国人口普查数据中总量和结构的估计》，《人口研究》第 3 期。

王广州，2003，《对第五次人口普查数据重报问题的分析》，《中国人口科学》第 1 期。

王广州、张齐超、赵元元，2010，《从国际视角看中国人口普查的内容设计》，《人口与发展》第 2 期。

王广州，2017，《中国人口科学的定位与发展问题再认识》，《中国人口科学》第 3 期。

曾毅，1993，《人口分析方法与应用》，北京大学出版社。

查瑞传，1991，《人口普查资料分析技术》，中国人口出版社。

Ruggles, Steven. 2014. Big Microdata for Population Research. *Demography*, 51 (1).

Yusuf, Farhat, Jo. M. Martins & David A. Swanson. 2014. *Methods of Demographic Analysis*. Berlin：Springer.

第四章　死亡水平测量

内容提要： 死亡水平测量的重要目的是得到死亡可能性的大小和预期寿命的长短。本章共分四个部分，第一部分是假想队列方法，第二部分是测量指标的标准化方法，第三部分是生命表的构建，第四部分是平均预期寿命敏感性分析案例等。时期分析、队列分析和生命周期分析是人口科学研究的基本观察视角。本章从列克西斯图清晰界定人口群体数据分类和人口基本统计测量开始，讨论队列分析和时期分析等人口数据分析中的基本方法，对基础测量指标粗死亡率、婴儿死亡率和年龄别死亡率的计算方法进行介绍，通过分析年龄异质性和标准化方法，讨论标准化指标构建的重要意义。在上述死亡水平测量方法研究的基础上，本章重点讨论生命表的构建方法和生命表各项指标的人口学含义，通过实例全面探讨在假想队列基础上，假想队列年龄别死亡概率或存活概率的曲线特征和平均预期寿命指标的敏感性问题。

生老病死，自然规律。古今中外，人命关大。生、死问题是人类发展的重大问题，也是人们共同关心和关注的问题。早期的人口科学被看作政治算术，主要是描述、分析和理解所统治人口的构成和发展，而现代人口科学研究起源于英国，研究问题来自对死亡可能性大小的关注（王广州，2017）。有一些最基本的观察视角、收集数据方法和分析技术是人口科学研究必备的工具和技能。研究人口事件必然从观察和分类研究开始，这也是人口科学研究的开始。

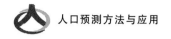

第一节　人口事件的观察与分析方法

人口学研究问题的重要视角和分析技术包括时期分析、队列分析和生命周期分析。在时期或队列分析的基础上，总结和发现全生命周期人口变动的客观规律是人口统计研究的重要内容。

一　队列分析与时期分析

（一）队列分析

队列是指具有相同属性的人口群体，也就是在同一时期内发生过相同人口事件的群体。如同一时期出生的一群人，同一时期结婚的一群人，同一时期迁移的一群人，同一时期上学的一群人等都可以看作或构成一个研究队列，比如，司空见惯的"80后""90后""00后"等说法都是从队列的视角来界定人群的。

队列分析是对某一队列进行纵向的观察和分析。队列分析往往研究同一队列在生命历程中发生各种事件的时间分布、频率、概率等。由于队列分析是研究同一队列不同时期的状况与问题，需要记录不同时点该队列的属性与事件，所以需要长期的纵向观察。

队列分析所需数据资料的收集方法为跟踪观察法或回顾性调查法。队列跟踪观察方法是从所研究队列组成开始，即对该队列成员进行跟踪观察，并按要求记录队列成员发生所研究事件的有关情况。该数据收集方法的优点是能获得非常具体、详细、生动的队列资料。缺点是所需时间较长，观察样本流失和经费成本巨大。队列回顾性调查法是在调查时点对某队列成员展开调查，被调查者回顾其经历的与所研究的人口事件有关的情况，并按要求记录。该调查方法节省时间和费用，但该方法的缺点是调查对象回顾时往往存在偏差甚至错误，且忽略了人口迁移和死亡对队列的影响。

(二) 时期分析

时期分析指对一个观察周期内人口各个事件发生的可能性大小的测量与分析。比如，过去的一年死亡人口比例、出生人口比例和迁移人口比例等。人口学研究的"时期"和人口统计指标通常采用的以一个年度作为一个时期的概念可能有时候是不一样的。真正对人口事件产生重要或深远影响的"时期"可能持续的时间不止一年，比如"抗日战争时期""解放战争时期""大跃进时期"。但在人口统计观察的过程中仍然需要建立横向和纵向可比的时期分析指标，所以遵循的原则往往不会发生改变。这是人口事件统计方法和分析技术方便与否决定的。从研究和观察的角度看，人口统计指标有些是时点指标（统计），有些是时期指标（统计）。对于存量人口的统计就是采用时点指标，而两个时点之间发生的事件统计并形成的指标为时期指标。比如出生、死亡人口数等，该类事件随着统计时点间隔的无限缩短而趋近于零，因此，需要一个标准的时期内发生事件比例或概率的统计，这也是时期统计测量和分析的基础。

总之，时期分析往往是研究不同队列在同一时期内经历同一事件，而队列分析则往往是研究同一队列在不同时期经历不同事件。时期分析方法是对某不同队列进行横向的观察和分析，研究不同队列在生命历程中发生各种事件的时间分布、频率、概率等。队列分析法是对某一队列进行纵向的观察和分析，研究同一队列在生命历程中发生各种事件的时间分布、频率、概率等。

二 列克西斯图

从抽象到直观、从直观到抽象是研究实际问题的重要方法，正如数学中从代数到几何、从几何到代数都是研究问题的重要手段。为了清晰、直观地描述人口事件所涉及的总体与分布，也需要进行数形结合的分析方法。列克西斯图（Lexis Diagram）是人口统计分析的重要方法，是以德国学者（Wilhelm Lexis）名字命名的人口统计图示方法，是把统计数据清晰分类的重要工具。列克西斯图是把人口事件的时间与年龄联系起来考察的直观明了的分析工具，也称为时间年龄方格图（见图4-1）。列克西斯图以日历时间为横轴，年龄或离队列起始事件的期间为纵轴。从横轴上每一点引出的与横轴成45°的直线表示队列成员的生命线。

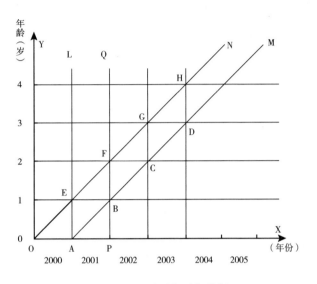

图4-1　队列与时期分析

需要特别注意的是，列克西斯图是把人口总体和人口总体所发生事件的发生时间与人口群体的年龄清晰地表达和界定出来。其实任何一个列克西斯图中的信息都是研究者赋予的，单纯的列克西斯图上的线段所围成的图形完全没有任何几何意义，其几何意义只有与所研究的人口事件相联系才具有观察和分类的意义。

列克西斯图中固定的描述是：横线表示确切年龄相同的人，竖线表示某时点上存活的人。封闭的线段组合区域表示发生的出生、死亡等事件的风险人群及事件发生数。对于人口群体或事件发生可以做如下描述（见图4-1）。

（一）同时人生存总体

线段AE表示2000年出生且存活到2000年底的人；线段FB表示2000年出生且存活到2001年底的人。2000年出生的队列成员在其后的生命历程中发生的所有人口事件均在OAMN区域内。

（二）同岁人生存总体

线段 OA 表示 2000 年出生的人；线段 EB 表示 2000 年出生且生存到 2001 年满 1 周岁的人。平行四边形 CDHG 可以表示 2000 年出生且在 2003 年度死亡的人；平行四边形 OABE 可以表示 2000 年出生而且在 1 周岁前死亡的人。

通过列克西斯图表示人口事件和人口群体特征可以发现时期与队列的两个基本特征。

第一，任何一个相同死亡年龄的人口都来自两个不同的队列。比如，时期 APQL 内，正方形 APBE 内表示死亡人口数，该正方形表示 2001 年度 0 岁人口死亡人数，死亡人口在 1 岁生日前死亡，该死亡群体一部分属于 2001 年出生人口，一部分属于 2000 年出生人口。

第二，任何一个队列中相同死亡年龄的人口都将属于两个不同时期。比如，队列 OAMN 内，平行四边形 EBCF 表示 2000 年出生队列满 1 周岁但不满 2 周岁的死亡人口。满足该条件的一部分人口死亡时间在 2001 年，即三角形 EBF 内，另外一部分死亡时间为 2002 年，即三角形 BCF 内。

总之，列克西斯图表示生存总体用列克西斯图中的横线、竖线和生命线的交点构成生存总体。通常用横线线段来表示同岁人生存总体，即确切年龄相同的人；用竖线线段表示同时人生存总体，即某时点上存活的人。因此，对于同时出生的人来说，生存到某一确切年龄的人和生存到某一时点的人数是完全不同的。

为了进一步直观理解列克西斯图的分析方法，以死亡为例，在列克西斯图中，任由几条线段围成的封闭区域均可表示死亡总体。列克西斯图表示死亡总体可以分为以下三类。第一类死亡总体：同一年度出生同一年度死亡的人；其特征是同年出生，同年死亡，可能死不同岁。第二类死亡总体：同一年度出生同一年龄组死亡的人；其特征是同年出生，同岁死亡，可能死不同年。第三类死亡总体：同一年度里同一年龄组死亡的人；其特征是同年死亡，同岁死亡，可能生不同年。

从人口统计的角度看，生存总体与死亡总体之间存在着极为密切的数量关系，因此，可利用它们之间的数量关系来计算一系列的人口统计指标。但在构建人口统计指标时，需要清晰界定单位时间内发生事件的风险总体和与总体相对应的事件的发生数量，从而获得在科学分类基础上的人口统计指标。理解列克西斯图的表示方法将有助于理解时期、队列统计指标的构造方法和基本原理。

三 假想队列

由于很难获得一个完整队列整个生命周期的统计资料，通常将一个时期不同队列想象为一个队列一生的行为或事件，构造一个假想队列，该方法被称为假想队列方法。也就是把某时期（一年）不同年龄的人的某种统计特征（如分年龄的生育率、死亡率等）看成实际上并不存在的某队列成员在各个年龄段的相应指标，对这一假想队列和可能发生的人口过程进行研究的方法。比如，生育率测量的总和生育率的计算和死亡测量的生命表的编制等都使用了假想队列方法。

以 1966 年出生队列为例，根据 1966 年的年度（时期）年龄别人口统计指标，假定该队列未来不同年龄的发展变化过程与 1966 年时 0 岁以上人口在 1966 年的变化相同。比如，未来 1966 年出生人口 1 岁时的年龄别死亡率与 1965 年人口的 1966 年的年龄别死亡率相同；1966 年出生人口 2 岁时的年龄别死亡率与 1964 年人口的 1966 年的年龄别死亡率相同，以此类推，这样的分析问题的方法即为假想队列方法（见图 4 - 2）。

第二节 死亡水平测量方法

死亡是人口的一个必然现象。死亡是指生命现象的终结，生命活动的停止。发生这种现象的人口即为人口学统计的死亡人口。关于生命现象终止的含义，人口学死亡统计排除了出生前的死亡，即所谓的死胎。

与生育不同，死亡现象无时无刻不在发生，而生育则是有条件的，也是可以计划和安排的，死亡则表现出更强的无条件特征。除了战争、瘟疫等突发性和灾难性事件外，死亡事件发生的可能性更多地表现为人类的自

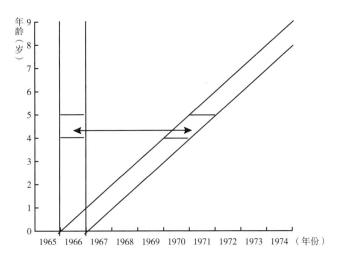

图 4 - 2 假想队列示意

然规律。人口群体死亡过程是一个单向、不可逆和不可重复的过程。死亡问题研究是定量人口研究的基础与核心问题。

一 死亡率

死亡水平测量的目的就是确定死亡可能性的大小和死亡人口总数的多少。健康状况与死亡可能性之间关系密切，对死亡水平测量的另外一个意义就是衡量人群健康水平的高低。对死亡水平变化的测量方法也是伴随着基础数据的收集能力、数据结构等方面的变化由粗糙到细致的过程。比较粗糙的测量是将死亡人口的规模或比例与总人口的规模联系起来，即所谓的死亡率，也称作粗死亡率（CDR）。粗死亡率是一个时期指标，是一年中的死亡人数与这一年的平均人口数之比：

$$CDR = \frac{D}{\overline{P}}$$

D 为年度死亡人数，$\overline{P}$ 为年度平均人口数，这个计算公式的分母为平均总人口数，其实平均人口数是一个人年数。粗死亡率计算方法简单，资料易获得。粗死亡率的大小与人口的死亡水平和年龄结构密切相关。粗死亡率不仅受到死亡水平的影响，而且还受到人口年龄、性别结构的影响。

因此，有时在横向比较时不能很好地反映一个人口群体的真正死亡水平的高低。

二 婴儿死亡率

婴儿死亡率是一个非常具有区分度和标识母婴健康水平的指标。婴儿死亡率通常用来反映一个人口群体的健康水平、社会经济发展水平以及卫生服务水平，特别是反映妇幼保健、医疗水平的敏感指标。

婴儿死亡率（Infant Mortality Rate，IMR）指一定时期内（通常为一年）未满周岁的死亡婴儿数与活产婴儿总数之比，用千分数表示。严格意义上讲婴儿死亡率应该称之为婴儿死亡概率。

（一）队列婴儿死亡率

队列婴儿死亡率的概念和表示方法非常直观，是婴儿死亡概率（见图4-3）。从图4-3可以看到，y_0 年度出生婴儿数为 N_0。在 y_0 年度出生的 N_0 名婴儿中，在 y_0 年度死亡且年龄在1周岁以下的人数为 d_1，在 y_1 年度死亡且年龄在1周岁以下的人数为 d_2，队列的婴儿死亡率可以表示为：

$$q_0 = (d_1 + d_2)/N_0$$

由于队列婴儿死亡率涉及两个年度的统计数据，只有在 y_1 年度才能获得对应的婴儿死亡率结果，而且需要两个观察年度，仅有一个时期的观察数据无法得到完整的婴儿死亡率。

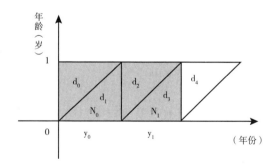

图4-3 队列婴儿死亡率

（二） 时期婴儿死亡率

由于队列婴儿死亡率的死亡人口跨年度，比较两个队列婴儿死亡率的差别需要观察三个年度，很难确定指标到底代表哪个时期的婴儿死亡率。同时因为婴儿死亡的可能性与出生时间的长短密切相关，所以需要对一个时期婴儿死亡水平进行测量。我们既希望对同一个队列进行测量，同时也希望反映出一个时期的婴儿死亡水平。

根据图 4－3 计算 y_1 年度的婴儿死亡率，从队列的角度看，假想队列婴儿死亡率：

$$q_0 = (d_3 + d_4)/N_1$$

在 y_1 时期死亡的 0 岁人口包含 y_1 年度出生队列 N_1 中的 d_3 和 y_0 年度出生队列 N_0 中的 d_2。时期婴儿死亡率（婴儿死亡概率）可以表示为：

$$q_0 = d_2/N_0 + d_3/N_1$$

其实，在获得 1 个年度调查数据的情况下，d_4 和 N_0 是未知的（见图 4－3、图 4－4），因此需要解决 N_0 和 N_1 两个不同队列在 y_1 年度不满 1 岁死亡的概率估计问题。

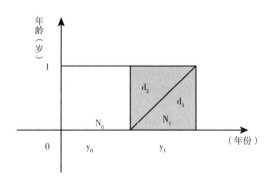

图 4－4　时期婴儿死亡率

推导：$d_4 = ?$

（a）如果图 4－3 中 N_0、d_1、d_2、N_1、d_3 已知，那么，N_1 存活到 y_1 年

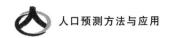

末的概率为 $(N_1 - d_3)/N_1$ ，若继续存活到 1 岁的存活概率与 N_0 存活到 y_0 年末继续存活到 1 岁的概率 $(N_0 - d_1 - d_2) / (N_0 - d_1)$ 相同，那么，N_1 存活到 1 岁的存活概率为 $[(N_1 - d_3)/N_1][(N_0 - d_1 - d_2)/(N_0 - d_1)]$，婴儿的死亡率则为：

$$q_0 = 1 - [(N_1 - d_3)/N_1][(N_0 - d_1 - d_2)/(N_0 - d_1)]$$

（b）如果假定 N_1 死亡模式与 N_0 的一样，那么，$d_4 = (d_2/N_0) N_1$。
由 $q_0 = (d_3 + d_4)/N_1$ 得到：

$$q_0 = d_3/N_1 + d_4/N_1$$

将 $d_4 = (d_2/N_0) N_1$ 代入 $q_0 = d_3/N_1 + d_4/N_1$，得到：

$$q_0 = d_3/N_1 + d_2/N_0$$

进一步假定 $N_1 \approx N_0$，由时期婴儿死亡率：$q_0 = d_3/N_1 + d_2/N_0$，得到：

$$q_0 \approx d_2/N_1 + d_3/N_1 = (d_2 + d_3)/N_1 = D/N_1$$

这是一个在两步假定条件下得到的时期婴儿死亡率估计，而假定条件的好处是降低了数据的收集难度，代价是可能存在一些偏差，比如，N_0 与 N_1 差距较大会带来估计上的偏差。

表 4-1　2000 年部分地区粗死亡率与婴儿死亡率

单位：‰

地　区	粗死亡率	婴儿死亡率
北　京	5.3	5.4
广　东	5.4	16.8
宁　夏	4.57	27.4
新　疆	5.4	55.5
上　海	5.8	5.1
重　庆	7.98	28.8
贵　州	7.53	38.8
云　南	7.57	33.1

资料来源：2000 年全国第五次人口普查。

由于死亡是一个敏感的事件，尽管与粗死亡率相比，婴儿死亡率是一个比较敏感和具有很高区分度的指标（见表 4 - 1），但与粗死亡率一样，分子和分母的误差带来的影响有很大不同，即对于分子和分母的数值，误报、漏报一个人所引起的统计结果误差有很大不同，这对基础数据统计质量有很高的要求。因此，分子的准确统计更为重要。

三 年龄别死亡率

从粗死亡率的估算方法来看，粗死亡率受年龄结构异质性差异的影响很大，分子和分母都没有进行年龄区分，因此希望在进一步细分年龄的基础上，使一个人口群体与另一个人口群体死亡水平的差异被细化。年龄别死亡率就是细化观察的方法之一。婴儿死亡率也是观察一个年龄组的一个时期的死亡水平的细化方法之一。

年龄别死亡率（age-specific death rate）是某一时期内（通常为一年）某一年龄或年龄组内死亡人数与同期相应年龄或年龄组的平均人口数之比，年龄别死亡率一般按男性、女性分别计算：

$$asdr(x) = \frac{d(x)}{p(x)}$$

年龄别死亡率与婴儿死亡率一样面临相同年龄的死亡人口属于不同的出生队列的问题，表 4 - 2 展示了死亡人口按出生年份和死亡年龄分类统计的双重分组原理。由于年龄别死亡率的分母是该年龄的平均人口数，分子是来自两个不同的总体，分母平均人口数其实是该年龄的存活人年数的近似，分子也应该计算存活人年数，只是简化为死亡人口数，二者的比值不是死亡的概率。因此，在计算死亡概率的时候需要将年龄别死亡率的分子也转换为存活人年数或分子、分母都是人数，从而达到进一步精确计算概率的目的。

下面通过实际数据来观察年龄别死亡率曲线的变化情况（见图 4 - 5），并总结年龄别死亡率曲线的特征如下。

表4-2　死亡统计的双重分组

单位：岁，人

出生年份	周岁年龄	男性死亡人数
1922	38	465
1922	39	552
1921	39	538
1921	40	633
1920	40	631
1920	41	744
1919	41	459

资料来源：〔法〕R. 普雷萨：《人口统计学》，张志鸿等译，复旦大学出版社，1989，第43页。

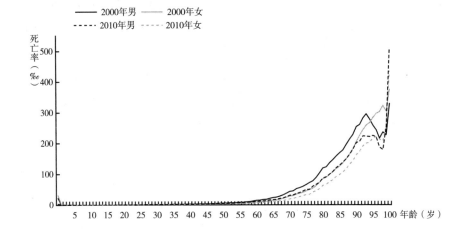

图4-5　2000年、2010年全国分性别年龄别死亡率

从2000年、2010年中国人口普查年龄别死亡率曲线可以发现如下特征。

第一，低龄人口死亡率较高，婴儿死亡率和儿童死亡率较高，60岁及以上人口死亡率持续升高。

第二，死亡率曲线存在明显的性别差异，女性死亡率低于男性，特别是老年女性死亡率明显低于男性。

第三，90~100岁的死亡率存在波动现象。

年龄别死亡率充分反映了人口群体死亡可能性与年龄的相关性。以上海和宁夏为例，尽管上海和宁夏分别属于中国的发达地区和欠发达地区，但从表4－3可以看到非常明显的特征。第一个特征是，无论上海还是宁夏，0岁人口死亡率明显高于1～49岁人口的年龄别死亡率；第二个特征是，1～49岁人口的年龄别死亡率低于0岁和50岁及以上人口；第三个特征是，50岁以上人口年龄别死亡率迅速上升。

值得注意的是上海2000年人口普查调查的粗死亡率为5.8‰，而宁夏的为4.57‰。然而，比较上海和宁夏各个年龄的年龄别死亡率发现，宁夏的调查结果都高于上海，比如0岁人口的死亡率宁夏为21.78‰，上海为4.1‰，宁夏是上海的5倍以上（见表4－3）。这个统计指标呈现出的矛盾需要通过深入分析找出问题的来源并进行解决。

表4－3 2000年上海、宁夏年龄别死亡率

年龄（岁）	上海			宁夏			全国		
	平均人口（人）	死亡人口（人）	死亡率（‰）	平均人口（人）	死亡人口（人）	死亡率（‰）	平均人口（人）	死亡人口（人）	死亡率（‰）
0	93702	384	4.1	88711	1932	21.78	12644523	340085	26.90
1~4	406704	167	0.41	363784	696	1.91	57903731	85828	1.48
5~9	613240	149	0.24	523000	406	0.78	94790828	52137	0.55
10~29	5009926	1537	0.31	2133282	2055	0.96	441504389	342548	0.78
30~49	6161069	7551	1.23	1580065	2986	1.89	396575041	831954	2.10
50~69	2939861	20886	7.1	662078	6962	10.52	182052919	2171945	11.93
70+	1138141	64253	56.45	135473	10050	74.18	50243896	3488584	69.43
全部	16362643	94927	5.8	5486393	25087	4.57	1235715327	7313081	5.92

资料来源：根据全国、上海、宁夏2000年人口普查数据资料整理。

四 标准化

日常生活中经常不经意地将不可比的事物进行比较，如将桌子和椅子的高低和大小以及用途进行比较，而这是毫无可比性的。这些不经意的比较有时候问题是显而易见的，而有时却是鲜为或不为人知而掩盖了事物的本质和真相的。在人口统计指标比较过程中，前提条件是非常重要的，忽

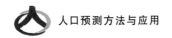

略了指标适用的前提条件有时候是非常危险的，这也是有可能发生错误或导致误判的重要原因之一。标准化就是试图将对比的指标统一到一个可比的标准下，然后进行比较，并得到比较科学的判断或结论的途径。

（一）死亡率分解

从粗死亡率的构成出发，对粗死亡率进行年龄别死亡率和年龄结构两个组成部分的分解，分解方法如下：

$$CDR = \frac{D}{P} = \frac{\sum_{x=0}^{\infty} D_x}{P} = \frac{\sum_{x=0}^{\infty} \frac{D_x \times P_x}{P_x}}{P} = \sum_{x=0}^{\infty} \frac{D_x}{P_x} \times \frac{P_x}{P} = \sum_{x=0}^{\infty} M_x \times C_x$$

通过上述推导可见，粗死亡率（CDR）可以被分解为两个部分，一部分是年龄别死亡率 M_x，一部分为年龄结构 C_x。因此，粗死亡率可以看作年龄别死亡率和年龄结构的函数，也可以看作年龄别死亡率的加权平均值，而权重就是年龄别人口比例，即年龄结构，当然存在：

$$\sum_{x=0}^{\infty} C_x = \sum_{x=0}^{\infty} \frac{N_x}{N} = \frac{N}{N} = 1$$

（二）标准化死亡率

由于对死亡水平的判断可能受年龄结构和年龄别死亡率两方面的影响，为了反映死亡水平的高低，需要对年龄结构进行标准化。通过标准化的年龄结构，重新计算标准化后的死亡率，计算的目的仅仅是为了比较两者的大小，而非再次推断死亡率的偏差。

年龄别死亡率是对若干年龄人口死亡水平的测量，例如，比较 A、B 两个人口群体，可能会存在一些年龄组人口群体 A 的年龄别死亡率大于人口群体 B，而另外一些年龄组又存在相反的情况，很难形成一个综合判断。当比较两个人口群体死亡水平时，需要形成一个综合指标的同时，又必须使两个群体具有可比性，这样就需要找一个标准，把两者进行统一，计算按不同标准人口得到的标准化的粗死亡率，以表 4 - 3 为例。

第一种方法是以上海人口的年龄结构为标准人口，按宁夏的年龄别死亡率计算宁夏的死亡人口数，然后计算以标准人口为标准的粗死亡率，即得到对宁夏进行标准化后的粗死亡率，并与上海进行比较，看看两者的大小。同理，也可以用宁夏的年龄结构为标准人口计算上海的标准化粗死亡率，然后与宁夏的粗死亡率进行相同的比较。

$$CDR^{NX} = \sum_{x=0}^{\infty} {}_nM_x^{NX} \times {}_nC_x^{SH}$$

或

$$CDR^{SH} = \sum_{x=0}^{\infty} {}_nM_x^{SH} \times {}_nC_x^{NX}$$

$CDR^{NX} = 8.26‰$的含义是：如果以上海的人口为标准人口，那么，宁夏标准化后的粗死亡率为 8.26‰，比上海调查的粗死亡率 5.8‰高，说明宁夏标准化的死亡率比上海高。

$CDR^{SH} = 2.84‰$的含义是：如果以宁夏的人口为标准人口，那么，上海标准化后的粗死亡率为 2.84‰，比宁夏调查的粗死亡率 4.57‰低，说明上海的死亡水平低于宁夏。

第二种方法是以两个年龄结构的均值为标准人口，分别按上海和宁夏的年龄别死亡率计算死亡人口数，然后以标准化人口规模计算上海和宁夏的粗死亡率并进行比较，看看两者的大小。

$$CDR^{SH} = \sum_{x=0}^{\infty} {}_nM_x^{SH} \times {}_nC_x^{mean}$$
$$CDR^{NX} = \sum_{x=0}^{\infty} {}_nM_x^{NX} \times {}_nC_x^{mean}$$

$CDR^{SH} = 5.06‰$，即如果以平均人口为标准人口，那么，上海标准化后的粗死亡率为 5.06‰；$CDR^{NX} = 7.33‰$，即如果以平均人口为标准人口，那么，宁夏标准化后的粗死亡率为 7.33‰，可见上海的死亡水平低于宁夏。

第三种方法是找一个"第三方"人口为标准人口，分别按上海和宁夏的年龄别死亡率计算死亡人口数，然后以标准化人口规模计算上海和宁夏的粗死亡率并进行比较，看看两者的大小。

$$CDR^{SH} = \sum_{x=0}^{\infty} {}_n M_x^{SH} \times {}_n C_x^{China}$$

$$CDR^{NX} = \sum_{x=0}^{\infty} {}_n M_x^{NX} \times {}_n C_x^{China}$$

$CDR^{SH} = 3.93‰$，即如果以 2000 年人口普查全国人口为标准人口，那么，上海标准化后的粗死亡率为 3.93‰；$CDR^{NX} = 5.89‰$，即如果以 2000 年人口普查全国人口为标准人口，那么，宁夏标准化后的粗死亡率为 5.89‰，可见上海的死亡水平低于宁夏。

总结上述标准化方法可以看到，尽管选择的标准人口不同，但只要采用相同的标准衡量上海和宁夏的死亡水平，就可以剔除人口年龄结构差异造成综合统计指标不具有可比性的问题，从而得出一致的结论。

其实最简单的标准化方法就是去掉年龄结构这个权重，直接对年龄别死亡率进行求和，记为 TM，即 $C_x = 1$。根据表 4-3 数据，直接计算年龄别死亡率的和：上海 $TM = 69.84$，宁夏 $TM = 112.02$，全国 $TM = 113.17$，据此可以判断标准统一后，宁夏的死亡水平高于上海。

由于目前人口数据收集和处理能力越来越强，人口年龄结构标准化方法在人口统计指标比较方面的应用越来越少。但作为重要的研究方法和研究问题的手段，标准化不仅是人口统计分析的独特方法，特别是在消除结构性影响方面更加直观，更重要的是可以对可能产生比较偏差的来源进行分解。在统计指标比较的过程中，需要经常解决统计指标和统计观察之间可能产生矛盾或错误的问题，标准化就是一个简单而有效的方法，是社会科学研究看待结构性研究问题和指标统计分析的基本常识及巧妙视角。

第三节　生命表

1662 年格兰特（John Graunt）的《关于死亡表的自然的和政治的观察》作为第一部人口著作诞生（Smith & Keyfitz, 1977），标志着人口研究开始进入科学轨道。哈雷（Edmund Halley）1693 年以格兰特的死亡概率为桥梁，提出生命表和预期寿命等人口统计基本概念和测量体系。

1760 年伯努利（Daniel Bernoulli）将哈雷的生命表拓展为多递减生命表（Yusuf et al.，2014），这些研究工作对人口数据采集提出了要求，为人口科学分析提供了工具。生命表研究的贡献是一方面推动了人口科学的迅速发展，另一方面也为其他领域的科学研究提供了重要的分析工具（王广州，2017）。

生命表分析方法是人口统计分析与应用的重要内容和分析工具，是人口研究过程中最常用、最基本的研究方法之一。生命表是对人口状态转换描述的有效方法。生命表分析不仅在死亡水平的研究过程中具有重要的应用价值，而且可以推广到对状态转变问题的深入研究。把状态的转变看作广义的"死亡"。现实生活中状态转换现象广泛存在，因此，生命表方法具有重要意义。

生命表是对寿命长短的测量。对一个队列寿命平均水平的测量是需要追踪整个队列，并记录所有人的死亡时间，然后得到队列的平均寿命，这是一个非常困难和现实意义不大的事情。生命表最基本的想法是如果按照目前的年龄别死亡概率，那么，一个刚出生的婴儿能活到不同年龄的概率是多少？同一个出生队列直到最后一个人死亡平均可以活多少年？

生命表的编制方法以年龄别死亡率为基本出发点计算年龄别死亡概率，通过假想队列推算如果一个队列按照时期年龄别死亡概率度过一生，不同年龄的平均预期寿命是多少，是对目前死亡水平的一个统计综合，是对实际人口死亡和生存经历的有效测量工具。

一　生命表算法

生命表计算有 7 个步骤，具体如下。

（1）估算事件发生风险率 $_nm_x$，即年龄别死亡率

$$_nm_x = \frac{_nD_x}{\frac{1}{2}n(N_x + N_{x+n})}$$

x 为年龄，n 为年龄组间距，$_nD_x$ 为 $[x, x+n]$ 岁死亡人口数，对于开放年龄组：$m_{\omega+} = D_{\omega+}/N_{\omega+}$。

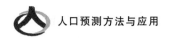

（2）计算年龄别死亡发生概率$_nq_x$

从年龄别死亡率$_nm_x$出发，$_nq_x = 1 - e^{-n \times _nm_x}$，式中$_nm_x$为年龄在$[x, x+n]$区间内的死亡率，即年龄别死亡率。根据不同的假设条件，对$_nq_x$与$_nm_x$之间的关系有几种不同的算法，$_nq_x = 1 - e^{-n \times _nm_x}$是假定年龄别死亡概率是非线性的；如果是线性的假定：$_nq_x = \dfrac{2n \times _nm_x}{2 + n \times _nm_x}$；或考虑到死亡人口的存活时间：$_nq_x = \dfrac{n \times _nm_x}{1 + (n - _na_x) \times _nm_x}$。需要注意的是$_nq_x$为时期年龄别死亡概率，与队列时点概率存在区别。

对死亡率$_nm_x$与$_nq_x$死亡概率的关系进行如下推导。

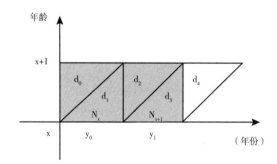

图 4 - 6　年龄别死亡率与年龄别死亡概率

根据图 4 - 6，$_nm_x$和$_nq_x$可以分别表示为：

$$_nm_x = \frac{d_2 + d_3}{\frac{1}{2}[N_x - d_1 + N_{x+1} - d_3]}$$

$$_nq_x = \frac{d_2}{N_x} + \frac{d_3}{N_{x+1}}$$

假定：$N_x = N_{x+1}$，那么，$N_x \times _nq_x = d_2 + d_3$；

$$_nm_x = 2(d_2 + d_3)/(2 \times N_x - d_3 - d_1) = 2N_x \times _nq_x/(2 \times N_x - d_3 - d_1)$$

若死亡随时间均匀变化即均匀假设，在$N_x = N_{x+1}$条件下，那么，将会有$d_1 = d_2$；则$_nm_x = 2 \times _nq_x/[2 - (d_2 + d_3)/N_x]$；继续化简为：

$$_nm_x = 2 \times {}_nq_x/(2 - {}_nq_x)$$

（3）计算生命表死亡事件发生数 $_nd_x$

假定 $l_0 = 1$，即队列初始（0岁）存活概率为1，计算的 l_x 为 x 岁的存活概率。或者假定 $l_0 = 10000$，即队列初始（0岁）人数为10000人，那么，l_x 为 x 岁存活人数。然后，进行递推运算，得到基于死亡事件发生概率而计算得到的生命表死亡事件发生数 $_nd_x$：

$$_nd_x = l_x \times {}_nq_x$$

式中 $_nd_x$ 为年龄在 $[x, x+n]$ 区间内的死亡事件发生数，是假想队列按 $_nq_x$ 死亡概率死亡的人数，l_x 为 x 岁的存活人数。

（4）计算其余各岁的尚存活人口数 l_x

$$l_{x+n} = l_x - {}_nd_x$$

其中，l_{x+n} 为 $x+n$ 岁的存活人数。

（5）计算存活人年数 $_nL_x$

计算 x 岁到 $x+n$ 岁之间的处于初始状态的人年数 $_nL_x$，即存活人年数：

$$_nL_x = n \times l_{x+n} + {}_na_x(l_x - l_{x+n})$$

其中，$_na_x$ 是那些在年龄区间 $[x, x+n]$ 内经历所研究人口事件的人，在 x 岁以后平均存活人数与若未经历该人口事件状态（即初始状态的人年数）的比例。比如，以死亡事件为例，是死亡人口在年龄区间 $[x, x+n]$ 内的存活人年数占 x 岁相同数量存活人口在 $[x, x+n]$ 内的存活人年数的比例。之所以需要 $_na_x$，是由十将连续模型

$$_nL_x = \int_x^{x+n} l(u)da$$

转化为离散模型时，需要估计区间 $[x, x+n]$ 内的存活人年数，$_nL_x = n \times l_{x+n} + {}_na_x(l_x - l_{x+n})$ 只是一个离散的近似计算。

（6）计算剩余存活人年数 $T(x)$

计算 x 岁以后的仍处于初始状态（即仍处于存活状态）的人年数 T

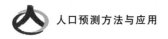

（x），是剩余存活人年数：

$$T(x) = \sum_{y=x}^{\omega - n} L_y + L_{\omega +}$$

其中，ω^+ 为所考虑的最大年龄。

（7）计算 x 岁时的平均预期寿命 $e(x)$

$$e(x) = \frac{T(x)}{l_x}$$

最大开放年龄组：

$$e_{\omega} = \frac{1}{m_{\omega +}}$$

$$\frac{d_{\omega +}}{L_{\omega +}} = m_{\omega +} = \frac{D_{\omega +}}{P_{\omega +}}$$

$$l_{\omega +} = d_{\omega +}$$

$$L_{\omega +} = \frac{l_{\omega +}}{m_{\omega +}}$$

其中，$\omega +$ 为开放年龄组。

生命表的关键是对假想队列的理解和对存活到不同年龄的概率或人数的推算，最终将计算累计存活人年数和不同年龄平均预期存活时间即平均预期寿命。

总之，生命表分析方法是人口学的一个基本研究方法，既可按队列又可按时期分析。生命表分析方法不但用于死亡研究，还可用于初婚、离婚、生育、迁移、家庭动态等几乎所有的人口过程的研究。

二 生命表重要概念、参数和指标的含义

平均预期寿命与死亡人口的平均年龄经常混淆。例如，2005 年 2 月 22 日《新京报》报道，"在知识分子最集中的北京，知识分子的平均寿命从 10 年前的 59 岁降到调查时期（2004 年）的 53 岁，这比 1964 年人口普查时北京人均寿命的 75.85 岁低了 20 岁"。

2006 年 4 月 26 日《华夏时报》报道，在昨天召开的"首都人口与发

展论坛"上，中国人民大学人口与发展研究中心公布了自己的调查报告。

该课题组通过中国科学院、北京大学和清华大学 3 个单位的人事部门，搜集了中科院下属的 18 个院所和北大、清华两所高校在 2000 年 1 月至 2004 年 12 月之间死亡的 436 名知识分子（副高级职称以上）的年龄、性别等数据。

调查显示，3 个单位汇总得到的全部死亡知识分子的平均年龄为 70.24 岁。最高的是北京大学，为 70.27 岁；最低的是清华大学，为 68.63 岁，两校相差 1.64 岁。

课题组表示，调查结果说明以前报道的"知识分子平均死亡年龄为 53 岁"的结论是不科学的。近 10 年来知识分子的平均预期寿命是在提高，而不是在下降，"过劳死"不是知识分子的普遍现象。

（一）平均死亡年龄

平均死亡年龄是某一时期全体死亡人口的平均年龄，一般是算术平均值，即死亡人口年龄总和/死亡人口数。死亡人口的平均年龄是以死亡人口分布为权数计算的，而实际死亡人口又受现存人口年龄结构的影响，所以，死亡人口的平均年龄也受到实际人口年龄结构的影响，可比性较差。

（二）平均预期寿命

平均预期寿命是生命表的重要指标，是通过假想一代人的方法按某一时期的分年龄死亡率计算出来的，它综合反映了该时期的死亡水平，但又不等于该时期人口的实际平均寿命，因此，称之为平均预期寿命。平均预期寿命是生命表中同批人的平均死亡年龄。

对平均预期寿命的理解与应用需要注意以下几点。第一，平均预期寿命是通过分年龄死亡率计算而来的，因此，不受某时期、某地区人口年龄结构的影响。第二，平均预期寿命是按时期率计算，因而实际上反映了该时期的分年龄死亡率的综合水平。寿命与死亡是一个问题的两个方面，而方向相反。第三，平均预期寿命的实际含义是假定一批人的平均死亡年龄，因此不反映该时期人口的实际寿命，只代表该时期的死亡水

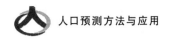

平。第四，平均预期寿命是针对全体而言，而不针对个人，个人的寿命可长可短。

（三） 生命表中函数的其他信息

（1） 从年龄 x 岁到 y 岁的存活概率：l_y/l_x

（2） 从 x 岁到 y 岁的死亡概率：$1-l_y/l_x$

（3） 从 x 岁到 y 岁的死亡人口数：l_x-l_y

（4） 从 x 岁到 y 岁的存活人年数：T_x-T_y

（5） 一名新生儿将死于 x 岁的概率：$1-l_x/l_0$

（6） 一名新生儿在年龄 x 岁至 y 岁之间死亡概率：$(l_x-l_y)/l_0$

（7） 一名新生儿在年龄 x 岁至 y 岁之间预期的存活年数：$(T_x-T_y)/l_0$

（四） 生命表中的参数 $_na_x$ 估计方法

对不同年龄区间内死亡人口的存活人年数的估计方法很多，即对 $_na_x$ 取值的估计方法很多。在人口生命表构建、分析过程中，对具有一定特征的人口可以使用不同的参数进行估计，如均匀分布假设法、蒋庆琅经验系数法、寇尔－德曼法和联合国法等。

均匀分布假设法的优点是计算简便，只要年龄区间不超过 5 岁，均匀分布假设法尚能满足一定的精度要求。蒋庆琅 1960 年通过对实际观察数据的经验统计分析，根据不同的死亡水平给出 $_na_x$ 的经验值。寇尔与德曼在研究"区域模型生命表"时，发现随着死亡概率 $_nq_x$ 的变化，$_na_x$ 也相应发生一些变动，提出根据 $_1q_0$ 估算 $_1a_0$ 和 $_4a_1$ 的东、西、南、北区经验公式，通常生命表在数据缺失等情况下采用西区模式。联合国法是联合国人口司将寇尔－德曼法与格雷威尔（Grevill）方法结合起来，提出估算 $_na_x$ 的经验值和经验公式。联合国法考虑了 10 岁以上年龄组死亡率变化趋势对 $_na_x$ 的影响。具体参数估计采用文献（曾毅，1993；Chiang，1984；Namboodiri et al.，1987）的数据。

第四节　生命表编制实例

从生命表编制的基本原理、研究方法的普适性和对现实问题的分析能力可以看到灵活运用生命表方法的学术研究意义和价值。生命表编制不仅是一项具有重要意义的统计分析技能，而且是研究人口科学问题的重要途径。鉴于基础数据统计分组方式不同，可以编制 1 岁分组的完全生命表，也可以编制 5 岁分组的简略生命表。无论是完全生命表还是简略生命表，本节的研究实例都采用均匀假设，目的是便于重复检验。

一　简略生命表

根据 2000 年、2010 年全国人口普查数据（见表 4 - 4）①，可以得到中国 2000 年、2010 年男性和女性简略生命表（见表 4 - 5、附表 4 - 2、附表 4 - 3、附表 4 - 4 和附表 4 - 5）。同样，根据附表 4 - 6 数据②，可以得到中国 2000 年、2010 年男性和女性完全生命表（见附表 4 - 7、附表4 - 8、附表 4 - 9 和附表 4 - 10）。

表 4 - 4　2000 年、2010 年全国人口普查年龄别死亡率

单位：岁，‰

年龄	2000 年		2010 年	
	男	女	男	女
0	22. 557553	32. 100616	3. 729955	3. 918224
1 ~ 4	1. 476121	1. 489621	0. 692447	0. 587142
5 ~ 9	0. 645152	0. 440956	0. 356226	0. 234753
10 ~ 14	0. 504703	0. 332614	0. 368469	0. 219279
15 ~ 19	0. 770589	0. 474720	0. 520360	0. 245642
20 ~ 24	1. 210990	0. 724455	0. 702633	0. 303963
25 ~ 29	1. 356860	0. 840381	0. 844428	0. 366791

---

① 基础数据未做任何调整。

② 基础数据未做任何调整。

年龄	2000 年		2010 年	
	男	女	男	女
30 ~ 34	1. 657384	0. 981339	1. 108945	0. 500037
35 ~ 39	2. 149768	1. 184808	1. 588156	0. 713191
40 ~ 44	3. 049636	1. 699154	2. 373307	1. 113486
45 ~ 49	4. 327079	2. 569605	3. 503153	1. 684736
50 ~ 54	6. 710020	4. 186736	5. 484602	2. 810959
55 ~ 59	10. 572332	6. 631650	8. 039802	4. 290036
60 ~ 64	17. 915779	11. 426414	13. 020208	7. 491871
65 ~ 69	29. 594913	19. 059513	21. 256672	13. 055055
70 ~ 74	51. 027193	34. 112840	37. 014998	24. 356396
75 ~ 79	79. 889849	55. 704581	59. 131866	40. 887538
80 ~ 84	133. 277165	97. 483778	98. 559812	73. 984676
85 ~ 89	188. 754830	145. 359911	146. 531372	115. 286904
90 ~ 94	268. 625404	231. 228551	211. 655194	180. 244857
95 ~ 99	241. 401044	298. 020273	212. 067411	219. 463597
100 +	329. 415356	375. 236013	507. 276281	436. 343490

资料来源：根据 2000 年和 2010 年人口普查数据计算得到。

编制生命表通常包含以下数据项目（见表 4 – 5）：

第 1 列年龄组，年龄区间 $[x_i, x_{i+1}]$；

第 2 列 m_x，在年龄区间 $[x_i, x_{i+1}]$ 内的死亡率；

第 3 列 q_x，在年龄区间 $[x_i, x_{i+1}]$ 内的死亡概率；

第 4 列 l_x，假想队列在 x_i 岁的存活概率或假想队列在 x_i 岁的存活人数；

第 5 列 d_x，死于年龄区间 $[x_i, x_{i+1}]$ 内的人数；

第 6 列 L_x，所有在区间 $[x_i, x_{i+1}]$ 内存活过的人在该区间里生存年数之和；

第 7 列 T_x，所有 x_i 岁的人在 x_i 之后存活年数的总和；

第 8 列 e_x，假想队列在 x_i 岁的期望寿命。

除了年龄别死亡率外，简略生命表的关键参数为 $_na_x$，根据表 4 – 4 数据计算得到的 2000 年中国男性简略生命表的 $_na_x$ 采用均匀假设，当然对于

$_na_x$ 取值也可以采用其他经验参数值，计算结果与表 4 - 4 会略有不同，但误差不会很大。同样，建立的完全生命表与简略生命表虽然有一些差别，但差别也不会特别大。表 4 - 4 采用的 l_0 为假想队列起始概率，即 $l_0 = 1$，l_x 列数据为各年龄组对应的存活概率；当然也可以采用起始人数，比如，$l_0 = 10000$ 或 100000 等。若采用队列起始人数为 100000，那么，表 4 - 5 中，d_x、L_x 和 T_x 则相应地需要转换为人数，即需要乘以 100000，而 e_x 相应的值不变。

表 4 - 5　2000 年中国男性简略生命表

单位：岁

年龄	m_x	q_x	l_0	d_x	L_x	T_x	e_x
0	0.0226	0.0223	1.0000	0.0223	0.9821	70.8101	70.81
1 ~ 4	0.0015	0.0060	0.9777	0.0058	3.8960	69.8280	71.42
5 ~ 9	0.0006	0.0030	0.9718	0.0029	4.8517	65.9320	67.84
10 ~ 14	0.0005	0.0025	0.9689	0.0024	4.8384	61.0803	63.04
15 ~ 19	0.0008	0.0040	0.9665	0.0039	4.8227	56.2418	58.19
20 ~ 24	0.0012	0.0060	0.9626	0.0058	4.7987	51.4191	53.42
25 ~ 29	0.0014	0.0070	0.9569	0.0067	4.7676	46.6204	48.72
30 ~ 34	0.0017	0.0085	0.9502	0.0080	4.7308	41.8528	44.05
35 ~ 39	0.0021	0.0104	0.9421	0.0098	4.6861	37.1220	39.40
40 ~ 44	0.0030	0.0149	0.9323	0.0139	4.6268	32.4359	34.79
45 ~ 49	0.0043	0.0213	0.9184	0.0195	4.5433	27.8091	30.28
50 ~ 54	0.0067	0.0329	0.8989	0.0296	4.4204	23.2658	25.88
55 ~ 59	0.0106	0.0516	0.8693	0.0449	4.2342	18.8454	21.68
60 ~ 64	0.0179	0.0856	0.8244	0.0706	3.9456	14.6113	17.72
65 ~ 69	0.0296	0.1376	0.7538	0.1037	3.5099	10.6657	14.15
70 ~ 74	0.0510	0.2251	0.6501	0.1463	2.8848	7.1559	11.01
75 ~ 79	0.0799	0.3293	0.5038	0.1659	2.1041	4.2711	8.48
80 ~ 84	0.1333	0.4865	0.3379	0.1644	1.2784	2.1669	6.41
85 ~ 89	0.1888	0.6109	0.1735	0.1060	0.6025	0.8885	5.12
90 ~ 94	0.2686	0.7389	0.0675	0.0499	0.2128	0.2860	4.24
95 ~ 99	0.2414	0.7009	0.0176	0.0124	0.0572	0.0732	4.16
100 +	0.3294	1.0000	0.0053	0.0053	0.0160	0.0160	3.04

资料来源：根据 2000 年全国第五次人口普查数据计算得到。

根据表 4-4 数据计算可得到 2000 年、2010 年中国男性、女性简略生命表，在计算过程中 $_na_x$ 采用均匀假设。计算得到生命表中的年龄别存活曲线（l_x）如图 4-7 所示。从图 4-7 可以看到，预期存活概率随着年龄的增加而降低，并表现出两个突出特征：

第一，60 岁及以前存活概率下降速度比较平缓，60 岁及以后下降速度加快；

第二，男性存活概率低于女性，两者的差距在 50 岁及以上的年龄段越来越明显。

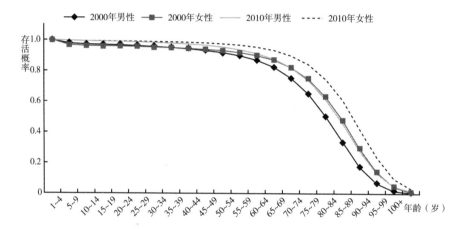

图 4-7　2000 年、2010 年中国分性别简略生命表存活曲线

存活概率下降和其间的差异导致的结果是平均预期寿命的变化（见图 4-8），除了 0 岁平均预期寿命低于 1 岁外（见附表 4-7、附表 4-8、附表 4-9 和附表 4-10），其他的变化特征是：

第一，男性平均预期寿命低于女性，两者的差距随着年龄的增加而减小；

第二，1~70 岁无论男女、无论死亡水平高低，各年龄的平均预期寿命随年龄增加而持续下降；

第三，70 岁及以上男女之间的平均预期寿命趋于接近，且随年龄增加而平缓下降，下降的斜率远远低于 1~70 岁年龄段。

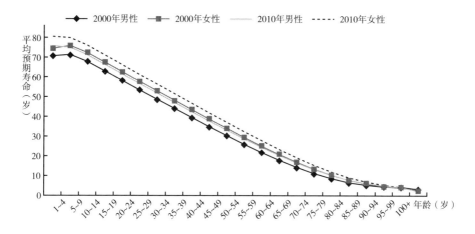

图 4 - 8　2000 年、2010 年中国年龄别平均预期寿命

二　预期寿命的敏感性

从人口总体来看，粗死亡率和许多年龄组的死亡率都在 10‰ 以内，因此，死亡是一个小概率事件，死亡率也是一个比较敏感的指标。

平均预期寿命：

$$e(x) = \frac{\int_x^{\infty} l(a)\,da}{l(x)}$$

存活曲线：

$$l(x) = l_0 \times \prod_{y=0}^{x-1} [1 - q(y)]$$

要想得到某个特定年龄死亡率 m_x 变化，即 $q(y)$ 变化对 $e(x)$ 的影响，是比较复杂的。本节将通过 2000 年全国第五次人口普查数据的 0 岁人口死亡率和 60～64 岁人口的死亡率变化，来展示年龄别死亡率变化或数据偏差带来的平均预期寿命估计的影响（见表 4 - 6）。从表 4 - 6 中的平均预期寿命对比可以看到如下情况。

0 岁人口的死亡率下降 10%，即男性由 22.6‰ 下降到 20.3‰，女性由 32.1‰ 下降到 28.9‰，其他数据保持不变；由此得到的 0 岁男性平均预期寿命从基础数据不变的 70.81 岁提高到 70.97 岁，女性的从 74.51 岁提高到 74.75 岁，对 0 岁人口的平均预期寿命提高幅度在 0.15 岁以上。值得注意的是，尽管 0 岁男女年龄别死亡率降低了 10%，但这个降低对于 60~64 岁人口的平均预期寿命没有影响，这是由于平均预期寿命只与该年龄及以后的死亡水平有关，而且这一点由上面的算法可以证实。同样，也可以通过与 60~64 岁人口的死亡率变化的对比来进一步加以比较和证实。

60~64 岁人口的死亡率下降 10%，即男性由 17.9‰下降到 16.1‰，女性由 11.4‰下降到 10.3‰，其他数据保持不变，由此得到的 0 岁男性平均预期寿命从基础数据不变的 70.81 岁提高到 70.92 岁，女性的从 74.51 岁提高到 74.60 岁；60~64 岁男性平均预期寿命从基础数据不变的 17.72 岁提高到 17.86 岁，女性从 20.69 岁提高到 20.79 岁。尽管 60~64 岁男女年龄别死亡率降低了 10%，但这个降低对于 0 岁和 60~64 岁人口的平均预期寿命都有一些影响，影响预期寿命增加 0.1 岁以上。

表 4-6　2000 年中国分性别简略生命表预期寿命敏感性分析

单位：岁

年龄	基础数据不变	0 岁死亡率下降 10%	60~64 岁死亡率下降 10%
0 岁男	70.81	70.97	70.92
0 岁女	74.51	74.75	74.60
60~64 岁男	17.72	17.72	17.86
60~64 岁女	20.69	20.69	20.79

总之，通过比较 0 岁人口和 60~64 岁人口死亡率数据的变化，可以看到虽然 0 岁人口的平均预期寿命受 0 岁的死亡率变化影响的很大，但对 60~64 岁的平均预期寿命没有影响；而 60~64 岁人口死亡率数据的变化对 0 岁和 60~64 岁人口的平均预期寿命都会产生一些影响。可见，深入理解年龄别死亡率数据质量可能影响的范围和大小，对于正确认识研究数据的可靠性及其影响具有重要意义。

附表 4 – 1　全国各地区婴儿死亡率（1989 ~ 1990 年）

单位：‰

地　区	男	女	合计	地　区	男	女	合计
北　京	9.5	8.0	8.8	河　南	16.2	21.3	18.5
天　津	11.3	10.0	10.7	湖　北	25.2	25.0	25.1
河　北	9.3	9.1	9.2	湖　南	36.2	40.2	38.1
山　西	19.2	19.2	19.2	广　东	14.7	17.1	15.9
内蒙古	27.5	30.6	29.0	广　西	27.3	63.7	44.0
辽　宁	18.9	18.4	18.7	海　南	27.3	31.4	29.2
吉　林	25.3	23.5	24.4	四　川	36.2	40.8	38.4
黑龙江	19.9	16.8	18.4	贵　州	49.9	55.0	52.4
上　海	13.9	10.9	12.4	云　南	66.7	64.9	65.8
江　苏	15.0	15.1	15.0	西　藏	105.0	87.0	96.2
浙　江	15.7	18.7	17.1	陕　西	21.1	23.0	22.0
安　徽	24.7	27.6	26.1	甘　肃	29.0	34.2	31.5
福　建	20.1	26.2	23.0	青　海	69.6	62.8	66.3
江　西	36.5	50.1	43.0	宁　夏	38.9	35.6	37.3
山　东	11.4	14.7	12.9	新　疆	63.1	53.7	58.5

资料来源：根据全国各地区 1990 年人口普查数据计算得到。

附表 4 – 2　2000 年中国男性简略生命表

单位：岁

年龄	m_x	q_x	l_0	d_x	L_x	T_x	e_x
0	0.0226	0.0223	1.0000	0.0223	0.9821	70.8101	70.81
1 ~ 4	0.0015	0.0060	0.9777	0.0058	3.8960	69.8280	71.42
5 ~ 9	0.0006	0.0030	0.9718	0.0029	4.8517	65.9320	67.84
10 ~ 14	0.0005	0.0025	0.9689	0.0024	4.8384	61.0803	63.04
15 ~ 19	0.0008	0.0040	0.9665	0.0039	4.8227	56.2418	58.19
20 ~ 24	0.0012	0.0060	0.9626	0.0058	4.7987	51.4191	53.42
25 ~ 29	0.0014	0.0070	0.9569	0.0067	4.7676	46.6204	48.72
30 ~ 34	0.0017	0.0085	0.9502	0.0080	4.7308	41.8528	44.05
35 ~ 39	0.0021	0.0104	0.9421	0.0098	4.6861	37.1220	39.40
40 ~ 44	0.0030	0.0149	0.9323	0.0139	4.6268	32.4359	34.79
45 ~ 49	0.0043	0.0213	0.9184	0.0195	4.5433	27.8091	30.28
50 ~ 54	0.0067	0.0329	0.8989	0.0296	4.4204	23.2658	25.88
55 ~ 59	0.0106	0.0516	0.8693	0.0449	4.2342	18.8454	21.68

续表

年龄	m_x	q_x	l_0	d_x	L_x	T_x	e_x
60~64	0.0179	0.0856	0.8244	0.0706	3.9456	14.6113	17.72
65~69	0.0296	0.1376	0.7538	0.1037	3.5099	10.6657	14.15
70~74	0.0510	0.2251	0.6501	0.1463	2.8848	7.1559	11.01
75~79	0.0799	0.3293	0.5038	0.1659	2.1041	4.2711	8.48
80~84	0.1333	0.4865	0.3379	0.1644	1.2784	2.1669	6.41
85~89	0.1888	0.6109	0.1735	0.1060	0.6025	0.8885	5.12
90~94	0.2686	0.7389	0.0675	0.0499	0.2128	0.2860	4.24
95~99	0.2414	0.7009	0.0176	0.0124	0.0572	0.0732	4.16
100+	0.3294	1.0000	0.0053	0.0053	0.0160	0.0160	3.04

资料来源：根据2000年全国第五次人口普查数据计算得到。

附表4-3 2000年中国女性简略生命表

单位：岁

年龄	m_x	q_x	l_0	d_x	L_x	T_x	e_x
0	0.0321	0.0316	1.0000	0.0316	0.9747	74.5132	74.51
1~4	0.0015	0.0060	0.9684	0.0058	3.8592	73.5384	75.94
5~9	0.0004	0.0020	0.9626	0.0019	4.8083	69.6793	72.39
10~14	0.0003	0.0015	0.9607	0.0014	4.7999	64.8710	67.53
15~19	0.0005	0.0025	0.9593	0.0024	4.7903	60.0711	62.62
20~24	0.0007	0.0035	0.9569	0.0033	4.7759	55.2809	57.77
25~29	0.0008	0.0040	0.9535	0.0038	4.7581	50.5049	52.97
30~34	0.0010	0.0050	0.9497	0.0047	4.7367	45.7469	48.17
35~39	0.0012	0.0060	0.9450	0.0057	4.7107	41.0102	43.40
40~44	0.0017	0.0085	0.9393	0.0080	4.6767	36.2994	38.64
45~49	0.0026	0.0129	0.9314	0.0120	4.6268	31.6227	33.95
50~54	0.0042	0.0208	0.9193	0.0191	4.5489	26.9960	29.36
55~59	0.0066	0.0325	0.9002	0.0292	4.4281	22.4470	24.93
60~64	0.0114	0.0554	0.8710	0.0483	4.2344	18.0189	20.69
65~69	0.0191	0.0911	0.8228	0.0749	3.9264	13.7845	16.75
70~74	0.0341	0.1568	0.7478	0.1172	3.4460	9.8581	13.18
75~79	0.0557	0.2431	0.6306	0.1533	2.7697	6.4121	10.17
80~84	0.0975	0.3858	0.4773	0.1842	1.9261	3.6423	7.63
85~89	0.1454	0.5166	0.2931	0.1515	1.0871	1.7162	5.85
90~94	0.2312	0.6853	0.1417	0.0971	0.4657	0.6291	4.44
95~99	0.2980	0.7746	0.0446	0.0345	0.1366	0.1634	3.66
100+	0.3752	1.0000	0.0101	0.0101	0.0268	0.0268	2.67

资料来源：根据2000年全国第五次人口普查数据计算得到。

附表 4 - 4　2010 年中国男性简略生命表

单位：岁

年龄	m_x	q_x	l_0	d_x	L_x	T_x	e_x
0	0.0037	0.0037	1.0000	0.0037	0.9970	75.7725	75.77
1 ~ 4	0.0007	0.0028	0.9963	0.0028	3.9783	74.7754	75.05
5 ~ 9	0.0004	0.0020	0.9935	0.0020	4.9626	70.7972	71.26
10 ~ 14	0.0004	0.0020	0.9915	0.0020	4.9527	65.8345	66.40
15 ~ 19	0.0005	0.0025	0.9896	0.0025	4.9416	60.8818	61.52
20 ~ 24	0.0007	0.0035	0.9871	0.0034	4.9268	55.9402	56.67
25 ~ 29	0.0008	0.0040	0.9836	0.0039	4.9084	51.0134	51.86
30 ~ 34	0.0011	0.0055	0.9797	0.0054	4.8851	46.1050	47.06
35 ~ 39	0.0016	0.0080	0.9743	0.0078	4.8523	41.2199	42.31
40 ~ 44	0.0024	0.0119	0.9666	0.0115	4.8040	36.3677	37.63
45 ~ 49	0.0035	0.0173	0.9550	0.0166	4.7338	31.5636	33.05
50 ~ 54	0.0055	0.0271	0.9385	0.0255	4.6287	26.8298	28.59
55 ~ 59	0.0080	0.0392	0.9130	0.0358	4.4756	22.2011	24.32
60 ~ 64	0.0130	0.0629	0.8772	0.0552	4.2481	17.7255	20.21
65 ~ 69	0.0213	0.1010	0.8220	0.0830	3.9025	13.4774	16.40
70 ~ 74	0.0370	0.1689	0.7390	0.1248	3.3828	9.5750	12.96
75 ~ 79	0.0591	0.2558	0.6142	0.1571	2.6780	6.1922	10.08
80 ~ 84	0.0986	0.3892	0.4570	0.1779	1.8405	3.5142	7.69
85 ~ 89	0.1465	0.5193	0.2792	0.1450	1.0334	1.6737	6.00
90 ~ 94	0.2117	0.6530	0.1342	0.0876	0.4519	0.6404	4.77
95 ~ 99	0.2121	0.6537	0.0466	0.0304	0.1567	0.1885	4.05
100 +	0.5073	1.0000	0.0161	0.0161	0.0318	0.0318	1.97

资料来源：根据 2010 年全国第六次人口普查数据计算得到。

附表 4 - 5　2010 年中国女性简略生命表

单位：岁

年龄	m_x	q_x	l_0	d_x	L_x	T_x	e_x
0	0.0039	0.0039	1.0000	0.0039	0.9969	80.5997	80.60
1 ~ 4	0.0006	0.0024	0.9961	0.0024	3.9785	79.6028	79.91
5 ~ 9	0.0002	0.0010	0.9937	0.0010	4.9661	75.6243	76.10
10 ~ 14	0.0002	0.0010	0.9927	0.0010	4.9612	70.6582	71.18
15 ~ 19	0.0002	0.0010	0.9917	0.0010	4.9562	65.6971	66.24
20 ~ 24	0.0003	0.0015	0.9907	0.0015	4.9500	60.7409	61.31

年龄	m_x	q_x	l_0	d_x	L_x	T_x	e_x
25~29	0.0004	0.0020	0.9893	0.0020	4.9413	55.7909	56.40
30~34	0.0005	0.0025	0.9873	0.0025	4.9302	50.8495	51.50
35~39	0.0007	0.0035	0.9848	0.0034	4.9155	45.9193	46.63
40~44	0.0011	0.0055	0.9814	0.0054	4.8934	41.0038	41.78
45~49	0.0017	0.0085	0.9760	0.0083	4.8593	36.1104	37.00
50~54	0.0028	0.0139	0.9677	0.0135	4.8050	31.2511	32.29
55~59	0.0043	0.0213	0.9543	0.0203	4.7206	26.4460	27.71
60~64	0.0075	0.0368	0.9340	0.0344	4.5840	21.7254	23.26
65~69	0.0131	0.0634	0.8996	0.0570	4.3554	17.1414	19.05
70~74	0.0244	0.1149	0.8426	0.0968	3.9709	12.7860	15.18
75~79	0.0409	0.1849	0.7458	0.1379	3.3842	8.8151	11.82
80~84	0.0740	0.3093	0.6079	0.1880	2.5694	5.4309	8.93
85~89	0.1153	0.4381	0.4199	0.1840	1.6395	2.8616	6.82
90~94	0.1802	0.5938	0.2359	0.1401	0.8293	1.2221	5.18
95~99	0.2195	0.6663	0.0958	0.0638	0.3195	0.3928	4.10
100+	0.4363	1.0000	0.0320	0.0320	0.0733	0.0733	2.29

资料来源：根据 2010 年全国第六次人口普查数据计算得到。

附表 4-6　2000 年和 2010 年全国分性别年龄别死亡率

单位：岁，‰

年龄	2000 年		2010 年		年龄	2000 年		2010 年	
	男	女	男	女		男	女	男	女
0	22.5576	32.1006	3.7300	3.9182	13	0.4751	0.3342	0.3621	0.2159
1	2.3722	2.6446	1.1598	1.0557	14	0.5244	0.3482	0.3871	0.2096
2	1.5925	1.6055	0.6733	0.5727	15	0.5876	0.4030	0.4468	0.2308
3	1.1866	1.1467	0.5011	0.3930	16	0.6446	0.4115	0.4629	0.2288
4	0.9183	0.8044	0.4156	0.3156	17	0.7486	0.4495	0.5198	0.2507
5	0.7735	0.6254	0.3706	0.2889	18	0.8927	0.5454	0.5541	0.2616
6	0.6735	0.5039	0.3713	0.2555	19	0.9974	0.5679	0.5940	0.2519
7	0.6391	0.4208	0.3465	0.2118	20	1.1668	0.6584	0.6509	0.2781
8	0.6294	0.3787	0.3428	0.2121	21	1.1435	0.6734	0.6585	0.2845
9	0.5474	0.3325	0.3492	0.2023	22	1.2222	0.7253	0.6892	0.3032
10	0.5468	0.3428	0.3686	0.2295	23	1.2262	0.7514	0.7495	0.3252
11	0.5033	0.3144	0.3509	0.2243	24	1.2871	0.8051	0.7885	0.3381
12	0.4751	0.3253	0.3713	0.2193	25	1.3204	0.8270	0.8163	0.3485

续表

年龄	2000 年		2010 年		年龄	2000 年		2010 年	
	男	女	男	女		男	女	男	女
26	1.2906	0.7996	0.7982	0.3452	64	21.6598	13.9194	16.3386	9.6378
27	1.3535	0.8449	0.8137	0.3700	65	24.5486	15.5253	17.6561	10.6747
28	1.3714	0.8362	0.8559	0.3604	66	25.5290	15.9954	18.3030	11.0671
29	1.4338	0.8871	0.9430	0.4131	67	28.8344	18.5987	21.2806	13.0651
30	1.5706	0.9477	0.9479	0.4392	68	33.0612	21.5351	23.0152	14.1984
31	1.5620	0.9394	1.0539	0.4754	69	38.1731	24.9738	26.8936	16.8179
32	1.6774	1.0009	1.1141	0.4856	70	44.0860	28.8975	31.2764	19.8283
33	1.6727	0.9727	1.1460	0.4960	71	45.5785	30.1186	32.2916	21.1461
34	1.8167	1.0505	1.2751	0.5981	72	52.9073	35.4317	37.3010	24.5630
35	1.9940	1.1416	1.4193	0.6187	73	56.1219	37.4756	40.4687	26.9002
36	1.9958	1.0901	1.4526	0.6576	74	60.7603	41.0149	45.3452	30.0405
37	2.2000	1.1887	1.5493	0.6997	75	66.5416	45.4598	50.4941	33.3061
38	2.3085	1.2347	1.6385	0.7489	76	72.9199	49.9877	50.5373	34.5124
39	2.4582	1.3853	1.8379	0.8208	77	78.6317	54.3525	61.0141	41.9861
40	2.8026	1.5349	2.0357	0.9617	78	89.6074	62.6921	66.9297	46.7163
41	2.7755	1.5078	2.1014	0.9821	79	104.0326	72.7665	73.1964	52.4711
42	3.0817	1.6878	2.4673	1.1524	80	119.8570	85.1057	87.2708	63.4002
43	3.1285	1.7675	2.5685	1.1828	81	123.4912	89.9062	91.1711	67.2525
44	3.3620	1.9256	2.7733	1.3240	82	136.9134	99.4797	99.6999	74.9311
45	3.7806	2.1694	3.1042	1.4915	83	146.9564	107.8385	108.3552	82.2866
46	3.9466	2.3113	3.1787	1.5071	84	158.8749	117.9249	120.3409	91.6600
47	4.3368	2.5571	3.3855	1.6416	85	169.4598	125.9451	129.1883	98.5808
48	4.6370	2.7811	4.1885	2.0114	86	178.0892	136.3235	138.5508	106.2316
49	5.1439	3.1713	4.4154	2.1277	87	196.2988	149.7418	149.4596	117.9342
50	6.0026	3.6673	4.7961	2.4093	88	213.1488	165.1922	163.9378	132.2169
51	5.9583	3.6914	4.9154	2.5192	89	228.3576	181.6260	180.5248	143.3879
52	6.7306	4.1995	5.2343	2.6412	90	254.4566	206.0949	202.2597	162.5543
53	7.1300	4.5351	5.8018	2.9677	91	261.8186	226.0325	206.5636	174.3731
54	8.1467	5.1156	6.5111	3.4072	92	282.5877	244.1607	223.8591	191.5237
55	8.7781	5.5604	6.7560	3.5424	93	296.0805	259.7093	222.6973	200.1306
56	9.1955	5.7902	7.3574	3.8758	94	279.0965	267.2067	221.9061	202.9889
57	10.5512	6.5596	7.9217	4.2305	95	259.6022	284.5634	225.3619	217.5474
58	11.3715	7.1445	8.8647	4.7306	96	244.3059	297.6294	220.9957	220.9923
59	13.1676	8.2397	9.8937	5.3974	97	216.4487	303.0847	187.7274	213.1930
60	15.6503	9.8031	10.8660	6.0845	98	236.8053	323.3269	179.4240	207.3377
61	15.8475	9.9632	11.9552	6.7040	99	227.6669	305.3228	255.1057	258.7676
62	17.8421	11.3192	13.1025	7.5524	100	329.4154	375.2360	507.2763	436.3435
63	18.7578	12.1352	13.9892	8.1584	合计	6.4513	5.3516	6.3026	4.8175

资料来源：根据2000年全国第五次人口普查和2010年全国第六次人口普查数据计算得到。

附表 4 - 7　2000 年中国男性完全生命表

单位：岁

年龄	m_x	q_x	l_0	d_x	L_x	T_x	e_x
0	0.0226	0.0223	1.0000	0.0223	0.9821	70.6390	70.64
1	0.0024	0.0024	0.9777	0.0023	0.9762	69.6569	71.25
2	0.0016	0.0016	0.9753	0.0016	0.9743	68.6807	70.42
3	0.0012	0.0012	0.9738	0.0012	0.9730	67.7064	69.53
4	0.0009	0.0009	0.9726	0.0009	0.9720	66.7333	68.61
5	0.0008	0.0008	0.9717	0.0008	0.9713	65.7613	67.68
6	0.0007	0.0007	0.9709	0.0007	0.9706	64.7900	66.73
7	0.0006	0.0006	0.9703	0.0006	0.9700	63.8194	65.78
8	0.0006	0.0006	0.9697	0.0006	0.9694	62.8494	64.82
9	0.0005	0.0005	0.9691	0.0005	0.9688	61.8800	63.85
10	0.0005	0.0005	0.9686	0.0005	0.9684	60.9112	62.89
11	0.0005	0.0005	0.9681	0.0005	0.9679	59.9428	61.92
12	0.0005	0.0005	0.9676	0.0005	0.9674	58.9750	60.95
13	0.0005	0.0005	0.9672	0.0005	0.9669	58.0076	59.98
14	0.0005	0.0005	0.9667	0.0005	0.9664	57.0407	59.01
15	0.0006	0.0006	0.9662	0.0006	0.9659	56.0742	58.04
16	0.0006	0.0006	0.9656	0.0006	0.9653	55.1083	57.07
17	0.0007	0.0007	0.9650	0.0007	0.9647	54.1430	56.11
18	0.0009	0.0009	0.9644	0.0009	0.9639	53.1783	55.14
19	0.0010	0.0010	0.9635	0.0010	0.9630	52.2144	54.19
20	0.0012	0.0012	0.9625	0.0012	0.9619	51.2514	53.25
21	0.0011	0.0011	0.9614	0.0011	0.9608	50.2895	52.31
22	0.0012	0.0012	0.9603	0.0012	0.9597	49.3286	51.37
23	0.0012	0.0012	0.9592	0.0012	0.9586	48.3689	50.43
24	0.0013	0.0013	0.9580	0.0012	0.9574	47.4103	49.49
25	0.0013	0.0013	0.9568	0.0012	0.9561	46.4529	48.55
26	0.0013	0.0013	0.9555	0.0012	0.9549	45.4968	47.61
27	0.0014	0.0014	0.9543	0.0013	0.9536	44.5419	46.68
28	0.0014	0.0014	0.9529	0.0013	0.9523	43.5883	45.74
29	0.0014	0.0014	0.9516	0.0013	0.9509	42.6360	44.80
30	0.0016	0.0016	0.9503	0.0015	0.9495	41.6851	43.87
31	0.0016	0.0016	0.9488	0.0015	0.9480	40.7355	42.94
32	0.0017	0.0017	0.9472	0.0016	0.9464	39.7875	42.00

续表

年龄	m_x	q_x	l_0	d_x	L_x	T_x	e_x
33	0.0017	0.0017	0.9456	0.0016	0.9448	38.8411	41.07
34	0.0018	0.0018	0.9440	0.0017	0.9432	37.8963	40.14
35	0.0020	0.0020	0.9423	0.0019	0.9414	36.9531	39.21
36	0.0020	0.0020	0.9404	0.0019	0.9395	36.0117	38.29
37	0.0022	0.0022	0.9386	0.0021	0.9375	35.0722	37.37
38	0.0023	0.0023	0.9365	0.0022	0.9354	34.1347	36.45
39	0.0025	0.0025	0.9344	0.0023	0.9332	33.1992	35.53
40	0.0028	0.0028	0.9320	0.0026	0.9307	32.2660	34.62
41	0.0028	0.0028	0.9294	0.0026	0.9281	31.3353	33.72
42	0.0031	0.0031	0.9268	0.0029	0.9254	30.4072	32.81
43	0.0031	0.0031	0.9239	0.0029	0.9225	29.4818	31.91
44	0.0034	0.0034	0.9211	0.0031	0.9195	28.5593	31.01
45	0.0038	0.0038	0.9180	0.0035	0.9162	27.6398	30.11
46	0.0039	0.0039	0.9145	0.0036	0.9127	26.7236	29.22
47	0.0043	0.0043	0.9109	0.0039	0.9090	25.8109	28.33
48	0.0046	0.0046	0.9070	0.0042	0.9049	24.9019	27.45
49	0.0051	0.0051	0.9028	0.0046	0.9006	23.9970	26.58
50	0.0060	0.0060	0.8983	0.0054	0.8956	23.0964	25.71
51	0.0060	0.0060	0.8929	0.0053	0.8902	22.2008	24.86
52	0.0067	0.0067	0.8875	0.0059	0.8846	21.3106	24.01
53	0.0071	0.0071	0.8816	0.0062	0.8785	20.4261	23.17
54	0.0081	0.0081	0.8754	0.0071	0.8718	19.5476	22.33
55	0.0088	0.0088	0.8683	0.0076	0.8645	18.6757	21.51
56	0.0092	0.0092	0.8607	0.0079	0.8568	17.8112	20.69
57	0.0106	0.0105	0.8528	0.0090	0.8483	16.9544	19.88
58	0.0114	0.0113	0.8438	0.0096	0.8391	16.1061	19.09
59	0.0132	0.0131	0.8343	0.0109	0.8288	15.2671	18.30
60	0.0157	0.0156	0.8233	0.0128	0.8169	14.4383	17.54
61	0.0158	0.0157	0.8105	0.0127	0.8042	13.6213	16.81
62	0.0178	0.0176	0.7978	0.0141	0.7908	12.8172	16.07
63	0.0188	0.0186	0.7837	0.0146	0.7764	12.0264	15.35
64	0.0217	0.0215	0.7691	0.0165	0.7609	11.2500	14.63
65	0.0245	0.0242	0.7526	0.0182	0.7435	10.4891	13.94
66	0.0255	0.0252	0.7344	0.0185	0.7252	9.7456	13.27

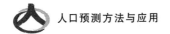

续表

年龄	m_x	q_x	l_0	d_x	L_x	T_x	e_x
67	0.0288	0.0284	0.7159	0.0203	0.7057	9.0205	12.60
68	0.0331	0.0326	0.6956	0.0226	0.6843	8.3147	11.95
69	0.0382	0.0375	0.6729	0.0252	0.6603	7.6305	11.34
70	0.0441	0.0431	0.6477	0.0279	0.6337	6.9701	10.76
71	0.0456	0.0446	0.6198	0.0276	0.6060	6.3364	10.22
72	0.0529	0.0515	0.5921	0.0305	0.5769	5.7304	9.68
73	0.0561	0.0546	0.5616	0.0306	0.5463	5.1535	9.18
74	0.0608	0.0590	0.5310	0.0313	0.5153	4.6072	8.68
75	0.0665	0.0643	0.4997	0.0321	0.4836	4.0919	8.19
76	0.0729	0.0703	0.4675	0.0329	0.4511	3.6083	7.72
77	0.0786	0.0756	0.4347	0.0329	0.4182	3.1572	7.26
78	0.0896	0.0857	0.4018	0.0344	0.3846	2.7390	6.82
79	0.1040	0.0988	0.3674	0.0363	0.3492	2.3544	6.41
80	0.1199	0.1130	0.3311	0.0374	0.3124	2.0052	6.06
81	0.1235	0.1162	0.2937	0.0341	0.2766	1.6928	5.76
82	0.1369	0.1279	0.2596	0.0332	0.2429	1.4162	5.46
83	0.1470	0.1367	0.2263	0.0309	0.2109	1.1732	5.18
84	0.1589	0.1469	0.1954	0.0287	0.1810	0.9624	4.92
85	0.1695	0.1559	0.1667	0.0260	0.1537	0.7813	4.69
86	0.1781	0.1631	0.1407	0.0230	0.1292	0.6276	4.46
87	0.1963	0.1782	0.1177	0.0210	0.1073	0.4984	4.23
88	0.2131	0.1919	0.0968	0.0186	0.0875	0.3911	4.04
89	0.2284	0.2042	0.0782	0.0160	0.0702	0.3036	3.88
90	0.2545	0.2247	0.0622	0.0140	0.0552	0.2334	3.75
91	0.2618	0.2303	0.0482	0.0111	0.0427	0.1782	3.69
92	0.2826	0.2462	0.0371	0.0091	0.0326	0.1355	3.65
93	0.2961	0.2563	0.0280	0.0072	0.0244	0.1030	3.68
94	0.2791	0.2435	0.0208	0.0051	0.0183	0.0786	3.77
95	0.2596	0.2286	0.0157	0.0036	0.0139	0.0603	3.83
96	0.2443	0.2167	0.0121	0.0026	0.0108	0.0463	3.81
97	0.2164	0.1946	0.0095	0.0019	0.0086	0.0355	3.73
98	0.2368	0.2109	0.0077	0.0016	0.0069	0.0269	3.51
99	0.2277	0.2036	0.0060	0.0012	0.0054	0.0201	3.32
100 +	0.3294	1.0000	0.0048	0.0048	0.0146	0.0146	3.04

资料来源：根据附表4－6数据计算得到。

附表 4 - 8　2000 年中国女性生命表

单位：岁

年龄	m_x	q_x	l_0	d_x	L_x	T_x	e_x
0	0.0321	0.0316	1.0000	0.0316	0.9747	74.3389	74.34
1	0.0026	0.0026	0.9684	0.0025	0.9668	73.3642	75.76
2	0.0016	0.0016	0.9659	0.0015	0.9649	72.3973	74.95
3	0.0011	0.0011	0.9644	0.0011	0.9637	71.4324	74.07
4	0.0008	0.0008	0.9633	0.0008	0.9628	70.4687	73.15
5	0.0006	0.0006	0.9625	0.0006	0.9622	69.5059	72.21
6	0.0005	0.0005	0.9619	0.0005	0.9617	68.5437	71.26
7	0.0004	0.0004	0.9615	0.0004	0.9613	67.5820	70.29
8	0.0004	0.0004	0.9611	0.0004	0.9609	66.6207	69.32
9	0.0003	0.0003	0.9607	0.0003	0.9605	65.6598	68.35
10	0.0003	0.0003	0.9604	0.0003	0.9603	64.6992	67.37
11	0.0003	0.0003	0.9601	0.0003	0.9600	63.7390	66.39
12	0.0003	0.0003	0.9598	0.0003	0.9597	62.7790	65.41
13	0.0003	0.0003	0.9595	0.0003	0.9594	61.8193	64.43
14	0.0003	0.0003	0.9593	0.0003	0.9591	60.8599	63.45
15	0.0004	0.0004	0.9590	0.0004	0.9588	59.9008	62.46
16	0.0004	0.0004	0.9586	0.0004	0.9584	58.9420	61.49
17	0.0004	0.0004	0.9582	0.0004	0.9580	57.9837	60.51
18	0.0005	0.0005	0.9578	0.0005	0.9576	57.0256	59.54
19	0.0006	0.0006	0.9573	0.0006	0.9571	56.0681	58.57
20	0.0007	0.0007	0.9568	0.0007	0.9564	55.1110	57.60
21	0.0007	0.0007	0.9561	0.0007	0.9558	54.1546	56.64
22	0.0007	0.0007	0.9554	0.0007	0.9551	53.1988	55.68
23	0.0008	0.0008	0.9548	0.0008	0.9544	52.2437	54.72
24	0.0008	0.0008	0.9540	0.0008	0.9536	51.2894	53.76
25	0.0008	0.0008	0.9532	0.0008	0.9528	50.3358	52.81
26	0.0008	0.0008	0.9525	0.0008	0.9521	49.3829	51.85
27	0.0008	0.0008	0.9517	0.0008	0.9513	48.4308	50.89
28	0.0008	0.0008	0.9509	0.0008	0.9506	47.4795	49.93
29	0.0009	0.0009	0.9502	0.0009	0.9498	46.5289	48.97
30	0.0009	0.0009	0.9493	0.0009	0.9489	45.5792	48.01
31	0.0009	0.0009	0.9485	0.0009	0.9480	44.6303	47.05
32	0.0010	0.0010	0.9476	0.0009	0.9471	43.6822	46.10

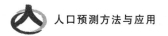

续表

年龄	m_x	q_x	l_0	d_x	L_x	T_x	e_x
33	0. 0010	0. 0010	0. 9467	0. 0009	0. 9462	42. 7351	45. 14
34	0. 0011	0. 0011	0. 9457	0. 0010	0. 9452	41. 7889	44. 19
35	0. 0011	0. 0011	0. 9447	0. 0010	0. 9442	40. 8437	43. 24
36	0. 0011	0. 0011	0. 9437	0. 0010	0. 9431	39. 8995	42. 28
37	0. 0012	0. 0012	0. 9426	0. 0011	0. 9420	38. 9564	41. 33
38	0. 0012	0. 0012	0. 9415	0. 0011	0. 9409	38. 0143	40. 38
39	0. 0014	0. 0014	0. 9404	0. 0013	0. 9397	37. 0734	39. 42
40	0. 0015	0. 0015	0. 9390	0. 0014	0. 9383	36. 1337	38. 48
41	0. 0015	0. 0015	0. 9376	0. 0014	0. 9369	35. 1954	37. 54
42	0. 0017	0. 0017	0. 9362	0. 0016	0. 9354	34. 2585	36. 59
43	0. 0018	0. 0018	0. 9346	0. 0017	0. 9338	33. 3230	35. 65
44	0. 0019	0. 0019	0. 9330	0. 0018	0. 9321	32. 3892	34. 72
45	0. 0022	0. 0022	0. 9312	0. 0020	0. 9302	31. 4572	33. 78
46	0. 0023	0. 0023	0. 9291	0. 0021	0. 9281	30. 5270	32. 86
47	0. 0026	0. 0026	0. 9270	0. 0024	0. 9258	29. 5989	31. 93
48	0. 0028	0. 0028	0. 9246	0. 0026	0. 9233	28. 6731	31. 01
49	0. 0032	0. 0032	0. 9220	0. 0029	0. 9205	27. 7498	30. 10
50	0. 0037	0. 0037	0. 9191	0. 0034	0. 9174	26. 8293	29. 19
51	0. 0037	0. 0037	0. 9157	0. 0034	0. 9140	25. 9119	28. 30
52	0. 0042	0. 0042	0. 9123	0. 0038	0. 9104	24. 9980	27. 40
53	0. 0045	0. 0045	0. 9085	0. 0041	0. 9064	24. 0876	26. 51
54	0. 0051	0. 0051	0. 9044	0. 0046	0. 9021	23. 1812	25. 63
55	0. 0056	0. 0056	0. 8998	0. 0050	0. 8973	22. 2791	24. 76
56	0. 0058	0. 0058	0. 8948	0. 0052	0. 8922	21. 3818	23. 90
57	0. 0066	0. 0066	0. 8896	0. 0059	0. 8867	20. 4896	23. 03
58	0. 0071	0. 0071	0. 8837	0. 0063	0. 8806	19. 6030	22. 18
59	0. 0082	0. 0082	0. 8775	0. 0072	0. 8739	18. 7224	21. 34
60	0. 0098	0. 0098	0. 8703	0. 0085	0. 8661	17. 8485	20. 51
61	0. 0100	0. 0100	0. 8618	0. 0086	0. 8575	16. 9824	19. 71
62	0. 0113	0. 0112	0. 8533	0. 0096	0. 8485	16. 1248	18. 90
63	0. 0121	0. 0120	0. 8437	0. 0101	0. 8386	15. 2764	18. 11
64	0. 0139	0. 0138	0. 8335	0. 0115	0. 8278	14. 4378	17. 32
65	0. 0155	0. 0154	0. 8220	0. 0126	0. 8157	13. 6100	16. 56
66	0. 0160	0. 0159	0. 8094	0. 0128	0. 8029	12. 7943	15. 81

续表

年龄	m_x	q_x	l_0	d_x	L_x	T_x	e_x
67	0.0186	0.0184	0.7965	0.0147	0.7892	11.9914	15.05
68	0.0215	0.0213	0.7818	0.0166	0.7735	11.2022	14.33
69	0.0250	0.0247	0.7652	0.0189	0.7558	10.4287	13.63
70	0.0289	0.0285	0.7463	0.0213	0.7357	9.6729	12.96
71	0.0301	0.0297	0.7251	0.0215	0.7143	8.9372	12.33
72	0.0354	0.0348	0.7036	0.0245	0.6913	8.2229	11.69
73	0.0375	0.0368	0.6791	0.0250	0.6666	7.5316	11.09
74	0.0410	0.0402	0.6541	0.0263	0.6410	6.8650	10.50
75	0.0455	0.0445	0.6278	0.0279	0.6139	6.2240	9.91
76	0.0500	0.0488	0.5999	0.0293	0.5853	5.6102	9.35
77	0.0544	0.0529	0.5706	0.0302	0.5555	5.0249	8.81
78	0.0627	0.0608	0.5404	0.0328	0.5240	4.4694	8.27
79	0.0728	0.0702	0.5076	0.0356	0.4898	3.9454	7.77
80	0.0851	0.0816	0.4719	0.0385	0.4527	3.4556	7.32
81	0.0899	0.0860	0.4334	0.0373	0.4148	3.0029	6.93
82	0.0995	0.0947	0.3962	0.0375	0.3774	2.5881	6.53
83	0.1078	0.1022	0.3587	0.0367	0.3403	2.2107	6.16
84	0.1179	0.1112	0.3220	0.0358	0.3041	1.8704	5.81
85	0.1259	0.1183	0.2862	0.0339	0.2693	1.5663	5.47
86	0.1363	0.1274	0.2523	0.0322	0.2363	1.2970	5.14
87	0.1497	0.1390	0.2202	0.0306	0.2049	1.0608	4.82
88	0.1652	0.1523	0.1896	0.0289	0.1751	0.8559	4.51
89	0.1816	0.1661	0.1607	0.0267	0.1474	0.6807	4.24
90	0.2061	0.1862	0.1340	0.0250	0.1215	0.5334	3.98
91	0.2260	0.2023	0.1091	0.0221	0.0980	0.4119	3.78
92	0.2442	0.2167	0.0870	0.0188	0.0776	0.3138	3.61
93	0.2597	0.2287	0.0681	0.0156	0.0604	0.2363	3.47
94	0.2672	0.2345	0.0526	0.0123	0.0464	0.1759	3.35
95	0.2846	0.2477	0.0402	0.0100	0.0353	0.1295	3.22
96	0.2976	0.2574	0.0303	0.0078	0.0264	0.0943	3.11
97	0.3031	0.2615	0.0225	0.0059	0.0195	0.0679	3.02
98	0.3233	0.2762	0.0166	0.0046	0.0143	0.0483	2.91
99	0.3053	0.2631	0.0120	0.0032	0.0104	0.0340	2.83
100+	0.3752	1.0000	0.0089	0.0089	0.0236	0.0236	2.67

资料来源：根据附表 4 - 6 数据计算得到。

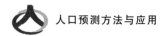

附表 4 - 9　2010 年中国男性完全生命表

单位：岁

年龄	m_x	q_x	l_0	d_x	L_x	T_x	e_x
0	0.0037	0.0037	1.0000	0.0037	0.9970	75.6087	75.61
1	0.0012	0.0012	0.9963	0.0012	0.9956	74.6117	74.89
2	0.0007	0.0007	0.9951	0.0007	0.9947	73.6161	73.98
3	0.0005	0.0005	0.9944	0.0005	0.9941	72.6214	73.03
4	0.0004	0.0004	0.9939	0.0004	0.9937	71.6273	72.07
5	0.0004	0.0004	0.9935	0.0004	0.9933	70.6337	71.09
6	0.0004	0.0004	0.9931	0.0004	0.9929	69.6403	70.12
7	0.0003	0.0003	0.9927	0.0003	0.9926	68.6474	69.15
8	0.0003	0.0003	0.9924	0.0003	0.9923	67.6548	68.17
9	0.0003	0.0003	0.9921	0.0003	0.9920	66.6626	67.19
10	0.0004	0.0004	0.9918	0.0004	0.9916	65.6706	66.21
11	0.0004	0.0004	0.9914	0.0004	0.9912	64.6789	65.24
12	0.0004	0.0004	0.9910	0.0004	0.9908	63.6877	64.26
13	0.0004	0.0004	0.9906	0.0004	0.9904	62.6969	63.29
14	0.0004	0.0004	0.9902	0.0004	0.9901	61.7064	62.31
15	0.0004	0.0004	0.9899	0.0004	0.9897	60.7164	61.34
16	0.0005	0.0005	0.9895	0.0005	0.9892	59.7267	60.36
17	0.0005	0.0005	0.9890	0.0005	0.9887	58.7375	59.39
18	0.0006	0.0006	0.9885	0.0006	0.9882	57.7488	58.42
19	0.0006	0.0006	0.9879	0.0006	0.9876	56.7606	57.46
20	0.0007	0.0007	0.9873	0.0007	0.9869	55.7730	56.49
21	0.0007	0.0007	0.9866	0.0007	0.9862	54.7861	55.53
22	0.0007	0.0007	0.9859	0.0007	0.9856	53.7999	54.57
23	0.0007	0.0007	0.9852	0.0007	0.9849	52.8143	53.61
24	0.0008	0.0008	0.9845	0.0008	0.9841	51.8294	52.64
25	0.0008	0.0008	0.9837	0.0008	0.9833	50.8453	51.69
26	0.0008	0.0008	0.9829	0.0008	0.9826	49.8620	50.73
27	0.0008	0.0008	0.9822	0.0008	0.9818	48.8794	49.77
28	0.0009	0.0009	0.9814	0.0009	0.9809	47.8976	48.81
29	0.0009	0.0009	0.9805	0.0009	0.9801	46.9167	47.85
30	0.0009	0.0009	0.9796	0.0009	0.9792	45.9367	46.89
31	0.0011	0.0011	0.9787	0.0011	0.9782	44.9575	45.93
32	0.0011	0.0011	0.9777	0.0011	0.9771	43.9793	44.98

年龄	m_x	q_x	l_0	d_x	L_x	T_x	e_x
33	0.0011	0.0011	0.9766	0.0011	0.9760	43.0022	44.03
34	0.0013	0.0013	0.9755	0.0013	0.9749	42.0261	43.08
35	0.0014	0.0014	0.9742	0.0014	0.9736	41.0513	42.14
36	0.0015	0.0015	0.9729	0.0015	0.9721	40.0777	41.20
37	0.0015	0.0015	0.9714	0.0015	0.9707	39.1056	40.26
38	0.0016	0.0016	0.9700	0.0016	0.9692	38.1349	39.32
39	0.0018	0.0018	0.9684	0.0017	0.9675	37.1657	38.38
40	0.0020	0.0020	0.9667	0.0019	0.9657	36.1981	37.45
41	0.0021	0.0021	0.9647	0.0020	0.9637	35.2324	36.52
42	0.0025	0.0025	0.9627	0.0024	0.9615	34.2687	35.60
43	0.0026	0.0026	0.9603	0.0025	0.9591	33.3072	34.68
44	0.0028	0.0028	0.9578	0.0027	0.9565	32.3481	33.77
45	0.0031	0.0031	0.9551	0.0030	0.9537	31.3917	32.87
46	0.0032	0.0032	0.9522	0.0030	0.9507	30.4380	31.97
47	0.0034	0.0034	0.9491	0.0032	0.9475	29.4874	31.07
48	0.0042	0.0042	0.9459	0.0040	0.9439	28.5398	30.17
49	0.0044	0.0044	0.9420	0.0041	0.9399	27.5959	29.30
50	0.0048	0.0048	0.9378	0.0045	0.9356	26.6560	28.42
51	0.0049	0.0049	0.9333	0.0046	0.9310	25.7204	27.56
52	0.0052	0.0052	0.9288	0.0048	0.9264	24.7894	26.69
53	0.0058	0.0058	0.9239	0.0053	0.9213	23.8630	25.83
54	0.0065	0.0065	0.9186	0.0060	0.9156	22.9418	24.97
55	0.0068	0.0068	0.9127	0.0062	0.9096	22.0261	24.13
56	0.0074	0.0074	0.9065	0.0067	0.9031	21.1166	23.30
57	0.0079	0.0079	0.8998	0.0071	0.8962	20.2134	22.46
58	0.0089	0.0089	0.8927	0.0079	0.8887	19.3172	21.64
59	0.0099	0.0099	0.8848	0.0087	0.8804	18.4284	20.83
60	0.0109	0.0108	0.8761	0.0095	0.8713	17.5480	20.03
61	0.0120	0.0119	0.8666	0.0103	0.8614	16.6767	19.24
62	0.0131	0.0130	0.8562	0.0111	0.8507	15.8153	18.47
63	0.0140	0.0139	0.8451	0.0117	0.8392	14.9646	17.71
64	0.0163	0.0162	0.8334	0.0135	0.8266	14.1254	16.95
65	0.0177	0.0175	0.8199	0.0144	0.8127	13.2988	16.22
66	0.0183	0.0181	0.8055	0.0146	0.7982	12.4861	15.50

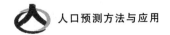

年龄	m_x	q_x	l_0	d_x	L_x	T_x	e_x
67	0.0213	0.0211	0.7909	0.0167	0.7826	11.6879	14.78
68	0.0230	0.0227	0.7742	0.0176	0.7654	10.9053	14.09
69	0.0269	0.0265	0.7566	0.0201	0.7466	10.1399	13.40
70	0.0313	0.0308	0.7365	0.0227	0.7252	9.3933	12.75
71	0.0323	0.0318	0.7138	0.0227	0.7025	8.6681	12.14
72	0.0373	0.0366	0.6911	0.0253	0.6785	7.9657	11.53
73	0.0405	0.0397	0.6658	0.0264	0.6526	7.2872	10.94
74	0.0453	0.0443	0.6394	0.0283	0.6253	6.6345	10.38
75	0.0505	0.0492	0.6111	0.0301	0.5961	6.0093	9.83
76	0.0505	0.0492	0.5810	0.0286	0.5667	5.4132	9.32
77	0.0610	0.0592	0.5524	0.0327	0.5360	4.8465	8.77
78	0.0669	0.0647	0.5197	0.0336	0.5029	4.3105	8.29
79	0.0732	0.0706	0.4861	0.0343	0.4689	3.8076	7.83
80	0.0873	0.0836	0.4518	0.0378	0.4329	3.3387	7.39
81	0.0912	0.0872	0.4140	0.0361	0.3960	2.9058	7.02
82	0.0997	0.0949	0.3779	0.0359	0.3600	2.5098	6.64
83	0.1084	0.1027	0.3420	0.0351	0.3245	2.1499	6.29
84	0.1203	0.1133	0.3069	0.0348	0.2895	1.8254	5.95
85	0.1292	0.1212	0.2721	0.0330	0.2556	1.5359	5.64
86	0.1386	0.1294	0.2391	0.0310	0.2237	1.2802	5.35
87	0.1495	0.1389	0.2082	0.0289	0.1937	1.0566	5.08
88	0.1639	0.1512	0.1793	0.0271	0.1657	0.8628	4.81
89	0.1805	0.1651	0.1522	0.0251	0.1396	0.6971	4.58
90	0.2023	0.1832	0.1270	0.0233	0.1154	0.5575	4.39
91	0.2066	0.1867	0.1038	0.0194	0.0941	0.4421	4.26
92	0.2239	0.2006	0.0844	0.0169	0.0759	0.3480	4.12
93	0.2227	0.1996	0.0675	0.0135	0.0607	0.2720	4.03
94	0.2219	0.1990	0.0540	0.0107	0.0486	0.2113	3.91
95	0.2254	0.2018	0.0433	0.0087	0.0389	0.1627	3.76
96	0.2210	0.1983	0.0345	0.0068	0.0311	0.1238	3.59
97	0.1877	0.1711	0.0277	0.0047	0.0253	0.0927	3.35
98	0.1794	0.1642	0.0229	0.0038	0.0211	0.0674	2.94
99	0.2551	0.2252	0.0192	0.0043	0.0170	0.0463	2.41
100 +	0.5073	1.0000	0.0149	0.0149	0.0293	0.0293	1.97

资料来源：根据附表 4 - 6 数据计算得到。

附表 4 – 10 2010 年中国女性完全生命表

单位：岁

年龄	m_x	q_x	l_0	d_x	L_x	T_x	e_x
0	0.0039	0.0039	1.0000	0.0039	0.9969	80.4169	80.42
1	0.0011	0.0011	0.9961	0.0011	0.9954	79.4200	79.73
2	0.0006	0.0006	0.9950	0.0006	0.9946	78.4246	78.82
3	0.0004	0.0004	0.9944	0.0004	0.9942	77.4299	77.86
4	0.0003	0.0003	0.9940	0.0003	0.9938	76.4358	76.90
5	0.0003	0.0003	0.9937	0.0003	0.9936	75.4419	75.92
6	0.0003	0.0003	0.9934	0.0003	0.9933	74.4484	74.94
7	0.0002	0.0002	0.9931	0.0002	0.9930	73.4551	73.96
8	0.0002	0.0002	0.9929	0.0002	0.9928	72.4621	72.98
9	0.0002	0.0002	0.9927	0.0002	0.9926	71.4692	71.99
10	0.0002	0.0002	0.9925	0.0002	0.9924	70.4766	71.01
11	0.0002	0.0002	0.9923	0.0002	0.9922	69.4842	70.02
12	0.0002	0.0002	0.9921	0.0002	0.9920	68.4920	69.04
13	0.0002	0.0002	0.9919	0.0002	0.9918	67.4999	68.05
14	0.0002	0.0002	0.9917	0.0002	0.9916	66.5081	67.06
15	0.0002	0.0002	0.9915	0.0002	0.9914	65.5165	66.08
16	0.0002	0.0002	0.9913	0.0002	0.9912	64.5250	65.09
17	0.0003	0.0003	0.9911	0.0003	0.9910	63.5338	64.10
18	0.0003	0.0003	0.9908	0.0003	0.9907	62.5428	63.12
19	0.0003	0.0003	0.9905	0.0003	0.9904	61.5521	62.14
20	0.0003	0.0003	0.9902	0.0003	0.9901	60.5617	61.16
21	0.0003	0.0003	0.9900	0.0003	0.9898	59.5716	60.18
22	0.0003	0.0003	0.9897	0.0003	0.9895	58.5818	59.19
23	0.0003	0.0003	0.9894	0.0003	0.9892	57.5923	58.21
24	0.0003	0.0003	0.9891	0.0003	0.9889	56.6031	57.23
25	0.0003	0.0003	0.9888	0.0003	0.9886	55.6142	56.25
26	0.0003	0.0003	0.9885	0.0003	0.9883	54.6256	55.26
27	0.0004	0.0004	0.9882	0.0004	0.9880	53.6372	54.28
28	0.0004	0.0004	0.9878	0.0004	0.9876	52.6493	53.30
29	0.0004	0.0004	0.9874	0.0004	0.9872	51.6617	52.32
30	0.0004	0.0004	0.9870	0.0004	0.9868	50.6745	51.34
31	0.0005	0.0005	0.9866	0.0005	0.9863	49.6877	50.36
32	0.0005	0.0005	0.9861	0.0005	0.9859	48.7014	49.39

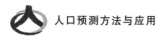

续表

年龄	m_x	q_x	l_0	d_x	L_x	T_x	e_x
33	0.0005	0.0005	0.9856	0.0005	0.9854	47.7155	48.41
34	0.0006	0.0006	0.9851	0.0006	0.9848	46.7302	47.44
35	0.0006	0.0006	0.9845	0.0006	0.9842	45.7453	46.46
36	0.0007	0.0007	0.9839	0.0007	0.9836	44.7611	45.49
37	0.0007	0.0007	0.9832	0.0007	0.9829	43.7775	44.52
38	0.0007	0.0007	0.9826	0.0007	0.9822	42.7946	43.55
39	0.0008	0.0008	0.9819	0.0008	0.9815	41.8124	42.58
40	0.0010	0.0010	0.9811	0.0010	0.9806	40.8310	41.62
41	0.0010	0.0010	0.9801	0.0010	0.9796	39.8504	40.66
42	0.0012	0.0012	0.9791	0.0012	0.9785	38.8708	39.70
43	0.0012	0.0012	0.9779	0.0012	0.9774	37.8922	38.75
44	0.0013	0.0013	0.9768	0.0013	0.9761	36.9149	37.79
45	0.0015	0.0015	0.9755	0.0015	0.9748	35.9387	36.84
46	0.0015	0.0015	0.9740	0.0015	0.9733	34.9639	35.90
47	0.0016	0.0016	0.9726	0.0016	0.9718	33.9906	34.95
48	0.0020	0.0020	0.9710	0.0019	0.9701	33.0188	34.00
49	0.0021	0.0021	0.9691	0.0020	0.9681	32.0488	33.07
50	0.0024	0.0024	0.9671	0.0023	0.9659	31.0807	32.14
51	0.0025	0.0025	0.9647	0.0024	0.9635	30.1148	31.22
52	0.0026	0.0026	0.9623	0.0025	0.9611	29.1513	30.29
53	0.0030	0.0030	0.9598	0.0029	0.9584	28.1902	29.37
54	0.0034	0.0034	0.9570	0.0032	0.9553	27.2318	28.46
55	0.0035	0.0035	0.9537	0.0033	0.9520	26.2765	27.55
56	0.0039	0.0039	0.9504	0.0037	0.9485	25.3244	26.65
57	0.0042	0.0042	0.9467	0.0040	0.9447	24.3759	25.75
58	0.0047	0.0047	0.9427	0.0044	0.9405	23.4312	24.86
59	0.0054	0.0054	0.9383	0.0051	0.9358	22.4907	23.97
60	0.0061	0.0061	0.9332	0.0057	0.9304	21.5550	23.10
61	0.0067	0.0067	0.9276	0.0062	0.9245	20.6246	22.24
62	0.0076	0.0076	0.9214	0.0070	0.9179	19.7001	21.38
63	0.0082	0.0082	0.9144	0.0075	0.9107	18.7822	20.54
64	0.0096	0.0096	0.9069	0.0087	0.9026	17.8716	19.71
65	0.0107	0.0106	0.8983	0.0096	0.8935	16.9690	18.89
66	0.0111	0.0110	0.8887	0.0098	0.8838	16.0755	18.09
67	0.0131	0.0130	0.8789	0.0114	0.8732	15.1917	17.29
68	0.0142	0.0141	0.8674	0.0122	0.8613	14.3185	16.51

续表

年龄	m_x	q_x	l_0	d_x	L_x	T_x	e_x
69	0.0168	0.0167	0.8552	0.0142	0.8481	13.4572	15.74
70	0.0198	0.0196	0.8410	0.0165	0.8327	12.6091	14.99
71	0.0211	0.0209	0.8245	0.0172	0.8159	11.7764	14.28
72	0.0246	0.0243	0.8073	0.0196	0.7975	10.9605	13.58
73	0.0269	0.0265	0.7877	0.0209	0.7772	10.1631	12.90
74	0.0300	0.0296	0.7667	0.0227	0.7554	9.3859	12.24
75	0.0333	0.0328	0.7441	0.0244	0.7319	8.6304	11.60
76	0.0345	0.0339	0.7197	0.0244	0.7075	7.8985	10.97
77	0.0420	0.0411	0.6953	0.0286	0.6810	7.1910	10.34
78	0.0467	0.0456	0.6667	0.0304	0.6515	6.5100	9.76
79	0.0525	0.0511	0.6363	0.0325	0.6200	5.8585	9.21
80	0.0634	0.0614	0.6037	0.0371	0.5852	5.2385	8.68
81	0.0673	0.0651	0.5667	0.0369	0.5482	4.6533	8.21
82	0.0749	0.0722	0.5298	0.0382	0.5107	4.1051	7.75
83	0.0823	0.0790	0.4915	0.0388	0.4721	3.5944	7.31
84	0.0917	0.0876	0.4527	0.0397	0.4329	3.1223	6.90
85	0.0986	0.0939	0.4130	0.0388	0.3937	2.6894	6.51
86	0.1062	0.1008	0.3743	0.0377	0.3554	2.2958	6.13
87	0.1179	0.1112	0.3366	0.0374	0.3178	1.9404	5.77
88	0.1322	0.1238	0.2991	0.0370	0.2806	1.6225	5.42
89	0.1434	0.1336	0.2621	0.0350	0.2446	1.3419	5.12
90	0.1626	0.1501	0.2271	0.0341	0.2100	1.0973	4.83
91	0.1744	0.1600	0.1930	0.0309	0.1776	0.8873	4.60
92	0.1915	0.1743	0.1621	0.0283	0.1480	0.7098	4.38
93	0.2001	0.1814	0.1339	0.0243	0.1217	0.5618	4.20
94	0.2030	0.1837	0.1096	0.0201	0.0995	0.4401	4.02
95	0.2175	0.1955	0.0894	0.0175	0.0807	0.3406	3.81
96	0.2210	0.1983	0.0720	0.0143	0.0648	0.2598	3.61
97	0.2132	0.1920	0.0577	0.0111	0.0522	0.1950	3.38
98	0.2073	0.1872	0.0466	0.0087	0.0423	0.1429	3.06
99	0.2588	0.2280	0.0379	0.0086	0.0336	0.1006	2.66
100 +	0.4363	1.0000	0.0292	0.0292	0.0670	0.0670	2.29

资料来源：根据附表 4 - 6 数据计算得到。

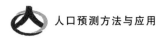

参考文献

〔法〕R. 普雷萨，1989，《人口统计学》，张志鸿等译，复旦大学出版社。

马瀛通，2010，《数理统计分析人口学》，中国人口出版社。

〔美〕蒋庆琅，1984，《寿命表及其应用》，方积乾译，上海翻译出版公司。

王广州、胡耀岭、张丽萍，2013，《中国生育政策调整》，社会科学文献出版社。

王广州，2017，《中国人口科学的定位与发展问题再认识》，《中国人口科学》第 3 期。

曾毅，1993，《人口分析方法与应用》，北京大学出版社。

查瑞传主编，1991，《人口普查资料分析技术》，中国人口出版社。

Bras, Hervé Denis Le. 2008. *The Nature of Demography*. Princeton：Princeton University Press.

Caselli, Graziella, Jacques Vallin & Guillaume J. Wunsch. 2016. *Demography：Analysis and Synthesis*. Burlington, MA：Academic Press.

Chiang, Chin Long. 1984. *The Life Table and Its Applications*. Florida：Robert E. Krieger Publishing Company.

Courgeau, Daniel. 2012. *Probability and Social Science：Methodological Relationships between the two Approaches*. New York：Springer.

Namboodiri, Krishan & C. M. Suchindran. 1987. *Life Table Techniques and Their Applications*. Orlando, Florida：Academic Press.

Smith, David & Nathan Keyfitz. 1977. *Mathematical Demography*. New York：Springer – Verlag.

Siegel, Jacob & David A. Swanson. 2004. *The Methods and Materials of Demography (2nd Edittion)*. California：Elsevier Academic Press.

Yusuf, Farhat, Jo. M. Martins & David A. Swanson. 2014. *Methods of Demographic Analysis*. New York：Springer.

第五章　生育水平测量

内容提要：生育研究是人口统计和人口预测的三个重要基础研究问题之一。如何测量生育水平的变化是正确判断人口未来长期发展趋势的重要依据。本章分为四个部分，第一部分是生育水平基本测量方法，第二部分是总和生育率和生育模式，第三部分是孩次递进与孩次性别递进，第四部分是中国育龄妇女生育水平变化测量案例。本章以生育水平测量的基本指标和基本原理为出发点，从介绍粗出生率、一般生育率和年龄别生育率的构建开始，讨论不同指标的优点和缺点。对经典且广泛使用的总和生育率基本概念、测量方法的内涵、性质和进度效应问题进行论述与探讨，通过实际人口普查数据展示总和生育率和生育模式的计算步骤和分析方法。在对生育测量指标基本概念进行确立和研究的基础上，详细论述孩次递进比和递进生育的基本概念、测量方法和计算步骤，并以人口普查数据为基础，通过实例来分析中国育龄妇女孩次递进生育率的变化以及生育水平的孩次变化特点。

从人口平衡方程来看，引起人口总量和结构变化的因素包括生育、死亡和迁移三个方面，仅有死亡研究还不足以揭示人口变化的整体规律和结构特征。

生育水平经常成为研究者和政策制定者关注与争论的焦点，其根本原因不仅与生育率在人口系统中的重要地位密切相关，而且还与人口发展态势、人口政策密切相关。生育过程的可重复性和不可逆性使生育问题研究居于人口基础研究问题的核心。

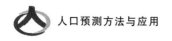

第一节 生育水平测量方法

一 出生率

生育测量的目的就是确定出生人口规模的大小或相对大小。对出生变化的测量采用的方法也经历了由粗糙到细致的过程。比较粗糙的测量是将出生人口的规模与总人口的规模联系起来,即所谓的出生率,也称作粗出生率(CBR)。

$$CBR = \frac{B}{\overline{P}}$$

B为年度出生人数,$\overline{P}$为年度平均人口数,这个测量的分母为平均总人口数。之所以称之为粗出生率,就在于能够直接影响出生规模大小(B)的人群为育龄妇女,而育龄妇女只占总人口的一小部分。因此,所反映的出生率(CBR)受到总人口的结构影响很大。

二 一般生育率

为了进一步准确测量生育水平的高低,采用育龄妇女为分母构建一般生育率指标测量年度育龄妇女生育比例。

$$GFR = \frac{B}{\overline{W}}$$

B为年度出生人数,$\overline{W}$为育龄妇女平均人数。该指标与粗出生率相比,进一步建立了育龄妇女与育龄妇女生育孩子数之间的密切联系。

表 5 - 1 1982 ~ 2015 年中国出生率、一般生育率与总和生育率

年份	总人口 (万)	男 (万)	女 (万)	出生率 (‰)	平均育龄妇女 (人)	出生人数 (人)	一般生育率 (‰)	总和 生育率
1982	101654	52352	49302	22.28	2484832	204748	82.40	2.5537
1990	114333	58904	55429	21.06	300199353	23850536	79.45	2.1366
1995	121121	61808	59313	17.12	3353517	166772	49.73	1.4272
2000	126743	65437	61306	14.03	32736216	1181952	36.11	1.2205

续表

年份	总人口（万）	男（万）	女（万）	出生率（‰）	平均育龄妇女（人）	出生人数（人）	一般生育率（‰）	总和生育率
2005	130756	67375	63381	12.40	4676587	161042	34.44	1.3383
2010	134091	68748	65343	11.90	35725466	1190060	33.31	1.1800
2015	137462	70414	67048	12.07	5667870	175309	30.93	1.0470

资料来源：①《人口与计划生育常用数据手册（2016）》；②根据1982年、1990年、2000年、2010年人口普查全部或抽样数据推算；③根据1995年、2005年、2015年全国人口1%抽样调查推算。

表5－1中前四列数据来自《人口与计划生育常用数据手册（2016）》，后四列数据根据人口普查和人口抽样调查数据推算得到。从数据量级来看粗出生率和一般生育率都是千分数，而且一般生育率一定大于粗出生率，二者的倍差至少在2倍以上，原因是总人口 P 可以分解为男性总人口 P_m 和女性总人口 P_f 这两个部分，即 $P = P_m + P_f$，通常男性总人口数大于女性总人口数，即 $P_m \geqslant P_f$，且育龄妇女数小于女性总人口数，即 $W_f < P_f$；因此，一定存在 $GFR > 2CBR$。尽管表5－1来源于不同的数据源，出生数据由于调查误差比如超生瞒报、漏报等因素的影响也存在很多争议，但从表5－1来看，上述数据的基本构成和比例关系不变。

仅从表5－1的数据来看，1982年、1990年中国的出生率分别为22.28‰和21.06‰，一般生育率分别为82.40‰和79.45‰。1982年和1990年中国一般生育率与出生率的比分别为3.70和3.77，到2010年和2015年下降为2.80和2.56。

三　年龄别生育率

从一般生育率指标的构成来看，虽然分母由粗出生率的平均人口数替换为平均育龄妇女数，消除了总人口中男性和非育龄妇女总量和构成比例的影响，但不同年龄育龄妇女的生育能力和生育的可能性存在很大差异，因此需要进一步消除年龄构成的影响，尽可能将生育能力相近的妇女和她们生育的孩子分在一组来构建指标，这也就是所谓的年龄别生育率指标。年龄别生育率的计算公式为：

$$ASFR_x = \frac{B_x}{\overline{W}_x}$$

年龄别生育率 $ASFR_x$ 中 $\overline{W}_x$ 为 x 岁育龄妇女人口数，B_x 为 x 岁育龄妇女生育子女数。这个指标相当于一般生育率（GFR）的细化，是消除年龄结构异质性得到的一系列年龄的一般生育率，是对不同年龄组生育水平的测量。年龄别生育率包含了年龄别生育水平和生育的时间分布状况这两个方面的信息。

为了区分生育的孩次结构，也可以构建不同孩次的年龄别生育率指标，比如 $ASFR_{1x}$、$ASFR_{2x}$、$ASFR_{3x}$ 等；其中 $ASFR_{1x}$ 的计算公式为：

$$ASFR_{1x} = \frac{B_{1x}}{\overline{W}_x}$$

分孩次年龄别生育率 $ASFR_{1x}$ 中 $\overline{W}_x$ 为 x 岁育龄妇女人口数，B_{1x} 为 x 岁育龄妇女生育一孩数，其他孩次与此类似，只是将分子 B_{1x} 替换为其他孩次的孩子数而已。

分孩次年龄别生育率中，各年龄组各孩次育龄妇女人数相同，因此存在：

$$ASFR_x = ASFR_{1x} + ASFR_{2x} + \cdots + ASFR_{nx}$$

表 5 - 2 为 1990 年中国育龄妇女年龄别生育率和分孩次年龄别生育率。从表 5 - 2 可以看到在育龄妇女各年龄别生育率中 23 岁年龄别生育率最大，达到 242.48‰；其次是 22 岁和 24 岁，分别为 223.15‰ 和 233.09‰。从 1990 年中国育龄妇女年龄别生育率的变化来看，23～36 岁下降幅度非常大，比如 36 岁的生育率仅为 22.69‰，不到 23 岁的 1/10。40 岁的生育率下降到 8.36‰，不到 36 岁的一半。另外，孩次之间年龄别生育率差别也很大，这里不进行详细分析。

四 总和生育率

年龄别生育率是不同年龄组生育状况的反映，对于不同育龄妇女群体的生育状况直接用一系列数据进行比较是非常难以把握二者差别的实际含义，因此，需要对年龄别生育率进行进一步具有人口学含义的统计综合。统

表 5-2　1990 年中国育龄妇女年龄别生育率和分孩次年龄别生育率

年龄（岁）	妇女平均人口数（人）	未生育		生育		第一孩		第二孩		第三孩	
		妇女平均人口数（人）	比例（%）	出生数（人）	生育率（‰）	出生数（人）	生育率（‰）	出生数（人）	生育率（‰）	出生数（人）	生育率（‰）
总计	300199353	276348817	92.06	23850536	79.45	11790815	39.28	7462351	24.86	2965302	9.88
15	11443691	11436648	99.94	7043	0.62	6710	0.59	253	0.02	39	0.00
16	11955254	11920614	99.71	34640	2.90	33276	2.78	1266	0.11	63	0.01
17	11928154	11804112	98.96	124042	10.40	116495	9.77	7173	0.60	320	0.03
18	12660569	12311628	97.24	348941	27.56	317922	25.11	29631	2.34	1269	0.10
19	12844729	12021860	93.59	822869	64.06	714795	55.65	100444	7.82	6931	0.54
20	13335020	11677196	87.57	1657824	124.32	1379428	103.44	255136	19.13	21486	1.61
21	11965751	9808433	81.97	2157318	180.29	1675084	139.99	429570	35.90	47925	4.01
22	11132124	8648041	77.69	2484083	223.15	1710938	153.69	664796	59.72	97961	8.80
23	12250527	9280045	75.75	2970482	242.48	1829620	149.35	936985	76.49	180783	14.76
24	11926749	9146761	76.69	2779988	233.09	1471360	123.37	999324	83.79	264639	22.19
25	12328474	9864932	80.02	2463542	199.83	1057256	85.76	985749	79.96	347395	28.18
26	13060283	10863053	83.18	2197230	168.24	726008	55.59	931314	71.31	426723	32.67
27	7783117	6641085	85.33	1142032	146.73	278919	35.84	482501	61.99	280899	36.09
28	5655919	5010982	88.60	644937	114.03	135467	23.95	265571	46.95	168904	29.86
29	6923442	6254489	90.34	668953	96.62	100167	14.47	279646	40.39	185608	26.81
30	6843038	6236738	91.87	556300	81.29	57851	8.45	230522	33.69	162766	23.79
31	9053122	8444216	93.27	608906	67.26	50198	5.54	242083	26.74	179935	19.88

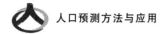

续表

年龄(岁)	妇女平均人口数(人)	未生育		生育		第一孩		第二孩		第三孩	
		妇女平均人口数(人)	比例(%)	出生数(人)	生育率(‰)	出生数(人)	生育率(‰)	出生数(人)	生育率(‰)	出生数(人)	生育率(‰)
32	8821542	8333577	94.47	487965	55.32	34643	3.93	179984	20.40	145929	16.54
33	8528430	8145334	95.51	383096	44.92	25013	2.93	132101	15.49	112594	13.20
34	9325690	8988966	96.39	336724	36.11	19614	2.10	105802	11.35	96463	10.34
35	8878360	8624927	97.15	253433	28.55	13852	1.56	71926	8.10	71052	8.00
36	8355542	8165992	97.73	189550	22.69	9783	1.17	47251	5.66	51539	6.17
37	8182775	8034441	98.19	148334	18.13	7394	0.90	31975	3.91	38803	4.74
38	7040598	6940022	98.57	100576	14.29	5088	0.72	18614	2.64	24635	3.50
39	7299389	7213719	98.83	85670	11.74	4274	0.59	12582	1.72	18322	2.51
40	6205339	6153436	99.16	51903	8.36	2522	0.41	6209	1.00	10124	1.63
41	5896378	5857369	99.34	39009	6.62	1818	0.31	4091	0.69	6983	1.18
42	5686195	5657352	99.49	28843	5.07	1424	0.25	2868	0.50	4613	0.81
43	5284386	5262373	99.58	22013	4.17	1136	0.21	2149	0.41	3245	0.61
44	4983328	4965903	99.65	17425	3.50	811	0.16	1589	0.32	2305	0.46
45	4702941	4691286	99.75	11655	2.48	557	0.12	977	0.21	1480	0.31
46	4462839	4454410	99.81	8429	1.89	429	0.10	750	0.17	1200	0.27
47	4581520	4574613	99.85	6907	1.51	375	0.08	650	0.14	961	0.21
48	4501413	4496093	99.88	5320	1.18	346	0.08	492	0.11	792	0.18
49	4372725	4368171	99.90	4554	1.04	242	0.06	377	0.09	616	0.14

资料来源：姚新武编《中国生育数据集》，中国人口出版社，1995。

计综合的方法有很多，最简单的方法就是求和、取均值等，一般生育率相当于或近似于年龄别生育率的均值，而求和就得到了另外一个综合指标，即总和生育率。

总和生育率的基本理论来源要追溯到 1760 年莱昂哈德·欧拉（Leonhard Euler）首次提出稳定人口的"定常概念"或称常数概念。1907年美国人口学者洛特卡（Alfred James Lotka）阐述了在封闭人口与性别结构为一常量的条件下，一个定常的分年龄生育率与分年龄死亡率将导致一个稳定人口，而其分年龄生育率加总之和表征了育龄妇女终身生育子女数，这就是总和生育率指标的来源（马瀛通，2010）。

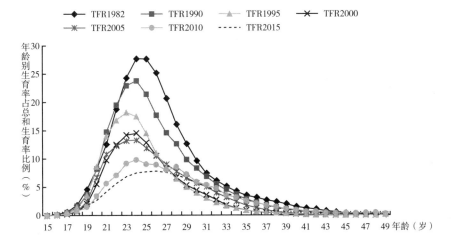

图 5 - 1　1982～2015 年中国育龄妇女年龄别生育率曲线

总和生育率是年龄别生育率的和。总和生育率是测量生育水平的最重要的指标之一，其数学表达式为：

$$TFR = \sum_{x=15}^{49} ASFR$$

也可以用连续变量表示为：

$$TFR = \int_{15}^{49} f(x)\,dx$$

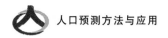

年龄别生育率可以分解为不同孩次的年龄别生育率，因此，对于分孩次总和生育率可以定义为：

$$TFR_1 = \sum_{x=15}^{49} ASFR_{1x}$$
$$TFR_2 = \sum_{x=15}^{49} ASFR_{2x}$$
$$\cdots\cdots$$
$$TFR_n = \sum_{x=15}^{49} ASFR_{nx}$$

总和生育率等于分孩次总和生育率之和，即 $TFR = TFR_1 + TFR_2 + \cdots + TFR_n$；同样用连续变量表示为：

$$TFR_1 = \int_{15}^{49} f_1(x)\,dx$$
$$TFR_2 = \int_{15}^{49} f_2(x)\,dx$$
$$\cdots\cdots$$
$$TFR_n = \int_{15}^{49} f_n(x)\,dx$$

根据表 5 - 2 可以计算出：$TFR_1 = 1.00902$，$TFR_2 = 0.71986$，$TFR_3 = 0.32013716$。这里需要特别注意的是 $TFR_1 = 1.00902 > 1$，从一个侧面说明分孩次总和生育率计算的是不同队列时期终身平均生育子女数，但其测量的只是一个队列的近似值，而不是一个队列终身年龄别生育一孩概率的合计。

第二节　总和生育率的基本性质

一　粗出生率、一般生育率和总和生育率的近似

从现有研究文献看，对时期总和生育率可以通过一般生育率（GFR）或粗出生率（CBR）与总和生育率的近似关系进行估算，即：

$$TFR = 30 \times GFR = 30 \times 4\frac{1}{2} \times CBR$$

该经验方法可以对总和生育率进行简捷的近似计算（Smith，1992），

但由于其假设条件太强或近似程度相对较差，在生育研究过程中其使用受到一定的限制。

从总和生育率的测量原理来看，*TFR* 取值范围的最小值为 0，最大值为 35。由于 *TFR* 是对假想队列平均终身生育子女数的测量，考虑到妇女生育孩子的男女比例和死亡概率，可以推算出在不同平均预期寿命下妇女所生育的女孩存活到生育年龄并恰好替代母亲开始生育下一代孩子的最小平均生育子女数，即为更替生育水平。在目前的出生性别比、平均预期寿命和初育年龄条件下，粗略判断育龄妇女的更替生育水平大体在 2.1 或略大于 2.1 附近。

二　生育模式

即使生育数量相同，但生育时间的早晚、生育的集中与分散程度对人口发展过程是有很大影响的。生育模式就是试图描述生育时间的集中和分散情况，也就是描述生育的时间分布。生育模式是从年龄别生育率出发，定义为可进行比较的标准化生育分布，生育模式与总和生育率以及分孩次总和生育率存在密切的联系。如果不区分生育的孩次构成，可以将生育模式定义为：

$$G(x) = ASFR(x)/TFR$$

生育模式具有如下性质：

$$\int_{15}^{49} G(x)\,dx = \int_{15}^{49} [f(x)/TFR]\,dx = 1$$

生育模式是随着生育水平的变化而变化的，有什么样的生育水平就对应什么样的生育模式（王广州，2004）。粗略地看，育龄妇女的生育模式随着生育水平的变动也发生相应的变化。以中国育龄妇女生育模式变化的历史为例，与 1990 年相比 2010 年育龄妇女生育模式有明显的变化，主要表现在以下几个方面。

首先是单峰与多峰的不同。1990 年与 2010 年中国育龄妇女最高峰值生育年龄都是 24 岁，但 1990 年仅有一个峰值，即峰值两侧均低于峰值；

而 2010 年则有两个峰值,一个为 24 岁,另一个为 28 岁,这是全国一些省份的农村生育二孩有四年生育间隔规定的结果(见图 5 - 2)。

其次是育龄妇女峰值生育年龄的年龄别生育率所占比例降低。1990年育龄妇女峰值年龄的年龄别生育率占总和生育率的比例为 11.16%,2010 年下降到 8.34%,下降了大约 2.8 个百分点。

再次是生育高峰年龄段更加分散。1990 年生育高峰年龄段[1]生育率占总和生育率的比例为 63.15%,2010 年生育高峰年龄段生育率占总和生育率的比例下降到 48.94%。

最后是育龄妇女平均生育年龄明显提高。1990 年育龄妇女平均生育年龄为 26.52 岁。[2] 与 2010 年育龄妇女平均生育年龄 28.44 岁相比平均生育年龄提高了 1.9 岁左右,由此可见,生育水平的降低受生育时间推迟的影响很大。

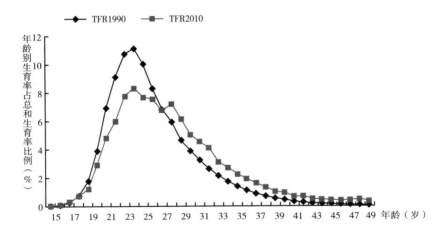

图 5 - 2 1990 年、2010 年中国育龄妇女生育模式变化

从生育模式的孩次构成来看,2010 年 1 孩峰值生育年龄由 1990 年的 22 岁提高到 24 岁左右。2 孩峰值生育年龄由 1990 年的 24 岁提高到 2010

---

[1] 这里生育高峰年龄段是指高峰生育年龄及高峰生育年龄往上、下年龄区间各延伸 3 岁构成的生育年龄段。

[2] 按年龄别生育率加权方法计算,具体方法见王广州(2004)。

年的 28 岁左右。1990 年 1 孩平均生育年龄为 23.43 岁，2 孩平均生育年龄为 26.59 岁。2010 年 1 孩平均生育年龄为 26.65 岁，2 孩平均生育年龄为 30.83 岁。值得注意的是，2010 年 1 孩、2 孩峰值生育年龄明显推迟，峰值生育年龄的年龄别生育率降低；而且 2 孩的峰值生育年龄提高的幅度明显大于 1 孩，同时，1 孩和 2 孩峰值生育率下降的幅度都很大，生育过程更加分散（见图 5 - 3）。

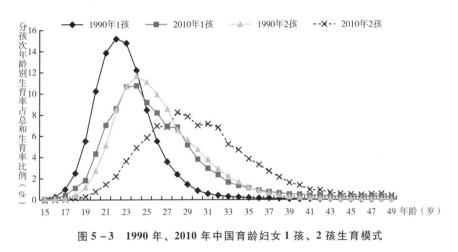

图 5 - 3　1990 年、2010 年中国育龄妇女 1 孩、2 孩生育模式

对于不同的孩次生育模式也可以表示为生育进度的快慢和生育时间的早晚，用函数 $F_1(x)$ 表示第 1 孩的生育进度，$F_2(x)$ 表示第 2 孩的生育进度，…，$F_n(x)$ 表示第 n 孩的生育进度：

$$F_1(x) = \int_0^x \left[f_1(x) / TFR_1 \right] dx$$

$$F_2(x) = \int_0^x \left[f_2(x) / TFR_2 \right] dx$$

$$\cdots\cdots$$

$$F_n(x) = \int_0^x \left[f_1(x) / TFR_n \right] dx$$

生育测量的目的不仅是测量妇女的时期和终身生育水平，同时也需要测量育龄妇女的生育进度，以便分析育龄妇女的生育过程和判断未来生育水平变化的趋势。

初婚、初育年龄影响育龄妇女生育完成的情况和过程。在过去的 20

多年，育龄妇女的平均生育年龄发生了很大变化。伴随着生育水平的下降，育龄妇女的平均初育年龄也有较大提高。例如，2010 年全国育龄妇女的平均初育年龄达到 26.55 岁，比 1990 年全国育龄妇女的平均初育年龄 24.50 岁有了很大提高。1 孩的生育情况直接影响到 2 孩的生育进度和 2 孩的生育水平。比较 1990 年和 2010 年人口普查数据推算的 1 孩和 2 孩生育进度有如下发现。

第一，年龄别 1 孩、2 孩生育率累计曲线都是比较典型的逻辑斯蒂曲线，曲线变化的特点是曲线下面积的减少（见图 5－4）。2010 年年龄别 1 孩、2 孩生育累计曲线下的面积比 1990 年的曲线下面积分别减少 12.36% 和 18.51% 左右。

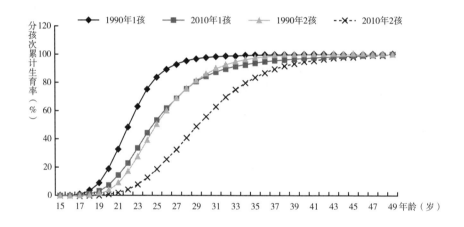

图 5－4   1990 年、2010 年中国育龄妇女 1 孩、2 孩生育进度

第二，2010 年 1 孩生育进度曲线与 1990 年 2 孩生育进度曲线基本吻合，由此可以看到 2010 年生育进度随年龄增加而逐渐推迟。在已经生育 2 孩的妇女中，1990 年 26 岁的育龄妇女有 60% 以上完成了 2 孩生育，2010 年 31 岁的育龄妇女有 60% 以上完成了 2 孩生育，26 岁的育龄妇女完成 2 孩生育的只有 26.09%。

第三，在生育 2 孩的育龄妇女中，1990 年和 2010 年有 94% 以上的育龄妇女在 40 岁以前完成生育。2010 年 40 岁完成 2 孩生育的比例比 1990

年低 2.5 个百分点左右。

总之，从中国育龄妇女生育水平、生育模式及生育进度的变化特点可以看到生育率下降过程中生育的"晚、稀、少"现象。

三　总和生育率的进度效应

总和生育率是时期年龄别生育率的和，其含义可以理解为如果一批妇女（队列）按照当前的年龄别生育率度过一生，其总和即为该批妇女平均生育子女数。

$$TFR = \sum_{x=15}^{49} ASFR(x) = \sum_{x=15}^{49} \frac{B_x}{\overline{W_x}}$$

假定对 B_x 进行进一步细分：$B_x = \sum_{x=15}^{49} B_{ax}$；$a$ 为年度生育数。由于 B_{ax} 随时间变化过程可能是均匀的，也可能是不均匀的，非均匀变化的结果也就是生育模式的变化。这就造成了假想队列即使终身生育水平不变，但时期生育水平会因每个队列与前面队列生育年龄不同或波动的问题。

想象一个极端的例子，对于一个人口群体，如果每个妇女终身只生育一个孩子，而且生育年龄都为 22 岁，那么，各个时期的总和生育率都为 1。若某年突然改为 21 岁，则发生当年 21 岁、22 岁两个年龄组会同时生育，计算得到的总和生育率为 2。同样，若某年突然改为 23 岁，当年本该生育的 22 岁年龄组的生育数为 0，而 23 岁年龄组上一年生过了，那么，当年的总和生育率为 0。尽管每个妇女终身只生育一个孩子，但由于生育时间的变化所引起的这种生育年龄的提前或推迟，从而造成时期总和生育率测量偏差以及并不反映终身生育率的现象，被称为生育的进度效应。图 5-5 标识了这种进度变化的影响。这个例子展示了由全体 20.5 岁生育推迟为一半的人 20.5 岁生育和一半的人 21.5 岁生育的进度效应，进度提前的情况也一样。

由于假想队列测量指标是由不同真实队列时期指标构造而来的，对于一个假想队列而言有可能会发生生育的推迟或提前的现象，由此有可能造成时期假想队列测量指标不反映真实队列终身生育水平的假象。

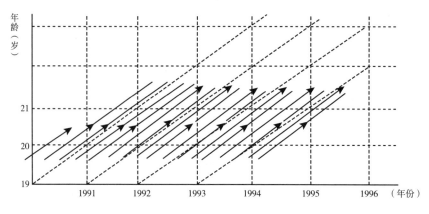

图 5 - 5　生育进度效应示意

第三节　孩次递进与孩次性别递进

尽管总和生育率是人口研究的重要指标，但总和生育率测量的明显缺陷是育龄妇女年龄别生育率消除了年龄异质性，却没有消除相同年龄育龄妇女的孩次异质性。为了克服总和生育率测量的缺陷，生育水平测量改进为孩次递进的测量方法。

一　孩次递进

年龄别生育率的分母为该年龄全部妇女，其中包含 0 孩、1 孩、2 孩，…，n 孩各种不同类型的妇女，由于妇女的曾生孩子结构和当前生育孩次的不同，相同年龄别生育率所描述的年龄别生育可能性的含义其实是不同的。用数学式表达为，假定两个育龄妇女群体的生育子女数和育龄妇女人数都分别为 B_x 和 W_x，其中：$B_x = B_{1x} + B_{2x} + \cdots + B_{nx}$，$W_x = W_{0x} + W_{1x} + W_{2x} + \cdots + W_{nx}$，如果第一个群体中的 B_x 以生育 B_{1x} 为主，那么，W_x 妇女的孩次构成以 W_{0x} 为主的可能性很大，而第二个群体中如果以生育 B_{2x} 为主，那么，W_x 妇女的孩次构成以 W_{0x} 和 W_{1x} 为主可能性更大。可见，两个育龄妇女群体是完全不同的生育过程。因此，区分与测量育龄妇女的孩次结构和生育下一个孩子的可能性大小是非常重要的标准化比较。

　　如果不考虑妇女的年龄和生育孩子的性别，那么，育龄妇女或妇女的生育过程可以抽象为：0 孩→1 孩→2 孩→3 孩，…，n－1 孩→n 孩；妇女的一生就会被浓缩到一个从 0 孩到 n 孩的孩次递进生育过程。递进现象在社会上普遍存在，以受教育为例，如上完一年级上二年级，上完二年级上三年级，上完三年级上四年级，凡此种种，都属于一个递进过程。

　　孩次递进的概念最早是由亨利（Henry）于半个多世纪前（1953 年）提出的。20 世纪 80 年代得到了空前的发展，并且产生了两个分支。菲尼（Feeney，1982，1983）对孩次递进比方法的发展贡献卓著；中国学者（马瀛通等，1986a，1986b）则创立了孩次递进率方法，建立了孩次递进人口发展模型及其指标体系。

　　孩次递进的基本思想是把妇女一生的生育过程按生育次数分成若干阶段：0 孩，1 孩，2 孩……伴随每一次生育，妇女从一个阶段进入下一阶段的行为或过程称为孩次递进。

　　孩次递进方法只记录孩子数量，不问性别。孩次递进着眼于曾生孩数对生育下一孩的影响；如果考虑妇女的年龄和曾生孩子数量，育龄妇女的递进生育过程如图 5－6 所示。

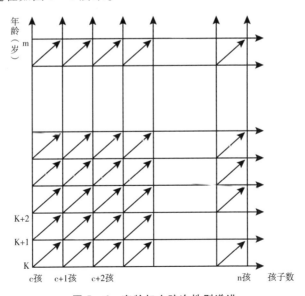

图 5－6　育龄妇女孩次性别递进

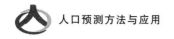

二 孩次性别递进

以往孩次递进生育只关心生育数量，不关心生育孩子的性别，随着出生性别比升高问题凸显，仅关心孩子数量是远远不够的，不足以准确描述生育行为的递进过程。鉴于此，如果关注曾生孩子的数量和性别对妇女未来生育行为（包括是否生育下一孩和下一孩的性别）的影响，考虑孩次性别递进，需要对传统的孩次递进模型进行新的拓展。孩次性别递进理论关注的主体是妇女及其在状态空间中的动态，生育的孩子是递进行为的产物。

孩次性别递进理论认为：育龄妇女按生育进程（曾生男孩、女孩数）处在不同状态（类），状态是影响妇女下一步生育行为的重要因素。妇女的生育行为因所处的状态、主观意愿和客观环境不同，递进的强度和方向各异。其中客观环境是指自然规律、生育政策、社会经济和科学技术水平等（杨书章、王广州，2006a）。

从生育的视角观察（为了简化，暂不区分年龄），育龄妇女状态是育龄妇女既往生育孩子状况的分类表示。对妇女个体，其状态以其所属的类表示。育龄妇女的状态描述依照分类的细致程度而不同。确定分类的原则并按照分类的原则对人口中各种生育经历妇女做统计，从而确定状态空间，是孩次性别递进理论的基础。在状态空间中，设计符合实际的合理递进规则和路径，是孩次性别递进理论的重要组成部分。

为了便于形象理解和分析，常用几何图形描绘状态。容纳全体状态的几何图形构成的空间称为状态空间。这样，莱斯利（Leslie）模型中因育龄妇女只区分年龄而不区分孩次，在生育状态空间中，育龄妇女状态是一个点；孩次递进人口发展模型中育龄妇女状态空间在一条直线上；孩次性别递进人口发展模型的育龄妇女状态则扩展到了平面。

孩次性别递进过程可以用图5-7表示。图中以带两个数字的方框表示妇女的类，方框中左边的数字表示曾生男孩数，右边的数字表示曾生女孩数；箭头表示递进行为。向下的单实线箭头表示生育男孩，向右的双实线箭头表示生育女孩（杨书章、王广州，2006b，2006c）。

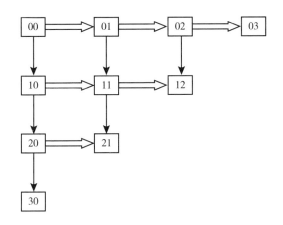

图 5 – 7　育龄妇女孩次性别递进

　　用孩次性别递进理论来看人口模型中妇女状态的表示。在只关注人口总体生育数量时，没有表示妇女状态的参数；在只关注育龄妇女个体生育数量时，分为 0 孩、1 孩、…、n 孩等，妇女状态用一个标量数值表示；在既关注妇女个体生育数量又关注孩子性别时，需要区分为 0 孩、1 男孩、1 女孩、1 男 1 女、…、m 男 n 女等，妇女状态就需要用一组数值表示。上面已说明，实际上可以用曾生男孩数和曾生女孩数两个参数表示妇女的孩次性别状态。正像常用列克西斯图表示年龄变化一样，用孩次递进路线图说明妇女的孩次性别状态及其递进过程对理解和应用这种方法十分重要。

　　总之，孩次递进方法是将育龄妇女按照年龄和孩次结构重新分类，既可测量并消除育龄妇女生育的年龄异质性对测量稳定性和可比性的影响，也可消除育龄妇女生育孩次异质性对测量稳定性和可比性的影响，使研究视角和观察的科学性增强。同时需要注意的是，随着育龄妇女分类的细化，所要求人口规模将不断提高，才能实现测量的科学性和稳定性。

第四节　孩次递进生育的测量方法

　　人口统计学中，在构造统计测量指标时，"比"、"比例"和"率"

的概念是经常使用的基本统计概念。"比"是同一总体两个同类量的相对关系的量值。"比例"是一种特殊的比,分子是分母的一部分,是部分与总体之比的关系。"率"是指在一定条件下,一定时间内(通常为一年)某人口事件实际发生数与可能发生该现象的母体总数的相对关系数值(马瀛通,2010)。

由于观察的数据是某一时期不同队列的数据,在测量过程中,既需要时期指标,又需要假想队列指标来测量。如果按时期生育状况生育的话,那么,终身预期生育水平到底有多高(低)?

一 年龄别孩次递进比(例)

年龄别孩次递进比是对时期年龄别育龄妇女分孩次生育比例的测量,可以表示为:

$$h(t,i,k) = \frac{W(t,i,k)}{W(t,i,k-1)}$$

$h(t,i,k)$ 为 t 年度 i 岁妇女从 $k-1$ 孩(类)递进为 k 孩(类)年龄别递进比或 k 孩(类)时期递进比;$W(t,i,k-1)$ 为 t 年度 i 岁 $k-1$ 孩(类)妇女数;$W(t,i,k)$ 为 t 年度 i 岁 $k-1$ 孩(类)妇女生育下一孩(k 孩)数。

孩次递进比指标和下面所定义的孩次递进率指标非常容易混淆,而且经常搞得研究者一头雾水。为了避免与假象队列终身递进率相混淆,这里采用"比"的定义方法,其实如果从观察妇女的角度来看,其含义更接近通常"率"的概念。可以将分子定义为 t 年生育了第 k 孩的 $k-1$ 孩(类)妇女的数量。

为了测量递进生育情况,需要的基础数据与总和生育率的计算有很大差别。计算所需数据包括育龄妇女曾生子女结构和一个时期(一个年度)生育孩子所属孩次的状况,数据结构如表 5-3 所示。

下面以 1990 年全国育龄妇女孩次递进比计算为例,展示具体不同孩次递进比的计算方法。

表 5 – 3 1990 年孩次递进生育率测量基础数据结构

单位：岁，人

年龄	曾生子女				年度生育		
	0 孩	1 孩	2 孩	3 孩	1 孩	2 孩	3 孩
15	10515710	3498	609	197	2294	135	24
16	11425859	16298	985	258	13178	409	37
17	11879063	72589	2971	328	55905	2389	93
18	11668453	244414	14254	718	172853	12308	505
19	11942831	658844	56477	2067	427532	46491	2189
20	11107350	1529038	195917	11242	915976	139910	10363
21	9834704	2951324	511162	35186	1613194	328733	30962
22	7106375	3862092	908657	82662	1750336	515779	64749
23	4789901	4641193	1511122	177124	1691740	730693	122003
24	3653923	5819766	2390001	356584	1724252	957255	209900
25	2317392	5931228	3030423	584140	1265083	953954	285092
26	1527111	6086167	3715304	884995	865797	887530	349977
27	1052724	6059702	4467382	1279978	571964	804625	407443
28	452162	3192655	2931244	1004041	218013	408820	256139
29	260231	2447994	2026879	740444	105290	229456	147295
30	231628	2805920	2607456	994463	78396	241469	156796
31	171734	2502580	2711596	1108374	46010	191403	134266
32	184127	3086559	3681430	1560946	40700	193481	145720
33	154726	2738768	3670310	1638916	28149	141269	115787
34	133942	2440609	3568468	1691042	20634	103278	88756
35	134105	2386117	3905903	2004505	16192	82673	75730
36	115398	1988804	3653507	2109618	11547	56249	55312
37	100017	1548112	3363635	2208101	8412	36843	39698
38	93593	1246831	3167003	2368985	6230	24593	29678
39	78321	872474	2543687	2198446	4217	14145	18637
40	85232	697679	2420561	2407565	3528	9531	13731
41	68678	443322	1888785	2130218	2058	4710	7466
42	66554	331974	1609180	2036462	1455	2958	4921
43	63778	262348	1370413	1924342	1127	2043	3197
44	59530	203788	1100641	1716187	929	1568	2212

年龄	曾生子女				年度生育		
	0 孩	1 孩	2 孩	3 孩	1 孩	2 孩	3 孩
45	59527	171079	881295	1518897	674	1113	1580
46	56111	145158	720537	1336380	424	659	923
47	55017	130421	611793	1187107	327	496	725
48	59875	128424	562017	1142191	304	428	583
49	60902	123894	503821	1061407	257	318	450

资料来源：根据1990年全国第四次人口普查1%抽样原始数据推算。

（1）对于0孩到1孩递进的年龄别孩次递进比

$$h(1990,i,1) = B(1990,i,1)/[W(1990,i,0) + B(1990,i,1)]$$

其中，i 为年龄，$h(1990,i,1)$ 为 1990 年 i 岁妇女 1 孩递进比，$B(1990,i,1)$ 为 1990 年 i 岁生育 1 孩妇女数，$W(1990,i,0)$ 为 1990 年 i 岁 0 孩妇女数；

以表 5-3 数据中 1990 年 15 岁妇女为例，$B(1990,15,1) = 2294$，$W(1990,15,0) = 10515710$，$h(1990,15,1) = 0.000218$。

（2）对于1孩到2孩递进的年龄别孩次递进比

$$h(1990,i,2) = B(1990,i,2)/[W(1990,i,1) - B(1990,i,1) + B(1990,i,2)]$$

其中，i 为年龄，$h(1990,i,2)$ 为 1990 年 i 岁妇女 2 孩递进比，$W(1990,i,1)$ 为 1990 年 i 岁 1 孩妇女数，$B(1990,i,1)$ 为 1990 年 i 岁生育 1 孩妇女数，$B(1990,i,2)$ 为 1990 年 i 岁生育 2 孩妇女数；

同样以表 5-3 数据中 1990 年 15 岁妇女为例，$B(1990,15,1) = 2294$，$B(1990,15,2) = 135$，$W(1990,15,1) = 3498$，$h(1990,15,2) = 0.100822$。

（3）对于2孩到3孩递进，直至 $k-1$ 孩到 k 孩递进（$k \geq 2$）等更一般情况的年龄别孩次递进比

$$h(1990,i,k) = B(1990,i,k)/[W(1990,i,k-1) - B(1990,i,k-1) + B(1990,i,k)]$$

其中，i 为年龄，$h(1990,i,k)$ 为 1990 年 i 岁妇女 k 孩递进比，

W（1990，i，$k-1$）为 1990 年 i 岁 $k-1$ 孩妇女数，B（1990，i，$k-1$）为 1990 年 i 岁生育 $k-1$ 孩妇女数，B（1990，i，k）为 1990 年 i 岁生育 k 孩妇女数，$k \geqslant 2$。

根据表 5-3 基础数据计算 1990 年育龄妇女 0→1 孩、1→2 孩、2→3 孩年龄别孩次递进比结果如表 5-4 所示。

表 5-4　1990 年年龄别孩次递进比

年龄（岁）	0→1 孩	1→2 孩	2→3 孩	年龄（岁）	0→1 孩	1→2 孩	2→3 孩
15	0.000218	0.100822	0.048193	33	0.153925	0.049535	0.031767
16	0.001152	0.115897	0.060359	34	0.133488	0.040930	0.024974
17	0.004684	0.125256	0.137778	35	0.107733	0.033708	0.019423
18	0.014597	0.146753	0.206038	36	0.090961	0.027661	0.015143
19	0.034561	0.167352	0.179795	37	0.077581	0.023369	0.011792
20	0.076183	0.185810	0.156140	38	0.062410	0.019438	0.009356
21	0.140916	0.197217	0.145095	39	0.051092	0.016030	0.007314
22	0.197628	0.196298	0.141489	40	0.039748	0.013544	0.005663
23	0.261005	0.198550	0.135194	41	0.029094	0.010561	0.003947
24	0.320602	0.189452	0.127782	42	0.021394	0.008870	0.003054
25	0.353131	0.169740	0.120722	43	0.017364	0.007760	0.002331
26	0.361818	0.145309	0.110134	44	0.015366	0.007670	0.002009
27	0.352045	0.127873	0.100104	45	0.011196	0.006489	0.001792
28	0.325308	0.120829	0.092184	46	0.007500	0.004533	0.001281
29	0.288055	0.089208	0.075741	47	0.005908	0.003798	0.001185
30	0.252871	0.081330	0.062152	48	0.005052	0.003329	0.001037
31	0.211303	0.072283	0.050581	49	0.004202	0.002565	0.000893
32	0.181028	0.059729	0.040103				

资料来源：根据表 5-3 数据计算得到。

二　孩次递进生育率

从对时期年龄别孩次递进比的测量转化为对假想队列终身生育行为的测量，目的是研究一个假想队列如果按照时期年龄别孩次递进比完成一生的生育，那么，不同孩次和全部生育的总和递进生育率是多少。这就需要

像对待一个出生队列那样度量时期人口的递进行为，生命表方法就是非常必要的分析工具。通过生命表方法，计算各个年龄分孩次生育递进率，其含义是：如果按照目前的年龄别递进比（或称为相对递进率生育），该队列妇女一生各孩次的平均预期生育数。

（一）对于 0→1 孩年龄别递进生育率

$$\mathrm{as}pfr(1990,i,1) = h(1990,i,1) \times \prod_{k=15}^{i-1}[1 - h(1990,k-1,1)]$$

其中 i、k 为年龄，1 代表 0→1 孩递进。

规定 h（1990，14，1）＝0，那么，$1 - h$（1990，14，1）＝1；也就是说，认为 14 岁没有初育行为。

$\prod_{k=15}^{i-1}[1 - h(1990,k-1,1)]$ 为 14 岁开始到 $i - 1$ 岁连续未递进比例的乘积。

0→1 孩年龄别递进生育率构成了一个假想队列 0→1 孩的终身预期递进过程，并得到不同年龄的终身生育一孩的比例或概率，简单地说年龄别 1 孩递进生育率就是一个建立在对此前没有生育的条件下假想队列当前年龄生育的概率计算。

如果按照时期递进比递进生育 1 孩，即测量 0→1 孩总和递进生育率，简称为 1 孩总和递进生育率，计算公式为：

$$TPFR_1 = \sum_{15}^{49} aspfr(1990,i,1)$$

也可以用连续变量表示为：$TPFR_1 = \int_{15}^{49} pf_1(x)\,dx$。

（二）1→2 孩年龄别递进生育率

由于不涉及生育间隔，0→1 孩年龄别递进生育率的计算比较简单，而 2 孩及以上的年龄别递进生育率的计算相对复杂。与 1 孩直接计算队列不同年龄 1 孩终身递进概率不同，1→2 孩递进生育率需要两个步骤计算才能实现对年龄别孩次递进生育率的测量，第一步是计算年龄为 k 的 1 孩妇女以不同的生育间隔 p 递进到年龄为 i 的 2 孩妇女的递进率；第二步是对第一步计算得到的年龄为 i 的不同间隔递进妇女进行合计，从而得到全部年龄为 i 的 2 孩递进率。其基本原理与核心是：任何育龄妇女都是在完成 1 孩递进的前提条件下递进生育 2 孩。对于任何一个年龄完成 1 孩生育的群体，下次生育即生育 2 孩的年龄可能有很大差别。因此，1→2 孩递进生育的间隔可能是 1 年，也可能是 2 年，3 年，…，n 年等。为了计算队列不同年龄生育 2 孩的概率，需要在 1 孩年龄别递进率的基础上，计算不同年龄下次递进生育的概率或不同生育间隔的下次递进生育的概率，然后，将不同间隔、相同年龄的递进概率合计，得到年龄别递进生育率，也就是假想从开始生育到该假想队列年龄别 2 孩终身递进生育概率。

对于不同生育间隔的 1→2 孩年龄别递进生育率：

$$sub\_aspfr(1990,i,p,2) = aspfr(1990,i-p,1) \times h(1990,i,2)$$
$$\times \prod_{k=i-p+1}^{i-1} [1 - h(1990,k,2)]$$

其中 i，k 为年龄且 i，$k \geqslant 16$，p 为 1→2 孩递进的时间间隔，取值 1 ~ 34；

年龄别 1→2 孩递进生育率为该年龄 1→2 孩各个生育间隔递进生育率的合计：

$$aspfr(1990,i,2) = \sum_{p=1}^{i-15} sub\_aspfr(1990,i,p,2)$$

如果按照时期递进比递进生育 1 孩后递进生育 2 孩，即 1→2 孩总和递进生育率，简称为 2 孩总和递进生育率：

$$TPFR_2 = \sum_{15}^{49} aspfr(1990,i,2)$$

同样也可以用连续变量表示为：

$$TPFR_2 = \int_{15}^{49} pf_2(x)\,dx$$

$TPFR_3$ 等大于 2 孩的递进生育率和总和递进生育率与 1→2 孩的算法相同，只是孩次不同而已。

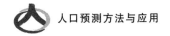

（三）总和递进生育率

全部孩次的总和递进生育率，简称为总和递进生育率：

$$TPFR = TPFR_1 + TPFR_2 + \cdots + TPFR_n$$

其中，n 为生育子女总数。

总和递进生育率的含义是：假定按目前时期年龄别孩次生育递进率度过一生，育龄妇女终身平均预期生育子女数。分孩次总和递进生育率为育龄妇女终身平均预期生育该孩次子女数。例如，表 5 – 5 为根据表 5 – 3 和表 5 – 4 计算的 1990 年年龄别孩次递进生育率与分孩次总和递进生育率。$TPFR_1 = 0.992194$，$TPFR_2 = 0.711689$，$TPFR_3 = 0.337994$。

表 5 – 5　1990 年年龄别孩次递进生育率与分孩次总和递进生育率

年龄（岁）	0→1 孩	1→2 孩	2→3 孩	年龄（岁）	0→1 孩	1→2 孩	2→3 孩
15	0.000218	0	0	33	0.002885	0.017780	0.012779
16	0.001152	0.000025	0.000001	34	0.002117	0.014082	0.010101
17	0.004678	0.000168	0.000024	35	0.001481	0.011194	0.007890
18	0.014509	0.000859	0.000183	36	0.001115	0.008917	0.006174
19	0.033851	0.003264	0.000645	37	0.000865	0.007351	0.004824
20	0.072038	0.009307	0.001782	38	0.000642	0.005988	0.003847
21	0.123098	0.022250	0.004476	39	0.000493	0.004853	0.003027
22	0.148311	0.041943	0.00976	40	0.000364	0.004099	0.002403
23	0.157163	0.063543	0.016545	41	0.000256	0.003170	0.001707
24	0.142662	0.078368	0.024072	42	0.000182	0.002632	0.001343
25	0.106759	0.081127	0.03072	43	0.000145	0.002261	0.001019
26	0.070758	0.073175	0.033849	44	0.000126	0.002184	0.000879
27	0.043937	0.064086	0.034355	45	0.000090	0.001773	0.000778
28	0.026307	0.058121	0.03382	46	0.000060	0.001146	0.000541
29	0.015716	0.040072	0.029089	47	0.000047	0.000858	0.000477
30	0.009823	0.034553	0.024207	48	0.000040	0.000649	0.000389
31	0.006132	0.028922	0.019966	49	0.000033	0.000433	0.000308
32	0.004144	0.022537	0.016011	TPFR	0.992194	0.711689	0.337994

资料来源：根据表 5 – 3、表 5 – 4 数据计算得到。

分孩次总和递进生育率的含义与分孩次总和生育率相比是完全不同的，例如 1990 年 $TFR_1 = 1.00902$，$TFR_2 = 0.71986$，$TFR_3 = 0.32013716$ 表示各孩次平均终身生育子女数时，TFR_1 大于 1 的现象是与测量的初衷相违背的。然而，分孩次总和递进生育率是不会出现这个问题的。

这里需要特别注意的是：$TPFR_1 = 0.992194 < 1$，原因是分孩次总和递进生育率是一个队列不同年龄别终身生育该孩次条件概率的合计，生完 1 孩生 2 孩、生完 2 孩生 3 孩等，具有生育孩次的单向递进不可逆规律，也就是，概率样本空间分类的"一去不复返"特征。因此，必然存在 $TPFR_1$、$TPFR_2$，…，$TPFR_n \leqslant 1$ 和 $TPFR_n < TPFR_{n-1}$ 的性质。

虽然总和生育率（TFR）与总和递进生育率（$TPFR$）的定义和计算方式不同，但两者都试图对育龄妇女各孩次和终身生育水平进行测量，而从测量的基本原理来看，分孩次递进生育率更符合生育过程基本规律的科学测量。以 1990 年人口普查数据为例，从分孩次的年龄别生育率与年龄别递进生育率的对比来看，分孩次年龄别生育率与年龄别递进生育率各个孩次的情况还是有一些差异的，但总体来说两者的差异不是特别大，这也说明分孩次年龄别生育率对终身生育过程与模式的估计也是比较好的（见图 5 - 8）。

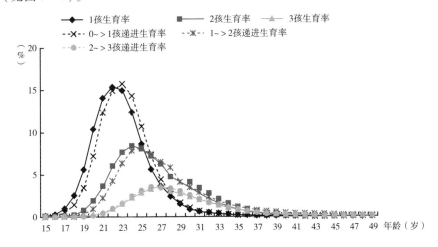

图 5 - 8　分孩次年龄别生育率与年龄别递进生育率

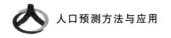

三 递进生育模式

与通过总和生育率方法得到生育模式的思路、方法一样，递进生育模式也是试图描述孩次递进生育时间的集中和分散情况，即描述递进生育的时间分布。递进生育模式是从年龄别递进生育率出发，定义为可进行比较的标准化合计全部孩次或分孩次递进生育分布，与总和递进生育率和分孩次总和递进生育率存在密切的联系。如果不区分生育的孩次构成，可以将递进生育模式定义为：

$$PG(x) = ASPFR(x)/TPFR$$

如果分孩次，那么可以表示为：

$$PG_1(x) = ASPFR_1(x)/TPFR_1$$
$$PG_2(x) = ASPFR_2(x)/TPFR_2$$
$$\cdots\cdots$$
$$PG_n(x) = ASPFR_n(x)/TPFR_n$$

同样，全部孩次和分孩次递进生育模式都具有如下性质：

$$\int_{15}^{49} PG(x)\,dx = \int_{15}^{49} \left[f(x)/TPFR \right]dx = 1$$

由于递进生育模式通常与使用总和生育率方法计算的生育模式和指标构造方法类似，这里就不需要进一步展开论述了。

四 中国总和递进生育率变化研究实例

中国育龄妇女生育水平和生育模式的主要差异表现为城乡差异和地区差异。回顾过去30多年来我国育龄妇女生育水平的发展历史，其主要特点表现为以下五个方面。

其一，1982～2015年育龄妇女总和递进生育率处于不断下降的过程之中（见表5-6）。在不考虑出生瞒报和漏报的情况下，1982年总和递进生育率为2.54，到2015年育龄妇女的总和递进生育率下降到1.38。从总和递进生育率区域差异和内部逻辑关系来看，2000年和2010年中国育龄妇女递进生育水平不低于 1.38。[①] 从总和递进生育率下降的构成来看，总和递进生育率下降主要表现在多孩递进生育率的大幅度下降。

其二，从分孩次总和递进生育率的变化趋势和特点来看，1 孩总和递进生育率变化最小[②]。无论是不同区域还是不同时期，1 孩递进生育水平始终接近 1，但我国目前终身不育的比例有很大提高，2010 年全国育龄妇女终身预期不育平均水平达到 27.4‰，比 1982 年全国平均水平提高了 24.1 个千分点，是 1982 年终身预期不育平均水平的 8.3 倍。2000 年非农业人口育龄妇女终身预期不育的比例达到 93.3‰，是 1982 年非农业人口育龄妇女终身预期不育比例的 2.74 倍。估计 2010 年非农业人口育龄妇女终身预期不育的比例不会低于 2010 年。

其三，从全国分农业和非农业育龄妇女的总和递进生育率来看，1982～2000 年，农业育龄妇女总和递进生育率由 2.8424 下降到 1.5318，平均下降了一个孩子以上。与此同时非农业人口育龄妇女总和递进生育率由 1.4059 下降到 1.0323，平均下降了 0.3736。从全国农业育龄妇女与非农业育龄妇女生育水平的差距来看，1982 年和 1990 年农业育龄妇女的总和递进生育率是非农业育龄妇女的 2.02 倍和 1.90 倍，而到 2000 年两者之比则进一步下降到 1.48 倍。虽然 2010 年缺少农业和非农业的数据，但根据总和递进生育率变化的特点，估计 2010 年也与 2000 年的情况接近。由此可见，中国育龄妇女生育水平的下降主要是农业育龄妇女的生育水平下降。

其四，从 1→2 孩总和递进生育率的变化来看，1→2 孩的总和递进生育率明显降低。1982 年全国育龄妇女 1→2 孩总和递进生育率为 0.8847，其中农业人口育龄妇女 1→2 孩总和递进生育率为 0.9180，非农业人口为 0.3776。到 1990 年全国育龄妇女 1→2 孩总和递进生育率下降为 0.7073，比 1982 年的情况下降了 0.1774。其中，1990 年农业育龄妇女的 1→2 孩总和递进生育率下降到 0.8354，非农业人口育龄妇女 1→2 孩总和递进生

---

① 考虑到国家统计局普查数据质量评估，2000 年和 2010 年两次普查的漏报率有很大差距。

② 为了叙述方便，将 0→1 孩递进简称为 1 孩递进，以下各孩次亦作相似简化。

育率下降到 0.2064。1990 年农业和非农业育龄妇女 1→2 孩总和递进生育率比 1982 年分别下降了 0.0826 和 0.1712。到 2000 年全国育龄妇女 1→2 孩递进生育率继续下降到 0.3329，比 1990 年下降了 0.3744。其中农业人口和非农业人口分别下降到 0.5026 和 0.1119，比 1990 年农业育龄妇女和非农业育龄妇女 1→2 孩总和递进生育率分别下降了 0.3328 和 0.0945。到 2010 年全国育龄妇女 1→2 孩总和递进生育率比 2000 年略有上升，达到 0.3585。

其五，从递进生育水平的区域差异来看，中国西部地区总和递进生育率最高，东部最低。1982 年西部地区总和递进生育率为 2.9354；东部地区为 2.2215；中部地区居中，为 2.7027。东西部差距超过 0.7，而中西部差距仅为 0.2。这个格局一直没有改变，2000 年西部地区总和递进生育率为 1.5082；东部地区仅为 1.2171；中部地区仍然居中，为 1.3556。与 1982 年、1990 年的情况相比，随着生育水平的下降，全国东西部差距缩小到不足 0.3。虽然 2010 年没有数据，但可以推测这个区域差距的特征不变。

总之，从总和递进生育率的性质来看，从上述递进生育率下降特点可以断定总和递进生育率的下降过程是较高孩次生育比例逐渐降低并向较低孩次演进的过程。也就是，生育水平降低过程是由高孩次总和递进生育率所占比重较高向低孩次所占比重逐渐上升的变化过程，同时，生育政策调整的影响主要体现在 1→2 孩递进生育率的变化上。因此，在研究总和递进生育率的变化规律时着眼点首先应该放在较低孩次上，较低孩次生育水平变化将对整体出生规模变化起到非常重要的影响。

表 5 - 6　育龄妇女分孩次总和递进生育率

普查时间	地区	0→1 孩	1→2 孩	2→3 孩	3→4 孩	总和递进生育率
1982 年[①]	全　　国	0.9967	0.8847	0.4422	0.2169	2.5404
	东部地区	0.9971	0.8109	0.3076	0.1060	2.2215
	中部地区	0.9976	0.9345	0.5424	0.2282	2.7027
	西部地区	0.9956	0.9267	0.5767	0.4365	2.9354
	农业	0.9952	0.9180	0.5707	0.3585	2.8424
	非农业	0.9660	0.3776	0.0519	0.0104	1.4059

续表

普查时间	地区	0→1 孩	1→2 孩	2→3 孩	3→4 孩	总和递进生育率
1990 年	全　　国	0.9932	0.7073	0.2865	0.1226	2.1097
	东部地区	0.9923	0.6181	0.2051	0.0769	1.8924
	中部地区	0.9956	0.7907	0.3540	0.1409	2.2813
	西部地区	0.9906	0.7247	0.3203	0.1598	2.1954
	农业	0.9846	0.8354	0.3313	0.1285	2.2798
	非农业	0.9439	0.2064	0.0351	0.0134	1.1988
2000 年	全　　国	0.9727	0.3329	0.0267	0.0025	1.3348
	东部地区	0.9601	0.2463	0.0101	0.0006	1.2171
	中部地区	0.9798	0.3563	0.0188	0.0006	1.3556
	西部地区	0.9824	0.4449	0.0700	0.0109	1.5082
	农业	0.9583	0.5026	0.0593	0.0116	1.5318
	非农业	0.9067	0.1119	0.0115	0.0022	1.0323
2010 年	全　　国	0.9726	0.3585	0.0518[2]	—	1.3829

注：①东部地区包括北京、天津、河北、辽宁、上海、江苏、浙江、福建、山东、广东、海南，2000 年东部地区育龄妇女占全国育龄妇女比重的 41.63%；中部地区包括山西、吉林、黑龙江、安徽、江西、河南、湖北、湖南，2000 年中部地区育龄妇女占全国育龄妇女比重的 31.73%；西部地区包括内蒙古、广西、重庆、四川、贵州、云南、西藏、陕西、甘肃、青海、宁夏、新疆，2000 年西部地区育龄妇女占全国育龄妇女比重的 26.64%。

②由于国家统计局汇总出版物没有提供相应的数据，所以需要根据原始抽样数据计算得到。

③ 2→3 孩及以上。

为了测量人口群体或育龄妇女的生育水平高低，采用不同的测量方法，比如一般生育率、总和生育率、总和递进生育率等。随着测量方法的精细化，测量指标的稳定性和科学性提高，但同时也可能面临由于数据分组带来的偏差和样本量不断减少带来的指标不稳定问题，需要注意保持测量指标的方便与稳定两个方面的平衡。

参考文献

黄荣清、秦芳芳、王树新，1989，《人口分析技术》，北京经济学院出版社。

马瀛通、王彦祖、杨书章，1986a，《递进人口发展模型的提出与总和递进指标体系的确立》，《人口与经济》第 2 期。

马瀛通、王彦祖、杨书章，1986b，《递进人口发展模型的提出与总和递进指标体系的确立（续）》，《人口与经济》第 3 期。

马瀛通，2010，《数理统计分析人口学》，中国人口出版社。

王广州，2004，《中国育龄妇女递进生育模式研究》，《中国人口科学》第 6 期。

王广州、胡耀岭、张丽萍，2013，《中国生育政策调整》，社会科学文献出版社。

杨书章、王广州，2006，《孩次性别递进比研究》，《人口研究》第 2 期。

杨书章、王广州，2006，《孩次性别递进人口发展模型及孩次性别递进指标体系》，《中国人口科学》第 2 期。

杨书章、王广州，2006，《生育控制下的生育率下降与性别失衡》，《市场与人口分析》第 5 期。

姚新武编，1995，《中国生育数据集》，中国人口出版社。

曾毅，1993，《人口分析方法与应用》，北京大学出版社。

查瑞传主编，1991，《人口普查资料分析技术》，中国人口出版社。

Chiang, Chin Long. 1984. *The Life Table and Its Applications*. Florida: Robert E. Krieger Publishing Company.

Feeney, Griffith. 1982. Notes on Parity Progression Analysis. *Gaceta Numismática*, 26 (659).

Feeney, Griffith. 1983. Population Dynamics Based on Birth Intervals and Parity Progression. *Population Studies*, 37 (1).

Henry, Louis. 1980. *Fertility of Marriages: A New Method of Measurement*. Population Studies Translation Series, No. 3. New York: United Nations. Originally published 1953.

Namboodiri, Krishan & C. M. Suchindran. 1987. *Life Table Techniques and Their Applications*. Orlando, Florida: Academic Press.

Smith, David P. 1992. *Formal Demography*. New York: Plenum Press.

第六章 人口预测模型

内容提要：人口预测包括人口总量预测和人口结构预测。人口总量预测模型通常是以时间序列人口总数为基础，进行模型参数估计和预测的。人口结构预测主要是年龄结构预测，同时获得人口总量等人口信息。本章分为六个部分，第一部分是人口总量预测，第二部分是队列要素人口预测，第三部分是分城乡人口预测，第四部分是孩次递进人口预测，第五部分是育龄妇女孩次结构预测实例，第六部分是中国人口情景预测与生育政策。人口总量预测主要介绍了最基本的冈波斯（Gompertz）和逻辑斯蒂（Logistic）模型、算法和案例。队列要素人口预测模型是经典的人口预测方法。队列要素人口预测模型部分详细介绍了队列要素模型的基本原理、计算方法和参数估计方法，此外，还对分城乡人口预测算法进行介绍。孩次递进人口预测模型是在经典的队列要素人口预测模型的基础上对生育模块进行改进。本章详细介绍了孩次递进人口预测模型的递进生育率计算方法和参数反推方法。最后以1990年、2000年和2010年全国人口普查数据为例，展示孩次递进生育预测方法在育龄妇女孩次结构预测和长期人口情景预测中的应用。

凡事预则立不预则废。对不确定性未来的强烈好奇、兴趣和渴望不仅是大到国家大事，也是小到百姓日常生活都需要面对的。预测未来不仅是学术研究的课题，也是涉及日常生活的基本命题。

人口数学模型是人口研究深入程度的重要标志。作为人口数学模型的一部分，人口预测方法总是随着社会经济发展的需求而不断进步。人口预测模型的发展经历了总人口增长模型（如马尔萨斯模型）、人口性别年龄模型（如莱斯利模型，即常用的总和生育率法）和分性别、年龄、孩次的人口模型（如孩次递进人口发展模型）等几个主要阶段。人口预测模型的好坏取决于对人口系统结构、功能和本质规律的描述是否科学。虽然人口统计学以外的模型也或多或少地被应用于人口预测之中，如回归模型、神经网络模型、微观仿真模型、系统动力学仿真模型，但从应用的范围、可提供的预测结果以及参数估计来看，都离不开人口统计模型的基本框架。需要强调的是，虽然各种数学模型方法为我们认识问题和解决问题提供了方便，是认识问题和解决问题的基本工具，然而，只有正确运用数学模型方法才能在解决实际问题过程中发挥作用，掌握恰当的方法是研究的必要条件。

人口预测是社会经济发展趋势的基本预测，是最具有定量研究特点和科学规律的预测。人口预测不仅对人口研究本身具有重要的意义，而且人口预测结果也得到非常广泛的应用。绝大多数人口总量、结构预测的出发点来源于人口平衡方程。从人口平衡方程来看，引起人口总量和结构变化的因素包括生育、死亡和迁移三个方面。因此，人口预测万变不离其宗，就是以人口平衡方程为最基本的出发点来预测人口总量、结构的变化过程和特征。

人口预测的科学性与可靠性取决于基数、参数和模型。人口预测的基数、参数和模型的复杂与否则取决于对人口预测结果的需求和要求。基础数据、参数分析和采用的模型是密不可分、相互依存的。

第一节　人口总量模型

人口总量预测是人口预测中比较基础和粗略的。仅仅对未来人口总量进行预测的人口模型，通常基础数据和参数估计是比较简单的。考察人口变化的过程经常采用最基本的冈波斯（Gompertz）和逻辑斯蒂（Logistic）模型。

一　基本模型

（1）冈波斯（Gompertz）模型表达为：

$$Y = k \times a^{b^x}$$

对冈波斯模型取对数：

$$\log(Y) = \log(k) + [\log(a)] \times b^x$$

（2）逻辑斯蒂（Logistic）模型表达为：

$$Y = \frac{1}{k + a \times b^x}$$

对 Logistic 模型进行转换：

$$\frac{1}{Y} = k + a \times b^x$$

进行转换的目的是便于对模型参数进行估计，简化实际运算的难度。

二　参数估计方法

冈波斯和逻辑斯蒂模型拟合方法：

有很多方法可以拟合冈波斯和逻辑斯蒂模型，其中一个比较简便且非常经典的方法是采用部分和（partial sum）的方法（Croxton et al.，1968），该方法采取以下 5 个步骤。

（1）对时间变量 X 进行差分标准化转换为 x，方法非常简单，就是转化为以 0 为起点的时间序列，例如，0、1、2、3 等。

（2）对人口变量 Y 进行变换。如果是冈波斯模型，则对 Y 取对数，即 $\log(Y)$；如果是逻辑斯蒂模型则取倒数，即 $1/Y$。

（3）将进行变换后的人口变量分为三个相等的部分，然后对三个部分分别求和得到 s_1、s_2 和 s_3，每一部分包括 n 个观察值。如果观察值的数量不是 3 的倍数，那么，余数是 1 的情况下，去掉第一个或最后一个观察值；余数是 2 的情况下，去掉第一个和最后一个观察值或者去掉前两个或

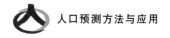

最后两个观察值。

（4）冈波斯和逻辑斯蒂模型参数估计方法。

冈波斯模型：

$$b^n = \frac{s_3 - s_2}{s_2 - s_1}$$

$$\log(a) = \frac{(s_2 - s_1) \times (b - 1)}{(b^n - 1)^2}$$

$$\log(k) = \frac{1}{n} \times \left[s_1 - \frac{b^n - 1}{b - 1} \times \log(a) \right]$$

其中，n 为观察值个数，$b = \sqrt[n]{b^n}$。

逻辑斯蒂模型：

$$b^n = \frac{s_3 - s_2}{s_2 - s_1}$$

$$a = \frac{(s_2 - s_1) \times (b - 1)}{(b^n - 1)^2}$$

$$k = \frac{1}{n} \times \left(s_1 - \frac{b^n - 1}{b - 1} \times a \right)$$

（5）通过三个参数估计 $\log(\hat{Y})$，$1/\hat{Y}$，然后再转换为相应的估计值 $\hat{Y}$。

在没有计算机帮助求解条件下，上述简便方法非常便于实际应用。计算机技术的普及，极大地提高了研究者做人口总量预测的计算能力，越来越多复杂的数学方法被应用到人口预测中。

三　应用案例

下面通过实例来展示冈波斯和逻辑斯蒂模型人口预测的参数估计方法和预测结果检验。表 6-1 为中国 1980~2015 年总人口数据，共计 8 个观测值，为了进行参数估计，需要将观察值分为三组，据此来求 s_1、s_2 和 s_3，根据冈波斯和逻辑斯蒂模型参数估计方法去掉第一个和最后一个数据，也就是以 1985~2010 年数据为参数估计基础数据，然后通过模型对 1985 年和 2015 年观察数据进行检验。

表 6 − 1　冈波斯和逻辑斯蒂模型人口预测基础数据

单位：万人

年份(X)	总人口(Y)	$x = (X - 1985)/5$	$\log(Y)$	$1/Y$
1980	98705	− 1	—	—
1985	105851	0	5.0247	9.44724E − 06
1990	114333	1	5.0582	8.74638E − 06
1995	121121	2	5.0832	8.25621E − 06
2000	126743	3	5.1029	7.88998E − 06
2005	130756	4	5.1165	7.64783E − 06
2010	134091	5	5.1274	7.45762E − 06
2015	137462	6	—	—

通过表 6 - 1 观察数据估计得到冈波斯、逻辑斯蒂模型参数 a、b 和 k，表 6 - 2 为参数估计结果和模型预测数据。从时间变量 x 出发采用冈波斯、逻辑斯蒂模型预测 2015 年全国总人口，从预测结果与实际观察结果的对照检验来看，冈波斯和逻辑斯蒂模型对 2015 年总人口的预测结果分别为 136492.0941 万人和 136350.4784 万人，与实际观察值 137462 万人相比都有低估。

表 6 − 2　冈波斯、逻辑斯蒂模型参数估计方法和预测案例

单位：万人

年份(X)	$x = (X - 1985)/5$	冈波斯模型		逻辑斯蒂模型	
		$\log(\hat{Y}) = \log(k) +$ $[\log(a)] \times b^x$	预测总人口 $\hat{Y}$	$1/\hat{Y} = k +$ $a \times b^x$	预测总人口 $\hat{Y}$
1980	− 1	4.9793	95343.1322	1.04244E − 05	95928.76143
1985	0	5.0245	105809.5534	9.4457E − 06	105868.2862
1990	1	5.0583	114377.7853	8.74792E − 06	114312.8394
1995	2	5.0836	121233.3767	8.25044E − 06	121205.6869
2000	3	5.1025	126625.5161	7.89575E − 06	126650.4014
2005	4	5.1166	130812.6145	7.64287E − 06	130840.8484
2010	5	5.1272	134032.9667	7.46258E − 06	134001.8853
2015	6	5.1351	136492.0941	7.33404E − 06	136350.4784

续表

年份(X)	$x = (X - 1985)/5$	冈波斯模型		逻辑斯蒂模型	
		$\log(\hat{Y}) = \log(k) +$ $[\log(a)] \times b^x$	预测总人口 $\hat{Y}$	$1/\hat{Y} = k +$ $a \times b^x$	预测总人口 $\hat{Y}$
参数估计		$s_1 =$	10.0829	$s_1 =$	1.81936E − 05
		$s_2 =$	10.1861	$s_2 =$	1.61E − 05
		$s_3 =$	10.2439	$s_3 =$	1.51E − 05
		$b^2 =$	0.5589	$b^2 =$	0.5083
		$b =$	0.7476	$b =$	0.713
		$\log(a) =$	− 0.134	$a =$	2.43E − 06
		$\log(k) =$	5.1585	$k =$	7.01E − 06

第二节　队列要素人口预测

除了人口总量预测外，年龄结构预测更加重要。年龄结构是人口变动的基础，也是人口特征的表现。年龄结构记录了人口发展的重要历程，对未来发展具有决定性意义。因此，对人口年龄结构进行预测具有重大意义。年龄结构预测有很多不同的模型或方法，队列要素人口预测是人口总量、年龄结构预测的最经典的方法。1895 年坎南（Edwin Cannan）提出队列要素人口预测模型，该方法后来在 1924 年被波利（Arthur Bowley）拓展并用于英国人口预测。1928 年维普顿（Pascal Whelpton）再次独立发现该预测方法，并用于美国国家层面的人口预测。尽管目前的队列要素人口预测方法非常经典、成熟，但基本框架与三位先驱创立的模型变化不大（Siegel & Swanson，2004）。

队列要素人口预测的目的是通过对年龄别人口状况的研究、模拟和分析，了解人口系统的发展过程。队列分要素人口预测方法实际上是采用系统仿真的思想，构建结构功能模型，可以对人口年龄结构的动态变化趋势和过程进行模拟分析，其预测结果可以进行很多二次开发和应用分析。该模型既可以根据需要给定不同的参数进行人口预测，也可以进行政策分析和仿真实验研究。

一　队列要素人口预测算法

队列要素人口预测方法的基本原理是将人口群体划分为几个部分，根据人口变动规律和预测周期反复递推不同年龄别的活人剩多少、活人生多少和活人死多少（见图 6-1）。从图 6-1 展示队列要素人口预测的基本原理可以看到：

第一，$t+1$ 年的 1 岁及以上存活人口是 t 年年龄别人口经过一个年度的死亡剩余的存活人口，构成了预测主体；

第二，$t+1$ 年的 0 岁人口是 t 年 15~49 岁育龄妇女在 $[t, t+1]$ 这一时间区间内生育的结果。

由于持续不断的生育，即新增了 0 岁人口，才能使人口的递推过程得以延续，人口群体的构成得以更新。需要注意的是，图 6-1 只是人口过程变化的主体部分的简单示意图，没有考虑更复杂的迁移模型的情况。

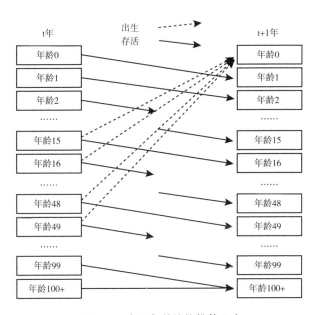

图 6-1　人口年龄结构推算示意

对于图 6-1 队列要素人口预测计算过程的数学表达方式可以采用 Leslie 矩阵的形式，本节采用简单的分部分推算的表示方法，这样做的目

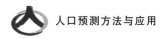

的是更清晰表达队列要素的含义。人口预测模型计算主要分为以下三个部分。

（1）建立生命表

根据当前人口状况建立生命表或参考模型生命表。建立生命表的目的在于通过生命表的计算方法，对当前年龄别人口的存活概率予以估计。当然，由于人口规模较小，统计指标可能面临不稳定问题，或者统计数据质量较差，在这种情况下，往往借助数据质量较高的模型生命表的帮助。生命表建立方法和基本原理见第四章。

生命表离散数据计算方法概要

（1）估算事件发生风险率 $_nm_x$，即年龄别死亡率

$$_nm_x = \frac{_nD_x}{\frac{1}{2}n\left[N_x + N_{x+n}\right]}$$

式中，x 为年龄，n 为年龄组间距，$_nD_x$ 为 $[x, x+n]$ 岁死亡人口数，对于开放年龄组：$m_{\omega+} = D_{\omega+}/N_{\omega+}$

（2）计算年龄别死亡发生概率 $_nq_x$

$$_nq_x = 1 - e^{-n \times _nm_x}$$

式中，$_nm_x$ 为年龄在 $[x, x+n]$ 区间内的死亡率，即年龄别死亡率。

（3）计算生命表死亡事件发生数 $_nd_x$

假定 $l_0 = 1$，即队列初始（0 岁）存活概率为 1，计算的 l_x 为 x 岁的存活概率，或者假定 $l_0 = 10000$，即队列初始（0 岁）人数为 10000人，那么，l_x 为 x 岁存活人数。

$$_nd_x = l_x \times _nq_x$$

式中，$_nd_x$ 为年龄在 $[x, x+n]$ 区间内的死亡事件发生数。l_x 为 x 岁的存活人数。

（4）计算其余各岁的尚存活人口数 l_x

$$l_{x+n} = l_x - {}_n d_x$$

其中，l_{x+n} 为 $x+n$ 岁的存活人数。

（5）计算 x 岁到 $x+n$ 岁之间的处于初始状态的人年数 ${}_n L_x$，即存活人年数

$$_n L_x = n \times l_{x+n} + {}_n a_x (l_x - l_{x+n})$$

其中，${}_n a_x$ 是那些在年龄区间 $[x, x+n]$ 内经历所研究人口事件的人，在 x 岁以后平均存活人数与若未经历该人口事件状态（即初始状态的人年数）的比例。比如，以死亡事件为例，是死亡人口在年龄区间 $[x, x+n]$ 内的存活人年数占 x 岁相同数量存活人口在 $[x, x+n]$ 内的存活人年数的比例。

（6）计算 x 岁以后的仍处于存活状态的人年数 $T(x)$，即剩余存活人年数

$$T(x) = \sum_{y=x}^{w-n} {}_n L_y + L_{w^+}$$

其中，w^+ 为所考虑的最大年龄。

（7）计算 x 岁时的平均预期寿命 $e(x)$

$$e(x) = \frac{T(x)}{l(x)}$$

（2）构造存活转移矩阵

$$_n P_{t_2}(x+n) = {}_n P_{t_1}(x) \times [{}_n L(x+n) / {}_n L(x)]$$

式中，x 的取值范围是 $0 \sim 100$ 岁；${}_n P_{t_1}(x)$ 是在 t_1 时刻年龄在 x 岁至 $x+n$ 岁的人口数；${}_n P_{t_2}(x+n)$ 是在 t_2 时刻年龄在 $x+n$ 岁至 $x+2n$ 岁的人口数；${}_n L(x)$ 是确切年龄在 x 至 $x+n$ 队列存活人年数；${}_n L(x+n)$ 是确切年龄在 $x+n$ 至 $x+2n$ 队列存活人年数。

（3）建立生育模型

$$P_{t_2}(0) = [L(0)/2] \times \{ \sum [{}_n P_{ft_1}(x) \times {}_n F(x) + {}_n P_{ft_1}(x) \times {}_n F(x+n)]$$
$$\times {}_n L(x+n) / {}_n L(x) \}$$

式中，$P_{t_2}(0)$ 是在 t_2 时刻年龄为 0 岁的人口数；${}_n P_{ft_1}(x)$ 是在 t_1 时

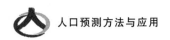

刻年龄在 x 岁至 $x+n$ 岁的妇女人口数；x 取值范围是 $15\sim49$ 岁；$_nF(x)$ 为年龄在 x 岁至 $x+n$ 岁的育龄妇女生育率；$_nF(x+n)$ 为年龄在 $x+n$ 岁至 $x+2n$ 岁的育龄妇女生育率。也可以表达为：

$$P_{t_2}(0) = L(0) \times \left[\sum \left\{ _nP_{ft_1}(x) \times_n L(x+n)/_n L(x) \times \left[_nF(x) +_n F(x+n) \right]/2 \right\} \right]$$

（4）总人口

$$T_{popt_2} = \sum _nP_{t_2}(x)$$

式中，T_{popt_2} 为 t_2 时刻的总人口数；$_nP_{t_2}(x)$ 是在 t_2 时刻年龄在 x 岁至 $x+n$ 岁的人口数。

二 人口预测参数假定与估计方法

任何预测和分析模型都是在特定的假设条件下进行的，人口预测主要是回答"如果……，那么……"的问题。人口预测模型也不例外。人口预测参数主要有两种假设方式，第一种假设方式是根据类似的历史发展轨迹，人为设定参数的大小，也就是选择一个类似的参照或目标，人为的主观设定；第二种方式是收集参数变化或相关的历史数据，采用统计模型或类似统计模型的方法，预测参数变化的历史趋势和具体数值。对于不考虑人口迁移流动的队列要素人口预测模型来说，根据模型结构可知，参数假定主要针对死亡水平和生育水平，死亡水平就是对平均预期寿命进行假设，生育水平就是对总和生育率进行假定。无论平均预期寿命还是总和生育率假定的目的都是在模型中最终转化为年龄别的指标，即年龄别存活概率和年龄别生育率。模型需要对预测年限内各年度年龄人口存活概率和育龄妇女生育率进行估计。

（一）存活概率

（1）通过期望寿命参数推算存活概率

期望寿命是人口预测过程中经常使用和设定的综合指标。在人口预测过程中，首先需要对人口的预期寿命进行预测或假定，然后对未来人口状况加以推算。经常使用的方法是基于假定死亡模式不变，死亡水平降低引起期望寿命的提高，从而实现对人口变动过程中根据新的参数推算的年龄别存活或死亡概率的目的。其具体算法如下。

第一，对当前存活函数进行 logit 变换。

假定用 $y(a)$ 表示一个人能够从出生（确切年龄为 0 岁）存活至确切年龄 a 岁的存活概率，即 $p(a) = l(a)/l(0)$。定义 $p(a)$ 的 logit 变换为：

$$y(a) = logit[p(a)] = (1/2) \times \ln\{[1 - p(a)]/p(a)\}$$

第二，确定 a 值。

人口学家威廉·布拉斯首次将概率统计中的 logit 变换引入人口学研究。布拉斯等人的研究表明，两个不同生命表中的 $p(a)$ 通过 logit 函数变换后存在明显的线性关系：$y(a) = a + b \times y_s(a)$；式中 a 和 b 为两个待定参数。$y(a)$ 和 $y_s(a)$ 为两个不同生命表中，从出生存活至确切年龄 a 岁时的存活概率的 logit 函数值。

根据上述模型，如果选定了一个标准生命表的存活概率 $y_s(a)$，那么新生命表的存活概率 $y(a)$ 的值可根据上述线性关系中的 a 和 b 确定。也就是说，$y(a)$ 的水平将主要由参数 a 的数值决定；$y(a)$ 的模式将主要由参数 b 的数值决定。特别是，当 $b = 1$ 时，$y(a)$ 的模式与 $y_s(a)$ 曲线的模式基本相同。假定在预测期内人口的死亡模式不变且忽略参数 b 对 $y(a)$ 水平的影响，只考虑其对 $y(a)$ 模式的作用，即假定 $b = 1$，从而得到新生成的生命表与原始生命表有相似的模式：

$$y(a) = a + y_s(a)$$

人口的死亡模式在短期内具有相对稳定的特征，因此，如果人口预测时期不是很长，通过上述合理假定，可将模型 $y(a) = a + b \times y_s(a)$ 简化为一个单参数 a 的模式。由此可得到：

$$p(a) = p_s(a)/\{p_s(a) + [1 - p_s(a)] \times \exp(2a)\}$$

上式给出了 $y(a)$ 与参数 a 之间的解析关系，是用来编制新生命表的基本方程。新生命表与当前生命表之间关系的建立，可以得到不同期望寿命下的存活曲线，为人口预测的死亡参数确定奠定基础。此外，从上式可以看出，当 $y_s(a)$ 固定时，$y(a)$ 是关于参数 a 的严格单调递减的连续函数。当 $a < 0$ 时，有 $y(a) > y_s(a)$；当 $a = 0$ 时，有 $y(a) = y_s(a)$；当 $a > 0$ 时，有 $y(a) < y_s(a)$。显然，$0 < y(a) < 1$，并且当 a 趋于 $+\infty$ 时，$y(a)$ 趋于 0；当 a 趋于 $-\infty$ 时，$y(a)$ 趋于 1。

人口预测关心 0 岁平均预期寿命的变化，因此，给定 0 岁平均预期寿命确定 a 值是获得存活概率的重要方法。给定 0 岁平均预期寿命确定 a 值方法如下：

$$e(x) = \frac{T(x)}{l(x)} = \frac{1}{l(x)} \int_x^\infty p(a) da$$

$$= \int_x^\infty \frac{p_s(a)\{p_s(x) + [1 - p_s(x)] \times \exp(2a)\}}{p_s(x)\{p_s(a) + [1 - p_s(a)] \times \exp(2a)\}} da$$

从上式很难确定参数 a 与 $e(x)$ 之间的解析关系，但可以通过迭代的方法求解 a 的近似值。对 a 的近似计算可以采用近似计算的二分迭代法。通过二分迭代法，根据给定的 $e(x)$ 的值估计相应的 a 值。二分迭代法的迭代步骤如下。

第一步，设定迭代精度 esp，$esp > 0$。

第二步，取 $\alpha = \frac{1}{2}(\alpha_{min} + \alpha_{max})$；代入 $p(a) = p_s(a) / \{p_s(a) + [1 - p_s(a)] \times esp(2 \times a)\}$ 计算相应的 $p(a)$。根据 $p(a)$ 计算相应的 $e(x, a)$。

第三步，如果 $|e(x, a) - e^*(x)| < esp$，则取 $a^* = a$，迭代停止；否则转入第四步。

第四步，如果 $e(x, a) > e^*(x)$，说明 $a < a^*$，令 $a_{min} = a$，转入第二步；如果 $e(x, a) < e^*(x)$，说明 $a > a^*$，令 $a_{max} = a$，转入第二步。

第三，计算新的存活曲线。

根据 $p(a) = p_s(a) / \{p_s(a) + [1 - p_s(a)] \times \exp(2a)\}$ 表达式中的 a 值通过迭代的方式已经得到估计值，和已有的 $p_s(a)$ 可以求得各

年龄组的 $p(a)$。根据 $p(a)=l(a)/l(0)$ 得到 $l(a)$，更进一步，计算出 $_nL(x)$。也就是说，当根据某个死亡水平估计出相应的 a 值后，将该值代入 $p(a)=p_s(a)/\{p_s(a)+[1-p_s(a)]\times\exp(2a)\}$ 式中即可得到一组存活概率 $\{p(a)\}$，从而可以编制出新的生命表。当然，对半搜索只是求解方法之一，对于 a 值的估计也可以采用其他优化或数值算法。

（2）通过模型生命表法推算存活概率

在研究过程中，除了可以通过上述方法对未来人口的存活状况予以估计外，还可以通过对现有死亡水平和死亡模式的研究，根据已有模型生命表给定年龄别人口的存活概率，从而达到进行人口动态模拟预测的目的。

（二）生育率

与平均预期寿命参数设定相比，年龄别生育指标要简单得多。从当前育龄妇女的生育频率分布曲线模式 $g(x)$（生育模式）出发，再假定总和生育率和生育模式之后，依据 $F(x)=g(x)\times TFR$，得到预测中所需要的 $F(x)$，即年龄别生育率。

总之，队列要素人口预测模型是人口总量、结构预测的基本模型，是对现实复杂情况的抽象和简化，是人口预测最本质、最核心和最容易把握的部分。上述模型参数估计的基本假定是未来人口的生育、死亡模式保持不变，且所研究的人口为封闭人口。当然，随着基础信息的丰富和可靠性提高，对人口预测参数也可以采用更丰富或更完善的方法进行预测，比如预期寿命预测的 Lee-Carter 模型、模型生命表等。

第三节　分城乡人口预测

城乡平均预期寿命、生育水平和两者的变化都有很大差异，特别是中国历史上计划生育政策的城乡差异很大，因此，经常需要考虑这个异质性对人口预测结果的影响。

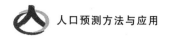

一　分城乡人口预测基本假设

分城乡人口预测模型比封闭系统的单区域人口预测模型要复杂一些，除了需要对生育水平和死亡水平进行假定外，还涉及城乡间人口迁移流动。通常分城乡预测需要做如下假定：

第一，未来人口的死亡模式保持不变；

第二，乡村人口一旦迁入城镇或因乡村城镇化而转变身份，其人口行为和特征即与城镇人口相同，即忽略城镇人口与迁入城镇的人口或因乡村城镇化而转变身份的人口的差别；

第三，不考虑城镇人口迁入乡村的情况。

二　计算过程

分城乡人口预测模型是建立在第六章第二节人口预测基础上两状态的人口预测模型，在算法上与第六章第二节介绍的人口预测方法既存在相同点也存在不同点。

分城乡人口预测模型与第六章第二节单区域封闭系统人口预测的相同点是生命表的建立方法和生育模型的建立。

分城乡人口预测模型与第六章第二节人口预测方法的不同点在于在构造存活转移矩阵时加入或减去了人口迁移项。具体模型如下。

（1）乡村人口模型

$$_nP_{Rt_2}(x+n) = \left[_nP_{Rt_1}(x) - _nMP_{t_1}(x) \right] \times \left[_nL_R(x+n) / _nL_R(x) \right]$$

式中，x 的取值范围是 $0 \sim 100$ 岁；$_nP_{Rt_1}(x)$ 是在 t_1 时刻年龄在 x 至 $x+n$ 岁的乡村男性（或女性）人口数；$_nP_{Rt_2}(x+n)$ 是在 t_2 时刻年龄在 $x+n$ 至 $x+2n$ 岁的乡村男性（或女性）人口数；$_nL_R(x)$ 是确切年龄在 x 至 $x+n$ 岁的乡村男性（或女性）队列存活人年数；$_nL_R(x+n)$ 是确切年龄在 $x+n$ 至 $x+2n$ 岁的乡村男性（或女性）队列存活人年数；$_nMP_{t_1}(x)$ 为在 t_1 时刻年龄在 x 至 $x+n$ 岁的乡村男性（或女性）迁出或城镇化人口数，其中：

$$_nMP_{t_1}(x) = TMP_{t_1} \times {_nMIG(x)}$$

TMP_{t_1} 为 t_1 年度内乡村男性（或女性）人口迁移量；$_nMIG(x)$ 为乡村男性（或女性）迁移模式，即年龄别乡村男性（或女性）人口迁移率。

（2）城镇人口模型

$$_nP_{Ut_2}(x+n) = [\,_nP_{Ut_1}(x) + {_nMP_{t_1}(x)}\,] \times [\,_nL_U(x+n) / {_nL_U(x)}\,]$$

式中，x 的取值范围是 $0 \sim 100$ 岁；$_nP_{Ut_1}(x)$ 是在 t_1 时刻年龄在 x 至 $x+n$ 岁的城镇男性（或女性）人口数；$_nP_{Ut_2}(x+n)$ 是在 t_2 时刻年龄在 $x+n$ 至 $x+2n$ 岁的城镇男性（或女性）人口数；$_nL_U(x)$ 是确切年龄在 x 至 $x+n$ 岁城镇男性（或女性）队列存活人年数；$_nL_U(x+n)$ 是确切年龄在 $x+n$ 至 $x+2n$ 岁城镇男性（或女性）队列存活人年数；$_nMP_{t_1}(x)$ 为在 t_1 时刻年龄在 x 至 $x+n$ 岁的乡村男性（或女性）迁出或城镇化人口数。

（3）迁移人口模型

$$TMP_{t_1} = \{\,_nP_{Rt_1}(x) \times [\,_nL_R(x+n) / {_nL_R(x)}\,] + {_nP_{Ut_1}(x)} \times [\,_nL_U(x+n) / {_nL_U(x)}\,]\} \\ \times U\_R_{t_2} - {_nPU_{t_1}(x)} \times [\,_nL_U(x+n) / {_nL_U(x)}\,]$$

其中，$U\_R_{t_2}$ 为 t_2 年度城镇人口比例。

（4）总人口

$$T_{pop} = {_nP_{Rt_2}(x)} + {_nP_{Ut_2}(x)}$$

式中，T_{pop} 为 t_2 时刻的总人口数；$P_{Rt_2}(x)$ 是在 t_2 时刻年龄在 x 至 $x+n$ 岁的乡村人口数；$_nP_{Ut_2}(x)$ 是在 t_2 时刻年龄在 x 至 $x+n$ 岁的城镇人口数。

第四节　孩次递进人口预测

孩次递进人口预测模型与队列要素人口预测模型的思路一样，只是对育龄妇女的生育过程采用孩次递进方式进行了更为科学和精细的测量。

一　孩次递进生育模型

尽管孩次递进生育模型与队列要素人口预测模型有许多相似之处，比如生命表的构建、平均预期寿命参数推算，但孩次递进生育模型与通常的总和生育率模型的最大不同是对育龄妇女孩次结构的记录和推算，在整个育龄妇女递进生育过程中，最关键的部分是育龄妇女年龄别孩次构成和孩次递进比例推算。孩次递进生育模型可以划分为三个部分，第一部分是育龄妇女分年龄、分孩次递进；第二部分是未递进妇女的存活人数和新增低龄 0 孩妇女；第三部分是育龄妇女孩次结构更新和递推，具体算法如下。

（1）育龄妇女年龄别、孩次别递进生育子女数

$$new\_born\_Women(i,j+1) = women(i,j) \times \left[{}_wL_x(i+1) / {}_wL_x(i) \right] \times pro\_h_t(i,j+1)$$

其中，i 为年龄，j 为孩次，$i \in [15,49]$，$j \in [0,4+)$；new_born_Women $(i, j+1)$ 为 i 岁生育 $j+1$ 孩妇女，$women$ (i, j) 为 i 岁、j 孩育龄妇女，${}_wL_x(i)$ 为年龄在 i 至 $i+1$ 岁妇女的存活人年数，pro_h_t $(i, j+1)$ 为 i 岁、$j+1$ 孩育龄妇女递进比。

（2）育龄妇女年龄别、孩次别没有递进生育

$$Non\_born\_Women(i+1,j) = women(i,j) \times \left[{}_wL_x(i+1) / {}_wL_x(i) \right]$$
$$\times \left[1 - pro\_h_t(i,j+1) \right]$$
$$Non\_born\_Women(i,0) = female(14) \times \left[{}_wL_x(i+1) / {}_wL_x(i) \right]$$

其中，Non_born_Women $(i+1, j)$ 为 i 岁且未发生递进生育的 j 孩妇女；$female(14)$ 为 14 岁妇女人数。

（3）年龄别、孩次别妇女构成生育更新

$$women(i,j) = Non\_born\_Women(i,j) + new\_born\_women(i.j)$$

经过一个年度的递进生育后，当前妇女的分年龄孩次结构、发生递进生育的育龄妇女的年龄和孩次都发生变化；未发生递进生育的妇女只是年龄增长，孩次没有发生变化。记录育龄妇女的年龄、孩次构成，目的是进行下一次递进生育和状态更新，这样既有低龄无孩妇女的源源不断地进入递进生育，也有超出育龄期妇女的不断退出。

二 分孩次递进生育模型

通过基础数据计算各孩次的年龄别递进生育率和递进生育模式，

目的是在设定分孩次总和递进生育率参数时，根据新的参数计算分年龄、分孩次递进比。分孩次递进生育率与递进生育模式计算方法简单总结如下。

（1）0→1 孩年龄别递进生育率

$$aspfr(i,1) = h(i,1) \times \prod_{k=15}^{i-1} [1 - h(k-1,1)]$$

i、k 为年龄，$aspfr(i,1)$ 为 0→1 孩 i 岁妇女 1 孩递进生育率，1 代表 0→1 孩递进。

其中，$h(i,1)$ 为 i 岁妇女 1 孩递进比，规定 $h(14,1)=0$，那么，$1-h(14,1)=1$，也就是说，认为 14 岁没有初育行为。

$\prod_{k=15}^{i-1} [1 - h(k-1,1)]$ 为 14 岁开始到 $i-1$ 岁连续未递进比例的乘积。

0→1 孩总和递进生育率：

$$TPFR_1 = \sum_{15}^{49} aspfr(i,1)$$

（2）1→2 孩年龄别递进生育率

对于不同生育间隔的 1→2 孩年龄别递进生育率：

$$sub\_aspfr(i,p,2) = aspfr(i-p,1) \times h(i,2) \times \prod_{k=i-p+1}^{i-1} [1 - h(k,2)]$$

其中，i、k 为年龄且 i、$k \geq 16$，p 为 1→2 孩递进的时间间隔，取值为 1~34。

1→2 孩年龄别递进生育率为该年龄 1→2 孩各个生育间隔递进生育率的合计：

$$aspfr(i,2) = \sum_{p=1}^{i-15} sub\_aspfr(i,\rho,2)$$

2 孩总和递进生育率：

$$TPFR_2 = \sum_{15}^{49} aspfr(i,2)$$

$TPFR_3$ 等大于 2 孩的递进生育率和总和递进生育率与 1→2 孩的算法

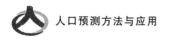

相同。

（3）总和递进生育率

$$TPFR = TPFR_1 + TPFR_2 + \cdots + TPFR_n$$

其中，n 为生育子女总数。

（4）递进生育模式

$$PG_1(x) = ASPFR_1(x)/TPFR_1$$
$$PG_2(x) = ASPFR_2(x)/TPFR_2$$
$$\cdots\cdots$$
$$PG_n(x) = ASPFR_n/TPFR_n$$

上述算法的基本原理和详细解释参见第五章。经过上述算法得到孩次别递进生育模式为孩次递进预测参数奠定基础。

三 分孩次年龄别递进比参数

根据给定的分孩次递进生育模式和分孩次总和递进生育率得到年龄别孩次递进生育率，然后，根据年龄别孩次递进生育率推算分孩次年龄别递进比参数，具体算法如下。

（1）年龄别孩次递进生育率

根据现有育龄妇女孩次结构和递进生育数据得到：

$$PG_1(x) = ASPFR_1(x)/TPFR_1$$
$$PG_2(x) = ASPFR_2(x)/TPFR_2$$
$$\cdots\cdots$$
$$PG_n(x) = ASPFR_n/TPFR_n$$

假定 $TPFR'(j)$ 已知或设定参数 $TPFR'(j)$，可以推算递进生育模式不变且假定参数条件下，年龄别各孩次的递进生育率：

$$aspfr'(i,j) = pg(i,j) \times TPFR'(j)$$

当然，也可以推算生育模式转变条件下的年龄别孩次递进生育率，但需要注意的前提条件是有些递进生育模式的转变与递进生育模式转变的实际规律相符，这样推算出来的参数才是有意义的；但有些人为设定参数可能是不符合实际规律的，因此有可能与实际规律相左，可能会出现负值的不符合实际人口含义的结果。这是要有人口学常识和知识，并需要特别注意的。

（2）从年龄别孩次递进生育率推算年龄别孩次递进比

从年龄别孩次递进生育率推算年龄别孩次递进比是从孩次递进比计算孩次递进生育率的逆运算。一个递推的逆运算之所以可以连续递推，是要假定已知分孩次年龄别递进生育率和起始年龄孩次递进生育率与起始年龄孩次递进比相等。

一孩递进的情况比较简单，0→1 年龄别孩次递进比的推算方法如下：

由于 $aspfr'(i,1) = h(i,1) \times \prod_{k=15}^{i-1} [1 - h(k-1,1)]$

其中 $aspfr'(i, 1)$ 已知，而且 $h(15, 1) = aspfr'(15, 1)$

当 $i > 15$ 时，可以递推各年龄 1 孩年龄别递进比的方法如下：

$$h(i,1) = \frac{aspfr'(i,1)}{\prod_{k=16}^{i-1} [1 - h(k-1,1)]}$$

2 孩及以上的情况比较复杂，1→2 年龄别孩次递进比的推算方法如下：

已知 $aspfr'(i, 1)$ 和 $aspfr'(i, 2)$，根据：

$$sub\_aspfr(i,p,2) = aspfr(1-p,1) \times h(i,2) \times \prod_{k=i-p+1}^{i-1} [1 - h(k,2)]$$

$$aspfr(i,2) = \sum_{p=1}^{i-15} sub\_aspfr(i,p,2)$$

即：

$$aspfr(i,2) = \sum_{p=1}^{i-15} \{ aspfr(i-p,1) \times h(i,2) \times \prod_{k=i-p+1}^{i-1} [1 - h(k,2)] \}$$

推算：

$$pro\_h_t(16,2) = aspfr'(16,2) / aspfr'(15,1);$$

对于 2 孩及以上递进：

$$pro\_h_t(16,j) = aspfr'(16,j) / aspfr'(15,j-1)$$

其中, j 为孩次。

16 岁及以上 1 孩间隔递进:

$$h_t(16,2) = aspfr'(16,2)/aspfr'(15,1)$$
$$duration(i,p,2) = aspfr(i-p,1) \times \prod_{k=i-p+1}^{i-1} [1 - h_t(k,2)]$$

其中, $p = 1, \cdots, 34; i = 16, \cdots, 49$

$$h(i,2) = \frac{aspfr(i,2)}{\sum_{p=1}^{i-15} duration(i,p,2)}$$

下面通过实例展示根据不同假定的孩次总和递进生育率和 1990 年年龄别孩次递进模式推算新的年龄别孩次递进比参数; 一方面是展示上述方法的实际应用, 另一方面是作为学习的实际样本。表 6 - 3 是由两部分数据构成, 第一部分是根据 1990 年全国人口普查育龄妇女的曾生孩次结构和 1990 年分年龄分孩次生育数据 (见表 5 - 2) 计算 0→1 孩、1→2 孩和 2→3 孩年龄别孩次递进比和总和递进生育率。1990 年 0→1 孩、1→2 孩和 2→3 孩总和递进生育率分别为 0.992217、0.713059 和 0.284747, 设定新的 0→1 孩、1→2 孩和 2→3 孩总和递进生育率分别为 0.95、0.6 和 0.2, 如果递进生育模式不变, 那么, 可以推算出与此孩次递进生育率相对应的年龄别孩次递进比, 具体数据见表 6 - 3。

表 6 - 3　年龄别孩次递进比参数推算实例

年龄 (岁)	1990 年孩次递进比			推算孩次递进比参数		
	0→1 孩	1→2 孩	2→3 孩	0→1 孩	1→2 孩	2→3 孩
15	0.000218	0.100822	0.048193	0.000209	0.000000	0.000000
16	0.001152	0.115897	0.060359	0.001103	0.101855	0.000000
17	0.004684	0.125256	0.137778	0.004485	0.109829	0.115007
18	0.014597	0.146753	0.206038	0.013973	0.128457	0.171467
19	0.034561	0.167352	0.179795	0.033061	0.146120	0.149039
20	0.076183	0.185810	0.156140	0.072764	0.161610	0.129164
21	0.140916	0.197217	0.145095	0.134095	0.170822	0.119776
22	0.197628	0.196298	0.141489	0.186580	0.169074	0.116528
23	0.261005	0.198550	0.135194	0.243066	0.169500	0.110921

年龄 （岁）	1990 年孩次递进比			推算孩次递进比参数		
	0→1 孩	1→2 孩	2→3 孩	0→1 孩	1→2 孩	2→3 孩
24	0.320602	0.189452	0.127782	0.291492	0.159878	0.104318
25	0.353131	0.169740	0.120722	0.307876	0.141303	0.097927
26	0.361818	0.145309	0.110134	0.294823	0.119083	0.088626
27	0.352045	0.127873	0.100104	0.259608	0.103061	0.079830
28	0.325308	0.120829	0.092184	0.209940	0.095635	0.072834
29	0.288055	0.089208	0.075741	0.158753	0.069144	0.059305
30	0.252871	0.081330	0.062152	0.117942	0.061994	0.048227
31	0.211303	0.072283	0.050581	0.083479	0.054162	0.038972
32	0.181028	0.059729	0.040103	0.061543	0.044015	0.030727
33	0.153925	0.049535	0.031767	0.045667	0.035976	0.024230
34	0.133488	0.040930	0.024974	0.035111	0.029354	0.018980
35	0.107733	0.033708	0.019423	0.025448	0.023916	0.014720
36	0.090961	0.027661	0.015143	0.019672	0.019446	0.011452
37	0.077581	0.023369	0.011792	0.015558	0.016304	0.008903
38	0.062410	0.019438	0.009356	0.011727	0.013471	0.007055
39	0.051092	0.016030	0.007314	0.009108	0.011047	0.005510
40	0.039748	0.013544	0.005663	0.006785	0.009291	0.004264
41	0.029094	0.010561	0.003947	0.004802	0.007215	0.002971
42	0.021394	0.008870	0.003054	0.003445	0.006041	0.002298
43	0.017364	0.007760	0.002331	0.002746	0.005271	0.001754
44	0.015366	0.007670	0.002009	0.002394	0.005197	0.001511
45	0.011196	0.006489	0.001792	0.001722	0.004386	0.001348
46	0.007500	0.004533	0.001281	0.001142	0.003057	0.000963
47	0.005908	0.003798	0.001185	0.000894	0.002558	0.000891
48	0.005052	0.003329	0.001037	0.000761	0.002240	0.000780
49	0.004202	0.002565	0.000893	0.000630	0.001724	0.000672
TPFR	0.992217	0.713059	0.284747	0.95	0.6	0.2

第五节　孩次递进人口预测实例

人口总量和结构预测的目的是把握未来人口变化趋势和相互关系，通过人口预测数据结果的对比分析，研究人口变化的基本规律和面临的问题。队列要素人口预测与孩次递进人口预测各有各的优势，队列要素人口预测方法的基础数据要求相对比较简单，但与计划生育政策等结合得不够紧密；而孩次递进人口预测不仅具有队列要素人口预测的功能，而且可以获得孩次结构，因此在子女构成的分析中也具有重要意义。本节以 1990 年全国人口普查数据为基础（见附表 6 - 1、附表 6 - 3 和附表 6 - 4），对 2000 年和 2010 年中国人口的年龄结构等进行预测，并与相关人口普查数据进行比较，以此来展示基础数据、预测模型、预测参数和预测结果的可靠性。根据 2000 年和 2010 年全国人口普查数据推算相应的预测参数，预测参数如表 6 - 4 所示，假定死亡模式和孩次递进生育模式不变，普查间参数采用线性插值。

表 6 - 4　人口预测参数

		1990 年	2000 年	2010 年
预期寿命 （岁）	男	68.41	70.81	75.77
	女	71.76	74.51	80.60
递进生育率	0→1 孩	0.9922	0.9727	0.9726
	1→2 孩	0.7131	0.3329	0.3585
	2→3 孩	0.2847	0.0267	0.0500
	3→4 + 孩	0.1355	0.0025	0.0010
出生性别比		110.92	116.86	118.06

一　年龄结构预测

年龄结构是人口变化的基础，对人口年龄结构的预测是人口预测最常规的内容之一。对年龄结构的预测结果检验也是对人口结构性预测能力的考验。

（一）2000 年预测结果检验

一方面，从总人口来看，2000 年总人口预测结果为 124729.50 万人，比 2000 年人口普查的 124261.22 万人多 468.27 万人，预测人数比普查人数多了 3.77‰。

另一方面，从年龄构成来看，将 2000 年人口预测年龄结构与 2000 年人口普查数据进行比较发现，2000 年人口预测与 2000 年人口普查的年龄结构之间的差距主要是低龄人口（0~9岁），如图6-2和附表6-4所示。预测2000年0~9岁人口总数为18628.23万人，比2000年人口普查调查数15913.10万多了2715.14万人，平均每个年龄组多270万人左右，多了17.06%。预测2000年10岁及以上人口为106101.26万人，比2000年人口普查调查数108348.13万人少了2246.86万人，少了2.07%。

总之，尽管根据1990年基础数据和2000年普查推算参数得到的预测人口与2000年人口普查结果总量非常接近，但各个年龄之间的差距还是有很大不同的，误差主要来源于低龄人口。

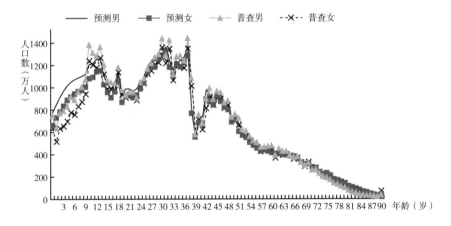

图6-2　2000年人口年龄结构预测检验

（二）2010年预测结果检验

同样，从总人口的预测结果来看，2010年总人口预测结果为130378.35万人，比2010年人口普查调查数133281.09万少2902.74万人，预测人数比普查人数少了2.18%。

然而，年龄构成的预测结果却有很大不同。2010年预测年龄结构与2010年人口普查数据之间的差距仍然主要是低龄人口，只是偏差的方向发生了改变，0~9岁与10~19岁情况不同，2000年0~9岁与普查数据相比高估了，2010年0~9岁与普查数据相比却是低估了（见图6-3和附表 6 – 4）。具体的情况是预测 2010 年 0～9 岁人口总数为 12944.64 万人，比 2010 年人口普查调查数 14641.42 万少了 1696.78 万人，平均每个年龄组少 170 万人左右，少了 11.56%。预测 2010 年 10～19 岁人口为 18536.74 万人，比 2010 年人口普查调查数 17479.76 万人多了 1056.98 万人，多了 6.05%，比 2000 年这一年龄段预测人口较普查数据多了 17.06% 的情况大大下降。预测 2010 年 20 岁及以上人口为 98896.97 万人，比 2010 年人口普查调查数 101159.91 万人少了 2262.94 万人，少了 2.24%。

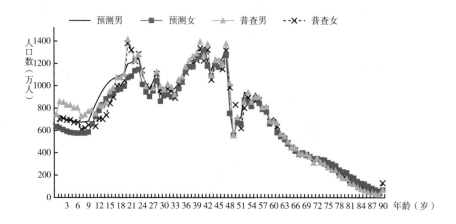

图 6 – 3　2010 年人口年龄结构预测检验

总之，根据 1990 年基础数据对 2010 年人口年龄结构的预测结果与 2000 年的预测情况相比既有相同点又有不同点，相同点是低龄人口预测误差相对较大，且各个年龄之间的差距有很大不同。不同点是对于 2010 年 0～9 岁人口的预测结果低于 2010 年人口普查调查结果，而 10～19 岁人口的预测结果高于 2010 年人口普查调查结果，但 2010 年的预测误差相比 2000 年的预测误差大大降低。综合误差的结果是，2010 年总人口预测结果低于 2010 年人口普查调查人口总数，大体上低 2.18% 左右。

二　育龄妇女年龄结构预测

育龄妇女总量和生育水平是决定出生人口和低龄人口预测数据可靠

性的重要因素。从 2000 年育龄妇女年龄别人口数的预测数据与 2000 年
人口普查调查数据的比较来看，2000 年育龄妇女年龄别人口数与 2000
年人口普查调查数据非常吻合（见图 6－4）。2000 年育龄妇女预测数与
普查数分别是 34380.81 万人和 34970.09 万人，预测数比普查数少
589.28 万人，只少了 1.69%。与 2000 年的情况有所不同，2010 年育龄
妇女年龄结构预测与 2010 年人口普查结果相比相对差距较大（见图 6－
4）。2010 年育龄妇女预测数与普查数分别是 36379.02 万人和 37977.97
万人，预测数比普查数少了 1598.95 万人，少了 4.21%。两者的差别主
要体现在 19～24 岁人口数，2010 年 19～24 岁育龄妇女预测数与普查数
分别是 6471.50 万人和 7386.80 万人，预测数比普查数少了 915.30 万
人，少了 12.39%。

　　总之，如果假定育龄妇女孩次递进生育水平是准确的，那么，育龄妇
女年龄别人口预测误差的大小将影响到出生人口的总数与孩次结构。同
时，对比 2000 年和 2010 年育龄妇女总量、结构与人口普查结果的偏差可
以看到，预测的结果更多的可能是由低龄人口数据之间的误差而导致远期
人口预测的累计误差增大。

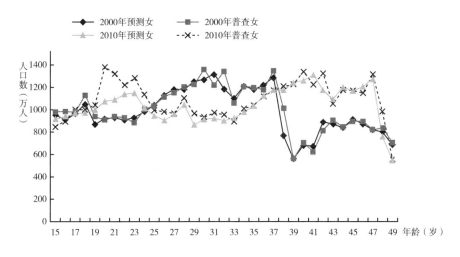

图 6－4　2000 年、2010 年育龄妇女年龄结构预测检验

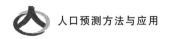

三 育龄妇女孩次结构预测

如果假定生育模式不变，即 1990 年以后的孩次年龄别生育模式与 1990 年相同，只是不同孩次的总和递进生育率不同；那么，根据 2000 年和 2010 年人口普查数据计算的孩次年龄别总和递进生育率推算各孩次年龄别递进比，并以此为参数预测 2000 年和 2010 年育龄妇女的孩次结构，预测结果与普查调查数据之间的比较如图 6－5、图 6－6 所示（实线为普查值、虚线为预测值）。

从对 2000 年育龄妇女孩次结构的预测值来看，2000 年年龄别无孩妇女所占比例的预测值曲线与 2000 年人口普查数据推算值非常接近。1 孩、3 孩次之，2 孩的误差相对大一些（见图 6－5）。

与 2000 年育龄妇女孩次结构预测的情况不同，2010 年育龄妇女孩次结构的预测值与 2010 年人口普查数据推算值还是有比较大的差别（见图 6－6）。整体来看，2010 年预测无孩妇女和 1 孩妇女所占的比例与 2010 年人口普查实际调查的比例差别较大，24～34 岁无孩妇女的比例比普查调查的比例低很多，而 23～40 岁 1 孩妇女预测值比普查调查的比例又高很多，两者的差距在 5%～15%。2 孩和 3 孩的情况要好很多，2010 年预

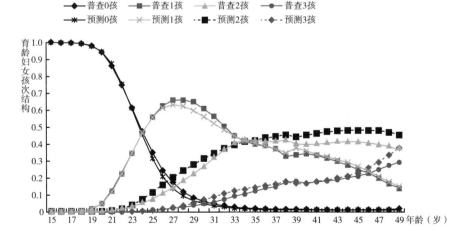

图 6－5　2000 年育龄妇女孩次结构预测检验

测 2 孩妇女和 3 孩妇女所占的比例与 2010 年人口普查调查的比例差别不大。

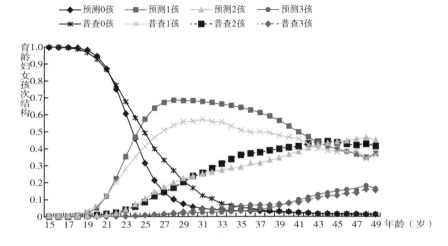

图 6 - 6　2010 年育龄妇女孩次结构预测检验

通过对育龄妇女孩次结构的预测结果检验可以看到，孩次结构预测是相互联系的，某一个孩次的预测误差必然会影响到其他孩次，因此，这是一个相互联系而非相互独立的预测，误差累计会越来越大。预测时点离基础数据越近的预测结果与实际调查的误差越小，预测越远的结果由于误差的累计和对未来不确定性的判断差距，预测的误差会越来越大。

总之，除了对人口总量、结构和妇女孩次结构进行预测以外，还可以对亲子结构等进行预测，随着对人口结构性数据指标的需求越来越细致，预测方法必然越来越复杂，对基础数据结构和质量的要求也越来越高。人口分组越细致，那么，需要的人口总量规模就越来越大。因此，对于小区域人口预测确实是一个更加严峻的挑战。

第六节　中国人口情景预测与生育政策

从对中国历史人口发展过程的调查数据与预测数据的比较可以看到，短期内人口预测结果与调查结果还是非常接近或吻合的，但长期的预测会由于参数估计问题造成累计误差增大，与实际人口的偏差可能会越来越大。为了解决偏差增大的问题往往采取增大估计区间的方法。然而，如果预测的期限远远超过现有历史数据的积累，历史数据所总结或反映的趋势就很难推广到一个更长的区间范围内，换句话说就是比较符合实际的参数统计估计几乎是不太可能的。

一 情景预测参数及主要预测结果

为了反映不同政策的长期趋势和人口后果，本部分采用情景预测的分析方法。情景预测是在参数固定或简化的基础上，来比较不同生育水平对中国人口总量、结构的长期影响，而非对未来人口总量结构的区间估计。为了简化情景预测条件，反映不同情景生育水平的影响，本节对所有情景的平均预期寿命、出生性别比参数都给定相同的区间，对 1 孩、3 孩和 4 孩及以上也采用相同的参数；而只对递进生育率的 2 孩生育水平设定四种情景水平：情景一是如果保持 2010 年的 2 孩生育水平即 35.82% 的生育 1 孩的育龄妇女终身会生育 2 孩，情景二、三、四分别为从 2017 年开始 40%、60% 和 80% 的育龄妇女终身生育 2 孩，2013 ~ 2017 年采用由 0.3582 现行插值 60% 的办法，具体情景预测参数设定如表 6 - 5 所示。

根据表 6 - 5 的参数设定，得到以下人口模拟结果（见表 6 - 6）。

表 6 - 5 情景预测参数

指标		2010 年	2017 年	2020 年	2050 年	2100 年
递进生育率	0→1 孩	0.9733	0.9733	0.9733	0.9733	0.9733
	情景一	0.3582	0.3582	0.3582	0.3582	0.3582
1→2 孩 情景二		0.4	0.4	0.4	0.4	0.4
	情景三	0.6	0.6	0.6	0.6	0.6
	情景四	0.8	0.8	0.8	0.8	0.8
	2→3 孩	0.0427	0.0427	0.0427	0.0427	0.0427
	3→4 + 孩	0.0058	0.0058	0.0058	0.0058	0.0058

续表

指标			2010 年	2017 年	2020 年	2050 年	2100 年
平均预期寿命（岁）	均值	男	75.77	76.35	76.67	79.79	85
		女	80.60	81.09	81.37	84.23	89
	下限	男	75.77	76.20	76.44	78.90	83
		女	80.60	80.78	80.93	82.46	85
	上限	男	75.77	76.59	77.00	81.12	88
		女	80.60	81.17	81.49	84.68	90
出生性别比	均值		117.96	110.29	107	107	107
	下限		117.96	106.79	102	102	102
	上限		117.96	112.39	110	110	110

　　首先，从总人口来看，如果 2 孩递进生育率一直保持在 2010 年的生育水平，那么，预计到 2100 年中国总人口将比 2010 年减半。如果全面放开 2 孩生育政策后，只有 40% 的生育 1 孩的育龄妇女终身生育第 2 个孩子，那么 2100 年中国总人口与 2010 年总人口相比也近似减半，人口高峰过后，每年与上一年相比总人口的减少幅度在 9.3‰ 以上。即使是有 60% 的生育 1 孩的育龄妇女终身生育第二个孩子，那么，2100 年中国人口总量只是 2010 年的 65% 左右，比 2010 年减少 4.6 亿，人口高峰过后，每年与上一年相比总人口的减少幅度在 6.6‰ 以上。

　　其次，从人口年龄构成来看，如果 2 孩递进生育率一直保持在 2010 年的生育水平，那么，预计到 2100 年中国 15～64 岁劳动年龄人口比例将由 2010 年的 75% 左右下降到 50% 左右（见表 6－6），下降大约 25 个百分点。65 岁及以上老年人口比例将由 2010 年的不到 9% 上升到 39.50% 左右，上升大约 30 个百分点。与此相对应 0～14 岁少儿人口的比例将由 2010 年的 16.61% 下降到 10% 以内，下降大约 7 个百分点。如果全面二孩政策实施后的 2 孩生育水平上升，那么，从不同 2 孩递进生育率水平对人口年龄结构的影响来看，将 2 孩递进生育率设定为 40%、60% 和 80% 对总人口的规模有很大影响，而对劳动年龄人口和少儿人口比例的影响并不是非常大。比如，2 孩的递进生育率为 40%，预计到 2100 年劳动年龄人口比例为 51.48%；如果 2 孩递进生育率为 60%，对应的劳动年龄人口比例为 53.69%。2 孩递进生育率相差 20 个百分点，而劳动年龄人口比例只相差 2.21 个百分点。同样，对应于不同 2 孩递进生育率的少儿人口比例的情况与劳动年龄人口比例的情况类似，两者只相差了 2.11 个百分点。与此不同，对于老年人口的影响更显著。比如，2 孩的生育率为 40%，预计到 2100 年老年人口比例为 38.48%，如果 2 孩递进生育率是 60% 所对应的老年人口比例为 34.14%，2 孩递进生育率相差 20 个百分点，而老年人口比例相差了 4.34 个百分点。

表 6 - 6　2 孩生育情景预测结果

指标	2 孩递进生育率（2017 ~ 2100 年）	2010 年	2020 年	2050 年	2100 年
总人口（亿）	0.3582	13.33	13.72	12.20	6.58
	0.4	13.33	13.75	12.31	6.84
	0.6	13.33	13.91	13.05	8.72
	0.8	13.33	14.06	13.85	11.01
劳动年龄人口（%）（15 ~ 64 岁）	0.3582	74.47	71.48	58.29	50.81
	0.4	74.47	71.33	58.38	51.48
	0.6	74.47	70.50	58.32	53.69
	0.8	74.47	69.75	58.28	55.23
少儿人口（%）（0 ~ 14 岁）	0.3582	16.61	14.76	10.37	9.69
	0.4	16.61	14.93	10.72	10.05
	0.6	16.61	15.91	12.51	12.16
	0.8	16.61	16.82	14.23	14.20
老年人口（%）（65 岁 +）	0.3582	8.92	13.77	31.35	39.50
	0.4	8.92	13.74	30.90	38.48
	0.6	8.92	13.58	29.17	34.14
	0.8	8.92	13.43	27.49	30.57

最后，从年龄结构整体形状来看，2 孩生育水平的高低直接影响未来人口年龄结构金字塔的整体形状，如果 1 孩育龄妇女只有 40% 生育 2 孩，那么到 2050 年 0 岁人口规模将在 850 万以内，这个规模不到 2010 年人口普查调查 0 岁人口的 60%，到 2100 年将继续下降到 440 万以内，不到 2010 年人口普查调查 0 岁人口的 1/3，年龄结构的整体形状也转变为上大

下小的"倒梯形"（见图 6 - 7、图 6 - 8）。即便是 2 孩生育水平提高到目前看来不太可能的 80%，人口年龄结构整体形状与 40% 的情况有很大不同，但整体上大下小的"倒梯形"格局不变。

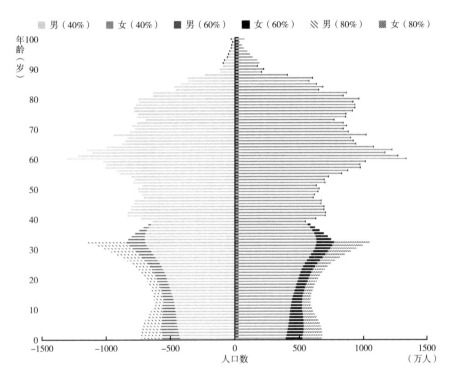

图 6 - 7　2050 年中国人口年龄结构预测

二　人口变动过程情景分析

人口总量和结构的变动过程一方面体现了人口的基本变动特征，另一方面体现人口内在规律，特别是参数长期固定条件下，其实是体现人口系统从远离稳定状态向稳定或静止状态变化的基本规律。

（一）总人口

从以往国家人口发展战略研究提出的总和生育率稳定在 1.8 左右的人口长期目标来看，并根据目前 2 孩生育情况和情景参数预测，中国总人口

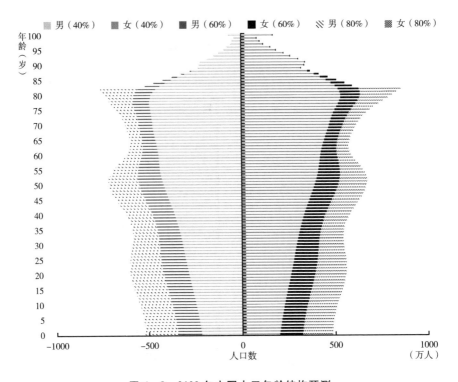

图 6 - 8　2100 年中国人口年龄结构预测

在达到 14.1 亿左右的目标后，持续下降的趋势将是历史的必然，只是下降的幅度大小和速度快慢而已（见图 6 - 9）。根据目前生育意愿、生育计划和实际生育状况调查结果来看，未来 10～20 年内中国总人口变动过程处于 40%～60% 生育 2 孩情景的可能性更大一些，而处于 80% 的可能性很小。因此，总人口的高峰达到或超过 14.5 亿的可能性很小。如果考虑到目前全面二孩生育政策效果并结合发达国家的生育水平变动规律和基本情况，中国远期生育 2 孩的比例在 40% 以内的可能性更大，因此，总人口下降迅速的可能性是非常大的。

（二）劳动年龄人口

无论 2 孩递进生育率达到多少，2050 年前 15～64 岁劳动年龄人口比例快速下降的趋势是不可避免的。无论是 2 孩递进生育率是 40% 还是 80%，

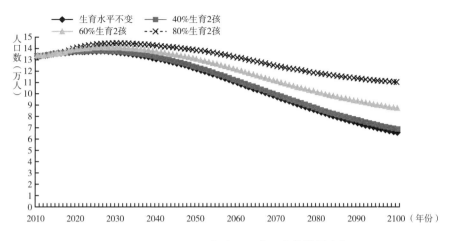

图 6 - 9　2010 ~ 2100 年中国总人口变化情景分析

未来30多年里2孩递进生育水平的不同对劳动年龄人口比例的影响很小。从图6-10可以看到，不同2孩递进生育水平条件下劳动年龄人口比例变化过程可以粗略地划分为两个明显不同的阶段，第一阶段是从2020年到2055年前后是劳动年龄人口比例迅速下降的阶段。第二阶段是从2055年到2100年是劳动年龄人口比例缓慢下降或小幅回升后稳定的阶段。由此可见，劳动年龄人口比例快速下降和远期有可能稳定的变化趋势已经很难逆转。

（三）少儿人口

0~14岁少儿人口比例的变动趋势和变动过程与劳动年龄人口有很大差别。少儿人口比例的下降幅度或波动情况取决于到底有多大比例的育龄妇女生育2孩。从情景预测的情况来看，如果仅有40%的育龄妇女生育2孩，那么，少儿人口比例将迅速下降到10%左右，并长期稳定在10%的水平上。如果生育2孩的育龄妇女的比例达到60%，那么，少儿人口比例下降的趋势不变，只是长期稳定的水平比40%的情况提高2个百分点左右，波动中稳定在12%左右。只有80%育龄妇女终身生育两个孩子才有可能实现短时间少儿人口比例的明显提高，但长期的发展趋势仍然是下降并稳定在14%左右的水平上（见图6-11）。

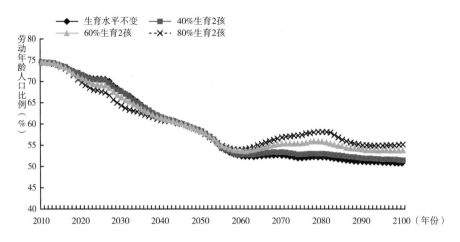

图 6 – 10   2010～2100 年中国劳动年龄人口比例变化情景分析

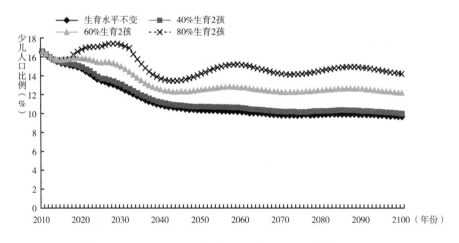

图 6 – 11   2010～2100 年中国少儿人口比例变化情景分析

（四）老年人口

老年人口比例持续、快速上升的趋势是不会发生改变的。未来老年人口比例上升的过程将可以划分为两个阶段，第一阶段是快速上升时期，第二个阶段是缓慢上升时期。第一阶段，即预计未来 30 年 65 岁及以上老年人口比例迅速增长到 30% 以上，不同的 2 孩递进生育率的差别只是影响老年人口比例达到 30% 左右还是 35% 左右。第二阶段，即 30 多年后，老年人口比例将长期处于一个高比例平台，下降的可能性非常小。具体来看就是，如果只有 40% 的育龄妇女生育 2 孩，那么，2060 年老年人口比例将由目前的 10% 左右上升到 35% 以上，此后的上升趋势不变只是速度减缓，到 2100 年老年人口比例将接近 40%。即使是有 80% 的育龄妇女生育 2 孩，那么，2060 年老年人口比例也将由目前的 10% 左右上升到 30% 以上，与 40% 有所不同的是此后的上升趋势将有可能稳定或略微向下波动，到 2100 年将稳定在 30% 左右（见图 6-12）。

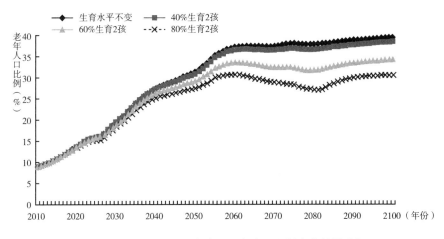

图 6-12　2010～2100 年中国老年人口比例变化情景分析

总之，长期低生育率带来的人口持续快速老化将对个人、家庭和社会经济带来巨大挑战，面对长期积累的人口问题及风险，生育政策、社会政策和经济政策不断调整也将成为历史的必然。

三　从人口模拟结果看未来人口政策

中国人口发展的历史决定人口发展的未来。对比人口发展情景模拟结果可以看到中国人口发展的内在规律。人口政策特别是生育政策是未来中国人口发展符合人口发展战略要求，进入良性循环轨道的辅助工具。面对中国人口未来三个方面的严峻挑战，人口政策更需要与时俱进。

第一，低生育率陷阱。通过四种 2 孩生育水平的情景分析可以看到，人口持续、快速下降的趋势已经形成。从目前生育意愿和生育行为调查数据结果来看，2 孩递进生育水平能够稳定在 50% 左右或更低的可能性较大，达到 60% 或 80% 的可能性不大（王广州，2017；张丽萍、王广州，2015；王军、王广州，2016）。对照中国人口长期发展目标，即总和生育率稳定在 1.8 左右的目标，目前的生育政策调整是无法实现的。同时，当前和未来促进生育率持续下降的因素不断强化，比如，育龄妇女受教育程度不断提高，城镇人口比例持续增加和子女养育成本居高不下，其结果是生育率长期走低的风险远远大于稳定回升的可能，跨越低生育率陷阱任务艰巨。

第二，劳动力持续老化与创新型国家建设。人口快速老化的前提是劳动力快速老化，劳动力快速老化的结果是严重阻碍产业或经济的转型升级。众所周知，科学技术发展核心竞争是创新，经济快速发展的动力也是创新。对绝大多数历史经验丰富却知识、技能陈旧的高龄劳动力的教育、培训是一个非常艰难的系统工程，如何面对持续、快速老化的劳动年龄人口，将是未来创新经济、创新社会和创新国家的建设严峻挑战。

第三，人口快速老化和老年人口比例长期居高不下。老年人口总量和比例持续增加，一方面加大养老金支付系统的压力和在业人口负担，同时长寿因素也是养老系统安全运行的不确定因素；另一方面，家庭养老的照料负担前所未有，如何破解人口快速老化对养老保障和社会支持系统的持续增压，也将是全社会面临的研究课题和不可回避的突出矛盾。

总之，未来中国人口政策将是稳定、协调中国人口总量和结构问题，解决近期和长期的矛盾冲突的重大战略举措之一，也就是解决所谓的时期和队列或代内和代际人口问题重要策略之一。人口问题的解决不能寄希望于短期举措能够解决长期历史积累的问题，因此，不断根据人口形势变化，进行前瞻性政策调整和干预才是缓解主要矛盾的必要条件。

附表 6 – 1 1990 年中国人口年龄结构与年龄别死亡率

年龄 （岁）	男 （人）	女 （人）	男性死亡率	女性死亡率
0	12254905	10965946	0.0261	0.0302
1	12304824	11027053	0.0038	0.0043
2	12672092	11508503	0.0024	0.0027
3	12676790	11617575	0.0015	0.0015
4	11140519	10270212	0.0012	0.0011
5	10405433	9576857	0.0010	0.0008
6	9922498	9133580	0.0009	0.0007
7	10518627	9677860	0.0009	0.0006
8	11419500	10595842	0.0007	0.0005
9	9364817	8721729	0.0007	0.0005
10	9956298	9267764	0.0006	0.0005
11	9974473	9335618	0.0006	0.0004
12	9727202	9137476	0.0006	0.0005
13	9987990	9379302	0.0007	0.0005
14	10537630	9922939	0.0007	0.0006
15	11123627	10520164	0.0008	0.0007
16	12043876	11443691	0.0009	0.0008
17	12581345	11955254	0.0011	0.0009
18	12567848	11928154	0.0012	0.0010
19	13333893	12660569	0.0013	0.0011
20	13191336	12844729	0.0014	0.0012
21	13820659	13335020	0.0014	0.0012
22	12586327	11965751	0.0014	0.0012
23	11691041	11132124	0.0015	0.0013
24	12943660	12250527	0.0014	0.0012
25	12593865	11926749	0.0014	0.0012
26	12959015	12328474	0.0015	0.0012
27	13966581	13060283	0.0011	0.0009

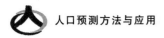

年龄 （岁）	男 （人）	女 （人）	男性死亡率	女性死亡率
28	8144945	7783117	0.0012	0.0009
29	5848577	5655919	0.0018	0.0014
30	7519677	6923442	0.0016	0.0012
31	7535588	6843038	0.0020	0.0015
32	10007244	9053122	0.0018	0.0013
33	9528741	8821542	0.0017	0.0013
34	9114883	8528430	0.0020	0.0015
35	10051375	9325690	0.0020	0.0015
36	9452337	8878360	0.0021	0.0015
37	8870602	8355542	0.0023	0.0016
38	8704522	8182775	0.0022	0.0015
39	7490011	7040598	0.0027	0.0019
40	8042718	7299389	0.0028	0.0019
41	6805059	6205339	0.0030	0.0021
42	6496011	5896378	0.0033	0.0023
43	6264508	5686196	0.0033	0.0023
44	5727681	5284385	0.0039	0.0027
45	5481782	4983328	0.0043	0.0029
46	5250473	4702941	0.0044	0.0031
47	4982722	4462839	0.0051	0.0036
48	5088847	4581520	0.0055	0.0038
49	5052076	4501413	0.0061	0.0043
50	4875474	4372725	0.0066	0.0045
51	4738952	4203598	0.0077	0.0053
52	4919285	4313731	0.0080	0.0055
53	4810911	4287208	0.0088	0.0061
54	4765733	4331942	0.0096	0.0066
55	4580456	4223904	0.0108	0.0071
56	4618277	4184241	0.0120	0.0078
57	4525324	4095420	0.0122	0.0081
58	4106208	3740707	0.0141	0.0092
59	4009672	3625126	0.0177	0.0117
60	4019833	3711112	0.0175	0.0115

年龄 （岁）	男 （人）	女 （人）	男性死亡率	女性死亡率
61	3585188	3381291	0.0210	0.0134
62	3635374	3424758	0.0214	0.0140
63	3200259	3033614	0.0241	0.0160
64	3041294	2943531	0.0288	0.0189
65	3058844	3110198	0.0289	0.0185
66	2813087	2883787	0.0311	0.0202
67	2448512	2541118	0.0366	0.0239
68	2384722	2500805	0.0398	0.0262
69	2212320	2379127	0.0463	0.0311
70	2108722	2343635	0.0484	0.0326
71	1741629	1990967	0.0566	0.0380
72	1630231	1898892	0.0621	0.0417
73	1506451	1794985	0.0649	0.0441
74	1357171	1677897	0.0701	0.0485
75	1209315	1527597	0.0811	0.0559
76	1140595	1473437	0.0779	0.0542
77	906767	1216296	0.0895	0.0630
78	774071	1072250	0.1010	0.0715
79	658356	955240	0.1143	0.0826
80	586258	908523	0.1236	0.0896
81	469224	766961	0.1321	0.0956
82	380639	648619	0.1427	0.1056
83	304110	548545	0.1683	0.1230
84	253723	486088	0.1674	0.1246
85	197370	396366	0.1793	0.1340
86	150705	317114	0.1925	0.1493
87	113341	248933	0.2043	0.1554
88	84378	193412	0.2180	0.1740
89	59952	145973	0.2329	0.1846
90 +	39602	99571	0.7625	0.7146

附表 6 - 2　1990 年中国育龄妇女年龄别生育率

年龄（岁）	全部	1 孩	2 孩	3 孩
15	0.0002	0.0006	0.0000	0.0000
16	0.0012	0.0028	0.0001	0.0000
17	0.0049	0.0098	0.0006	0.0000
18	0.0156	0.0251	0.0023	0.0001
19	0.0376	0.0556	0.0078	0.0005
20	0.0831	0.1034	0.0191	0.0016
21	0.1481	0.1400	0.0359	0.0040
22	0.1953	0.1537	0.0597	0.0088
23	0.2298	0.1493	0.0765	0.0148
24	0.2384	0.1234	0.0838	0.0222
25	0.2145	0.0858	0.0800	0.0282
26	0.1773	0.0556	0.0713	0.0327
27	0.1459	0.0358	0.0620	0.0361
28	0.1266	0.0239	0.0470	0.0299
29	0.0984	0.0145	0.0404	0.0268
30	0.0830	0.0084	0.0337	0.0238
31	0.0686	0.0055	0.0267	0.0199
32	0.0557	0.0039	0.0204	0.0165
33	0.0451	0.0029	0.0155	0.0132
34	0.0365	0.0021	0.0113	0.0103
35	0.0293	0.0016	0.0081	0.0080
36	0.0231	0.0012	0.0057	0.0062
37	0.0182	0.0009	0.0039	0.0047
38	0.0144	0.0007	0.0026	0.0035
39	0.0113	0.0006	0.0017	0.0025
40	0.0092	0.0004	0.0010	0.0016
41	0.0064	0.0003	0.0007	0.0012
42	0.0050	0.0003	0.0005	0.0008
43	0.0037	0.0002	0.0004	0.0006
44	0.0030	0.0002	0.0003	0.0005
45	0.0025	0.0001	0.0002	0.0003
46	0.0017	0.0001	0.0002	0.0003
47	0.0013	0.0001	0.0001	0.0002
48	0.0010	0.0001	0.0001	0.0002
49	0.0007	0.0001	0.0001	0.0001

附表 6 - 3　1990 年中国育龄妇女子女结构

年龄（岁）	曾生子女（人）					1989～1990 年生育子女（人）				
	0 孩	1 孩	2 孩	3 孩	4 + 孩	0 孩	1 孩	2 孩	3 孩	4 + 孩
15	10515710	3498	609	197	150	10515710	2294	135	24	20
16	11425859	16298	985	258	291	11425859	13178	409	37	34
17	11879063	72589	2971	328	303	11879063	55905	2389	93	24
18	11668453	244414	14254	718	315	11668453	172853	12308	505	63
19	11942831	658844	56477	2067	350	11942831	427532	46491	2189	175
20	11107350	1529038	195917	11242	1182	11107350	915976	139910	10363	1014
21	9834704	2951324	511162	35186	2644	9834704	1613194	328733	30962	2567
22	7106375	3862092	908657	82662	5965	7106375	1750336	515779	64749	6428
23	4789901	4641193	1511122	177124	12784	4789901	1691740	730693	122003	13947
24	3653923	5819766	2390001	356584	30253	3653923	1724252	957255	209900	29699
25	2317392	5931228	3030423	584140	63566	2317392	1265083	953954	285092	53894
26	1527111	6086167	3715304	884995	114897	1527111	865797	887530	349977	82733
27	1052724	6059702	4467382	1279978	200497	1052724	571964	804625	407443	122100
28	452162	3192655	2931244	1004041	203015	452162	218013	408820	256139	102352
29	260231	2447994	2026879	740444	180371	260231	105290	229456	147295	74581
30	231628	2805920	2607456	994463	283975	231628	78396	241469	156796	97942
31	171734	2502580	2711596	1108374	348754	171734	46010	191403	134266	97644

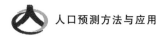

续表

年龄（岁）	曾生子女（人）					1989～1990 年生育子女（人）				
	0 孩	1 孩	2 孩	3 孩	4＋孩	0 孩	1 孩	2 孩	3 孩	4＋孩
32	184127	3086559	3681430	1560946	540060	184127	40700	193481	145720	124012
33	154726	2738768	3670310	1638916	618822	154726	28149	141269	115787	112721
34	133942	2440609	3568468	1691042	694369	133942	20634	103278	88756	98625
35	134105	2386117	3905903	2004505	895060	134105	16192	82673	75730	99054
36	115398	1988804	3653507	2109618	1011033	115398	11547	56249	55312	81626
37	100017	1548112	3363635	2208101	1135677	100017	8412	36843	39698	67316
38	93593	1246831	3167003	2368985	1306363	93593	6230	24593	29678	57492
39	78321	872474	2543687	2198446	1347670	78321	4217	14145	18637	42250
40	85232	697679	2420561	2407565	1688352	85232	3528	9531	13731	40165
41	68678	443322	1888785	2130218	1674336	68678	2058	4710	7466	25631
42	66554	331974	1609180	2036462	1852208	66554	1455	2958	4921	19854
43	63778	262348	1370413	1924342	2065314	63778	1127	2043	3197	14921
44	59530	203788	1100641	1716187	2204240	59530	929	1568	2212	11191
45	59527	171079	881295	1518897	2352530	59527	674	1113	1580	9076
46	56111	145158	720537	1336380	2444755	56111	424	659	923	5879
47	55017	130421	611793	1187107	2478501	55017	327	496	725	4142
48	59875	128424	562017	1142191	2689013	59875	304	428	583	3172
49	60902	123894	503821	1061407	2751389	60902	257	318	450	2318

附表 6 - 4　2000 年人口普查与预测结果

年龄 (岁)	2000 年 (万人)				2010 年 (万人)			
	预测男	预测女	普查男	普查女	预测男	预测女	普查男	普查女
0	772.11	665.64	746.02	633.36	750.50	635.86	746.12	632.52
1	842.14	729.59	633.24	516.28	730.47	623.76	857.50	708.30
2	907.61	783.86	770.17	630.90	712.74	609.83	850.77	710.97
3	965.12	835.48	789.72	655.71	699.34	598.40	827.25	697.83
4	1012.13	888.56	825.71	696.71	689.63	587.87	824.62	697.38
5	1046.97	916.47	915.76	777.60	683.35	581.03	798.82	674.40
6	1070.22	941.26	886.60	760.41	679.33	577.33	803.45	677.00
7	1085.95	965.99	959.04	832.43	676.81	579.67	729.23	613.69
8	1100.29	975.93	1001.42	873.79	678.48	579.15	742.36	624.34
9	1118.56	1004.33	1067.50	940.71	683.34	587.74	772.62	652.26
10	1205.71	1080.45	1381.10	1239.90	763.05	659.06	783.08	662.35
11	1216.57	1092.57	1311.08	1202.68	835.32	725.16	752.26	641.32
12	1255.86	1143.10	1277.96	1179.66	901.86	780.43	828.90	711.06
13	1257.86	1155.44	1361.95	1266.31	959.88	832.57	816.10	706.40
14	1106.12	1022.07	1202.37	1116.64	1007.12	885.86	846.39	742.99
15	1033.43	953.27	1059.85	983.09	1042.02	913.85	952.49	849.96
16	985.60	909.19	1046.82	984.52	1065.30	938.66	979.52	899.53
17	1044.77	963.24	1027.57	978.94	1080.98	963.31	1076.08	1001.45
18	1133.92	1054.27	1178.37	1131.67	1095.09	973.09	1074.46	1001.07
19	929.46	867.42	975.21	937.08	1112.96	1001.18	1107.94	1046.41
20	987.50	921.21	931.55	907.83	1199.15	1076.72	1420.11	1382.59
21	988.57	927.36	954.81	937.68	1209.35	1088.39	1335.78	1319.89
22	963.34	907.08	951.93	931.22	1247.76	1138.27	1228.11	1219.30
23	988.41	930.47	911.97	881.15	1249.08	1150.06	1287.65	1281.94
24	1042.04	983.80	1043.52	1005.66	1097.83	1016.88	1129.20	1136.67
25	1099.27	1042.48	1076.69	1036.97	1025.19	948.10	997.00	996.37
26	1189.50	1133.50	1167.44	1120.01	977.30	903.98	987.93	982.99
27	1242.16	1183.93	1212.31	1150.74	1035.69	957.55	980.16	967.92
28	1240.77	1181.20	1273.46	1206.58	1123.98	1047.97	1127.16	1105.05
29	1316.10	1253.64	1293.18	1222.86	921.16	862.10	991.46	965.35
30	1301.62	1271.88	1439.64	1361.60	978.49	915.52	960.47	932.36
31	1363.26	1320.27	1281.72	1220.12	979.36	921.65	1014.16	972.49

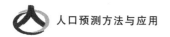

续表

年龄 （岁）	2000 年（万人）				2010 年（万人）			
	预测男	预测女	普查男	普查女	预测男	预测女	普查男	普查女
32	1240.96	1184.44	1426.22	1345.64	954.10	901.51	990.98	956.50
33	1152.38	1101.95	1113.37	1060.29	978.76	924.83	928.92	889.03
34	1275.40	1212.49	1275.11	1207.74	1031.64	977.74	1057.65	1011.26
35	1240.26	1180.16	1279.46	1200.45	1087.90	1035.85	1081.74	1036.91
36	1275.52	1219.68	1237.54	1176.95	1176.77	1126.16	1169.06	1121.63
37	1373.54	1291.40	1436.65	1349.97	1228.15	1175.92	1228.34	1170.69
38	800.15	769.17	1079.94	1012.37	1225.82	1172.78	1266.26	1206.79
39	574.04	558.72	580.55	560.85	1299.43	1244.35	1293.71	1227.47
40	737.36	683.59	760.90	707.57	1284.34	1262.07	1399.31	1340.41
41	738.18	675.33	681.99	623.99	1344.27	1309.76	1272.37	1223.26
42	979.21	892.83	898.58	815.02	1222.78	1174.62	1378.26	1324.99
43	931.05	869.27	988.93	910.91	1134.39	1092.32	1085.62	1049.95
44	889.17	839.65	893.93	842.48	1254.10	1201.27	1225.30	1175.91
45	978.64	917.15	965.03	896.19	1217.98	1168.49	1225.25	1171.01
46	918.36	872.12	952.50	898.85	1250.79	1206.77	1186.71	1148.86
47	859.81	819.52	857.59	816.98	1344.76	1276.62	1380.38	1316.84
48	841.34	801.14	884.94	838.72	781.87	759.57	1022.48	985.03
49	721.70	688.01	733.90	707.42	559.74	551.13	562.82	560.08
50	772.38	711.77	757.22	713.91	717.36	673.47	720.52	689.18
51	650.96	603.65	726.90	664.49	716.23	664.38	662.49	621.40
52	618.70	572.08	625.67	582.64	947.26	876.97	857.00	804.77
53	593.81	550.05	610.53	563.22	897.69	852.32	942.28	892.92
54	540.09	509.52	560.09	525.75	854.17	821.67	854.04	830.73
55	513.97	478.86	518.46	486.06	936.41	895.63	897.32	863.73
56	489.06	450.22	505.96	464.91	874.69	849.67	898.12	875.69
57	460.91	425.54	456.77	425.38	814.92	796.49	809.90	799.49
58	467.26	435.04	460.30	426.68	793.22	776.59	815.36	801.43
59	459.57	425.21	464.66	427.85	675.97	664.70	687.59	682.61
60	438.86	410.63	476.93	437.18	718.07	685.23	691.70	670.12
61	421.77	392.20	392.19	365.25	600.34	579.05	669.00	633.91
62	432.36	399.57	451.15	410.04	565.45	546.47	571.92	555.77
63	417.14	394.11	422.99	389.84	537.35	522.88	549.28	529.88
64	406.57	394.52	424.19	400.62	482.97	481.42	501.54	493.61
65	383.90	380.76	394.28	386.58	453.63	449.60	456.43	450.91
66	380.23	373.26	364.53	357.48	425.85	420.03	439.14	424.96

续表

年龄	2000 年（万人）				2010 年（万人）			
（岁）	预测男	预测女	普查男	普查女	预测男	预测女	普查男	普查女
67	364.91	360.79	380.25	365.39	395.03	393.77	400.35	393.86
68	323.25	325.08	325.03	325.30	393.14	398.78	390.44	383.64
69	307.56	310.19	290.86	288.35	378.98	385.85	388.49	383.10
70	299.40	311.75	322.19	327.74	353.68	368.38	372.46	366.48
71	258.58	278.47	246.99	257.59	331.32	347.51	311.62	314.95
72	252.71	275.55	260.85	275.14	329.69	348.65	344.92	344.40
73	213.77	238.05	221.76	238.93	307.78	338.14	314.93	319.46
74	195.11	225.05	191.83	214.41	289.90	332.38	296.41	311.60
75	187.44	230.59	188.67	217.06	263.16	313.77	269.05	294.19
76	164.09	206.96	162.75	194.79	249.58	300.36	245.42	272.13
77	135.88	176.17	135.42	167.15	228.94	283.03	242.02	266.22
78	125.04	166.68	125.44	158.43	192.54	247.35	198.37	227.11
79	108.78	151.79	105.29	137.82	172.62	228.09	173.02	197.67
80	96.64	142.13	95.81	135.21	157.27	220.61	171.65	202.07
81	74.02	114.25	71.54	102.55	126.31	189.00	125.78	155.89
82	64.07	102.80	61.29	93.32	114.28	178.38	121.27	154.52
83	54.03	90.70	50.78	79.69	88.26	145.26	96.47	127.24
84	43.98	78.61	40.98	67.76	72.75	128.59	76.58	105.84
85	35.51	66.25	32.58	57.25	63.10	123.04	67.28	97.53
86	30.08	58.57	27.51	49.70	49.39	101.81	53.06	81.36
87	21.30	44.03	20.02	38.30	36.20	79.17	40.90	65.63
88	16.17	35.17	14.70	29.42	29.40	67.92	32.43	53.46
89	12.21	28.22	10.89	22.71	22.50	55.64	26.31	45.23
90	14.16	36.88	28.58	68.55	25.68	70.97	65.74	132.68

附表 6 - 5 2 孩递进生育率不变（35%）情景预测

年份	总人口	0 岁	TFR	人口构成（%）				
	（万人）	（万人）		0～14 岁	15～59 岁	15～64 岁	60 岁 +	65 岁 +
2010	133281.09	1378.64	1.16	16.61	70.07	74.47	13.32	8.92
2015	135465.94	1302.78	1.19	15.42	67.92	73.69	16.66	10.89
2020	137186.85	1259.26	1.24	14.76	66.09	71.48	19.15	13.77
2025	137619.00	1099.72	1.29	13.45	63.46	70.60	23.09	15.96
2030	136675.07	996.92	1.34	12.72	59.33	67.75	27.95	19.53
2035	134563.79	923.73	1.35	11.67	56.32	64.40	32.01	23.94

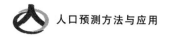
续表

年份	总人口（万人）	0 岁（万人）	TFR	人口构成（%）				
				0 ~ 14 岁	15 ~ 59 岁	15 ~ 64 岁	60 岁 +	65 岁 +
2040	131267.05	865.07	1.36	10.91	54.76	61.58	34.33	27.51
2045	127047.85	830.78	1.36	10.54	52.73	60.08	36.73	29.39
2050	121985.74	783.42	1.35	10.37	48.60	58.29	41.04	31.35
2055	116133.77	723.05	1.34	10.30	46.43	54.42	43.27	35.28
2060	109796.20	664.78	1.35	10.18	46.23	52.58	43.59	37.24
2065	103398.93	617.72	1.35	10.00	46.21	52.63	43.79	37.38
2070	97057.27	579.91	1.35	9.86	45.45	52.75	44.68	37.38
2075	90827.68	546.68	1.35	9.84	45.55	52.06	44.61	38.10
2080	84807.82	512.11	1.35	9.89	45.04	52.25	45.07	37.85
2085	79240.58	476.12	1.35	9.94	44.73	51.71	45.34	38.35
2090	74287.93	442.09	1.35	9.90	44.63	51.26	45.48	38.85
2095	69791.05	412.05	1.35	9.80	44.53	51.07	45.67	39.12
2100	65755.67	385.80	1.35	9.69	44.32	50.81	45.99	39.50

附表 6 – 6 2 孩递进生育率为 40% 情景预测

年份	总人口（万人）	0 岁（万人）	TFR	人口构成（%）				
				0 ~ 14 岁	15 ~ 59 岁	15 ~ 64 岁	60 岁 +	65 岁 +
2010	133281.09	1378.64	1.16	16.61	70.07	74.47	13.32	8.92
2015	135534.18	1330.44	1.22	15.46	67.89	73.65	16.65	10.88
2020	137460.98	1304.15	1.28	14.93	65.96	71.33	19.11	13.74
2025	138068.86	1137.63	1.33	13.76	63.25	70.36	22.99	15.88
2030	137292.74	1028.86	1.38	13.09	59.11	67.49	27.80	19.41
2035	135285.40	953.62	1.39	11.99	56.23	64.25	31.78	23.75
2040	132127.63	898.62	1.40	11.20	54.76	61.54	34.03	27.26
2045	128043.53	869.94	1.40	10.84	52.82	60.11	36.34	29.05
2050	123130.90	824.41	1.39	10.72	48.79	58.38	40.50	30.90
2055	117453.63	762.10	1.39	10.68	46.72	54.61	42.60	34.71
2060	111247.39	701.07	1.39	10.57	46.64	52.91	42.78	36.51
2065	104968.41	652.92	1.39	10.38	46.79	53.10	42.83	36.51
2070	98780.87	615.68	1.39	10.24	46.20	53.37	43.56	36.39
2075	92672.61	583.38	1.39	10.22	46.41	52.86	43.37	36.92
2080	86818.44	548.68	1.39	10.29	45.85	53.12	43.87	36.59
2085	81407.12	511.46	1.39	10.34	45.48	52.51	44.18	37.15
2090	76638.29	475.99	1.39	10.29	45.34	51.97	44.37	37.74
2095	72312.28	444.95	1.39	10.18	45.23	51.74	44.60	38.08
2100	68399.15	418.20	1.39	10.05	45.03	51.48	44.93	38.48

附表 6－7　2 孩递进生育率为 60％情景预测

年份	总人口 (万人)	0 岁 (万人)	TFR	人口构成（%）				
				0～14 岁	15～59 岁	15～64 岁	60 岁 +	65 岁 +
2010	133281.09	1378.64	1.16	16.61	70.07	74.47	13.32	8.92
2015	135915.66	1484.49	1.36	15.70	67.70	73.45	16.60	10.85
2020	139084.59	1553.69	1.52	15.91	65.19	70.50	18.90	13.58
2025	140745.79	1328.33	1.53	15.39	62.05	69.02	22.56	15.59
2030	140783.81	1183.65	1.57	14.99	57.91	66.09	27.11	18.93
2035	139488.94	1099.60	1.59	13.51	55.68	63.46	30.81	23.03
2040	137149.62	1078.73	1.61	12.52	54.69	61.22	32.78	26.26
2045	134131.18	1103.91	1.61	12.30	53.02	59.98	34.69	27.73
2050	130476.20	1081.21	1.59	12.51	49.27	58.32	38.22	29.17
2055	126044.34	1009.37	1.58	12.79	47.51	54.86	39.70	32.34
2060	121005.03	931.36	1.58	12.78	47.89	53.65	39.34	33.57
2065	115840.12	879.62	1.59	12.49	48.69	54.41	38.81	33.09
2070	110784.00	854.54	1.60	12.27	48.89	55.28	38.84	32.45
2075	105881.90	838.89	1.60	12.29	49.41	55.40	38.30	32.31
2080	101282.51	811.05	1.59	12.48	48.41	55.80	39.10	31.72
2085	97109.79	769.34	1.59	12.63	47.76	54.69	39.61	32.68
2090	93491.83	725.98	1.59	12.57	47.61	53.91	39.82	33.52
2095	90197.62	691.24	1.59	12.37	47.72	53.72	39.91	33.91
2100	87186.40	666.29	1.60	12.16	47.73	53.69	40.10	34.14

附表 6－8　2 孩递进生育率为 80％情景预测

年份	总人口 (万人)	0 岁 (万人)	TFR	人口构成（%）				
				0～14 岁	15～59 岁	15～64 岁	60 岁 +	65 岁 +
2010	133281.09	1378.64	1.16	16.61	70.07	74.47	13.32	8.92
2015	135913.88	1484.49	1.36	15.70	67.70	73.45	16.60	10.85
2020	140584.24	1982.81	1.92	16.82	64.49	69.75	18.69	13.43
2025	143710.97	1559.64	1.77	17.14	60.77	67.60	22.09	15.26

续表

年份	总人口	0 岁	TFR	人口构成（%）				
	（万人）	（万人）		0 ~ 14 岁	15 ~ 59 岁	15 ~ 64 岁	60 岁 +	65 岁 +
2030	144651.35	1345.27	1.77	17.28	56.36	64.31	26.36	18.41
2035	144113.94	1239.39	1.78	15.24	54.94	62.47	29.82	22.29
2040	142506.06	1242.24	1.83	13.72	54.72	61.00	31.56	25.28
2045	140572.17	1369.79	1.85	13.56	53.35	59.99	33.09	26.45
2050	138461.73	1404.58	1.80	14.23	49.75	58.28	36.02	27.49
2055	135621.28	1321.65	1.78	15.03	48.08	54.91	36.89	30.06
2060	132008.65	1208.14	1.78	15.19	48.76	54.04	36.05	30.77
2065	128147.31	1140.50	1.79	14.71	50.21	55.38	35.08	29.91
2070	124432.97	1136.34	1.81	14.24	51.18	56.87	34.58	28.90
2075	121040.07	1161.95	1.81	14.22	52.26	57.49	33.52	28.29
2080	118093.72	1160.34	1.80	14.59	50.63	58.19	34.78	27.22
2085	115573.45	1117.73	1.79	14.92	49.36	56.39	35.72	28.69
2090	113508.91	1061.27	1.79	14.90	49.16	55.11	35.94	29.99
2095	111682.38	1020.88	1.79	14.56	49.51	54.98	35.93	30.45
2100	110060.51	1005.48	1.80	14.20	49.87	55.23	35.93	30.57

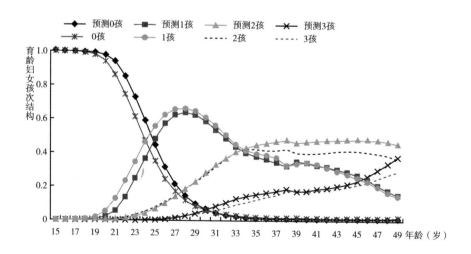

附图 6 - 1 2000 年育龄妇女孩次结构预测检验（生育模式调整）

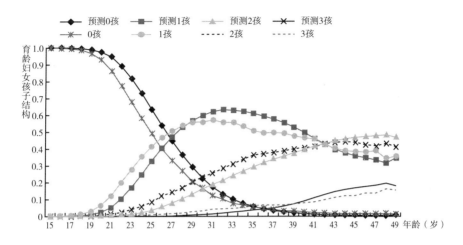

附图 6 - 2　2010 年育龄妇女孩次结构预测检验（生育模式调整）

参考文献

黄荣清、秦芳芳、王树新编著，1989，《人口分析技术》，北京经济学院出版社。

路磊，1992，《已知死亡水平和死亡模式时的生命表编制》，载翟振武主编《人口数据分析方法及其应用》，外文出版社。

曾毅，1993，《人口分析方法与应用》，北京大学出版社。

查瑞传主编，1991，《人口普查资料分析技术》，中国人口出版社。

王广州，2015，《生育政策调整研究中存在的问题与反思》，《中国人口科学》第 2 期。

王广州，2017，《中国人口科学的定位与发展问题再认识》，《中国人口科学》第 3 期。

王军、王广州，2016，《中国低生育水平下的生育意愿与生育行为差异研究》，《人口学刊》第 2 期。

张丽萍、王广州，2015，《中国育龄人群二孩生育意愿与生育计划研究》，《人口与经济》第 6 期。

Croxton，F. E.，Cowden D. J. & Klein S. 1968. *Applied General Statistics*. London：Sir Isaac Pitman and Sons Ltd.

Namboodiri, Krishan & C. M. Suchindran. 1987. *Life Table Techniques and Their Applications*. Orlando, Florida: Academic Press.

Preston, S. H., Patrick Heuveline & M. Guillot. 2005. *Demography — Measuring and Modelling Population Processes*. Oxford: Blackwell.

Siegel, Jacob & David A. Swanson. 2004. *The Methods and Materials of Demography (2nd Edittion)*. California: Elsevier Academic Press.

Smith, David P. 1992. *Formal Demography*. New York: Plenum Press.

第七章　年龄结构数据质量评估与调整

　　内容提要：年龄结构是人口统计分析最重要的基础数据。年龄结构一方面包含人口发展的历史信息；另一方面可以反映人口未来的变动趋势，年龄结构数据质量的重要意义不言而喻。本章分为两个部分，第一部分讨论年龄结构数据质量评估方法，第二部分讨论年龄结构数据偏差调整方法。第一部分从实证数据研究出发，提出惠普尔指数等经验指数法在人口数据质量评价的应用中存在的问题和缺陷，在此基础上提出人口年龄结构数据质量评估的方法和具体算法，并以中国人口普查年龄结构为例，检验人口年龄结构数据质量评估方法的有效性。第二部分介绍在总人口数据相对可靠条件下对人口结构数据偏差的调整方法，并以人口普查数据为例，研究2000年中国第五次人口普查的重报和漏报问题。

　　决定人口预测的结果是否可靠，是否符合实际的因素很多，但总的来看人口预测结果的可靠性主要由基础数据、预测模型和参数估计决定的。确认、复核基础数据是研究的第一步和出发点，因此，反复论证和确认基础数据的可靠性是一项重要的研究任务，不仅需要确认数据偏差的方向，同时需要确认基础数据偏差的大小，并加以调整。

　　年龄结构数据不仅是反映当前和过去人口状态、人口过程的最重要数据，而且也是预测未来人口变动趋势的重要依据。分析人口年龄结构是正确估计和理解人口过程的重要方法。在人口研究过程中，由于年龄结构数据的特殊意义与作用，年龄结构数据质量不仅成为研究人口状态、人口过

197

程的必要条件，而且也是研究人口问题的重要前提和基础。只有建立在可靠人口数据基础上的研究才能有助于正确把握和理解人口问题的发生和发展过程。

第一节　年龄结构数据质量评估与调整目的

人口数据质量评估与调整是人口研究的重中之重。虽然人口数据质量的评估方法很多，但比较常用的评估方法是通过对人口年龄结构的评估来判定人口数据质量的高低，如年龄结构偏好指数等。从方法论的角度来看，常用的指数评估方法在人口数据质量评估过程中仅仅对数据的质量提供简单的评判，根据调查数据自身的内部逻辑来粗略判断数据是否有明显的异常，而无法确定问题的来源和可能产生的影响，更缺乏对数据调整具有参考价值的依据。然而，从人口数据的分析和研究的角度来看，对普查数据的研究仅停留在发现问题上还是远远不够的，更重要的目的在于问题的解决。从发现人口数据问题和计算复杂程度来看，经验指数法简便易行且只需要一次普查数据就可以进行计算，但多数指数基本假设条件太强且评判结果比较模糊或弹性空间较大，因此评判结果很难把握，同时很难作为比较的依据。以中国1982年、1990年和2000年全国人口普查数据为例，通过计算"五普"数据质量的经验指数来看，"五普"与"三普"的惠普尔指数、迈叶斯指数、年龄准确性指数和联合国综合指数非常接近（见表7-1）。而根据经验指数的取值范围和评判标准来看，"四普"数据质量好于"五普"和"三普"，奇怪的是"五普"数据质量经验指数却与"三普"更接近一些。显然这只是表面现象，经验指数所反映的结果与事后普查数据质量评估调查结果和相关研究不符。反观经验指数的计算方法可以看到，最需要评价和最容易产生问题的年龄组经验指数也是无能为力或作用有限。因此，我们不得不重新考虑上述经验指数的假设条件和评估的有效性，以及经验指数是否适合中国人口数据质量评估的问题，尤其是我们期望通过指数的大小变化分析人口总量误差的大小的目标无法实现。可见，根据一次普查来计算经验指数的方法显然很难评估普查误差的大小。

表 7 – 1 三次人口普查数据质量评价指数比较

	年份	惠普尔指数		迈叶斯指数		年龄准确性指数		联合国综合指数
		男性	女性	男性	女性	男性	女性	总人口
不含现役军人	1982	101.92	102.14	3.03	3.01	6.05	6.19	33.65
	1990	101.07	100.86	2.01	2.02	4.48	4.89	29.63
	2000	101.73	101.57	2.08	2.08	6.84	7.06	34.61
含现役军人	1982	101.95	102.14	2.81	3.01	5.68	6.19	33.37
	1990	101.09	100.86	1.85	2.01	4.64	4.90	29.44
	2000	101.72	101.57	2.02	2.07	6.72	7.06	33.95

除了上述经验指数方法外，人口数据质量评估还可以采用存活分析和差分方法等进行数据质量评估。存活率分析方法的优点是全面衡量人口数据年龄结构，缺点是需要两次普查数据，尤其是需要比较高质量的数据作为评判的依据，而差分方法则计算相对比较复杂。

数据评估并不是研究的根本目的所在，对存在误差的数据进行调整才是研究的最终目标。数据调整是对存在偏差数据进行分析和研究的重要内容，同时，数据调整需要建立在对误差的大小与分布准确判断的基础上。

毋庸置疑，任何调查都可能存在误差，尤其是大规模调查误差就更在所难免。从误差的种类和来源上看，误差分为系统误差和随机误差。从误差纠正的角度看，对系统误差或有规律的误差调整相对比较容易，而对随机误差的调整则比较困难。在进行数据误差分析的过程中，首先需要对误差的种类和来源进行分析，然后，以此为基础确定误差纠正方法，最后获得比较可靠的数据。对不至于影响基本结论的误差予以忽略，而对影响判断问题本质的误差则必须予以纠正。要弥补年龄结构数据的缺陷就需要对数据存在的主要问题进行全面、详细的分析与评价，然后根据已有的可靠信息对数据进行重新修正，以期达到对人口发展状况、发展过程全面认识和准确把握的目的，以防错误信息对人口问题判断的误导。通常要找到一个可靠的数据作为判断的依据和标准也并不是一件容易的事。

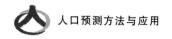

第二节 数据质量评估方法与算法

从人口数据调整的方法来看，常见的数据调整方法有数据平滑、间接估计和经验调整等。数据平滑方法是通过统计平均的方法试图消除异常值的影响，是一种折中的办法；间接估计则建立在数据之间相互关系的基础上，通过已知准确信息来纠正误差；而经验调整则是根据以往的研究和经验，主观判断人为修正误差，经验调整常用于纠正粗大误差。

从误差纠正的角度看，如何确认数据的准确程度是数据分析和调整的关键所在。只有建立在可靠数据基础上的推断才能将误差和错误降到最低。人口数据分析、误差纠正是依据人口内在规律或数量关系来进行的。只有充分研究人口内在的规律和数量特征，才能分析人口数据的可靠性，同时采用不同来源的数据进行相互补充和印证，最终实现对人口数据调整的目的，因此修正原有数据的误差是人口数据调整的重要任务。

为了评估和调整有误差的数据，通常采用人口分析与统计分析相结合的方法，试图利用较少的高质量数据达到对有偏差年龄结构数据调整的目的。具体方法可分为：人口存活分析、0岁人口性别比估计、0岁人口数量估计和时点调整四部分。在上述四个部分中，以人口总数为基准点，即假定各年度人口总数正确，并以此为出发点，结合人口存活分析确定出生人口数量，并根据性别比得到相应年份的年中分性别0岁人口数；最后进行时点调整。也就是，采用存活分析法和总量目标引导的方法对普查间各年龄组人口数据进行估计和调整，该方法假定人口总数绝对误差、相对误差较小。通过上述各个步骤的推算以期达到对"五普"年龄结构数据进行比较全面衡量、认识和调整的目的。上述步骤具体算法如下。

首先，采用质量较高数据，对现存人口进行存活分析。存活分析的基本表达式为：$_nP_{t_2}(x+n) = {_nP_{t_1}}(x) \times [_nL(x+n)/_nL(x)]$；式中 x 的取值范围是 $0 \sim 90$ 岁；$_nP_{t_1}(x)$ 是 t_1 时刻年龄在 x 岁至 $x+n$ 岁的人口数；$_nP_{t_2}(x+n)$ 是 t_2 时刻年龄在 $x+n$ 岁至 $x+2n$ 岁的人口数；$_nL(x)$ 是确切年龄在 x 至 $x+n$ 队列存活人年数；$_nL(x+n)$ 是确切年龄在 $x+n$ 至 x

$+2n$ 队列存活人年数。

其次，0 岁人口性别比估计。以两次普查数据出生性别比为端点，对普查间 0 岁人口性别比估计采取线性插值方法，得到各年度 0 岁人口性别比。

再次，0 岁人口数量估计。$_nP_{t_2}(0) = Tpop_{t_2} - \sum_{x=1}^{90} {_n}P_{t_2}(x)$；式中，$Tpop_{t_2}$ 为 t_2 时刻的总人口数；$_nP_{t_2}(0)$ 为 t_2 时刻的 0 岁人口数。

最后，通过总量和分组的方法将推测数据与调查数据进行分析和比较。此外，由于多次人口普查的普查时点有可能不同，为了使普查数据更具有可比性，有时候需要把相应的存活分析的时点调整到相同的时点。

需要指出的是，上述方法假定各年度的年中人口总数估计值与实际人口总数的误差远远小于根据普查或调查数据推算出的各年度年中人口总数的误差。由此可见，人口普查数据调整与评估方法的可靠性取决于总人口数和所使用的基准人口普查数据的人口年龄结构基础数据的准确程度。只有基础数据准确才能得到相对准确的估计数据。在此前提下，根据数据调整的结果与调查结果比较，达到分析数据误差的大小和误差的分布的目的。因此，相关数据的准确程度直接影响对有误差数据质量的判断。

第三节　方法有效性分析

一　人口总数比较

对人口普查数据质量的检验事关重大，为了表明推算方法的有效性和研究问题的需要性，使用高质量数据进行数据和方法检验就显得尤为重要，这不仅关系到对推算准确性的评价，而且涉及对事后质量检验的可靠性评价。由于可获得的高质量数据只有"三普"和"四普"数据，本节采用"三普"和"四普"数据进行调整方法的有效性检验。在用"三普"数据对"四普" 8～90 岁人口进行存活分析时，考虑到"四普"死亡漏报问题，因此将男、女平均预期寿命分别设定为 68.3 岁和 71.3 岁，对 1982 年与 1990 年间各年度的男性和女性预期寿命采取线性插值的方法得到。根据上述假定得到的推测结果见表 7 - 2。从表 7 - 2 可以看到，根据"三普"数据推测 1990 年 8 ~ 90 岁男性人口为 49355.6 万、女性人口为 46641.3 万，男女合计为 95996.9；相应的，1990 年实际普查数男性为 49294.9 万、女性为 46481.0 万，男女合计为 95775.9 万。推测值与实际调查数的差值为 221 万人，即推测数据比实际普查数多了 220 多万人。根据 1990 年质量抽查漏报率为 0.7%，重报率为 0.1%，0 ~ 100 岁及以上的人数净误差为 0.6%，即推算可能漏报 791 万人，净误差为 678 万。因此从推算结果可以断定 1990 人口普查漏报的发生，并与事后抽样结果的结论是一致的。此外，根据推算结果可以看到 18 ~ 60 岁年龄组数据质量相对较高，净误差为 196 万人，而 60 岁以上年龄组数据质量则相对较差。"三普"和"四普"调查时点相同，不涉及时点调整问题，因此从推算符合精度上来看相对较高。总之，数据检验表明上述分析方法可以比较确切地反映出数据问题之所在。

表 7 - 2　1990 年人口普查数据与 1982 推测数据比较

单位：万人

年龄组		1990 年普查		1982 年普查推算	
		男	女	男	女
8 ~ 90 岁		49294.9	46481.0	49355.6	46641.3
合计		95775.9		95996.9	
其中	18 ~ 90 岁	38620.7	36453.0	38873.4	36799.6
	合计	75073.7		75673.0	
	18 ~ 60 岁	34415.5	31762.0	34470.0	31903.5
	合计	66177.5		66373.5	
	61 ~ 90 岁	4205.2	4691.0	4403.4	4896.1
	合计	8896.2		9299.5	

二　年龄结构比较

数据调整的目的是使调整后的数据更接近实际情况。由于缺乏对数据检验的途径，只能根据已有数据对调整方法及其可行性予以检验。要想检验上述算法的可靠性必须满足的条件是要拥有两次高质量的人口普查数据和较高质量的普查间人口总数。

由于目前可获得的高质量数据只有"三普"和"四普"数据，本节采用"三普"和"四普"数据进行分析方法的有效性检验，检验的重点是新增人口的准确程度。

运用1982年人口普查数据和国家统计局公布的1982～1990年总人口数对1990年中国人口年龄结构进行估计，估计结果见图7－1。从图7－1可以看到，对1990年年龄结构的估计值与"四普"的调查值非常吻合。具体估计值与普查值的误差分布见图7－2。从误差的分布来看，误差主要分布在35岁以下各年龄组。例如，"四普"0～8岁人口总数为19768.86万人，估计值为19666.77万人，低估102万人，相对误差为5.19‰。从总体上来看，0～90岁各年龄组年龄别人口数累计误差为1.79%。由于"三普"数据质量很高，年龄结构估计值的累计误差主要是由"四普"年龄结构数据误差造成的。从年龄结构对比结果和累计误差来看，由于人口总数相同以及"四普"数据年龄准确程度，对"四普"年龄结构数据估计取得了比较满意的效果（见图7－1）。因此，误差的主要原因在于每年总人口数量、年龄准确程度和两次普查的重漏报问题。

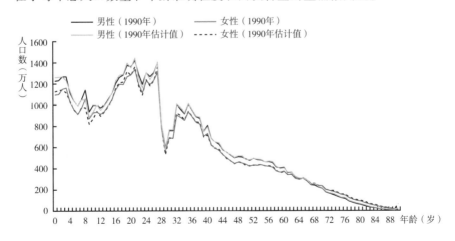

图7－1 1990年人口普查年龄结构分布

综上所述，本方法的主要目的在于纠正粗大误差，使调整数据更接近实际情况。上述估计结果的前提条件是"三普"数据完全正确，且各年度总人口和出生性别比数据正确，也就是说，每年的总人口数对新增人口数量的判断产生直接影响，那么其估计和调整结果比较准确。

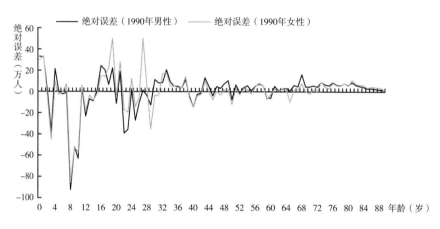

图7-2　1990年人口普查年龄结构与估计值误差的分布

第四节　年龄结构数据的评估与调整案例

一　前言

实践表明，1990年及以前全国人口普查数据质量是比较高的。第五次人口普查数据陆续公布之后，许多研究者怀疑低龄人口存在的问题很大。随着对全国第五次人口普查（以下简称为"五普"）数据质量研究的深入，"五普"数据质量问题越来越引起研究者的高度重视。"五普"的重、漏报情况已经成为不可忽视的严重问题。尽管官方公布的"五普"漏报率高达1.81%[①]，即"五普"存在比较严重的漏报问题已成为无可

---

①　国家统计局：《第五次全国人口普查公报（第1号）》，http：//www. stats. gov. cn/tjsj/tjgb/rkpcgb/qgrkpcgb/200203/t20020331_ 30314. html。

争辩的事实。然而,研究者们仍然对人口漏报和重报问题的严重程度产生很大的疑问(乔晓春,2002;王广州,2003)。研究表明,"五普"数据不仅存在比较严重的漏报问题,而且重报问题也不容忽视(王广州,2003)。正是由于重报问题的存在,可能影响对漏报问题的判断。这不仅关系到对人口总量的推断,而且关系到对人口状况、过程和特征等方方面面问题的研判与解读。正如研究者们反复强调的,发现和分析"五普"数据存在的问题不是研究的目的所在,相反,发现和分析"五普"数据存在的问题是正确使用和纠正"五普"数据错误的过程中必须进行且无法逾越的重要阶段。为了弥补第五次人口普查年龄结构数据的缺陷就必须对数据存在的主要问题进行全面、详细的分析与评价,然后根据已有的可靠信息对"五普"数据进行重新修正,以期达到对中国人口发展状况、发展过程全面认识和准确把握的目的,以防错误信息对人口问题判断的误导。本节试图通过已有的高质量人口普查数据对"五普"年龄结构数据存在的问题予以分析,并以此为基础试图对"五普"年龄结构数据进行调整,为1990年以来中国妇女的生育过程和生育水平等问题的研究奠定基础。

二 数据来源

作为研究方法的应用实例,本节所采用的数据为《中国1982年人口普查资料》、《中国1990年人口普查资料》、《中国2000年人口普查资料》以及《中国统计年鉴2002》数据。在进行数据质量分析过程中所使用的数据不包括中国香港、澳门、台湾地区。

需要说明的是为了使调整后的数据更接近实际情况,使各种可能的误差降到最低。在使用上述数据对2000人口年龄结构数据进行估计和调整时,分别对1982年现役军人年龄结构进行分解,并汇总至1982年年龄结构数据中,年龄结构分解的具体过程和方法见王广州(2003)。此外,由于国家统计局《中国统计年鉴2002》公布的各年度人口总数为年末人口数,与普查时点不同;为了使用人口总数来帮助调整和分析年龄结构,根据1982年以来各年年末人口数估计相应年份的年中人口数,在对年中人口数进行估计时假定人口线性增长，得到的 1981~2000 年全国总人口数据如表 7-3 所示。

表 7-3　1981~2000 年全国总人口数据

单位：万人

年份	年末总人口	年中总人口	年份	年末总人口	年中总人口
1981	100072	99388.5	1991	115823	115078
1982	101654	100863	1992	117171	116497
1983	103008	102331	1993	118517	117844
1984	104357	103682.5	1994	119850	119183.5
1985	105851	105104	1995	121121	120485.5
1986	107507	106679	1996	122389	121755
1987	109300	108403.5	1997	123626	123007.5
1988	111026	110163	1998	124761	124193.5
1989	112704	111865	1999	125786	125273.5
1990	114333	113518.5	2000	126743	126264.5

最后需要说明的是由于第三次人口普查现役军人年龄结构是按 5 岁分组，缺少按 1 岁分组的数据资料，但为了尽可能准确地反映普查数据间的数量关系，对第三次人口普查现役军人采取按"四普"公布现役军人年龄结构进行分解的方式得到 1982 年 1 岁组现役军人的年龄结构。因为各年龄组现役军人的相对数量较少，且现役军人年龄结构变化不会很大，所以现役军人年龄结构按 1 岁分解后的年龄别人口数不会对总人口的年龄结构带来很大的分解误差。

三　数据质量评估与调整

（一）年龄结构数据总体质量评估与结构调整

由于根据 2000 年人口普查数据计算的数据质量评估指数很难判断并确定"五普"数据存在的问题和问题的严重程度，本节采用"四普"和

《中国统计年鉴》公布的总人口数以及上述间接估计和数据调整方法，并假定国家统计局公布的各个年度总人口数据可靠，首先对 2000 年普查时点人口年龄结构进行估计，然后将估计值与"五普"年龄结构数据进行比较分析，判断"五普"的年龄结构可能产生的误差。

采用 1990 年人口普查数据和各年度总人口数对 2000 年普查时点人口进行估计得到 2000 年人口年龄结构估计结果见图 7 - 3，具体年龄别人口数见表 7 - 4。从估计结果看，2000 年 0 ~ 14 岁人口占总人口的比重为 25.27%；15 ~ 59 岁人口占总人口的比重为 64.70%；60 岁及以上人口占总人口的比重则为 10.03%。将年龄结构估计值与 2000 年人口普查数据比较发现，"五普"各年龄组人口与估计值的误差主要集中在 0 ~ 19 岁和 30 ~ 39 岁年龄组，尤其是 0 ~ 9 岁年龄组误差最大（具体误差分布见图 7 - 4）。

从年龄准确程度来看，如果假定"四普"年龄结构误差为零，那么 0 ~ 90 岁"五普"年龄结构累计误差为 7.74%。"五普"的重、漏报问题远比"四普"严重，因此，在上述误差中，有理由相信误差来源于"五普"错误的可能性更大。

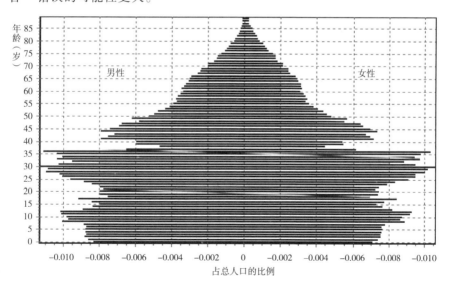

图 7 - 3 2000 年 11 月 1 日人口结构估计

表 7 – 4   2000 年中国人口年龄结构估计值

单位：岁，万人

年龄	男性	女性	年龄	男性	女性
0	999.91	854.29	20 ~ 24	4964.22	4661.46
1	1028.56	881.61	25 ~ 29	6150.04	5784.24
2	1068.21	919.47	30 ~ 34	6473.78	6079.78
3	1088.5	941.14	35 ~ 39	5289.47	5008.72
4	1081.33	939.31	40 ~ 44	4282.39	3949.31
5	1083.34	945.53	45 ~ 49	4315.04	4079.36
6	1087.76	953.97	50 ~ 54	3162.51	2925.64
7	1076.88	949.04	55 ~ 59	2372.39	2189.79
8	1099.83	974.00	60 ~ 64	2088.9	1954.62
9	1244.05	1107.08	65 ~ 69	1723.63	1700.42
10	1205.3	1077.77	70 ~ 74	1183.79	1269.37
11	1216.03	1090.87	75 ~ 79	690.21	872.87
12	1255.25	1141.72	80 ~ 84	314.68	483.36
13	1257.21	1154.2	85 ~ 89	109.33	212.37
14	1105.52	1021.02	≥90	10.52	26.2
15 ~ 19	5123.29	4741.48			

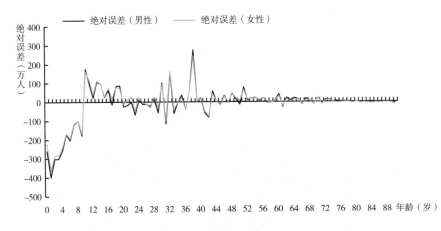

图 7 – 4   2000 年普查年龄别人口数与估计值误差分布

（二）对 2000 年人口普查漏报问题的再认识

根据图 7 - 4 可以看到，"五普"数据从总体上看，低年龄组主要表现为漏报问题，而 15～40 岁年龄组主要表现为重报问题。如果在所使用基础数据中各年度人口总数正确且不考虑"四普"重、漏报问题，即视"四普"重、漏报人口为零，那么"五普"0～14 岁人口至少漏报 3300 万以上，15～40 岁重报数量在 1100 万以上。那么，"五普"的漏报率至少在 2.6% 以上。之所以没有按单岁年龄组进行对比分析重、漏报问题，是由于年龄误报和人口出生年月的年度分布等时点调整问题的存在，即为了在数据分析过程中尽可能降低由年龄不准确带来的对总量数据的估计误差。

最后需要说明的是：本项研究试图为"五普"年龄结构数据调整方法提供思路并进行尝试，使调整结果尽可能接近实际年龄结构，在上述数据分析和调整过程中一个重要的前提是各年度总人口数相对准确，如果总人口数误差很大，那么上述研究将会出现很大偏差。因此，如何确定人口总数的正确性和可靠性将是一项关系到整个"五普"数据质量乃至中国人口现状与主要问题研究的重要课题。此外，由于"四普"人口漏报可能引起的估计误差主要表现在对 2000 年 9 岁组人口数量的高估和 9 岁以上年龄组的低估。

第五节　人口重报研究案例

一　引言

第五次人口普查汇总数据公布后备受关注，其主要原因在于"五普"采取了一系列新的举措，如普查时点调整等。其实早在普查汇总数据公布之前，就有学者迫不及待地根据第五次人口普查公报等宏观、零星信息对第五次人口普查数据进行很有价值的分析和推断。当然，引起高度重视和广泛关注的问题还是人口总量和数据质量问题。第五次人口普查存在比较严重的漏报情况成为一个重要的、不可忽视的问题。尽管第五次人口普查官方公布的漏报率高达 1.81% [①]，然而，由于缺乏比较详尽的漏报人口年

[①] 国家统计局：《第五次全国人口普查公报（第 1 号）》，http：//www. stats. gov. cn/tjsj/tjgb/rkpcgb/qgrkpcgb/200203/t20020331_ 30314. html。

龄结构等数据信息，对漏报人口的分布和判断成为不可忽视和比较困难的问题。目前比较一致的看法是：漏报人口主要集中在 20 岁以下，特别是 0~9 岁儿童漏报可能是主要因素（于学军，2002；崔红艳、张为民，2002）。由于人口普查存在比较严重的漏报问题，那就意味着对相关人口状态和过程的推断可能会存在很大的偏差。人口数据分析、调整和间接估计等任务将异常繁重，尤其是对人口数量、质量、结构、水平、过程和发展趋势等一系列问题的研究和评判将直接影响到人口与计划生育政策的制定和实施，影响对未来中国人口发展过程和发展趋势的判断。同时，由于人口过程具有长周期、不可逆和滞后性的特点，任何决策失误都会对未来中国社会发展带来不堪设想的严重后果。由于漏报的存在，研究者不禁会问，除了漏报问题以外，"五普"是否也存在比较严重的重报问题？遗憾的是"五普"并没有给出可供参考的数据（乔晓春，2002），这就给正确评价"五普"数据带来了一定的困难。所以，为了弥补人口普查数据的缺陷就必须对人口普查数据的问题进行全面、详细的分析和评价，然后根据已有的可靠信息对"五普"数据进行重新修正，以期达到对中国人口发展状况、发展过程的全面认识和准确把握，以防错误信息对人口问题判断的误导。本节试图对第五次人口普查存在的重报问题予以论述，目的是为今后"五普"数据年龄结构调整、生育水平判定以及死亡等问题的研究提供参考。

二　数据来源

由于我国由计划经济向市场经济体制转换，社会、经济、文化构成向多元化方向发展，受户籍制度改革和社会结构转型的影响，人口信息的构成和收集遇到前所未有的困难，这不仅是数据量增加带来的困难，更多的是由人口结构的复杂性对人口信息产生的巨大影响导致了高质量数据获得难度加大。我国已进行了六次人口普查和多次大规模的人口抽样调查，人口数据信息日益丰富，尤其是 1982 年人口普查数据质量之高是前所未有的。这对分析和判断以前和以后的人口普查与人口抽样调查起到重要的作用。1990 年人口普查也是一次较高质量的人口普查，因此上述数据对分析、研究第五次人口普查数据的质量，如数据漏报和重报问题具有重要意义。本节所采用的数据为《中国 1982 年人口普查资料（电子计算机汇总）》、《中国 1990 年人口普查资料》以及《中国 2000 年人口普查资料》数据。在进行数据质量分析过程中所使用的数据不包括中国香港、澳门、台湾地区。

三　重报问题分析

（一）2000 年人口普查存在比较严重的重报问题

由于我们可以获得的准确和比较准确的近期人口普查数据为 1982 年人口普查和 1990 年人口普查数据，虽然从时间有效性的角度看，1990 年人口普查数据好于 1982 年人口普查，但由于 1990 年人口普查也存在一定的人口漏报问题，漏报率达 0.7‰，相比之下 1982 年人口普查漏报率仅为 0.56‰，从数据的有效性和完整性来看，1982 年人口普查是一个难得的准确数据标准。此外，由于死亡水平变化相对比较缓慢且方向确定，而且对总人口的变化影响相对比较确切，通过合理的假定而得出的现存人口的预测误差不会很大。正是出于上述考虑，为了比较全面地验证和推断 2000 年人口普查数据存在的主要问题，本节接下来采取 1982 年人口普查数据为主、1990 年人口普查数据为辅，结合部分 2000 年人口普查数据的分析策略来分析"五普"的重报问题。

根据 2000 年人口普查数据计算男性与女性人口的预期寿命分别为 70.61 岁和 74.45 岁，考虑到死亡漏报以及男性和女性预期寿命的差距问题，因此将 2000 年男性和女性预期寿命估计为 70 岁和 73 岁，对 1982 年或 1990 年与 2000 年间各年度的男性和女性预期寿命同样采取线性插值的方法得到。基于上述数据、算法和基本思路，得到 2000 年 11 月 1 日中国人口 18 ~ 90 岁推测值，具体数值见表 7 - 5。

从表 7 - 5 可以看到，与 1982 年的推算结果相比，2000 年人口普查得到 18 ~ 90 岁的人口数量多了 1238.4 万，其中，18 ~ 60 岁多了 1483.3 万，而 61 ~ 90 岁则少了 244.9 万。如果不考虑时点转换问题，直接用 1982

表 7 - 5　2000 年人口普查数据与人口推测值比较

单位：万人

		2000 年普查		1982 年普查推算		1990 年普查推算	
		男	女	男	女	男	女
10～90 岁		55649.0	52880.5	—	—	54384.0	51472.5
合计		108529.5		—		105856.5	
其中	18～90 岁	45978.0	43928.7	45412.2	43256.1	45281.6	43164.2
	合计	89906.7		88668.3		88445.8	
	18～60 岁	40136.5	37755.1	39466.0	36942.3	39546.1	37019.8
	合计	77891.6		76408.3		76565.9	
	61～90 岁	5841.5	6173.6	5946.2	6313.9	5735.5	6144.4
	合计	12015.1		12260.1		11879.9	

年数据推算到 2000 年 7 月 1 日，18～90 岁年龄组推算结果是男性 45525.9 万人，女性 43353.7 万人，合计 88879.6 万人；相应的，与 2000 年人口普查的误差为 1027 万人。然而，事后人口普查数据质量抽样结果认为，2000 年人口普查漏报率为 1.8%，即漏报 2246 万人，比较"四普"漏报情况，这里推算的结果与实际调查结果存在数据矛盾现象。如果根据 1990 年人口普查数据推算，与推算结果比较 10～90 岁 2000 年普查多报 2673 万人，其中 18～90 岁多报 1461 万人。如上所述，根据 1990 年人口普查质量抽查的漏报率 0.7% 推算，1990 年可能漏报 791 万人，那么，如果假定 1990 年所有漏报人口都发生在 0～80 岁（80 岁以上人口比重相对较小，忽略不计），可以推断 2000 年人口普查 10～90 岁人口至少多报 1800 万人。鉴于上述推测可以确信 2000 年人口普查存在比较严重的重报问题。如果不考虑 10～90 岁人口的重报与漏报的相抵问题，年龄结构数据的差错率可能会相当大。

（二）2000 年人口普查重报人口年龄分布特征

经过使用 1982 年人口数据和 1990 年人口数据的推算值与 2000 年人口普查数据比较可以看到人口重报问题的存在。由于 1982 年人口普查数据资料质量相对较高，可以以此作为数据推测与判断的依据，通过比较推测值和实际普查值可以看到"五普"误差的分布情况（见图7-5）。从图7-5可以看到，重报问题主要发生在45岁以下，尤其是30~40岁和20岁以下。如30~40岁重报人口占全部重报人口一半以上，具体情况见表7-6。从表7-6可以看到误差最大的年龄依次为38岁、32岁、31岁、30岁，尤其是37岁、38岁、39岁和40岁连续出现负值，即出现推算低估现象，而1982年对1990年进行推测产生的误差却没有出现连续为负值或正值的情况，可以断定2000年普查重报现象发生，绝非运算方法带来的误差。

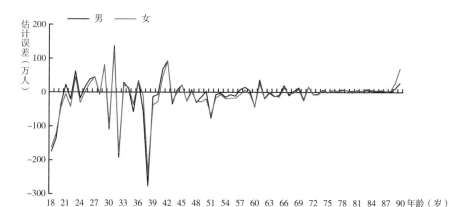

图7-5　2000年人口普查数据与1982年普查数据推算值误差分布

注：根据1982年人口普查数据推算；误差＝1982年预测值－2000年普查值。

表7-6　2000年人口推测值与人口普查数据误差比较

单位：岁，万人

年龄	2000年普查人口数		2000年人口推测值		估计误差	
	男	女	男	女	男	女
30	1444.0	1362.0	1334.7	1263.7	-109.3	-98.3
31	1286.0	1220.5	1422.6	1345.5	136.6	125
32	1429.3	1345.9	1237.0	1166.2	-192.3	-179.7
33	1116.3	1060.6	1145.2	1081.2	28.9	20.6
34	1278.3	1208.1	1288.8	1222.8	10.5	14.7
35	1282.9	1200.7	1224.4	1164.5	-58.5	-36.2

年龄	2000 年普查人口数		2000 年人口推测值		估计误差	
	男	女	男	女	男	女
36	1241.1	1177.4	1275.6	1212.4	34.5	35
37	1439.8	1350.3	1385.1	1338.7	-54.7	-11.6
38	1081.5	1012.6	804.6	773.4	-276.9	-239.2
39	581.8	561.0	568.5	523.6	-13.3	-37.4
40	762.0	707.7	754.6	678.7	-7.4	-29
合计	12943.0	12206.8	12441.1	11770.7	-501.9	-436.1
总计	25149.8		24211.8		-938	

注：根据 1982 年人口普查数据推算；误差 = 1982 年预测值 - 2000 年普查值。

（三） 对 2000 年人口普查总人口数量的再认识

如果"五普"10 ~ 90 岁人口重报数量高达 1800 万以上的话，那么可以确信总人口的重报数量会更大一些。因此，我们不得不对总人口数量和人口漏报问题重新审视。假定普查事后抽样漏报率准确，且漏报全部发生在 10 ~ 90 岁年龄组，那么，10 ~ 90 岁年龄组人口重报数量将高达 4000 万，总人口将在 12.26 亿左右。如果假定漏报全部发生在 0 ~ 9 岁年龄组，人口重报数量也将高达 1800 多万，那么，总人口可能将在 12.48 亿左右。由此可见，如果普查事后抽样漏报率准确，那么 2000 年人口普查中人口重报数量可能在 1800 万 ~ 4000 万，总人口数量则应该在 12.26 亿 ~ 12.48亿。如果普查事后抽样漏报率存在偏差，那么"五普"的总人口数量将无从判断。

最后需要说明的是，虽然上述分析可以断定人口重报问题的存在性与严重性，但对于死亡水平的假定和年龄结构时点的调整可能影响推断的精度。无论精度如何，如果上述重报问题存在且比较严重，那么不仅影响到对 2000 年总人口的推断，而且几乎需要对所有数据进行重新调整和修正，尤其是对 0 ~ 9 岁年龄组数据的修正直接关系到对中国人口生育水平的判断和未来人口政策的制定。

参考文献

崔红艳、张为民，2002，《对 2000 年人口普查人口总数的初步评价》，《人口研究》第 4 期。

国务院人口普查办公室、国家统计局人口统计司编，1985，《中国 1982 年人口普查资料（电子计算机汇总）》，中国统计出版社。

国务院人口普查办公室、国家统计局人口统计司编，1993，《中国 1990 年人口普查资料》，中国统计出版社。

国务院人口普查办公室、国家统计局人口和社会科技统计司编，2002，《中国 2000 年人口普查资料》，中国统计出版社。

乔晓春，2002，《从"主要数据公报"看第五次人口普查存在的问题》，《中国人口科学》第 4 期。

王广州，2003，《对第五次人口普查数据重报问题的分析》，《中国人口科学》第 1 期。

王广州，2004，《对第五次人口普查年龄结构数据的评估与调整》，《人口与经济》第 5 期。

于学军，2002，《对第五次全国人口普查数据中总量和结构的估计》，《人口研究》第 3 期。

第八章 中国人口预测软件

内容提要： 人口预测需要对大量的基础数据和预测参数进行反复的检验，计算机程序或计算机软件不仅会大大提高预测的效率，而且可以进行便捷的重复检验。因此，开发具有自主知识产权的人口预测计算机软件具有重大意义。中国人口预测软件（CPPS）自 2000 年开始研究设计，2002 年在全国人口和计划生育系统推广应用，并且在人口计划生育、统计、发展规划等相关政府部门得到了广泛应用，许多人口及公共政策研究、高校人口专业教学与科研工作也采用该软件。2006 年在国家社科基金项目的支持下对该软件进行了部分完善工作。随着"十二五""十三五"规划等人口科学研究的深入，对该软件的一些功能提出了更多的需求，进一步完善也势在必行。本章主要对中国人口预测软件的基本结构、数据管理和使用方法进行简单介绍，其中包括软件的安装、卸载，以及如何用软件进行队列要素人口预测、递进生育人口预测、生命表构建和数据质量评估与调整等。

由于人口预测具有标准的数据结构、运算模型和参数假定，可以开发出可供重复使用的计算机软件工具。2002 年中国人口预测软件（CPPS）是在 DOS 版本基础上，开发完成 Windows 版本，该软件主要包括经典的队列要素人口预测方法，并在全国人口和计划生育系统推广应用。2004 年以后一直广泛地用于中国的人口与计划生育预测和区域发展规划研究等。在《农村部分计划生育家庭奖励扶助目标人群测算研究》基础上，2004 年将递进人口预测方法加入中国人口预测系统之中，进一步服务于中国计划生育人口分析和生育政策调整等重大公共政策与决策支持研究。软件在推广应用过程中，得到了许多用户和学者的反馈意见。在此基础上对软件进行了不断的修改和完善。现将软件的使用方法加以总结，以方便用户对一些最基本的规则和方法的了解。

第一节　软件安装/卸载

一　安装

安装 CPPS 计算机系统配置要求：操作系统：Windows 7.0/Windows 10；硬盘剩余空间：≥50M；显示分辨率：600×800 或更高。

CPPS 软件安装方法比较简单。将 CPPS 光盘放入光驱后，安装程序自动运行，或者运行 U 盘文件 setup.exe，选定相应的选项即可实现软件安装。其过程如下。

第一步：安装向导准备（见图 8 – 1）。

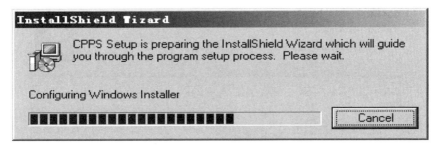

图 8 – 1　安装准备界面

第二步：版权信息（见图 8 – 2）。

第三步：许可协议（见图 8 – 3）。

第四步：用户信息。用户根据需要输入自己的用户名和单位或组织名（见图 8 – 4）。

第五步：安装类型（见图 8 – 5）。

第六步：默认典型安装（见图 8 – 6）。

第七步：正在进行文件拷贝（见图 8 – 7）。

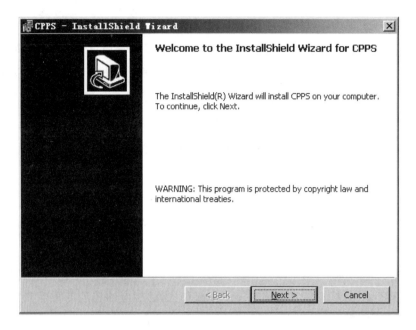

图 8 - 2　版权信息界面

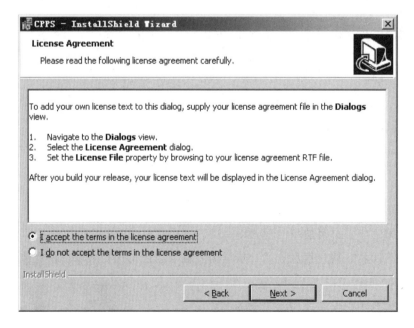

图 8 - 3　用户许可协议界面

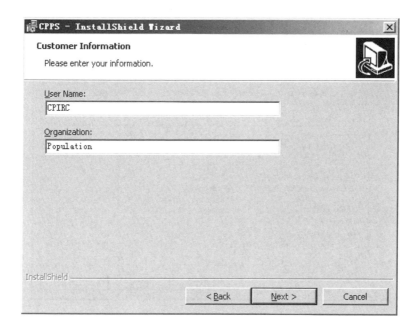

图 8 - 4　用户信息界面

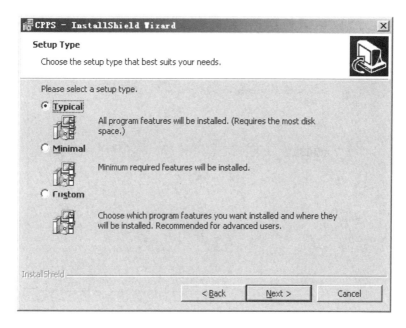

图 8 - 5　安装类型选择界面

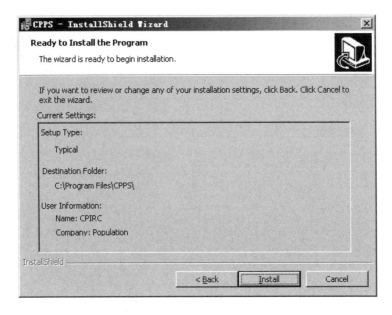

图 8 - 6　默认典型安装界面

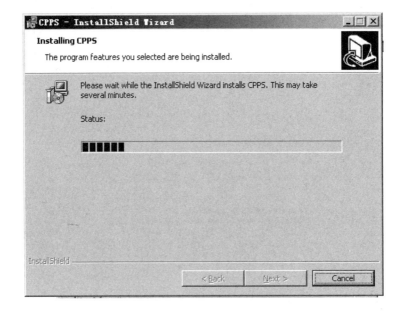

图 8 - 7　文件安装进度界面

第八步：安装结束（见图 8 – 8）。

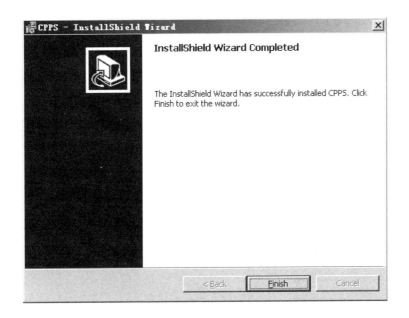

图 8 – 8　安装完成界面

二　卸载

第一步：进入 Windows 控制面板（见图 8 – 9）。

图 8 – 9　Windows 控制面板界面

第二步：进入 Windows 添加/卸载界面，并选定 CPPS（见图 8 – 10）。
第三步：进入 CPPS 安装/卸载界面（见图 8 – 11）。

图 8 - 10　Windows 控制面板安装/卸载界面

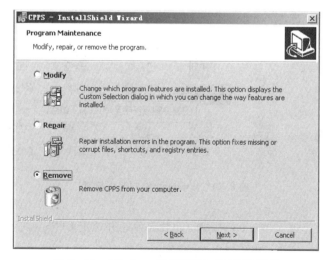

图 8 - 11　Windows 控制面板安装/卸载界面

第四步：进入 CPPS 卸载界面（见图 8 - 12）。

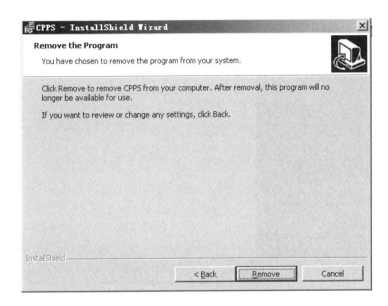

图 8 - 12　CPPS 卸载界面

第五步：正在卸载，并指示卸载进度（见图 8 - 13）。

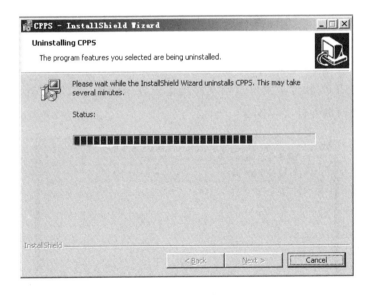

图 8 - 13　CPPS 卸载进度界面

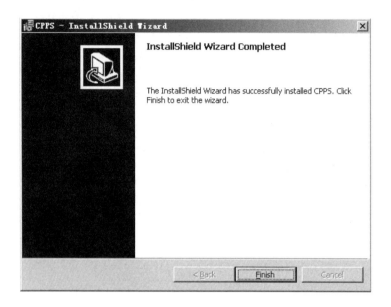

第六步：卸载结束（见图 8 – 14）。

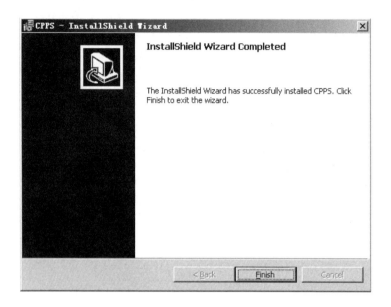

图 8 – 14　CPPS 卸载完成界面

第二节　软件基本结构

CPPS 软件是以菜单驱动和快捷方式相结合进行人机交互对话。从总体上看，CPPS 软件主菜单包括文件操作、数据管理、人口分析、数据图形显示和帮助文件（见图 8 – 15）。

图 8 – 15　CPPS 系统基本结构

一 文件管理

文件管理主要实现数据文件的建立、打开、关闭和存储等（见图 8 - 16）。文件操作包括新建数据表、打开数据表、预测向导、保存、关闭数据表和退出系统。打开数据库文件，默认数据库扩展名为 DBF。CPPS 不仅可以打开扩展名为 sdb 或 db 的 sqlite 数据库文件，而且可以打开扩展名为 DBF 的 Visual Foxpro 数据库。打开数据库的操作步骤与通常 Windows 文件操作相同（见图 8 - 17）。

图 8 - 16 CPPS 文件管理

图 8 - 17 CPPS 文件管理

二 数据管理

数据管理主要是针对 DBF 格式数据的管理。数据管理包括数据准备、表结构、修改表结构、数据格式转换和数据计算组成（见图 8 – 18）。

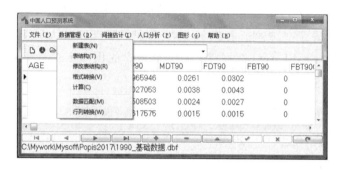

图 8 – 18 数据管理

表结构功能是对当前打开的数据表的结构予以显示，显示内容包括数据变量名、变量类型和变量宽度。人口预测使用的数据变量类型为浮点型（Float）。

修改表数据结构是对已经打开的数据库的结构进行修改，其功能包括增加和删除数据变量（数据字段）。

数据格式转换是对已经打开的数据库进行数据格式转换。如将已经打开的数据库转换成文本文件等。

数据计算是对数据库中已列为操作对象的变量进行变量的加、减、乘、除和取对数等运算。目的是为进一步的数据操作和运算做准备。

三 人口分析

人口分析包括人口数据质量评价、生命表、人口数据标准化和人口预测等（见图 8 – 19）。人口数据质量评价是人口数据分析的重要基础之一，通过对人口数据质量进行评价初步判定人口数据的可靠程度；生命表是人口分析的基本工具，对人口存活分析和人口预测具有重要意义；而人口数据标准化则是为人口系统之间在消除年龄结构差异基础上进行比较研究提供方便；人口预测是对未来人口年龄结构进行预测，通常是人口研究与战略规划研究的重要环节和手段，为深入研究人口系统的运行过程和方式提供必要的分析工具。

图 8 – 19　人口分析

四　图形

CPPS 图形目的是对打开数据库变量进行作图（见图 8 – 20）。图形包括线性图、直方图、点状图和年龄结构图等。

图 8 – 20　数据图形

五 数据输入与存储

数据准备是数据管理的重要组成部分。数据准备的目的是对人口预测与相关数据分析所需要的基础数据进行准备。CPPS 进行人口基础数据准备过程是原始数据录入、存储过程。CPPS 所需基础数据均为绝对数，如年龄别生育率、年龄别死亡率等。在数据录入时直接录入其绝对数值，如1990 年全国 24 岁育龄妇女年龄别生育率为 0.23844，即 238.44‰，在基础数据录入时直接录入绝对数 0.23844 而非相对数。

CPPS 可以直接读取 DBF（FoxPro）或 DB（slqite）格式的数据表文件，而不需要进行数据转换。如果读入的数据为数据库/表文件，应确保字段变量的数据类型为数值型或浮点型。在读入的数据中如果有数据缺失或调查中数值空缺，在进行人口预测时，应填上数值，如填入 0 或非常小的数值 0.00000001 等，目的是保证数据逻辑的正确，例如年龄别死亡率理论上不可能为零。

输入数据。在录入数据过程中，需要注意的是年龄别死亡率和年龄别生育率均为绝对数。默认年龄组为 80，可以通过数据输入功能键增加或删除年龄组，以适应已有数据的需要（见图 8－21）。

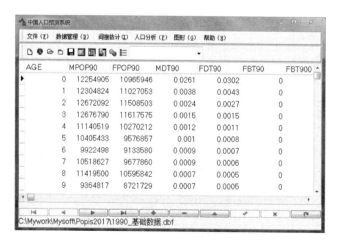

图 8－21　数据输入界面

保存数据。对已经录入或进行修改的数据进行保存，保存的数据格式与读入的相同（见图 8 – 22）。

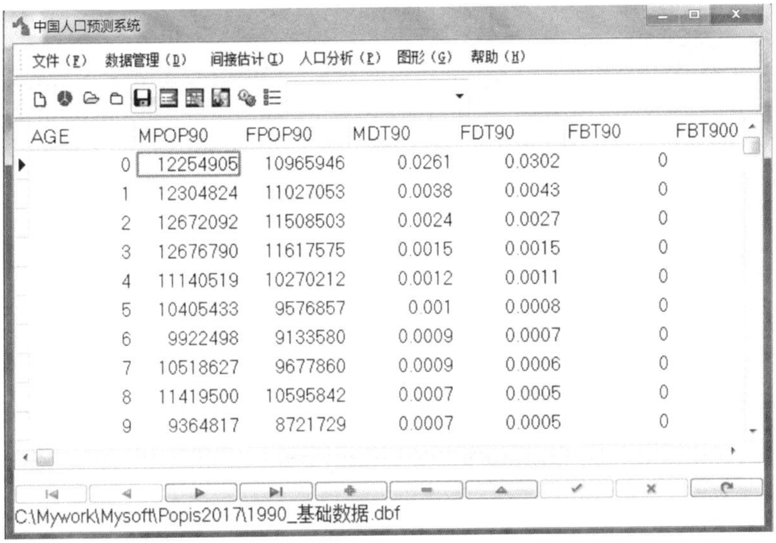

图 8 – 22　保存输入数据

第三节　人口预测

一　队列要素人口预测

人口预测包括单区域人口预测和分城乡人口预测。无论是单区域人口预测还是分城乡人口预测，其基本步骤大致相同。下面以单区域人口预测为例说明人口预测的基本操作过程。

第一步：打开数据表（见图 8 – 23）。

第二步：选择预测方式（见图 8 – 24）。

第三步：读入基础数据（见图 8 – 25）。

第四步：参数设置（见图 8 – 26、图 8 – 27）

需要特别提到的是预测参数设定问题。人口预测参数主要包括总和生

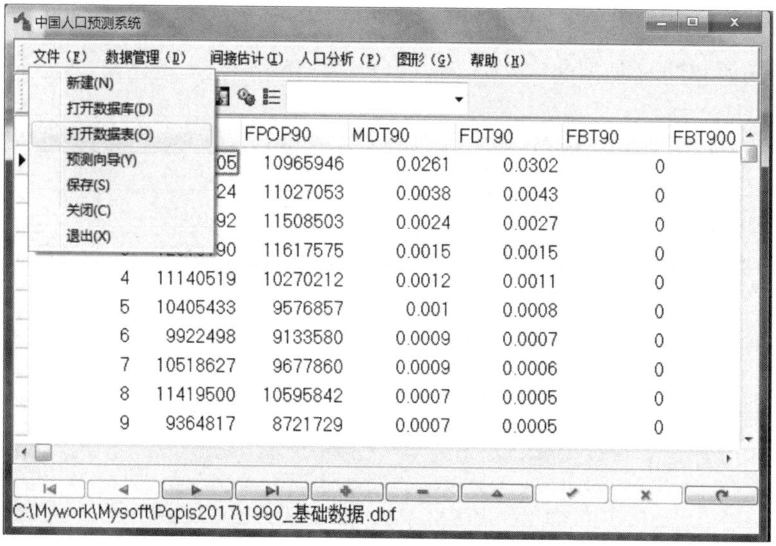

图 8 – 23　打开数据表

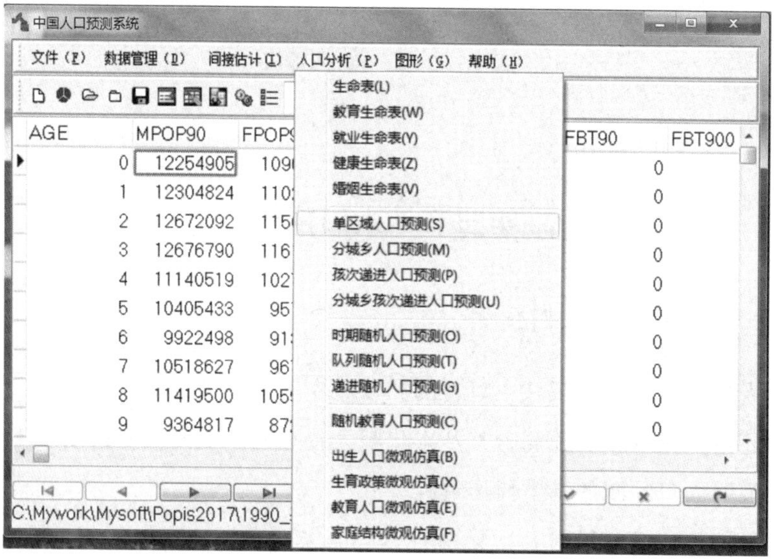

图 8 – 24　预测方式选择

育率、出生人口平均预期寿命、性别比和生育模式等。

当进入人口预测界面后，CPPS 参数的默认值是根据选定变量计算得

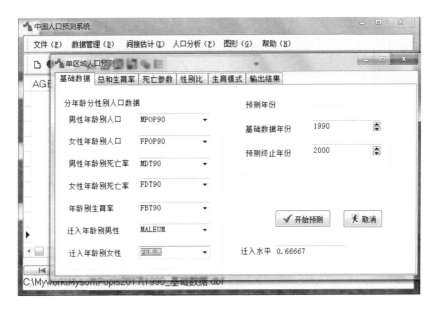

图 8 - 25 读入基础数据

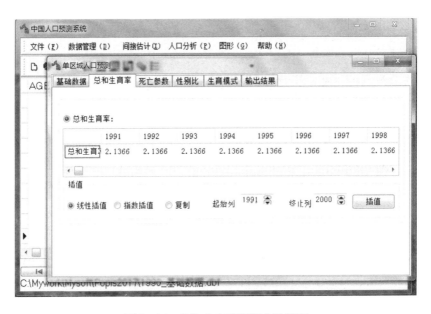

图 8 - 26 总和生育率预测参数设定

到的基础数据年份人口状态参数。CPPS 提供自动插值和复制的方式使参数设定更方便、更直观。以总和生育率设定为例，首先确定参数设定的起始列和终止列，其次输入起始列和终止列总和生育率值，再次选定插值方式，最后点击插值按钮完成设定范围内的参数值（见图 8 - 26、图 8 - 27）。

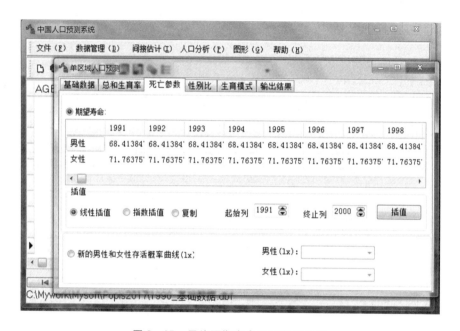

图 8 - 27　平均预期寿命预测参数设定

此外，对于平均预期寿命参数可以直接从数据表中读入年龄别死亡率，也可以根据年龄别死亡人口数和年龄别人口数进行计算。得到年龄别死亡率后，就可以推算存活概率等人口统计量。本系统提供完全生命表和简略生命表两种生命表构建方法，并提供以不同 $_na_x$（死亡人口的存活人年数）经验值和估计方法来构建生命表。从编程算法来看，完全生命表虽然数据需求量较大，但算法相对简单。简略生命表虽然数据量要求较少，但 0 岁组的死亡状况对人口研究具有特殊的意义，因此，数据分组和处理相对比较麻烦。简略生命表除了 0 岁、1 ~ 4 岁需要单独分组外，其他默认分组为 5 岁组。

第五步：显示和存储预测结果（见图 8 - 28）。

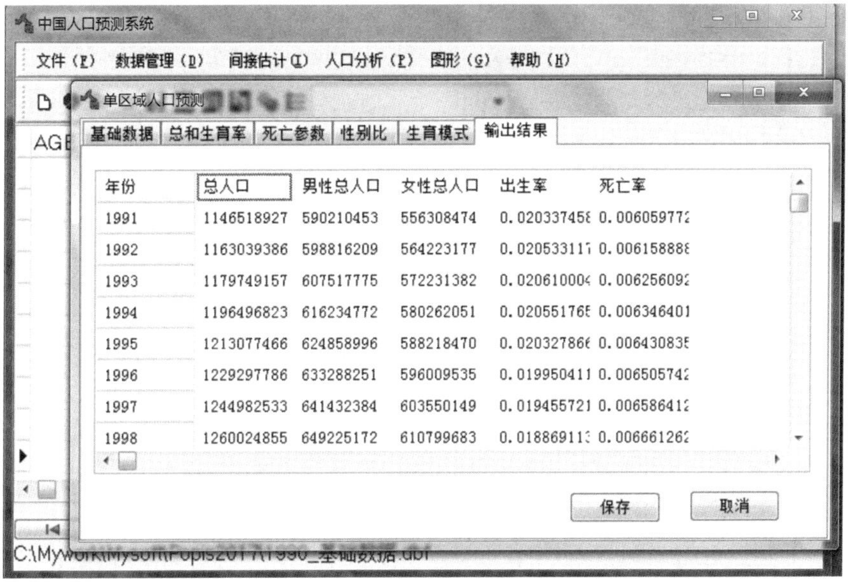

图 8 - 28　存储预测结果

二　递进人口预测

递进生育率人口预测方法与队列要素人口预测方法的差别在于生育率参数和育龄妇女孩次结构的设定。递进生育人口预测包括单区域计划生育人口预测和分城乡递进生育人口预测。无论是单区域递进生育人口预测还是分城乡递进生育人口预测，其基本步骤大致相同。下面以单区域递进生育人口预测为例说明人口预测的基本操作过程。

第一步：打开数据表（见图 8 - 29）。

第二步：选择预测方式（见图 8 - 30）。

第三步：读入基础数据并设定预测参数（见图 8 - 31）。需要注意的是递进人口预测没有年龄别生育参数，取而代之的是年龄别育龄妇女曾生孩次结构和年度孩次生育状况，据此推算孩次递进生育率和递进生育模式。

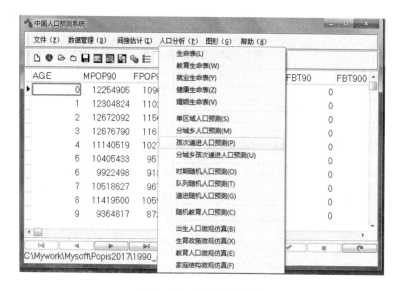

图 8-29　打开数据表

图 8-30　选择预测方式

第四步：显示和存储预测结果（见图 8-32）。

最后需要特别提到的是预测参数设定问题。人口预测参数主要包括递进总和生育率、出生人口平均预期寿命、性别比和递进生育模式等。

234

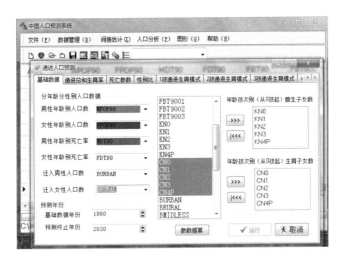

图 8 - 31　读入基础数据

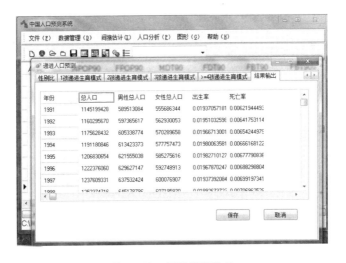

图 8 - 32　显示预测结果

　　同样,递进人口预测参数的默认值是根据选定变量计算得到的基础数据年份人口状态参数。递进人口预测模型也提供自动插值和复制的方式使参数设定更方便、更直观。以递进总和生育率设定为例,首先确定参数设定的起始列和终止列,其次输入起始列和终止列递进总和生育率值,再次选定插值方式,最后点击插值按钮完成设定范围内的参数值(见图 8 - 33)。

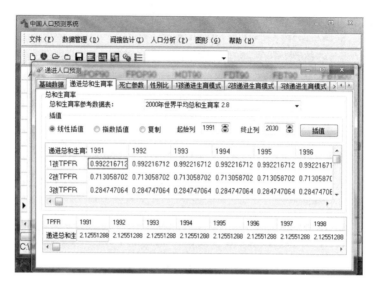

图 8 – 33　预测参数设定

在预测参数选择和设定过程中还可以参考其他国家和地区相应参数，队列要素和递进人口预测模型都提供部分国家和地区的平均预期寿命参数供参考（见图 8 – 34）。

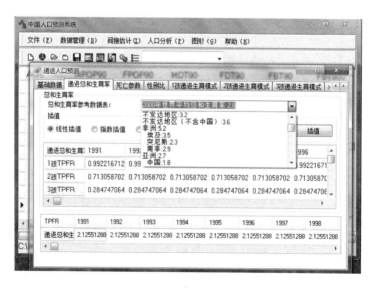

图 8 – 34　预测参数设定参考数据

第四节　软件其他功能

一　年龄结构数据质量

数据质量评价与调整主要是对年龄结构数据质量的评估与调整（见图 8－35）。

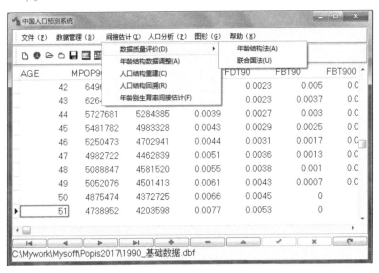

图 8－35　数据质量评价与间接估计

数据质量评价包括年龄结构偏好指数、惠普尔指数、迈叶斯指数和年龄准确性指数等（见图 8－36）。图 8－36 中的选定变量是指选定年龄别人口数，根据年龄别人口数计算相应的指数值。

年龄结构调整是采用年龄别人口数、年龄别死亡率和读入的各年度总人口数据来对起始年份和截止年份人口的年龄结构进行重新估计或调整（见图 8－37）。

二　生命表

生命表的构建包括简略生命表和完全生命表两种生命表构建方法，既

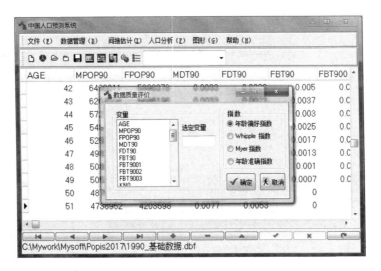

图 8 – 36　数据质量评估指数

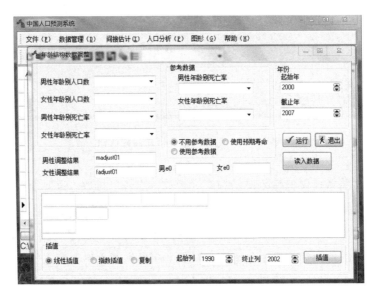

图 8 – 37　年龄结构调整

可以直接读入年龄别死亡率数据，也可以读入年龄别人口数和年龄别死亡人数来建立生命表（见图 8 – 38）。需要注意的是简略生命表是采用 5 岁分组的方式，但 0 岁、1~4 岁需要单独分组区分，而其他年龄组均采用 5 岁分组。完全生命表采用 1 岁分组的方式。另外，对于 a_x 参数可以采取均匀分布假设法、蒋庆琅经验系数法、寇尔－德曼法和联合国法等多种参数选择的方式。

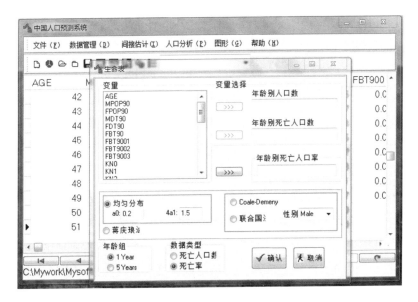

图 8 – 38　生命表

第九章　北京出生人口预测案例[*]

内容提要： 开放人口系统与封闭人口系统有很大差别，开放系统的人口预测需要考虑迁移流动的影响，基础数据、模型构建和参数估计非常复杂。本章的主要内容来自 2006 年承担北京人口和计划生育委员会委托课题《北京第四次出生人口高峰研究》成果，目的是研究 "双独" 和 "单独" 政策调整对北京第四次出生人口高峰的影响。以北京出生人口预测研究为案例，展示开放系统人口预测面临的难题和解决的方案，使研究者对复杂人口预测分析模型有进一步的认识，并对人口预测方法的改进和拓展思路有更深入的了解，通过案例和实际问题研究，积累更加丰富的开放系统人口预测和人口科学研究的经验。

任何预测都是通过已知推断未知的过程。人口预测也不例外，是众多预测中的一种，与其他预测一样，都是根据已知来对未来人口状态和人口过程进行定量分析。人口预测是在估计影响人口变动主要参数的基础上，对人口群体的未来发展变化趋势和变化过程进行定量描述与推断。由于受人口自身变化规律和特点的影响，人口系统具有周期长、不可逆和惯性大的特点。生育行为是可以通过政策调节或控制的，而死亡则是无法进行调节或控制的。具体地说，从目前的死亡状况来看，人从生到死大体上要经

---

* 本章的部分内容以题为《影响北京第四次出生人口高峰的主要因素分析》和《北京市生育政策调整对出生人口规模的影响》，分别发表在《中国人口年鉴（2008 年）》和《北京社会科学》2011 年第 3 期，作者：王广州。

240

历 70 多年的历史。此外，人口系统还具有一定的弹性，即人口系统的性质变化不存在严格的立竿见影的界限指标。因此，人口预测不是人口预报，是在一定假设条件下对未来人口变动的推测。人口预测的重要意义在于对人口的未来发展态势和可能产生的结果进行前瞻性研究，这不仅为政府政策制定和宏观决策分析提供参考，为国家发展战略和规划实施提供依据，同时也为分析其他社会经济系统研究提供基础性材料。

人口预测过程是人口基础数据收集、评估、人口参数估计、数学模型建立、运算和结果分析的过程。人口预测的关键在于基础数据的质量。基础数据质量越高，人口预测的结果才能越接近实际。基础数据的质量和结构不仅决定了预测方法的使用，同时也决定了结果的可靠程度和数据结构。除了基础数据以外，人口数学模型是人口预测的核心，人口分析模型建立和参数估计，有赖于基础数据的结构和质量，好的人口预测必然是可靠的基础数据和科学预测方法的完美结合。

第一节　研究背景

北京不仅是伟大祖国的首都，而且是国际化大都市，具有悠久的历史和文化。作为历史文化古都，北京具有深厚的民族文化底蕴和优良的革命传统；作为开放的现代化大都市，北京又具有丰厚的物质基础和卓越的科技创新能力。作为首都，北京是全国的象征和缩影。北京的社会经济象征意义远远超出一个特大城市所具有的特定功能。北京的发展状况不仅影响到北京自身未来的发展前景，而且影响到周边乃至全国的发展。正是由于北京的特殊历史地位和作用，使北京的政治、经济、文化和社会发展的方方面面都成为全国乃至世界的焦点。北京人口问题也不例外，是下至普通市民百姓、上至决策首脑机关普遍关注的重大问题之一。近年来，围绕北京城市诸如人口规模、流动人口、户籍制度改革等人口问题的争论引起了全社会的广泛关注和强烈反响。研究北京、认识北京、解决北京人口问题无疑是一个具有特殊意义的重大课题。

抽样调查表明，2005 年北京常住人口规模达到 1538 万，比 1995 年净增 286 万。人口规模迅速扩大在给城市发展注入新鲜血液和活力的同时，也给城市带来巨大压力。由于历史和制度等方面的原因，北京的人口构成可以划分为户籍人口和流动人口两个截然不同的人口群体。户籍人口和流动人口的总量、结构成为人口与计划生育及相关部门研究的重点。长期以来北京一直面临巨大的人口总量快速增长的压力，北京目前已经显现出许多诸如住房、交通、水资源和医疗卫生等资源配置方面与城市人口快速增长密切相关的重大问题。人口快速增长带来的影响已经远远超出了政府相关部门和普通民众心理预期可接受的范围。出现了控制 - 突破 - 再控制 - 再突破的局面。北京城市总人口规模到底应该控制在什么范围之内？流动人口应该如何疏导？现阶段北京合理人口规模到底是多少？上述问题能否解决关系到能否协调北京人口、资源、环境主要矛盾这一核心问题。

北京常住人口结构、规模变动一方面取决于育龄妇女规模；另一方面取决于育龄妇女的生育水平，同时还取决于人口的迁移和流动。虽然北京育龄妇女的规模迅速增加，而生育水平长期处于更替水平以下，如1974 年育龄妇女总和生育率就已经下降到 1.72，人口总量增长的压力主要来自人口迁入和流入规模的迅速扩大。从北京户籍人口每年出生规模变动可以明显地看到，目前户籍人口出生规模已经由 20 世纪 90 年代后期的 7 万人左右下降到目前的 5 万人左右。但是，对于户籍人口来说虽然育龄妇女生育水平长期处于较低的状态，由于人口政策性因素作用，育龄妇女的生育水平也相应地产生过比较明显的波动，特别是 20 世纪 80 年代初期，由于婚姻法和生育政策做了调整，北京育龄妇女生育水平也发生过较大幅度的阶段性回升，如1982 年育龄妇女总和生育率回升到 1.78。生育水平大幅度回升，不仅对人口结构、规模产生影响，与之相联系的城市公共服务设施也受到很大影响。1978～1982 年北京生育水平回升阶段出生的人口在 2000 年后陆续进入生育高峰年龄，加之 2003 年7 月北京颁布新的计划生育管理条例，该条例进一步调整了生育孩子数量的规定，调整后的计划生育条例规定"双独"可以生育第二个孩子。因此，"双独"放开是否会与 20 世纪 80 年代计划生育政策、新婚姻法规定最低结婚年龄降低等引起生育水平变化的影响叠加，能够产生多大影响？这些问题都需要提前进行深入分析。由此可见，研究北京育龄妇女生育水平不仅有利于研究低生育水平下的人口规律以及低生育水平对北京人口发展的影响，而且有利于研究政策调整会产生多大影响，未来几年内北京出生人口有没有高峰，政策性因素对出生人口规模变动的影响有多大，出生人口规模变动的趋势和过程如何。研究上述问题的一个重要内容就是对育龄妇女生育水平的判断。这不仅是对目前人口再生产状态的认定，而且关系到未来人口发展趋势和相关政策的制定。同时生育水平及出生人口规模的变动研究还是北京未来城市规模、政策分析和发展规划的重要依据。

由于北京长期处于低生育水平状态，而人口和计划生育部门及人口研究机构主要是集中于对生育水平较高的地区进行研究，对北京育龄妇女生育状况和生育水平的研究还是比较缺乏的。北京的人口生育方面公开发表的全面性数据资料很少（郭志刚，2005a）。使用 2000 年人口普查数据，郭志刚（2005a）对北京育龄妇女生育状况和孩次构成进行研究，并针对北京育龄妇女生育水平有没有分母效应以及进度效应有多大进行了深入细致的分析。梁秋生（2004，2005，2006）和郭志刚（2003，2005a，2005b）还针对大城市生育水平分母效应进行了一系列争论，讨论特大城市生育水平较低的可能原因，上述工作对研究北京人口问题具有重要的参考价值。此外，虽然还有一些研究者对北京人口进行过预测研究，但如何解决开放系统的预测参数估计和预测模型构建问题尚需进一步探讨。

由于对北京育龄妇女生育水平的研究比较少，本项研究一方面试图回答 2000 年以来北京育龄妇女生育水平的基本状况和变动趋势；另一方面对妇女的孩次结构加以分析，研究生育政策调整可能产生的影响。本项研究主要集中在以育龄妇女生育水平、现有出生人口规模、育龄妇女数量、独生子女以及"双独"数量为基础进行出生人口变动预测，对未来生育高峰的时间、规模进行判断，对出生人口变动产生的连锁反应加以分析。

第二节　研究方法与数据来源

一　研究方法

生育水平研究是人口研究的重要内容。研究生育水平的主要指标有一般生育率、总和生育率、总和递进生育率等。生育水平变动主要表现在生育数量、生育进度和育龄妇女的孩次状态结构变化三个方面。对生育水平、孩次结构和生育意愿的判断不仅是构成生育问题研究的主要内容，而且是研究今后生育状况的前提和基础。如果不考虑生育性别构成而仅考虑生育的孩子数量，就可以把育龄妇女生育行为的物理过程简单地表示为妇女由0孩、1孩、2孩……各个状态递进的过程。如果考虑妇女生育的孩子数量和性别构成，那么，育龄妇女的生育行为则表现为妇女在孩次性别状态空间中的不可逆运动。因此，分析生育水平变动必须研究育龄妇女的孩次结构和育龄妇女数量变动情况。本项研究在考察传统意义上的总和生育率变动情况的同时，进一步分析总和递进生育率的变化，同时还结合妇女的孩次状态和生育模式研究妇女的终身生育水平与生育进度。由于总和递进生育率包含了育龄妇女生育水平和生育历史过程信息，该指标更适合分析生育政策和生育水平之间的数量关系。只有多方面考察妇女的生育过程才能比较全面反映生育政策、人口结构变动对出生人口规模的影响。

就一个人口群体而言，出生人口规模变动的主要影响因素是育龄妇女总量、结构和生育水平。对未来出生人口变动趋势的研究需要以生育水平研究为基础，并在此基础上构建人口预测分析模型。本项研究试图在对北京育龄妇女生育水平研究的基础上，构建北京人口预测模型。在研究过程中，对出生人口规模变动的研究还试图分离政策性因素、结构性因素和流动迁移性因素对北京人口总量、结构的影响。然而，北京是一个开放的城市系统，人口发展趋势预测既要考虑户籍人口规模变动，又要考虑人口的迁移和流动对城市人口总量与结构的影响。对开放系统人口研究的方法和相应预测模型研究是一个具有挑战性的人口预测研究课题。

　　本项研究的重点在于回答北京计划生育条例修改所引起的生育水平变动是否会造成出生人口规模迅速增长的巨大压力、未来几年内出生人口会不会形成高峰、形成的高峰有多高等问题，因此，必须解决构建开放系统的人口间接估计、预测模型和主要参数估计方法问题。这不仅有助于深入理解北京人口问题的作用机制，更有助于为低生育水平下的人口变动规律研究提供参考。

　　为了解决开放人口系统分析模型的构建方法问题，本项研究认为出生人口规模的确定需要从两个方面来考虑，一是户籍人口，二是户籍人口以外的常住人口。生育政策和计划生育管理条例是以户籍人口为目标人群的，而且北京户籍人口育龄妇女总量在常住人口中占主导地位，因此抓住户籍人口就相当于抓住了出生人口变动的绝大部分。基于以上判断，为了分析生育水平变动与计划生育政策调整影响的数量关系，人口预测模型采用递进人口发展模型方法（马瀛通等，1986a，1986b），同时考虑迁移人口的进入。人口预测模型的整体架构是以户籍人口为基础，将新增迁移人口不断加入户籍人口系统之中。对新增迁移人口采取不同的规模估计并假定其迁入后的人口过程与户籍人口相同。除了迁移人口外，流动人口也是一个非常重要的影响因素，本项研究假定流动人口仅对常住人口总量和构成产生影响，是一个独立的人口系统，不参与户籍人口的再生产过程。

　　为了分析迁移流动人口的净增长情况，把握迁移流动人口的基本特征，本项研究在建立开放人口预测模型的同时还采用年龄结构间接估计方法，分析人口迁移流动的基本结构。对净增迁移流动人口年龄结构的估计方法是以年龄结构间接估计方法（毛广州，2001）为基础，分别以常住人口、户籍人口为统计分析单元，通过人口年龄结构的重构和回溯，确定北京净增迁移流动人口的数量和结构。

　　另外，本项研究主要参数估计采用的样本来自抽样调查数据，因此，对一些生育水平的统计指标需要采用区间估计的方法。区间估计假定年龄别生育率服从正态分布，样本量远远小于总体规模，即假定总体无限，那么年龄别育龄妇女样本量可以通过 $n_0 = \sqrt{\dfrac{u^2 p\,(1-p)}{d^2}}$ 来计算，进一步可

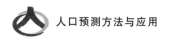

以推导 $d^2 = \sqrt{\dfrac{u^2 p\,(1-p)}{n_0^2}}$，式中，$n_0$ 为样本量，p 为发生率，u 为置信水平参数，d 为绝对误差。而对总和生育率（TFR）的方差估计方法（Smith，1992）主要有：

$$\mathrm{var}(_nf_x) \approx {}_nf_x(1-{}_nf_x)/{}_nN_x$$
$$\mathrm{var}(TFR) = n^2 \sum \mathrm{var}(_nf_x)$$

其中，$_nf_x$ 表示年龄别生育率，$_nN_x$ 表示育龄妇女人数，n 表示年龄组。

二　数据来源

本项研究的主要数据来源为 2005 年 1% 人口抽样调查和 2000 年人口普查数据。2005 年 1% 人口抽样调查方案所设计的抽样方法为二阶段分层 PPS 抽样方法。采用上述调查方法，北京 2005 年实际获得登记常住人口 292940 人，根据抽样方案设计和统计计算最终公布的加权常住人口统计推断结果为 1538 万人，以此为依据推断，北京 1% 人口抽样调查的抽样比约为 1.9047%。以这一比例进行估计，对汇总得到的各种分类年龄结构数据进行加权处理来估计北京人口的年龄结构，并在此基础上进行相应的人口分析和统计分析。

除了使用 2000 年人口普查汇总数据和 2005 年 1% 人口抽样调查汇总数据以外，本项研究还采用《北京市 2001 年外来人口动态监测调查数据公报》、《北京市 2003 年外来人口动态监测调查数据公报》数据以及北京市 2000 年人口普查 1% 原始数据汇总研究成果的二手数据等。

北京是一个开放的系统，因此，对北京人口 1% 汇总数据的质量评价是一个相当困难的事情。所以，本项研究只能对汇总数据的逻辑构成进行一致性分析。与一般人口规律进行粗略的比较，然后判断数据质量的基本情况。

研究表明，虽然第五次人口普查存在比较严重的漏报问题，但漏报的重点主要是农业人口的出生漏报，非农业人口数据相对比较准确（王广州，2005）。以此为据推测，北京总人口、育龄妇女生育水平研究数据质量问题主要来自流动人口和农业人口。由于北京农业人口所占比例不高，数据质量偏差以流动人口数据质量问题为主的可能性更大。

第三节　影响北京出生人口规模变动的主要因素

人口变动主要表现在出生、死亡和迁移。在死亡水平一定的前提下，从人口系统的因果关系来看，影响北京常住出生人口规模变动的主要因素有：育龄妇女生育水平、育龄妇女总量结构和人口迁移流动。育龄妇女生育水平的变动取决于育龄妇女的生育孩次状态、生育意愿和政策变动；育龄妇女总量结构变动不仅表现为年龄结构的变化，同时表现为育龄妇女生育潜力和孩次结构的变化；而人口迁移流动则是外部系统直接对人口总量、结构产生交换和叠加影响，具有影响增量和再生产过程的双重效用。

一　生育水平变化

（一）总和生育率

北京育龄妇女总和生育率一直比较低，虽然 1973 年以前育龄妇女生育水平还在更替水平以上，如 1973 年总和生育率为 2.6，但 1974 年的总和生育率就已经下降到 1.722[1]，育龄妇女的生育水平就已经低于更替水平。自 1974 年以后的 40 多年来，北京育龄妇女的生育水平一直低于更替水平，即便由于各种因素的影响发生过生育水平的波动，但始终保持在更替水平之下。到 1990 年，育龄妇女总和生育率已经下降到 1.5 以下（见图 9-1）。而到 2000 年总和生育率进一步下降到 0.6877，该生育水平 95% 的置信区间为 ［0.6830，0.6925］，其中，1 孩总和生育率为 0.6070，2 孩总和生育率为 0.0764，3 孩及以上总和生育率为 0.0044。在 2000 年育龄妇女总和生育率的构成中，1 孩总和生育率占育龄妇女总和生育率的 88.26%，2 孩总和生育率占 11.12%，3 孩及以上总和生育率仅占

---

[1]　姚新武编《中国生育数据集》，中国人口出版社，1995。

0.61%。2005年育龄妇女总和生育率与2000年已经很低的生育水平相比较仍略有下降。2005年1%抽样调查数据所显示的育龄妇女总和生育率为0.6732，其95%的置信区间为［0.6433，0.7051］，其中，1孩总和生育率为0.5587，2孩总和生育率为0.1056，3孩及以上总和生育率为0.0089。在2005年育龄妇女总和生育率的构成中，1孩总和生育率占育龄妇女总和生育率的82.99%，2孩总和生育率占15.68%，3孩及以上总和生育率占1.32%。与2000年相比，2孩和3孩及以上生育水平所占比例明显提高，而1孩生育水平明显下降。

　　除了根据调查时点数据直接分析时期生育水平外，还可以根据妇女回顾性数据估计各年度育龄妇女时期生育水平的变化。根据15～64岁妇女平均生育子女数间接估计不同年份的时期生育水平变化的历史，可以肯定的是1990年以后北京育龄妇女生育水平持续稳定下降，下降过程如图9-1所示。从图9-1可以看到，总和生育率在1996年左右开始低于1.0，目前已经稳定在很低的生育水平上。

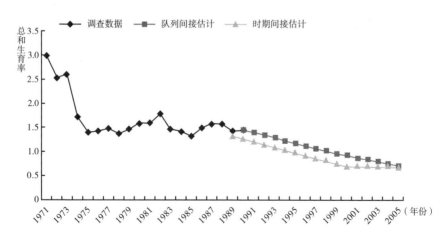

图9-1　北京育龄妇女生育水平变化

（二）总和递进生育率

总和递进生育率与总和生育率一样都是衡量育龄妇女生育水平的指

标，与总和生育率不同的是总和递进生育率更接近妇女的终身生育水平。1990年北京育龄妇女的总和递进生育率为1.2366，2000年下降到0.9423，2005年进一步下降到0.8925（见表9-1）。2000年与1990年相比总和递进生育水平下降主要表现在1孩→2孩递进，其次是0孩→1孩递进。而2005年与2000年相比总和递进生育率下降的原因主要是0孩→1孩和2孩→3孩+递进，1孩→2孩递进却处在上升的趋势中，这也恰恰体现了计划生育条例修改的影响。

从各年度孩次总和递进生育率的构成来看，1990年0孩→1孩递进生育率占总和递进生育率的78.37%，2000年上升到92.09%。2005年0孩→1孩递进生育率占总和递进生育率的比重略有下降，下降到90.39%。与0孩→1孩递进生育率占总和递进生育率的比例变化方向相反，1990年1孩→2孩递进生育率占总和递进生育率的比例为18.56%，到2000年下降到7.86%。2003年修改的计划生育管理新条例的影响主要是针对1孩→2孩递进生育的，因此新条例主要对1孩→2孩递进生育率有影响。2005年1%抽样调查数据也验证了这种影响的存在，2005年在总和递进生育率下降的前提下，1孩→2孩递进生育率占总和递进生育率的比重从2000年的7.86%上升到2005年的9.21%。而2孩→3孩递进生育率一直处于下降的过程中，其递进生育率占总和递进生育率的比重也由1990年的3.08%下降到2000年的0.53%，2005年更进一步下降到0.4%。另外，从2005年生育水平的构成来看，北京农业人口明显高于非农业人口，农业人口总和递进生育率为1.1424，而非农业人口仅为0.7795。

表9-1　北京育龄妇女总和递进生育率

年份	0孩→1孩	1孩→2孩	2孩→3孩+	TPFR
1990	0.9691	0.2295	0.0381	1.2366
2000	0.86776	0.07406	0.00501	0.9423
2005	0.8067	0.0822	0.0036	0.8925
其中:农业人口	0.90646	0.22536	0.01057	1.1424
非农业人口	0.77406	0.005468	—	0.7795

（三）35 岁以上妇女终身生育水平

从已完成生育的妇女队列来看，2005 年北京妇女平均生育子女数迅速下降，如北京 64 岁城镇妇女平均生育子女数为 2.35 个，农村为 3.27 个；54 岁的城镇妇女则迅速下降到 1.38 个，农村妇女下降到 2.01 个，10 年内分别平均减少 0.97 个和 1.26 个孩子。而 54 岁到 44 岁妇女平均生育子女数下降速度趋缓，北京 44 岁城镇妇女平均生育子女数下降到 1.1 个，而农村下降到 1.75 个孩子。从下降的幅度来看，城镇和农村下降幅度大体相同，城镇下降了 0.28 个孩子，农村下降了 0.26 个孩子。从上述各个队列妇女生育水平的变化趋势来看，北京妇女的生育水平早已经完成了由更替水平以上向更替水平以下的迅速下降过程，目前已经进入平稳下降阶段（见图 9-2）。从北京妇女终身生育水平的变化趋势来看，城镇和农村妇女生育水平有明显差异，44 岁以上两者的差距比较稳定，44 岁以下两者的差距有迅速缩小的趋势，这意味着北京农村妇女终身生育水平有迅速接近城镇妇女的趋势。

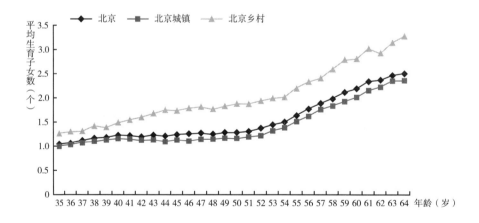

图 9-2　2005 年北京 35~64 岁妇女平均生育子女数变化

综上所述，从总体上看无论是用总和生育率、总和递进生育率还是用终身平均生育子女数指标来衡量，北京育龄妇女生育水平都呈现下降趋势，育龄妇女的平均终身生育水平已经降低到 1 以下。在整体下降的前提下，2 孩生育水平受计划生育条例等因素的影响已表现出上升的趋势。3 孩生育水平则处在显著的下降过程中，且占总和递进生育率的比重已经不足 5‰。

（四）生育水平的区域差异

虽然北京育龄妇女生育水平很低，但各区县内部存在很大的差异，总体格局是从内部核心区向城郊区县逐渐升高，表现出明显的三个阶梯的特征。三个阶梯的特征无论从时期生育水平来看，还是从平均生育子女数所表现的结果都是完全一致的。从时期生育水平来看，第一阶梯为东城区、西城区、崇文区和宣武区，其生育水平都很低，2005 年抽样调查的总和生育率均在 0.6 以下。第二阶梯为朝阳区、丰台区、石景山区和海淀区，总和生育率在 0.58~0.82；第三阶梯为其他区县，2005 年总和生育率在 0.8~1.3（见表 9-2）。从 15~64 岁妇女平均生育子女数来看，第一阶梯 15~64 岁妇女平均生育子女数为 0.77~0.79；第二阶梯平均生育子女为 0.74~0.92；第三阶梯平均生育子女为 1.0~1.48。与 2000 年的情况相比，北京育龄妇女生育水平区域差异的基本格局保持不变。除了具有明显的三个阶梯以外，全市各区县育龄妇女生育水平两极分化现象也很明显，东城区生育水平最低，2005 年抽样调查的总和生育率仅为 0.2586，而密云县生育水平最高，为 1.2573，两者之间相差将近 1 个孩子。

表 9-2　北京各区县妇女生育水平分析

地　区	2000 年	2005 年	2005 年 15~64 岁妇女（人）	
	总和生育率	总和生育率	平均活产子女数	样本量
北 京 市	0.67	0.6767	0.96	113702
市 辖 区	0.64	0.6654	0.94	107982
东 城 区	0.52	0.2586	0.77	4441
西 城 区	0.49	0.5179	0.76	5945
崇 文 区	0.55	0.4781	0.82	2824
宣 武 区	0.59	0.5195	0.79	4434
朝 阳 区	0.61	0.5915	0.87	18623

地　区	2000 年	2005 年	2005 年 15～64 岁妇女（人）	
	总和生育率	总和生育率	平均活产子女数	样本量
丰 台 区	0.74	0.694	0.89	11549
石 景 山 区	0.63	0.8104	0.92	4170
海 淀 区	0.59	0.5829	0.74	19403
门 头 沟 区	0.95	1.1963	1.19	2180
房 山 区	0.93	0.936	1.25	6889
通 州 区	0.67	0.7529	1.14	5590
顺 义 区	0.81	0.8462	1.23	5376
昌 平 区	0.63	0.7189	1	5289
大 兴 区	0.86	1.0858	1.16	5583
怀 柔 区	0.81	0.9678	1.21	2451
平 谷 区	0.85	0.807	1.39	3234
市 辖 县	—	1.0506	1.37	5720
密 云 县	0.97	1.2573	1.29	3446
延 庆 县	1.11	0.6767	1.48	2274

（五）生育模式

生育模式是随着生育水平的变化而变化的，有什么样的生育水平就对应什么样的生育模式。由于北京育龄妇女长期处于低生育水平状态，生育模式随着生育水平的变动也发生相应的变化。

从总体上来看，与 2000 年相比 2005 年育龄妇女生育模式有明显的变化，变化主要表现在以下几个方面。

首先是育龄妇女的峰值生育年龄提高。2000 年北京育龄妇女峰值生育年龄为 25 岁，2005 年提高到 27 岁（见图 9 – 3）。其次是育龄妇女峰值生育年龄的年龄别生育率降低。2000 年育龄妇女峰值年龄的年龄别生育率为 81.19‰，2005 年下降到 69.21‰，下降了 11 个千分点左右。再次是生育高峰年龄段更加分散。2000 年生育高峰年龄段[①]生育率占总和生育率

---

①　这里生育高峰年龄段是指高峰生育年龄及高峰生育年龄前、后各延伸 3 岁构成的生育年龄段。

的比例为 66.77%，2005 年生育高峰年龄段生育率占总和生育率的比例下降到 57.68%。最后是育龄妇女平均生育年龄明显提高。2005 年北京育龄妇女平均生育年龄为 28.83 岁。与 2000 年北京育龄妇女平均生育年龄 27.24 岁（郭志刚，2003）相比平均生育年龄提高了 1.5 岁左右。由此可见，生育水平的降低受生育时间推迟的影响很大。

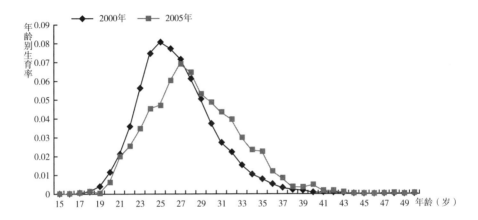

图 9 - 3　北京育龄妇女年龄别生育率曲线

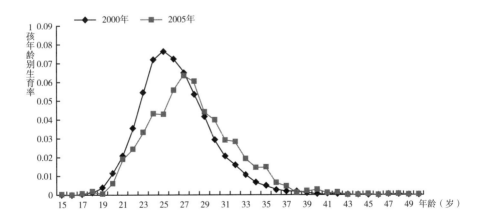

图 9 - 4　北京育龄妇女 1 孩年龄别生育率曲线

从生育模式的孩次构成来看，1孩和2孩的峰值生育年龄都提高了2岁左右，分别由2000年的25岁和29岁提高到2005年的28岁和30岁（见图9-4、图9-5）。2005年1孩平均生育年龄为28.18岁，2孩平均生育年龄为31.89岁，3孩平均生育年龄为32.82岁。值得注意的是，1孩峰值生育年龄明显推迟，由2000年的26岁提高到2005年的28岁；同时，1孩峰值生育年龄的年龄别生育率降低。而2孩的峰值生育年龄提高，峰值生育率也高于2000年，生育过程更加分散（见图9-5）。由于3孩及以上生育水平很低，而且生育模式的随机性很强，这里就不做分析了。

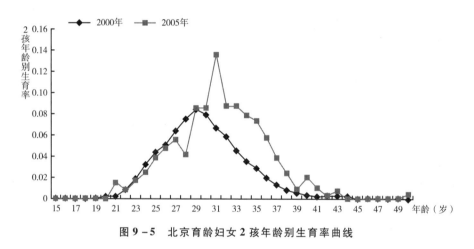

图9-5 北京育龄妇女2孩年龄别生育率曲线

从生育模式的区域差异来看，2005年北京各区县育龄妇女生育模式有很大的差别。生育模式的差异主要表现在峰值生育时间的长短和峰值生育年龄生育率的高低两个方面（见图9-6）。北京各区县育龄妇女生育模式的基本特征是：生育水平越高，峰值生育年龄的生育率越高，峰值生育年龄区间更加集中；换句话说，生育水平越低，平均生育年龄越高，峰值生育年龄区间更加分散。如东城区25～29岁峰值生育率为26.01‰，门头沟区25～29岁峰值生育率为134.5‰，两者的峰值生育年龄的生育率差别很大，生育水平高的地区，峰值生育年龄远远高于生育水平低的地区。此外，各区县完成生育的进度也有很大差异，低生育水平的区县60%左右的生育集中在29岁之前，较高生育水平区县80%～85%的生育集中在29岁之前。

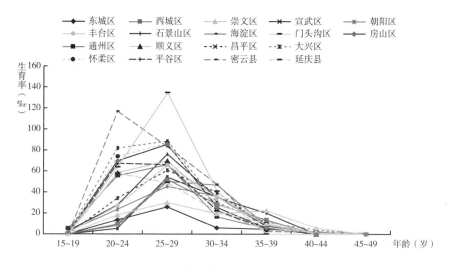

图 9 - 6 2005 年北京各区县年龄别生育率曲线

二 人口结构变动

（一）年龄结构

常住人口年龄结构是户籍人口和流动人口的叠加结果。2000 年北京常住人口中育龄妇女有 411.9 万人，到 2005 年大幅增加，达到 466.9 万人，每年由于结构性和迁移增加 10 万人左右。这其中 35 岁以下育龄妇女从 2000 年的 233.1 万人增加到 2005 年的 261.1 万人，平均每年增加 5.6 万人。进入高峰生育年龄的 15～24 岁育龄妇女 2005 年达到 126.6 万人，比 2000 年净增 12.7 万人。由于生育年龄人口的增加，如果生育水平不变，必定引起出生人口规模的增加。比较 2000 年和 2005 年北京常住人口年龄结构金字塔可以看到，在人口规模不断扩大的过程中，由于流动人口的不稳定性，人口的年龄结构的连续递进关系受到干扰，而这种干扰对出生人口的变动而言只会增加不会减少（见图 9 - 7、图 9 - 8）。

从户籍人口的年龄结构来看，40 岁以下户籍人口已经进入倒金字塔时代。由于户籍人口持续 30 多年的低生育水平，低龄人口占总人口

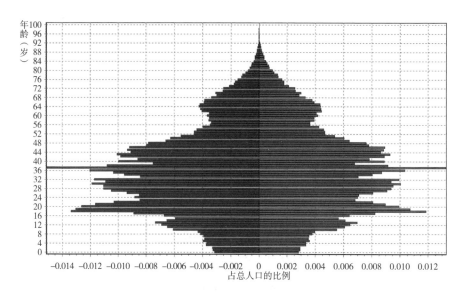

图 9 – 7　2000 年北京常住人口年龄结构

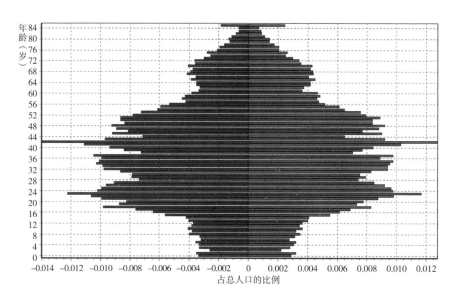

图 9 – 8　2005 年北京常住人口年龄结构

的比例锐减。从 2000 年和 2005 年户籍人口年龄结构金字塔可以清楚
地看到，2005 年北京户籍人口年龄结构基本上是一个菱形结构，即以

40 岁为分界，40 岁以上为一个正金字塔，40 岁以下是一个倒金字塔。在 40 岁以下人口中，35 岁至 28 岁呈现一个年龄结构低谷；从 28 岁开始进入一个小的结构性人口高峰，这种结构性高峰和低谷的复合影响能够引起多大出生人口高峰还有待于人口数学模型的定量分析（见图 9 - 9、图 9 - 10）。

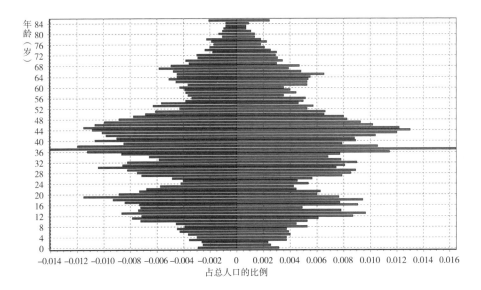

图 9 - 9　2000 年北京户籍人口年龄结构

（二）育龄妇女孩次结构

育龄妇女的孩次结构不仅是妇女生育的历史积累，而且决定未来生育过程和生育潜力。孩次结构的变化过程反映妇女由 0 孩、1 孩、2 孩……的生育递进过程，是对妇女生育状态和属性动态变化过程的描述。比较 1990 年、2000 年和 2005 年北京育龄妇女孩次结构可以看到：第一，2005 年 35 岁以上的育龄妇女 90% 已经生育了 1 个孩子，与 1990 年相比，50% 以上育龄妇女已生育 1 孩的年龄组由 1990 年的 25 岁，提高到 2005 年的 28 岁；第二，终身只生育 1 个孩子的比例由 1990 年的 10% 以内提高到 2005 年的 70% 以上；第三，终身生育 2 孩的比例由 1990 年的 40% 以上降

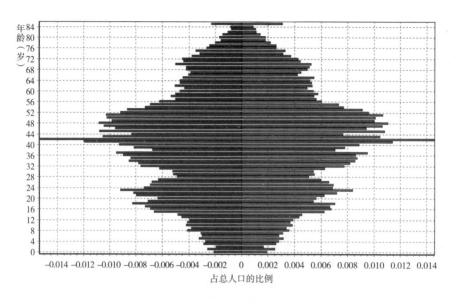

图 9 - 10　2005 年北京户籍人口年龄结构

低到 2005 年的 20% 以内；第四，终身生育 3 孩及以上的比例由 1990 年的 40% 以上降低到 2005 年的 4% 以内；第五，2005 年 35 岁以上妇女的孩次结构非常接近，也就是，最近十几年来北京妇女的孩次结构稳定在共同相近的生育目标上（见图 9 - 11、图 9 - 12 和图 9 - 13）。

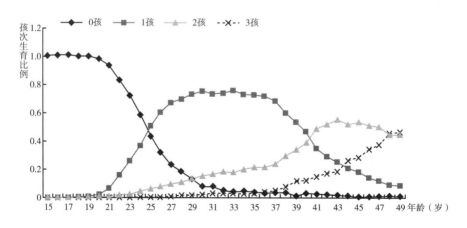

图 9 - 11　1990 年北京育龄妇女孩次结构

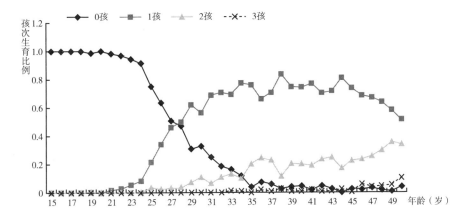

图 9 - 12　2000 年北京育龄妇女孩次结构

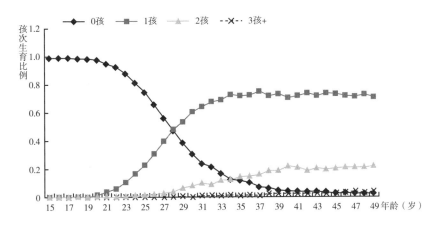

图 9 - 13　2005 年北京育龄妇女孩次结构

图 9 - 11、图 9 - 12 和图 9 - 13 是根据第四次、第五次全国人口普查数据和 2005 年 1% 人口抽样调查数据绘制的北京育龄妇女孩次结构变化，三幅图从队列和时期两个方面反映不同队列妇女终身生育水平的下降过程及与不同时期生育水平下降过程相对应的育龄妇女孩次构成。通过比较基本特征可以看到如下情况。一方面，目前北京育龄妇女孩次结构逐渐朝着稳定的方向发展，在 1 孩和 2 孩占绝对优势的生育目标上趋于稳定。目前已经基本稳定在 1 孩的妇女占 75% 以上，稳定在 2 孩的妇女在 20% 以内，稳定在 3 孩的妇女在 4% 以内。另一方面，3 孩及以上生育的特殊情况已

经很少见了，与之相对应的是 35 岁以上育龄妇女没有生育的比例越来越高，2005 年 35 岁以上的育龄妇女没有生育的比例已经达到 4.8%，其中 35 岁仍未生育的比例高达 11.79%，而 1990 年 35 岁未育的比例仅为 4.08%。

由于计划生育条例调整仅针对户籍人口，这里分析的重点是北京户籍育龄妇女的年龄和孩次结构。2005 年北京户籍的育龄妇女估计有 331.13 万左右。由于长期处于低生育水平状态，妇女的孩次结构主要稳定在 1 孩和 2 孩（见图 9-13）。已生育 1 孩的育龄妇女占育龄妇女总量的 63.34%，即约 210 万的育龄妇女已经生育一个孩子，其中生育一个孩子比例高达 54.32%，已生育 2 孩和 3 孩的妇女接近 10%。户籍人口中 35 岁及以上仍未生育的育龄妇女有 9.6 万人，占户籍育龄妇女总量的 3% 左右。因此，如果不考虑育龄夫妇双方是否"双独"，2005 年受计划生育条例修改可能生育的育龄妇女总量是 154 万人左右，而 35 岁以下已经生育一个孩子，将生育第二个孩子妇女总量的最大值是 42.5 万人。如果仅考虑育龄妇女一方是独生子女（独生子女比例估计见图 9-14），那么 35 岁以下可以生育 2 孩的育龄妇女数为 14.71 万人，如果考虑双方都是独生子女，那么，2005~2010 年 15~34 岁可生育 2 孩的育龄妇女数最多 3.9 万人。

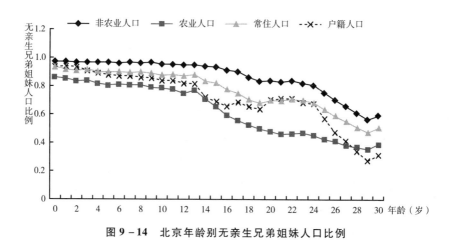

图 9-14　北京年龄别无亲生兄弟姐妹人口比例

三　生育政策调整

如果说结构性因素是影响出生规模变动的客观历史条件，那么政策性因素则是对生育水平变化产生最直接影响的主观干预。生育政策的影响到底有多大？有了新的政策是否必然导致生育率的大幅提高？回答这些问题需要对子女的构成、妇女的生育情况和生育计划来进行仔细研究。2003年北京计划生育条例修改为"双方都是独生子女可以生育第二个孩子"。这一条例的修改将会为生育水平回升创造有利条件。

从计划生育政策的含义来看，独生子女认定条件应该是：凡是领取独生子女证的孩子都应该是独生子女，以是否领证作为独生子女认定的依据。实际上，独生子女可以定义为一对夫妇终身只生的一个孩子（死亡暂不计）。这样的孩子可以被认定为事实独生子女。如果严格按事实来认定，必须等到妇女结束生育，确认独生属性后，才可能统计终身只要一个孩子的户数或妇女数。由于北京非农业人口计划生育政策属于1孩政策，可以认定凡是5岁以上的非农业人口中仍没有其他亲生兄弟姐妹者为独生子女。对于农业人口生育间隔通常规定在4年以上，因此，这里也假定5岁以上具有农业户口的人口中仍没有其他亲生兄弟姐妹的也认定为独生子女。

由于2005年1%人口抽样调查增加了对30岁及以下人口独生子女属性的调查，就是所谓的亲生兄弟数和亲生姐妹数调查项目，这大大提高了对独生子女比例变化估计的准确程度。根据上述对独生子女的假定，北京市30岁及以下无亲生兄弟姐妹人口的比例见图9-14。由于无亲生兄弟姐妹的比例比较稳定，"双独"生育2孩或"单独"生育2孩的可能影响可以根据无亲生兄弟姐妹的人口结婚的比例结合递进人口预测模型来进行估计。如根据北京户籍人口30岁及以下无亲生兄弟姐妹人口比例结构中14岁无其他兄弟姐妹的比例是72.19%，那么，14岁孩子"单独"结婚比例的上限为72.19%，"双独"的比例最大概率是64.69%。由于计划生育条例的修改且相应地带来2孩生育水平的提高，如果其他条件不变，那么，未来新增人口中无其他兄弟姐妹人口比例将会降低。因此，目前已经出生的0~14岁女性户籍人口为57.2万人，未来结婚符合目前生育2孩

条件的人口总量应该在 43.18 万人以内, 平均每年 2 孩新增人口预计在 2.9 万人以内。

另外, 从目前北京户籍人口和非农业人口独生子女比例变化趋势可以看到, 北京户籍人口和非农业人口 24 ~ 28 岁独生子女比例剧增, 24 岁以下增长相对比较平缓。目前北京 28 岁户籍人口独生子女比例在 30% 左右, 24 岁接近 70%。非农业人口 28 岁独生子女比例在 60% 左右, 24 岁上升到 80% 以上。可见, 北京符合"双独"可以生育第二个孩子的独生子女比例在 2006 ~ 2010 年上升速度最快。

四 人口迁移流动

(一) 人口迁移

迁移和流动都是直接影响人口年龄结构和出生人口规模的重要因素。从人口迁移的角度看, 北京是人口净迁入城市。近 10 年来, 北京每年净迁入人口规模不断增长, 每年由 20 世纪 90 年代的 6 万 ~ 7 万人增长到 2000 年以后的 14 万 ~ 15 万人, 目前净迁入人口规模远远大于每年北京出生人口规模, 人口净迁入规模持续快速增加的原因主要是迁入规模持续增长, 而迁出人口规模则相对比较稳定, 自 1997 年以来基本稳定在 4 万 ~ 5 万人左右 (见表 9 - 3)。

表 9 - 3 北京迁移人口规模变动

单位: 人

年份	迁入	迁出	净迁入
1997	105700	42494	63206
1998	102840	45231	57609
1999	113369	44524	68845
2000	141548	52439	89109
2001	158638	36936	121702
2002	155712	31220	124492
2003	174865	33765	141100
2004	189703	43229	146474
2005	216078	52971	163107

由于基础数据等方面的原因，对迁移人口年龄结构研究比较少，根据梁在等（2004）的研究，我国迁移人口年龄结构主要集中在 15 ~ 59 岁，2000 年人口普查表明，15 ~ 59 岁永久性移民占移民总量的 89.12%，其中 15 ~ 44 岁永久性移民占 83.83%。

北京户籍人口迁移与全国的迁移人口基本特征略有不同，年龄构成的集中程度相对较低。根据北京 2000 年和 2005 年户籍人口年龄，运用人口年龄结构间接估计方法可以推算 2000 ~ 2005 年北京年龄别净增迁移人口情况如图 9 – 15 所示。从图 9 – 15 可以看到，净迁入人口总体上男女年龄结构分布基本相同。发生净迁入的人口主要集中在 2005 年年龄为 30 岁以上和 5 ~ 14 岁年龄组的人口。虽然净迁出主要集中在 15 ~ 30 岁年龄组，但净迁出人口年龄结构性别差异明显，女性主要净迁出人口年龄低于男性。女性净迁出主要发生在 15 ~ 24 岁年龄组，男性净迁出主要发生在 25 ~ 30 岁年龄组。显然，北京户籍人口迁移与一般意义的人口迁移模式有明显的不同，就严格意义的户籍人口迁移来说，北京净迁入人口年龄结构是比较分散的，15 ~ 59 岁年龄组净迁入人口占总净迁入人口的 60% 左右，与全国的平均状况有很大差距。

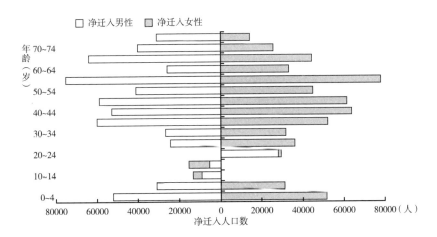

图 9 – 15　2000 ~ 2005 年北京净增迁入户籍人口年龄结构估计

注：图中年龄指迁入人口 2000 年时的年龄。

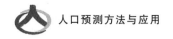

（二）人口流动

北京在迁入人口不断增长的同时，流动人口规模也是不断增加的。虽然统计口径和对流动人口认定标准不同，但流动人口持续大规模增加的事实是不可否定的。

虽然流动人口处于一个不稳定的状态，但流动人口的基本结构是相对稳定的。也就是说，仅就流动人口个体而言，是否发生流动可能是很不稳定的，但从流动人口总体来看，流动人口年龄结构却是比较稳定的。因此，现在观察到的流动人口可能和几年前观察到的不是同一批人，但人口年龄的基本结构和基本格局却没有发生显著的变化。2005 年观察到的流动人口可能来源地、从业构成发生很大变化，但流动人口的年龄结构与 2000 年相比变化不是非常显著。从北京外来人口动态监测数据可以看到，北京 2001 年外来人口动态监测调查数据公报结果显示：2001 年北京外来人口中 0～14 岁人口占 7.4%；15～59 岁人口占 90.8%，其中 15～39 岁人口占 80.1%。另外，北京 2003 年外来人口动态监测调查数据公报结果同样表明：流动人口的主体仍然是 15～59 岁的人口，15～59 岁人口占外来人口的比例为 91.4%，上升 0.6 个百分点，其中 15～39 岁人口占 78.1%。由此可见，虽然流动人口规模变动和流动人口总体规模是很难预测的，但北京流动人口育龄妇女比例很高、年龄构成相对稳定特点却是显而易见的。

从 2000 年人口普查和 2005 年 1% 抽样调查数据来看，流动人口的年龄结构比较稳定。直观比较 2000 年人口普查和 2005 年 1% 抽样调查的结果，两者非常相似（见图 9－16、图 9－17）。从年龄结构的统计构成看，2000 年 15～59 岁流动人口占 87.46%，其中 15～39 岁流动人口占 76.16%。2005 年 15～59 岁流动人口占 85.28%，其中 15～39 岁流动人口占 71.44%。从统计相似系数看，两者男性年龄结构的相似程度高达 90.8%，女性年龄结构的相似程度也高达 88.1%。因此，流动人口的变化和影响主要是数量方面的，结构方面的变化相对比较稳定。

与户籍人口净迁移结构间接估计方法类似，根据 2000 年和 2005 年北京常住人口总量和结构估计净迁入和净流入人口的总量和年龄结构，在此

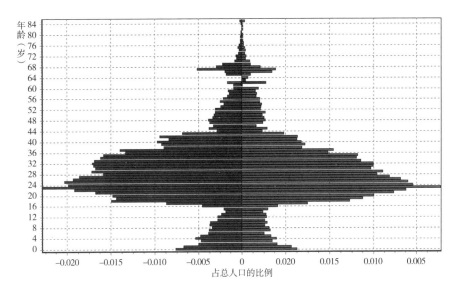

图 9 - 16　2005 年北京流动人口年龄结构

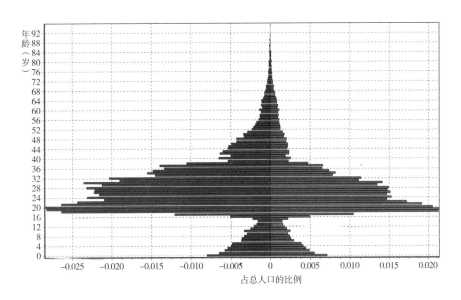

图 9 - 17　2000 年北京流动人口年龄结构

基础上，通过剔除净迁入人口得到北京净增流入人口年龄结构（见图 9 -
18）。从图 9 - 18 可以看到，北京净增流入人口存在明显的年龄差异和性别差异。具体特征表现为：第一，净增流入人口主要集中在 2005 年年龄为 15～23 岁和 65～70 岁人口，其中 15～23 岁净增流入人口占净流入人口的比重为 59.57%，65～70 岁净增流入人口占净流入人口的比重为 8.3%；第二，净增流出人口主要集中 2005 年年龄为 5～9 岁、35～45 岁和 60～65 岁的人口；第三，2005 年年龄在 24 岁以上女性流入人口明显增加，且增长幅度远远大于男性，而男性则表现为净流出或净流入人口很少；第四，净增流入人口性别差异明显，2000～2005 年净增女性流入人口是男性的 1.73 倍，尤其是 2005 年年龄在 24 岁以上女性流动人口净流入规模是男性的 4.53 倍。

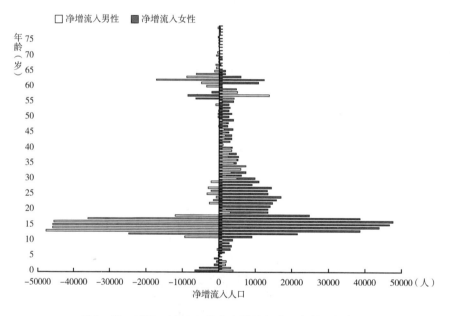

图 9 - 18 2000～2005 年北京净增流入人口年龄结构估计

注：图中年龄指流动人口 2000 年时的年龄。

第四节 对北京第四次出生人口高峰的估计

北京育龄妇女生育水平长期低于更替水平，人口增长主要是惯性增长和机械增长。对北京出生人口规模的估计难点主要来自对迁移和流动人口总量估计。回顾北京人口迁移的历史，人口净迁移率在 1/1000 左右。对迁移流动问题的研究是分析和判断北京人口发展态势的重要环节。迁移因素具有累加效应，因此在影响出生人口变动的结构因素、政策因素和迁移流动因素中迁移流动因素是难以估计的。为了便于分析和讨论，在预测未来北京出生人口规模变动时，对迁移人口和流动人口进行适当简化。简化的方法是假定迁移和流动人口年龄结构保持不变，迁入人口的人口过程与户籍人口相同。根据表 9 - 4 的参数设定，在不同假定条件下得到出生人口规模的估计结果如图 9 - 19 所示。

表 9 - 4 北京出生人口预测基本参数设定

	2006 年	2010 年	2050 年
总和递进生育	0.8392	1.0974	1.1974
1 孩总和递进生育	0.7958	0.7958	0.7958
2 孩总和递进生育	0.0418	0.3	0.4
平均预期寿命（岁）			
男性户籍人口	75.2	75.6	80
女性户籍人口	78.6	79.0	83
净迁入总量（万人）			
方案 1	15	15	15
方案 2	20	20	20
流动人口总量（万人）	358	362	400

注：表中流动人口总量指是常住人口中户口不在北京的人口。

如果生育水平不变且净迁入人口规模为 15 万人，北京常住人口出生高峰应该在 2015 年左右，出生人口高峰大约在 11 万人。受"双独"条例修改的影响，出生高峰将提前，具体提前的时间取决于生育水平变动的影响。本项研究认为，出生高峰可能提前到 2010 年前后，出生人口高峰上限有可能达到 13.5 万人左右。受"双独"条例修改的影响，出生高峰时期最多新增 2 孩规模在 2 万~3 万人。如果年净迁入人口规模为 20 万，虽然对北京人口总量增加有很大影响，但对出生规模变动的短期影响不大。如果有"双独"条例修改的影响但没有发生明显剧烈的出生堆积，

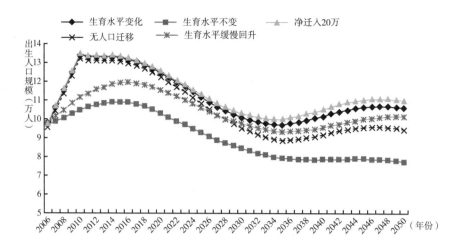

图 9 – 19 北京常住人口出生人口规模估计

即生育水平受"双独"条例的影响缓慢回升①，那么出生人口高峰将明显趋缓，这可能是一个比较理想的"双独"条例修改的结果。然而对于分析出生高峰的影响和规划编制等方面的研究，应该做好应对出生堆积的准备，并充分考虑出生高峰的影响。

比较生育政策、人口结构和迁移流动性因素的影响，北京生育水平的变动对出生高峰的形成和峰值高低的影响明显大于其他因素，人口迁移主要是在短期内对人口总量有很大影响，对出生人口规模的影响则是长期的。由于受结构性因素的影响，只要生育水平维持在目前的生育水平，2020 年以前一定会出现一个出生高峰，高峰期间出生人口规模的峰值比原来至少增加 1 万人左右，但增量最多也不会超过 4 万人。

总之，出生人口规模的大起或大落都会产生比较明显的人口效应。为应对出生人口高峰到来应该提前统筹考虑，努力使出生堆积产生的负面影响降低到最小。北京的第四次出生人口高峰无论是持续时间还是出生高峰人口达到的规模都不会产生根本性的影响，而人口的迁移流动因素才是很难把握的。

————————

① 人口净迁入保持在 15 万的水平。

第五节　主要研究结论

出生人口变动是人口总量结构变动的源动力，出生高峰的形成和影响既有短期的也有长期的，根据上述分析和人口预测结果，本项研究得出以下基本结论。

第一，由于北京育龄妇女生育水平长期处于超低生育水平，且目前呈现下降趋势，育龄妇女的总和生育率已经降低到 1 以下。由于受"双独"条件的限制，短期内"双独"生育第二个孩子对育龄妇女生育水平的提高不会产生明显的影响。

第二，北京育龄妇女孩次结构逐渐朝着 1 孩和 2 孩占绝对优势目标稳定，目前已经基本稳定在 1 孩和 2 孩。未来几年内受计划生育条例修改的影响，这一格局将有所改变，但影响不大。

第三，只要生育水平稳定在目前的水平上，由于北京目前高峰形成的结构性基础条件已经具备，加上生育水平继续下降的空间不大，北京未来几年内出生规模上升将成为历史的必然，第四次出生人口高峰不可避免。

第四，受"双独"条例修改的影响，北京出生高峰可能提前到 2010 年前后，出生人口高峰上限可能在 13.5 万人左右、下限在 11 万人左右，出生高峰时期每年最多新增 2 孩规模在 2 万~3 万人。从 2006 开始出生人口规模将逐渐增加，预计 2016 年前后结构性出生人口高峰转入下降阶段。

第五，目前影响北京出生人口变动的结构性因素、政策性因素和迁移流动性因素中，生育水平变化的影响短期内远远超过结构性因素和迁移性因素。

参考文献

北京市统计局，2002，《北京市 2001 年外来人口动态监测调查数据公报》，

http：//www. bjstats. gov. cn/tjsj/tjgb/qtgb/201511/t20151124_ 327793. html。

北京市统计局，2004， 《北京市 2003 年外来人口动态监测调查数据公报》，
http：//www. bjstats. gov. cn/tjsj/tjgb/qtgb/201511/t20151124_ 327796. html。

郭志刚，2003，《北京市生育水平和出生性别比及外来人口影响》，《中国人口科学》第 6 期。

郭志刚，2004，《北京市第五次人口普查数据的生育状况分析》，载北京市第五次人口普查办公室、北京市统计局编《北京市 2000 年第五次全国人口普查课题论文集》，中国人口出版社。

郭志刚，2005，《关于京津沪超低生育率中外来人口分母效应的检验》，《人口研究》第 1 期。

郭志刚，2005，《关于外来人口分母效应的再讨论》，《人口研究》第 4 期。

梁秋生，2004，《外来流入人口的分母效应与大城市育龄妇女的超低总和生育率——以京、津、沪为例》，《人口研究》第 5 期。

梁秋生，2005 ，《再论大城市超低总和生育率中外来流入人口的分母效应——与郭志刚教授商榷》，《人口研究》第 2 期。

梁秋生，2006，《京津沪超低总和生育率形成原因的再认识》，《人口研究》第 3 期。

梁在、徐刚、马忠东、崔红艳，2004，《中国流动人口：2000 年普查的新发现》，中国 2000 年人口普查国际研讨会论文，北京。

马瀛通、王彦祖、杨书章，1986a，《递进人口发展模型的提出与总和递进指标体系的确立》，《人口与经济》第 2 期。

马瀛通、王彦祖、杨书章，1986b，《递进人口发展模型的提出与总和递进指标体系的确立（续)》，《人口与经济》第 3 期。

王广州，2001，《人口年龄结构间接估计方法与应用研究》，《中国人口科学》5期。

王广州，2005，《20 世纪 70 年代以来我国育龄妇女递进生育史研究》，《中国人口科学》第 5 期。

张丽萍，2008，《北京市劳动年龄人口规模变动及其影响因素分析》，《北京社会科学》4 期。

Smith，David P. 1992. *Formal Demography*. New York：Plenum Press.

第十章 伤残死亡独生子女父母
人数预测案例[*]

内容提要：本章主要内容来源于2007年8月笔者负责完成的"独生子女伤残死亡家庭扶助制度"目标人群测算课题研究报告。本案例研究的目的是探讨涉及两代人基于宏观汇总数据的人口预测或估计模型的构建方法以及研究的可行性。本项研究的困难之处是在缺少大量原始基础数据的条件下，如何推断独生子女总量、结构和伤残死亡独生子女以及伤残死亡独生子女存活父母的总量、结构。在研究过程中，将难点问题分解为以下三个方面：第一个难点是如何在人口预测中建立独生子女矩阵与其父母矩阵的密切关联；第二个难点是如何应用中国残联2006年残疾人抽样调查的病残和伤残信息，估算独生子女的伤残分布；第三个难点是将独生子女伤残分布与其父母联系起来。为了解决以上三个难点，本章通过构建和拓展递进生育人口预测模型来估计伤残死亡独生子女母亲人数，然后估计父亲人数。

第一节 研究背景

自20世纪70年代实行计划生育政策以来，我国在抑制人口过快增长

---

[*] 本章部分内容来自王广州、郭志刚、郭震威：《对伤残死亡独生子女母亲人数的初步测算》，《中国人口科学》2008年第1期。

方面取得了明显的效果。为了响应政府号召，执行基本国策，无论城市还是农村许多家庭做出只生一个孩子的生育选择。

30 多年来的独生子女计划生育工作，使我国少生了 3 亿多人。研究表明，预计到 2007 年底，我国 18 岁以下独生子女总量为 1.14 亿，30 岁以下独生子女 1.5 亿（杨书章、王广州，2007）。计划生育政策下夫妇生育独生子女的选择，一方面为国家迅速抑制人口过快增长、缓解人口压力做出了巨大贡献；另一方面也承担了很大的家庭风险。据全国第五次人口普查资料建立生命表推算，大约有 3.91% 的人活不到 18 岁，有 5.1% 的人活不到 30 岁（其中 1.17% 是在 18～29 岁死亡的）。在 18～29 岁年龄段人群中，死亡率为 1.1‰。根据 2006 年第二次全国残疾人抽样调查，在 0～29 岁年龄段，发生三级以上残疾的可能性在 1.14% 左右。独生子女父母为国家持续、快速发展做出了家庭利益的牺牲和奉献是显而易见的，尤其是那些独生子女伤残死亡家庭生活十分凄凉、精神受到沉重打击。因此对独生子女家庭特别是伤残死亡独生子女父母进行扶助，不仅体现了政府对独生子女父母响应国家政策的利益补偿，而且体现了对独生子女死亡和伤残家庭的人文关怀与帮助，同时还体现了对独生子女父母所做奉献和牺牲的承认与精神慰藉。

2003 年"全国农村部分计划生育家庭奖励扶助制度"[①] 开展试点和全面实施以来，在全社会产生了强烈的反响，深受广大人民群众的欢迎。无论计划生育家庭还是非计划生育家庭，对该项制度都予以了很高的评价，称"奖励扶助制度"是"德政善举"。

1980 年中共中央在《关于控制我国人口增长问题致全体共产党员、共青团员的公开信》中指出："实行一对夫妇只生育一个孩子，到 40 年后，一些家庭可能会出现老人身边缺人照顾的问题。这个问题许多国家都有，我们要注意想办法解决。"2006 年 12 月 17 日中共中央、国务院发布的《关于全面加强人口和计划生育工作统筹解决人口问题的决定》明确指出，要建立全国独生子女伤残死亡家庭扶助制度，这项制度建设随即被

---

① 指对 60 岁及以上农村独生子女和两女儿计划生育父母进行奖励扶助。

写入《2007 年国务院工作要点》。

研究死亡伤残独生子女总量和结构、测算全国独生子女伤残死亡家庭扶助制度目标人群规模不仅是全国独生子女伤残死亡家庭扶助制度建立、制度安排的基础，也是对该项制度进行具体实施方案设计的决策依据。由此可见，按照务实、可行、科学的原则，对计划生育家庭扶助目标人群的数量、结构以及中长期的发展变化趋势进行测算，从而为"扶助制度"立项实施提供决策基本依据，对深入研究中国计划生育家庭的主要问题具有重要意义。

第二节　基本概念界定与主要研究内容

一　目标人群界定

本项研究的目标是预测 2007～2050 年，我国每年按农业和非农业人口统计口径划分的 40 岁及以上、45 岁及以上和 49 岁及以上有伤残、死亡独生子女父母的数量。

（一）农村人口

户籍政策、居住地类型或从业类型都可以作为人口划分的依据。通常按不同的人口属性可以划分为农业人口和非农业人口、农村人口和城镇人口。本研究将农村人口界定为农业人口，即户籍性质为农业户口。改革开放以前，全国非农业人口比例与城镇化水平是一致的。1992 年以来，大量人口从农村涌向城镇，形成大规模的城镇流动人口。人口流动改变了人口稳定格局，在统计调查（包括人口普查）中一般以常住人口为调查对象，因此，在按区域划分时，相当一部分农村流出人口被统计为城镇人口。从公共管理和服务的角度常住城镇的农业户籍人口也应被居住地政府纳入属地化管理范围，但是，户口性质没有发生相应的改变，因此，并没有被城镇社会保障体系所覆盖，而只能依靠传统的非正式保障体系，即土地和家庭保障。人口普查数据表明，1990 年、2000 年全国非农业人口比重分别为21%和25%，低于同期的城镇人口比重（分别为26%和36%）。此外，计划生育政策也是按户口性质划分的，其结果是城乡之间生育水平存在明显的差异，根据政策目标人群界定需要，本项研究采用的农村人口概念实际是农业人口。

（二）独生子女与独生子女家庭

独生子女可以定义为一对夫妇终身只生的一个孩子。判断独生子女的法定依据是以领取独生子女证为标志。但实际上全国各地持证的情况存在很大差别，不少地区独生子女父母出于各种原因，没有领证或者没有领到证。还有少数领取独生子女证的父母并未停止生育。

按定义，只有结束生育才能认定妇女终身只生一个孩子，但如果非要等到结束生育期才确定其独生身份，那就太迟了，也无法落实独生子女政策，达不到政策需要收获的社会效果。

一个孩子是不是独生子女取决于父母的生育行为。从生育的角度看，独生子女与独生子女亲生父母存在一一对应关系。独生子女家庭以独生子女母亲（妇女）为代表。因为是不是独生子女不取决于独生子女本人而由其生母的生育行为而定。因此我们考察的焦点是40岁及以上现有1孩且仅有1孩妇女和曾生1孩现无孩妇女的情况。

考虑到"独生子女伤残死亡家庭扶助制度"的设计目标，并确保项目在实践中的可行性，本研究将"独生子女"父母严格界定为已度过生育期、不再继续生育的只有一个孩子的妇女及其丈夫（称"独生子女户"）。20世纪90年代以来我国妇女在35岁及以上生育的比例很小，可以忽略不计（见表10–1）。为保险起见，本研究中将40岁作为妇女终止生育的年龄。

（三）独生子女死亡伤残概念界定

独生子女死亡事件比较容易界定，为了具有可操作性和明确独生子女对象，本项研究将0~30岁死亡独生子女定义为独生子女死亡事件发生。

表 10 – 1　35 岁及以上不同队列妇女的平均曾生子女数

单位：岁，个

1997 年年龄	1997 年	2001 年	1990 年年龄	1990 年	2000 年
35	2.00	2.02	35	2.25	2.20
36	1.91	1.93	36	2.35	2.26
37	1.94	1.94	37	2.49	2.36
38	2.05	2.09	38	2.62	2.46
39	2.15	2.14	39	2.76	2.56
40	2.14	2.15	40	2.93	2.79
41	2.14	2.18	41	3.08	3.10 *
42	2.28	2.26	42	3.23	3.15 *
43	2.30	2.33			
44	2.53	2.42			
45	2.56	2.49			

注：1990 年普查与 2000 年普查调查时点相差 4 个月，队列口径不完全一致，所以队列曾生子女数有很多缩减情况。

资料来源："1997 年""2001 年"数据分别为 1997 年全国人口与生殖健康调查、2001 年全国计划生育/生殖健康调查结果。"1990 年""2000 年"数据分别为"四普""五普"公布数据，其中带"＊"号的数据为 1997 年全国人口与生殖健康调查结果。

独生子女伤残采用中国残疾人联合会认定标准，以三级及以上残疾作为伤残标识。由于伤残也和死亡一样，与年龄有很大关系，而独生子女伤残死亡的认定涉及两代人的生育、死亡或伤残，为了简化，将伤残独生子女研究年龄范围也界定在 0 ~ 30 岁。

（四）目标人群确定

考虑到独生子女死亡伤残给独生子女家庭带来的沉重打击和负担，在综合权衡国家财政承受能力和全国计划生育政策的变迁和重点之后，对"独生子女伤残死亡家庭扶助制度"的目标人群估计可分别考虑符合以下各个条件的妇女及其丈夫，并按年龄不同划分以下几种统计口径：

（a）1933 年以后出生；

（b）年龄在 49 岁及以上（或 45 岁及以上，或 40 岁及以上）；

（c）只生育过一个子女；

275

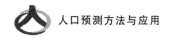

（d）现无存活子女，或独生子女存活但为三级及以上残疾。

在现有数据条件下，若仅从妇女生育史和子女状况研究，实施上述条件的操作存在三个人口统计方面的主要问题。一是对已经死亡的妇女，其独生子女夭折、伤残情况的统计就被遗漏了。二是包括了曾经违反生育政策但目前无孩或只有一个残疾子女的情况，导致存在高估的可能性。三是没有考虑妇女及其丈夫婚姻变动、子女收养、符合政策生育两个及以上孩子但目前无孩或只有一个残疾子女等特殊情况。所幸这些因素涉及的人群并不大，且有些因素的影响可在一定程度上相互抵消。

二　主要研究内容

（一）基础数据研究

为了实现全国独生子女伤残死亡家庭扶助制度研究目标，需要按独生子女结构和独生子女父母结构分类的基础数据。而迄今为止[①]，我国任何大规模调查都没有独生子女、独生子女父母属性的调查内容，对独生子女的认定是以独生子女父母光荣证为依据的，而独生子女父母光荣证的获取又受多方面不确定性因素的影响。因此完成上述研究内容，需要从尽可能多的方面对所涉及的研究内容进行论证分析。

数据来源分析与数据质量评价是本项研究工作的基础，是影响整个研究结果可靠程度的重要因素。数据来源分析与数据质量评价包括基础数据需求分析和基础数据质量评估。

基础数据需求分析与所要研究问题的结果产出、统计口径和数据结构密切相关。从需要的研究结果来看，独生子女死亡伤残总量结构估计不仅要求对全国的宏观状况进行预测，而且需要对东部地区、中部地区和西部地区人口构成进行深入细致的分析。

从人口统计口径来看，本项研究以农业和非农业户口类型作为人口构成属性的划分标准，数据本身不仅要满足上述人口属性特征而且要同时满

---

① 2005 年全国 1% 人口抽样调查已经完成，但承接此项目时尚未得到数据。

足地域单元的划分要求。

从数据之间的相互关系和结构上看，研究目标是对独生子女父母总量结构进行测算，而独生子女特征是以父母子女数量和结构作为判断标准的。而目前可获得数据为人口普查汇总数据、人口普查原始抽样数据和相关人口抽样调查数据，因此必须对数据质量和统计口径等原因所带来的研究结果误差范围进行研究和控制。

本项研究结果是为科学决策服务并具有很强的应用性。因此，数据来源和数据结果必须满足丰富、翔实的要求。只有使用高质量的原始数据，正确把握当前人口形势及未来趋势，才能满足研究的需要。

（二）　测算方法研究

测算方法研究是本项研究的核心部分，是原始基础数据加工处理并得到目标结果的重要途径。测算方法的研究过程是对现有方法的评估、改进和丰富的过程。测算方法本身必须具备科学可靠、扬长避短、简洁明了的特征。以实现运算目标为前提，以科学可靠的数学推导和逻辑推理为基础，尽量弥补或纠正数据不足或不准的缺陷。同时，测算方法还应具备简单易行、运算简便、易于复核检查的特征。

本课题的研究对象不同于一般的人口预测，它的研究对象实际上并不是简单而相互独立的个人。本研究的分析单位实际上有两层：第一层是家庭，而家庭是一组特殊亲属关系组合起来的人群；第二层是具有一定特征的家庭中的某一类的人数。本研究所关注的目标人群便是独生子女及其父母。然而，以家庭为分析单位的预测是极为困难的。一方面是由于家庭预测面临统计数据缺乏的问题；而另一方面是由于人口统计预测方法中至今还没有解决以家庭为分析单位的预测技术问题。同时，还要记录父母和孩子的年龄属性等特征。现有的人口预测方法，如一般总和生育率方法（张羚广、蒋正华，1996）、年龄－孩次递进生育率方法（马瀛通等，1986a，1986b）、孩次－间隔递进生育率方法（张二力、路磊，1993）、年龄－孩次－间隔递进生育率方法（Ng，1992）等，都无法完全满足本项研究的需要。

此外，预测中还应考虑以下四个重要因素。一是我国目前正处于城镇化高速发展期，需要考虑人口非农化或城镇化的影响。二是要能够预测妇女的孩次构成，区分 1 孩妇女、2 孩妇女和多孩妇女，以及 1 孩妇女母子年龄分布。三是近些年来，出生性别比普遍严重偏离正常水平，预测未来人口发展必须考虑这个因素。四是母子匹配和母子年龄分布，独生子女母子年龄分布实际是母亲的初育年龄分布。

从目标人群分析的计算方法来看，目标人群测算需要以育龄妇女的孩子数量、孩次结构属性为标识，进而对父母规模进行研究，因此本项研究有别于普通人口预测的特殊性。目标人群测算既要考虑生育水平，又要考虑生育结构和生育进度，同时还要考虑婚姻状态和存活状态。基础数据需求量大，基础参数确定与识别任务繁重。然而，从现有汇总数据来看，无法得到关于独生子女母子分地区以及分农业与非农业的基础数据。因此，在计算方法的研究过程中还必须考虑方法与数据的互补和适应问题。

（三）测算结果分析

本研究将最终测算出三种统计口径下的 2007～2050 年独生子女伤残死亡家庭扶助对象的数量变动情况，即按 40 岁及以上、45 岁及以上和 49 岁及以上。由于生育政策的区域和城乡差异，本研究将给出分农业与非农业、分死亡与伤残、分省份、分东中西部及全国的独生子女死亡伤残母亲人数的预测结果（研究结果见附表）。

第三节　基础数据

本项研究的最终结果是对独生子女死亡伤残家庭目标人群进行测算。人口属性的基本划分维度是以农业户口和非农业户口、独生子女与非独生子女状况作为划分标准。因此所需基础数据必须满足按农业/非农业、曾生子女孩次结构以及分地区的交叉分类要求，而现有汇总数据无法满足测算所需基础数据要求。只有使用原始数据并根据需要重新汇总才能满足上述需要。

　　鉴于研究方法和研究目标所需基础数据的复杂性，本项研究必须使用原始数据进行重新汇总。从现有抽样调查和人口普查原始数据来看，人口抽样调查无法满足大数据量和覆盖全国的基本需求，因此可供选择的原始数据只有1982年"三普"、1990年"四普"和2000年"五普"资料。人口普查数据质量研究和普查事后数据质量抽样调查表明，上述原始数据的质量是"五普"最差。而从数据的现时性来看，"五普"最好，"四普"次之，"三普"最差。因为需要测算的期限为2007～2050年，所以需要在数据质量、研究目标和数据现时性之间进行权衡并做出选择。由于"三普"数据现时性较差，需要测算的年份太多且距开始全面实行计划生育政策执行时间较短，即涵盖已有目标人群数量相对较少，暂不作为测算的主要基础数据考虑。对于"四普""五普"数据优势和劣势，本项研究将从研究目标出发从以下几个方面进行分析和比较。

　　第一，总体数据质量比较。虽然"五普"数据的现时性很好，但"五普"数据质量相对较差，国家统计局公布的"五普"漏报率为1.81%，而"四普"的漏报率则为0.7%。此外，研究表明"五普"0～9岁的漏报以及30～40岁的重报问题严重。因此，从数据的完整性统计指标来看，"四普"数据明显好于"五普"。从数据的准确性来看，以年龄准确率为例，"四普"年龄差错率为3.07%，而"五普"误报率没有公布。相关研究推测结果表明，"五普"的年龄差错率远大于"四普"，因此可以断定"五普"的数据准确性也明显低于"四普"（中国人口信息研究中心，2003）。

　　第二，样本量的比较。国家统计局提供的"五普"原始数据总人口的抽样比为0.95‰，样本人数为118.0万人。"四普"原始数据总人口的抽样比则为1.05%，样本量高达1183.5万人。数据交叉分类后个案数量将大大减少，如果样本数据总体规模太小将无法满足详细分类和统计分析要求。因此，从样本数据规模来看，"四普"数据的优势远远大于"五普"。

　　第三，样本的代表性或有效性比较。样本代表性的比较和分析不仅是将"四普""五普"原始抽样数据分省份代表性和有效性的优劣进行评判，更重要的是通过比较和分析，为确定抽样数据误差和评估数据质量对运算结果产生的影响奠定基础。为了对"四普""五普"原始抽样数据代表性进行比较，本研究通过计算样本数据的误差率来加以分析。样本数据误差率的计算方法是：

$$误差率(\%) = \frac{样本统计 - 总体统计}{总体统计} \times 100\%$$

从年龄结构的误差率来看，"四普"抽样数据的代表性明显好于"五普"。具体各年龄组的误差率分布和累计误差情况见表 10 - 2。从表 10 - 2 可以看到，"四普"男性年龄别累计误差率为 95.41%，女性为 102.89%；而"五普"男性为 385.64%，女性为 382.11%。然而，从误差的年龄别分布差异来看，无论"四普"还是"五普"0 岁人口的误差明显大于其他年龄组，因此在测算分析和参数设定时需要加以调整。总之，从"四普""五普"原始数据抽样误差率比较看，男性数据好于女性，"四普"数据好于"五普"。

表 10 - 2　年龄别原始数据抽样误差率比较

单位：岁，%

年龄	1990 年原始数据抽样误差率			2000 年原始数据抽样误差率		
	合计	男	女	合计	男	女
0	- 8.91	- 8.03	- 8.35	- 14.2	- 12.67	- 15.96
1	- 0.26	0.03	- 0.58	11.07	10.18	12.22
2	- 3.49	- 3.49	- 3.25	0.54	0.58	0.56
3	1.36	1.33	1.43	1.35	2.33	0.24
4	0.48	0.2	0.78	1.94	3.3	0.39
5	- 0.02	- 0.37	0.37	0.85	0.71	1.05
6	- 0.87	- 0.99	- 0.72	3.22	3.75	2.65
7	- 1.15	- 0.75	- 1.55	2.54	3.87	1.06
8	0.03	- 0.08	0.14	4.57	4.15	5.08
9	1.17	1.2	1.17	3.45	4.2	2.65
10	- 2.62	- 2.47	- 2.65	1.25	1.68	0.79
11	2	1.99	2.11	4.83	5.58	4.03
12	- 0.15	- 0.27	- 0.02	4.04	5.35	2.65
13	0.07	- 0.06	0.21	2.72	2.13	3.36

年龄	1990 年原始数据抽样误差率			2000 年原始数据抽样误差率		
	合计	男	女	合计	男	女
14	− 0.54	− 0.34	− 0.75	4.74	5.43	4
15	− 0.1	− 0.36	0.19	0.41	2.54	− 1.86
16	− 0.7	− 0.67	− 0.72	− 0.46	0.25	− 1.21
17	− 0.75	− 0.7	− 0.78	− 3.79	− 2.08	− 5.56
18	− 0.85	− 1.09	− 0.59	− 6.23	− 5.67	− 6.81
19	− 0.93	− 1.12	− 0.71	− 6.4	− 6.66	− 6.14
20	0.44	0.87	0.01	− 11.28	− 11.12	− 11.46
21	− 1.22	− 0.74	− 1.68	− 8.79	− 9.26	− 8.33
22	3.97	4.5	3.76	− 7.4	− 7.82	− 6.98
23	0.2	0.75	− 0.37	− 6.92	− 7.91	− 5.91
24	0.25	0.21	0.29	− 7.36	− 9.3	− 5.38
25	0.48	0.89	0.05	− 6.79	− 8.79	− 4.74
26	− 0.81	− 0.71	− 0.9	− 6.31	− 8.04	− 4.53
27	2.1	2.28	2	− 4.99	− 5.55	− 4.4
28	5.81	6.36	5.97	− 4.8	− 5.54	− 4.03
29	− 2.06	− 1.88	− 2.16	− 3.66	− 4.18	− 3.11
30	2.73	2.21	3.45	− 4.69	− 7.68	− 1.55
31	− 2.53	− 2.36	− 2.59	− 2.46	− 2.06	− 2.89
32	− 0.65	− 0.5	− 0.82	− 1.76	− 2.79	− 0.67
33	0.33	0.58	0.05	0.79	− 0.78	2.43
34	0.61	0.75	0.47	− 2.19	− 3.32	− 1.01
35	− 0.07	− 0.43	0.33	0.11	− 1.12	1.41
36	0.92	0.97	0.88	− 0.71	− 1.19	− 0.21
37	0.69	0.58	0.83	0.76	− 0.4	1.99
38	0.92	0.67	1.19	4.53	3.5	5.64
39	0.81	0.5	1.16	4.43	2.82	6.07
40	− 1.43	− 1.81	− 0.98	− 2.53	− 3.82	− 1.15
41	3.1	3.06	3.34	1.19	0.94	1.49
42	0.57	0.07	1.11	0.65	− 0.95	2.41
43	0.68	0.94	0.4	2.84	2.21	3.54
44	− 0.04	0.17	− 0.28	3.61	2.86	4.39
45	0	− 0.81	0.89	2.5	1.42	3.65
46	0.38	0.4	0.36	4.61	3.58	5.69
47	− 0.78	− 1.05	− 0.47	4.44	5.18	3.67
48	− 1.11	− 0.89	− 1.33	3.7	3.69	3.7
49	2.26	2.31	2.3	4.48	4.77	4.17
50	0.61	0.64	0.58	2.75	2.09	3.43

续表

年龄	1990 年原始数据抽样误差率			2000 年原始数据抽样误差率		
	合计	男	女	合计	男	女
51	− 1. 34	− 1. 44	− 1. 2	7. 32	6. 35	8. 39
52	1. 64	1. 99	1. 29	3. 86	3. 56	4. 18
53	0. 64	0. 79	0. 48	4. 26	4. 49	4. 02
54	0. 39	0. 23	0. 56	3. 3	3. 15	3. 46
55	0. 21	− 0. 23	0. 68	5. 26	4. 82	5. 73
56	− 0. 89	− 0. 77	− 1. 01	4. 34	4. 1	4. 62
57	1. 05	1. 41	0. 66	4. 25	5. 52	2. 91
58	− 0. 92	− 1. 44	− 0. 34	5. 36	2. 7	8. 21
59	− 1. 38	− 1. 3	− 1. 44	5. 05	5. 94	4. 11
60	1. 91	2. 47	1. 39	2. 3	2. 37	2. 25
61	− 0. 93	− 1. 12	− 0. 71	4. 6	2. 33	7. 02
62	0. 16	0. 19	0. 14	3. 21	4. 58	1. 74
63	− 0. 01	− 0. 5	0. 5	4. 47	6. 65	2. 13
64	0. 21	− 0. 05	0. 48	2. 73	3. 35	2. 08
65	− 0. 12	− 0. 31	0. 07	5. 5	5. 9	5. 08
66	− 0. 38	0. 19	− 0. 93	6. 09	5. 73	6. 44
67	0. 77	0. 59	0. 97	4. 49	6. 96	1. 92
68	− 1. 2	− 0. 95	− 1. 4	2. 84	2. 35	3. 31
69	0. 21	− 0. 39	0. 78	4. 19	3. 88	4. 49
70	0. 12	− 0. 47	0. 68	3. 12	4. 46	1. 77
71	0. 63	0. 45	0. 82	3. 65	2. 2	4. 98
72	1. 1	0. 66	1. 51	5. 67	4. 41	6. 8
73	0. 01	− 0. 33	0. 31	4. 54	5. 61	3. 5
74	− 0. 31	0. 25	− 0. 73	3. 05	6. 23	0. 15
75	1. 97	3	1. 25	2. 97	2. 34	3. 43
76	− 0. 31	− 0. 37	− 0. 23	3. 86	5. 68	2. 25
77	1. 33	1. 9	0. 96	4. 56	4. 94	4. 14
78	− 0. 54	0. 56	− 1. 3	5. 72	9. 99	2. 25
79	2. 04	0. 11	3. 48	4. 65	2. 46	6. 18
80	− 0. 14	0. 72	− 0. 66	7. 8	8. 95	6. 83
81	0. 8	0. 59	0. 98	0. 38	2. 37	− 1. 15
82	− 1. 29	0. 46	− 2. 24	3. 81	3. 57	3. 79
83	− 0. 27	− 0. 53	− 0. 08	4. 42	17. 08	− 3. 76
84	2. 56	1. 1	3. 48	− 0. 53	0. 08	− 1. 09
85	1. 03	1. 11	1. 08	− 39. 03	2. 76	− 49. 64
累计*	93. 82	95. 41	102. 89	383. 77	385. 64	382. 11

* 对各个误差率取绝对值求和。

从育龄妇女年龄别曾生子女数的代表性来看，"四普"数据也远远好于"五普"（见表 10 - 3）。"四普"的累计误差率为 99.39%，远远低于"五普"的累计误差率 490.22%。尤其是峰值生育年龄（20～30 岁）的抽样误差率，"四普"抽样数据更是远远优于"五普"，其累计误差率分别为 33.55% 和 174.74%。

表 10 - 3 育龄妇女年龄别曾生子女数原始数据抽样误差率比较

单位：岁，%

年龄	1990 年	2000 年	年龄	1990 年	2000 年
15	33.1404	- 100.00	34	0.3262	- 1.628
16	2.7678	54.0943	35	0.2035	- 2.591
17	- 2.313	- 17.951	36	0.7135	0.8454
18	- 4.29	- 6.895	37	0.7491	- 3.336
19	- 3.788	10.4542	38	1.0864	- 20.147
20	- 6.778	28.5104	39	1.0137	- 0.386
21	- 7.121	22.1994	40	- 1.131	2.2242
22	- 0.246	15.7762	41	3.1039	7.1723
23	- 2.922	26.7763	42	0.9925	12.3892
24	- 1.203	13.6497	43	0.2517	- 1.468
25	- 1.184	18.1774	44	- 0.35	2.5744
26	- 1.701	14.1942	45	0.7942	4.4756
27	1.5176	13.3218	46	0.2838	- 1.103
28	5.2583	9.025	47	- 0.591	- 1.204
29	- 2.425	9.4562	48	- 1.437	- 7.994
30	3.1897	3.649	49	2.0796	- 5.203
31	- 2.811	9.4614	50	0.4402	- 33.432
32	- 1.089	- 6.356	累计*	99.39	490.22
33	- 0.1	2.1045			

* 对各个误差率取绝对值求和。

从分地区总人口的代表性来看，"五普"数据抽样代表性稍好于"四普"（见表 10 - 4）。"四普"的累计误差率为 222.56%，略高于"五普"的累计误差率 217.99%。

表 10 - 4　分地区原始数据抽样误差率比较

单位：%

地区	1990 年			2000 年		
	总人口	农业人口	非农业人口	总人口	农业人口	非农业人口
北　京	- 3.48	- 0.11	0.15	4.13	- 45.46	153.98
天　津	22.55	23.44	24.93	2.71	- 38.09	125.75
河　北	- 5.67	- 11.35	- 6.76	3.93	14.83	- 23.97
山　西	5.26	- 19.76	0.02	3.98	2.65	6.52
内蒙古	2.88	35.2	13.4	2.67	- 12.09	45.59
辽　宁	5.19	- 2.73	2.75	4.06	- 24.37	90.95
吉　林	10	- 9.38	3.29	- 1.66	- 25.44	70.24
黑龙江	8.7	- 1.46	5.21	- 2.51	- 32.03	86.16
上　海	7.82	9.25	10.51	1.36	- 52.56	163.73
江　苏	- 1.34	2.22	- 0.9	1.88	- 1.97	16.03
浙　江	0.8	- 4.11	- 0.1	3.89	8.65	- 10.87
安　徽	13.23	25.41	14.64	0.51	9.23	- 24.86
福　建	8.2	14.43	9.22	- 1.13	4.89	- 20.21
江　西	14.24	13.73	13.95	- 8.19	- 7.3	- 14.98
山　东	- 5.56	- 9.98	- 6.36	4.77	13.7	- 16.44
河　南	- 2.53	- 4.71	- 3.06	3.78	15.34	- 30.27
湖　北	- 4.88	18.05	- 0.5	- 14.01	- 19.08	0.67
湖　南	- 1.8	1.6	- 1.5	1.03	7.11	- 18.71
广　东	- 0.82	- 17.58	- 4.49	- 10.8	- 13.3	- 4.09
广　西	1.18	1.04	0.94	23.34	31.69	- 10.17
海　南	- 11.03	68.37	5.57	- 83.51	- 91.07	- 60.23
四　川	- 4.9	- 12.9	- 6.31	- 4.13	3.13	- 26.52
贵　州	- 4.69	- 29.52	- 8.12	2.86	14.65	- 39.15
云　南	- 5.54	13.19	- 3.45	2.88	14.86	- 37.53
西　藏	13.64	- 46.31	5.15	- 3.42	13.71	- 49.35
陕　西	- 0.72	- 2.36	- 1.13	1.71	5.56	- 11.42
甘　肃	3.32	4.41	3.31	2.24	9.87	- 21.37
青　海	32.37	- 2.2	22.98	3.26	1.05	4.74
宁　夏	- 14.39	- 40.36	- 20.67	6.32	1.38	15.9
新　疆	- 5.81	2.94	- 2.33	7.33	- 1.85	33.61
累　计*	222.56	448.1	201.69	217.99	536.9	1233.99

* 对各个误差率取绝对值求和。

　　从农业、非农业人口的代表性来看，"四普"数据抽样代表性仍好于"五普"（见表10－4）。"四普"各地区农业人口的累计误差率为448.1%，而"五普"的累计误差率则为536.9%。

　　总之，独生子女伤残死亡目标人群测算的运算过程是以育龄妇女的孩次、年龄结构和生育孩子孩次、年龄结构为基础进行分析、判断和推算的，即通过育龄妇女生育孩子的人口属性来进行推算的，是以育龄妇女的孩子状态作为标识和依据来研究家庭户（父母）状况，运算所需基础数据涉及各年龄组的数据质量。因此，最终结果受人口的年龄结构数据质量影响很大。整个测算误差将会因数据按属性匹配、对应误差和本身误差双重放大或折中。所以，在考虑数据质量时，女性年龄结构及相关特征数据质量评判是关系到整个运算结果科学性的关键问题。

　　通过上述比较分析，本项研究决定采用的基础数据以"四普"为主、"五普"为辅；同时以其他来源的数据，如2001年全国计划生育/生殖健康调查数据、2005年全国1%人口抽样调查数据作为必要的参考和补充。

　　以"四普"数据作为整个目标人群测算的基础数据，"四普"数据的质量和数据调整将是整个研究测算的基础。从"四普"数据的分类抽样比来看，男性抽样比为1.047925，略高于女性抽样比1.045917；农业人口抽样比为1.038887，略低于非农业人口抽样比1.078879；从抽样的年龄分布来看，0岁组低于其他各组（见表10－5、表10－6）。由于0~2岁抽样比较低，且抽样误差率较大，将会对初始预测推断产生一定影响。同样，农业人口抽样比低于非农业人口，如不进行数据纠偏其结果将会造成初始推断低估总体规模的现象。

　　由于"四普"抽样数据的质量和代表性明显好于"五普"，本研究决定直接采用1990年作为预测基期，从"四普"1%抽样数据中汇总1990年总人口性别年龄结构和育龄妇女的曾生孩次结构，然后乘以"四普"100%资料汇总的人口数后得到预测用的基期人口结构性数量。这种处理办法可以在相当程度上解决抽样比不完全相同的问题。

表 10 - 5   1990 年原始数据年龄别人口抽样比

年龄（岁）	男性抽样比	女性抽样比	合计	年龄（岁）	男性抽样比	女性抽样比	合计
0	0.963794	0.958549	0.961317	33	1.054011	1.046427	1.050365
1	1.048288	1.039815	1.044284	34	1.055768	1.050873	1.053402
2	1.011396	1.011956	1.011662	35	1.043370	1.049338	1.046242
3	1.061838	1.060910	1.061394	36	1.058119	1.055116	1.056665
4	1.050059	1.054039	1.051968	37	1.053976	1.054570	1.054264
5	1.044051	1.04976	1.046787	38	1.054980	1.058382	1.056629
6	1.037511	1.038432	1.037952	39	1.053123	1.058064	1.055517
7	1.040050	1.029670	1.035076	40	1.028968	1.035662	1.032153
8	1.047104	1.047383	1.047238	41	1.079991	1.080892	1.08042
9	1.060501	1.058196	1.059390	42	1.048705	1.057531	1.052904
10	1.022087	1.018174	1.020201	43	1.057817	1.050104	1.054147
11	1.068738	1.067942	1.068353	44	1.049709	1.043035	1.046507
12	1.045049	1.045715	1.045372	45	1.039425	1.055239	1.046955
13	1.047348	1.048127	1.047725	46	1.052115	1.049726	1.050986
14	1.044362	1.038039	1.041296	47	1.036903	1.041041	1.038858
15	1.044111	1.047892	1.045949	48	1.038624	1.032016	1.035493
16	1.040886	1.038389	1.039669	49	1.072134	1.069997	1.071127
17	1.040604	1.037711	1.039195	50	1.054667	1.051976	1.053394
18	1.036542	1.039750	1.038104	51	1.032823	1.033353	1.033072
19	1.036187	1.038508	1.037317	52	1.068773	1.059361	1.064376
20	1.057035	1.046001	1.051591	53	1.056224	1.050964	1.053745
21	1.040167	1.028382	1.03438	54	1.050311	1.051815	1.051027
22	1.095117	1.085197	1.090282	55	1.045529	1.053078	1.049151
23	1.055774	1.042047	1.049079	56	1.039847	1.035313	1.037692
24	1.050143	1.048934	1.049556	57	1.062686	1.052859	1.058018
25	1.057301	1.046480	1.052037	58	1.032826	1.042343	1.037363
26	1.040473	1.036552	1.038561	59	1.034299	1.030833	1.032653
27	1.071808	1.066815	1.069395	60	1.073776	1.060464	1.067386
28	1.114618	1.108348	1.111554	61	1.036180	1.038479	1.037296
29	1.028216	1.023335	1.025816	62	1.049878	1.047344	1.048649
30	1.071043	1.081976	1.076284	63	1.042728	1.051155	1.046829
31	1.023238	1.018787	1.021120	64	1.047416	1.050949	1.049153
32	1.042695	1.037377	1.040169	65	1.044708	1.046686	1.045705

年龄 （岁）	男性抽样比	女性抽样比	合计	年龄 （岁）	男性抽样比	女性抽样比	合计
66	1.049879	1.036207	1.042958	77	1.067860	1.055993	1.061061
67	1.054110	1.056031	1.055088	78	1.053779	1.032315	1.041314
68	1.037941	1.031228	1.034505	79	1.049128	1.082346	1.068793
69	1.043791	1.054084	1.049125	80	1.055508	1.039049	1.045504
70	1.042954	1.052980	1.048231	81	1.054081	1.056116	1.055344
71	1.052635	1.054462	1.053610	82	1.052703	1.022480	1.033657
72	1.054881	1.061724	1.058563	83	1.042386	1.045128	1.044150
73	1.044442	1.049201	1.047029	84	1.059423	1.082314	1.074464
74	1.050494	1.038264	1.043733	85	1.059508	1.057171	1.057892
75	1.079371	1.058983	1.067992	合计	1.047925	1.045917	1.04695
76	1.044017	1.043546	1.043752				

表 10－6　1990 年原始数据各地区人口抽样比

地　区	农业人口抽样比	非农业人口抽样比	总人口抽样比
北　京	1.002739	1.077678	1.048569
天　津	1.273178	1.331754	1.307916
河　北	0.979954	0.956381	0.976145
山　西	1.093577	0.865740	1.047201
内蒙古	1.068845	1.458640	1.187252
辽　宁	1.092785	1.049388	1.075766
吉　林	1.142771	0.977636	1.081424
黑龙江	1.129307	1.063131	1.101547
上　海	1.120178	1.178680	1.156961
江　苏	1.024930	1.102880	1.037508
浙　江	1.047210	1.034571	1.045903
安　徽	1.176368	1.353011	1.200199
福　建	1.124070	1.234586	1.143467
江　西	1.186821	1.226958	1.192986
山　东	0.981121	0.971247	0.980414
河　南	1.012602	1.028040	1.014875
湖　北	0.988227	1.273583	1.041745
湖　南	1.020171	1.096099	1.031236
广　东	1.030382	0.889189	0.999929
广　西	1.051158	1.090116	1.056755

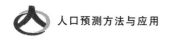

地　　区	农业人口抽样比	非农业人口抽样比	总人口抽样比
海　南	0.924326	1.816475	1.105263
四　川	0.987979	0.939731	0.980916
贵　州	0.990148	0.760393	0.961914
云　南	0.981309	1.221149	1.010871
西　藏	1.180596	0.579265	1.100851
陕　西	1.031444	1.053418	1.035123
甘　肃	1.073367	1.126496	1.081552
青　海	1.375202	1.055120	1.287539
宁　夏	0.889447	0.643410	0.830576
新　疆	0.978513	1.110641	1.022585
全　国	1.038887	1.078879	1.046950

预测将根据其他较可靠的 20 世纪 90 年代生育水平作为预测参数进行"打靶"，先预测至 2000 年，保证使其预测总人口基本上吻合 2000 年的公布数。然后，以此性别年龄结构和育龄妇女孩次结构为基数，继续完成全部预测。

对预测基数还需要说明的是：西藏人口数量占全国的比重很少，对全国的影响可以忽略不计。更重要的是，西藏农村地区没有计划生育的政策规定，不可能界定"计划生育家庭"。在普查抽样资料中，西藏的样本太少，难以得到测算所需要的数据。在这种情况下，我们无法测算西藏的有关数据。尽管如此，我们认为，这并不影响我们对全国总体形势的分析把握。

第四节　模型与算法

残疾或死亡发生率与年龄密切相关，因此，全国独生子女伤残死亡家庭扶助制度目标人群的认定涉及独生子女父母和独生子女两代人，目标人群的测算不同于现有任何人口模型。目标人群的测算是以独生子女父母的生育历史为基础、以孩子的属性为条件的人口群体估计方法。

根据此次研究测算的目的，人口预测的生育模型将采用年龄别孩次递进生育模型。这一模型是由马瀛通等中国人口学家在20世纪80年代建立的，并且在2003年计划生育家庭奖励扶助目标人口测算、2004年国家人口发展战略的人口预测中得到过成功应用。通过孩次递进生育模型，人口生育预测既可以模拟不同妇女队列的孩次结构的发展变化，又可以测算出每一年出生人口的孩次结构变化。通过每一年的预测更新以及平均孩次递进间隔分布信息，再进一步将独生子女从孩次为1的出生人口中剥离出来。

本测算与2003年计划生育家庭奖励扶助目标人口测算显著不同的一点是，奖励扶助政策目标人群测算只需要测算出独生子女（以及双女户）父母的总量结构矩阵即可，但是独生子女伤残死亡政策目标人群除了同样需要形成这样的动态数量矩阵以外，还必须保留各年龄（出生队列）父母所生独生子女的代际间隔分布。同时，各年龄独生子女的数量还要与年龄别死亡率、伤残率联系起来估计相应的伤残死亡独生子女的数量分布，然后再进一步关联估计其父母所在年龄组。最后，测算出死亡、伤残独生子女父母总量结构。

测算研究的第一个难点是如何在人口预测中建立独生子女矩阵与其父母矩阵的密切联系；第二个难点是如何应用中国残联2006年残疾人抽样调查的病残和伤残信息，估算独生子女的伤残分布；第三个难点是如何将独生子女伤残分布与其父母联系起来。这三个难点在以往的人口预测中均没有现成、可靠的处理技术和估算模型，需要通过模型研制和结果调试逐步形成和完善，以得到比较合理的测算结果。

为保证研究的科学、严谨、规范、可行，我们采取了模型设计、检验和测算分步实施的研究策略，从图10-1独生子女死亡伤残目标人群测算步骤流程可以看到，本项研究可以具体化为六个测算任务：

第一步：全国独生子女总量结构测算，目的是建立独生子女 母亲年龄二维分布；

第二步：全国按农业、非农业户口分类的独生子女总量结构测算，目的是考虑城镇化过程，分别建立农业与非农业户口独生子女-母亲年龄二维分布；

第三步：全国按农业、非农业户口分类的死亡独生子女总量结构测算，目的是考虑城镇化过程，分别建立农业与非农业户口独生子女-母亲年龄二维分布，同时根据生命表推算死亡独生子女-母亲年龄二维分布；

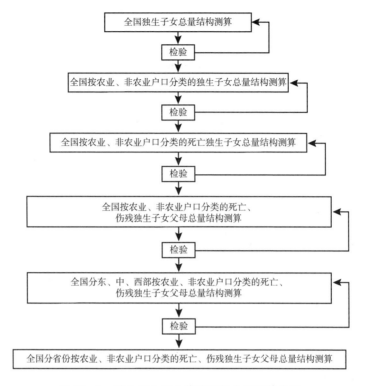

图 10 -1　独生子女死亡伤残目标人群测算步骤

第四步：全国按农业、非农业户口分类的死亡、伤残独生子女父母总量结构测算，目的是考虑城镇化过程，分别建立农业与非农业户口独生子女 - 母亲年龄二维分布的同时，根据年龄别残疾人口比例推算残疾独生子女 - 母亲年龄二维分布，在得到的死亡和残疾独生子女 - 母亲年龄二维分布的基础上，推算死亡和残疾独生子女 - 父亲年龄二维分布；

第五步：全国分东、中、西部按农业、非农业户口分类的死亡、伤残独生子女父母总量结构测算；

第六步：全国分省份按农业、非农业户口分类的死亡、伤残独生子女父母总量结构测算。

从上述过程可以看到，独生子女及其母亲年龄结构二维测算是整个目标人群测算的基础，只有比较科学、准确估计各年度独生子女及其母亲年龄结构二维分布，才能对目标人群估计误差进行有效控制。

一　独生子女及其母亲年龄结构二维分布[①]

（一）预测模型

常规人口预测方法不能胜任此类独生子女及其母亲年龄结构二维分布研究的需要，即使是分孩次的年龄别生育预测也有一定问题。主要是因为这类方法的生育预测以时期年龄别妇女合计人口作为生育预测的基数，完全不考虑该年龄组业已形成的生育孩次结构。

采用孩次递进预测方法则可以适应本项研究所需要的主要预测工作。孩次递进预测与一般人口预测的不同之处在于，这种预测是在条件概率生育的基础上进行分孩次的预测。也就是说在预测中，只有尚未生育的妇女才能生育1孩，只有仅生育了一个孩子的妇女才能生育2孩，等等。所以，孩次递进预测可以克服常规人口预测的上述缺陷。因为采用预测概率进行生育预测，预测年份育龄妇女的生育数量实际上是分别按育龄妇女的年龄和孩次类型进行预测的，所以在生育预测完成后便可以进一步严格地根据各交互类别育龄妇女的生育数量来更新育龄妇女的孩次类型分布。

孩次递进预测有三种基本类型：一是孩次－生育间隔递进模型（Feeney，1985；Feeney & Yu，1987），二是年龄－孩次递进模型（马瀛通等，1986a，1986b；马瀛通，1989，1993），三是年龄－孩次－生育间隔递进模型（Ng，1992）。其中，年龄－孩次－生育间隔递进模型需要的基础数据过多过细，仅具有理论分析与研究的价值，几乎没有得到实际应用，也不适于本研究。

有的人口学家认为生育间隔别递进的生育预测的可靠性高于按年龄别递进的生育预测（Ni Bhrolchain，1992）。但是对于我们的特定研究而言，间隔别模型并不好用。比如，由于该模型是按在各孩次上的生育间隔划分育龄妇女，这样一来虽然可以按孩次和递进间隔预测每年出生人数，但按间隔划分的育龄妇女分组中已经不包含育龄妇女的年龄信息，这样便很难

[①]　预测模型中独生子女及其母亲二维年龄结构参数由北京大学社会学系郭志刚教授提供。

追踪某一特定年龄育龄妇女（即队列）的生育孩次分布，并且还给模型的死亡预测部分造成了一定困难。也就是说，这种递进生育模型的注重点是得到更准确的年度分孩次出生人数，而没有考虑提供其他信息。本研究未采用间隔别模型的另一个原因是，我们预测的基础信息来自普查，而普查数据不能提供育龄妇女在特定孩次上的间隔信息。

而后一种年龄－孩次递进生育模型则没有上述缺点。并且，它所要求的基础输入信息可以全部从普查数据中汇总出来。此外，这种方法能够根据各队列妇女的分孩次生育情况不断调整她们的曾生子女数分布。因此，本研究采用年龄－孩次递进预测模型（见第五章）。

实际应用时，应将上述按队列描述的递进生育模型时期化，以分析或预测某个时期或某一年的递进生育情况。在进行人口预测时，总和递进生育率是年龄递进生育预测的基本控制参数，用这个基本参数表示某年的生育水平。利用递进生育模式，可推算得到年龄－孩次递进生育率，然后按照递进生育率与递进生育概率之间的函数关系，推算出年龄－孩次递进生育概率。而孩次－递进生育概率正是预测出生所必需的参数。

关于目标人口的具体预测方法是：独生子女母亲类别的进入条件是由无子女类别妇女经历初育而进入，但如果后来发生了 2 孩生育则又递进至 2 孩类别。

我国在生育政策方面的城乡差异很大，因此预测包括了城乡两个部分。并且，本研究的人口预测考虑了城乡迁移情况，而这种迁移会改变城乡育龄妇女的曾生孩次结构。

（二）年龄－孩次递进预测模型的拓展

由于我们需要得到独生子女－母亲年龄结构二维分布，而从孩次递进生育模型可以看到，需要分孩次把子女年龄和他们所对应的母亲年龄同时记录下来，才能得到独生子女－母亲年龄结构二维分布数据结果。因此，需要对上述模型中的妇女按孩次、孩子年龄、妇女年龄分类，同时，还需要将孩子按孩次、年龄和母亲年龄进行记录。由于需要考察独生子女及其母亲的年龄结构二维分布，只需要把 1 孩（无亲生兄弟姐妹）按年龄和母亲年龄记录即可，即需要形成各年度1孩按孩子年龄－母亲年龄存储的数据矩阵，可以用二维变量$B_{ia}^{(1)}$直观表示，i表示孩子年龄，a表示母亲年龄，上标（1）表示1孩。1孩（无亲生兄弟姐妹）的母亲与孩子存在一一对应关系，因此，也可以对1孩妇女进行类似的记录和表示，即可以用二维变量$W_{ia}^{(1)}$直观表示，i表示孩子年龄，a表示妇女年龄，上标（1）表示1孩。我们可以通过对i求和，将$W_{ia}^{(1)}$与模型$W_{a+1}^{(1)} = W_a^{(1)} - B_a^{(2)} + B_a^{(1)}$中描述的$W_a^{(1)}$相对应，也可以通过对$a$求和得到孩子的年龄分布$B_i^{(1)}$。

在妇女递进生育过程中，可以直接记录妇女的生育年龄和孩次，但在模型$W_{a+1}^{(1)} = W_a^{(1)} - B_a^{(2)} + B_a^{(1)}$中$W_a^{(1)}$所包含的孩子年龄是被合并的，因此为了满足记录独生子女－母亲年龄结构二维分布变动过程，需要通过以下步骤完成模型的扩展：

第一，需要通过母子匹配的方法从原始数据中获得1孩母亲和孩子的年龄结构二维分布，将$W_a^{(1)}$转换为$W_{ia}^{(1)}$或$B_{ia}^{(1)}$；

第二，将新递进的$B_{ia}^{(1)}$记录为$B_{0a}^{(1)}$或$W_{0a}^{(1)}$，即为a岁妇女生育的0岁1孩；

第三，将$B_a^{(2)}$根据生育2孩间隔分布，转换成$B_{ia}^{(2)}$；

第四，经过一轮递进后，将未递进的妇女和孩子、存活妇女－孩子年龄结构矩阵i和a分别增加一岁。

二　死亡独生子女及其母亲年龄结构二维分布

年龄－孩次递进预测模型经过改造和拓展后，我们可以得到各个年度的独生子女的年龄结构，因此，可以得到通过生命表推算的、按母亲年龄分类的不同年龄死亡独生子女人数。因为独生子女和母亲是一一对应的，所以，母亲有独生子女死亡的算法可以表示为$W_{i,a+1}^{(1)} = W_{ia}^{(1)} \times (1 - \frac{L_{i+1}}{L_i})$

$\times \frac{L_{a+1}}{L_a}$，式中$L_i$为$i$岁独生子女存活人年数，$L_a$为$a$岁妇女存活人年数。

由于死亡概率和年龄密切相关，这里独生子女年龄最大记录到30岁，而$W_{ia}^{(1)}$所记录的是独生子女母亲的信息，对应的孩子死亡，应该认为是独

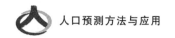

生子女死亡。死亡 1 孩母亲转化为生育 2 孩母亲的比例和规模取决于 2 孩递进概率。

虽然独生子女死亡记录将会受到独生子女母亲和独生子女本人死亡而造成目标人群"丢失"的影响，尤其是年龄较大的独生子女和独生子女母亲死亡的概率相对会大一些，但由于目标人群"丢失"的概率是两个死亡概率的乘积，独生子女母亲和独生子女同时死亡，发生目标人群"丢失"的可能性较小，最大"丢失"人数可以表示为：$W_{i,a+1}^{(1)} = W_{ia}^{(1)} \times$
$(1 - \dfrac{L_{i+1}}{L_i}) \times (1 - \dfrac{L_{a+1}}{L_a})$。

三 伤残独生子女及其母亲年龄结构二维分布

伤残是对健康状态的描述。从概率事件和实际观察的角度看，伤残不仅有发生和不发生的问题，还有什么时候被认定或发现的问题，同时还有严重程度的界定标准问题。因此，伤残与死亡事件明显不同。死亡事件只需要确定发生事件，而发生事件的结果是很容易确定和比较明确的，而且死亡事件还具有单向不可逆的特点。相比之下，确定独生子女伤残总量和结构就显得更加复杂。

虽然伤残与死亡事件不同，但伤残和死亡都与年龄密切相关，或者说，经过认定的年龄别伤残发生的比例与年龄密切相关。从 2006 年全国残疾人抽样调查的汇总数据可以看到，随着年龄的增长，伤残比例不断提高（见图 10 - 2）。

从现有的数据来看，我们只有调查时点登记的人口伤残比例，这是对调查时点人群状态的描述，也是对一个时期积累结果的描述。与生命表推算年龄别死亡发生概率不同，我们无法构造各年度残疾发生的年龄别概率，因此只能用调查时点的比例来代替时期年龄别发生的概率。由于我们已经通过模型获得各年度所需独生子女 - 母亲年龄结构二维分布，可以通过发生比例来计算各年度独生子女目前处于残疾状态的总量和结构。

以残疾发生的比例确定各年度独生子女伤残总量和结构需要的两个基本前提和假设是：第一，假定伤残发生的状态不可逆；第二，假定目前观

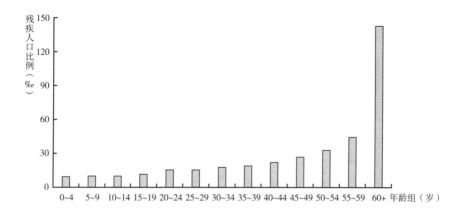

图 10 - 2　年龄别残疾人口比例

注：残疾人口特指在四级残疾人口分类中的一级、二级和三级残疾人口。

察到的年龄别伤残状态的累计分布是比较稳定可靠的。

此外，根据 2006 年全国残疾人抽样调查数据可以估计调查年龄别残疾率的相对稳定性。从残疾发生率的区间估计来看，调查的 5 岁分组的残疾发生率比较稳定（见表 10 - 7）。在 99% 置信水平下残疾发生率均值误差在 5% ~ 10%，具有年龄越小相对误差越大的特点。

表 10 - 7　年龄别残疾发生率的区间估计

年龄组（岁）	年龄别残疾比例	标准差	上限（99%）	下限（99%）
0 ~ 4	0.008598	0.000255	0.009363	0.007834
5 ~ 9	0.009331	0.000246	0.010070	0.008591
10 ~ 14	0.009495	0.000221	0.010158	0.008832
15 ~ 19	0.011402	0.000230	0.012093	0.010711
20 ~ 24	0.014956	0.000320	0.015917	0.013995
25 ~ 29	0.015067	0.000310	0.015998	0.014136
30 ~ 34	0.017357	0.000289	0.018222	0.016491
35 ~ 39	0.019023	0.000279	0.019858	0.018187
40 ~ 44	0.021700	0.000305	0.022617	0.020784
45 ~ 49	0.026488	0.000393	0.027668	0.025309
50 ~ 54	0.032418	0.000405	0.033632	0.031204
55 ~ 59	0.044518	0.000547	0.046158	0.042879
60 +	0.142750	0.000587	0.144510	0.140989

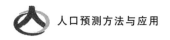

四 伤残死亡独生子女及其父亲年龄结构二维分布

虽然伤残死亡独生子女及其父亲年龄结构二维分布也可以和母亲一样分别建立模型进行推算，但生育史方面的基础数据是按妇女统计登记的，因此独生子女及其父亲年龄结构二维分布只能通过独生子女及其母亲年龄结构二维分布进行推算。这样就需要建立父亲和母亲之间的联系。父亲和母亲之间的联系涉及对婚姻状态的描述。从婚姻关系构成来看，婚姻状态包括未婚、初婚有配偶、再婚有配偶、离婚和丧偶五种状态。对于独生子女母亲来说，可能的婚姻状态包括除未婚外的四种状态，父母联系在一起就可能出现十二种状态。

利用妇女的在婚比例（即有配偶的比例）以及妇女与丈夫的年龄差分布数据可以计算丈夫的人数和年龄构成，即根据妇女的在婚比例可以计算丈夫的人数，然后再根据妇女与丈夫的年龄差分布，推算丈夫的年龄构成。

在离婚率和丧偶率比较低的情况下，初婚有配偶占绝对比例。为了简便和保险起见，将死亡和伤残独生子女 – 父亲年龄结构二维分布简化为死亡和伤残独生子女 – 母亲年龄结构二维分布，并假定父母同时存活，这样一方面夸大了独生子女父亲存活的比例，但另一方面却弥补了独生子女母亲死亡的情况。

第五节 预测参数设定

人口预测所需要的数据可分为预测基数和预测参数两大类。预测基数指预测起始年份的分年龄分性别人口数据，其中，妇女人数还应划分出孩次。预测参数是对预测时期人口出生、死亡、迁移情况的设定。预测参数涉及生育、死亡、人口城镇化、年龄别残疾人口比例等方面。

一 生育参数

据 2001 年全国生殖健康/计划生育调查结果，35～39 岁农业妇女平均生育子女数为 2.1 个，1 孩、2 孩和多孩妇女比例分别为 20.5%、

53.1% 和 25.5%。在现行低生育水平保持稳定的条件下，可设定今后妇女的 1 孩、2 孩和多孩总和递进生育率分别为 0.991、0.787 和 0.255，总和生育率（TFR）为 2.1。

40~44 岁非农业妇女平均生育子女数为 1.30 个，1 孩、2 孩和多孩妇女比例分别为 73.8%、18.6% 和 5.6%。相应设定今后 1 孩、2 孩和多孩总和递进生育率为 0.980、0.242 和 0.056。考虑独生子女结合可以生 2 孩的因素，2010 年总和生育率将提高到 1.7（杨书章、郭震威，2000）。各省（区、市）总和递进生育率的设定见表 10-8。

表 10-8　总和递进生育率设定

地　　区	农业人口			非农业人口		
	1990 年	2000 年	2010 年	1990 年	2000 年	2010 年
北　　京	1.75	1.62	1.84	0.98	1.00	1.68
天　　津	1.97	1.84	1.84	1.03	1.04	1.68
河　　北	2.41	2.19	2.18	1.24	1.29	1.67
山　　西	2.72	2.25	2.24	1.29	1.43	1.64
内　蒙　古	2.54	2.20	2.20	1.39	1.44	1.65
辽　　宁	1.88	1.72	1.94	1.04	1.07	1.70
吉　　林	1.91	1.90	1.99	1.25	1.23	1.72
黑　龙　江	2.16	1.99	1.99	1.15	1.27	1.71
上　　海	1.75	1.56	1.74	1.02	1.01	1.69
江　　苏	1.96	1.61	2.04	1.22	1.22	1.72
浙　　江	1.89	1.72	1.94	1.05	1.20	1.72
安　　徽	2.74	2.40	2.11	1.20	1.32	1.65
福　　建	2.64	2.31	2.10	1.14	1.39	1.67
江　　西	2.89	2.40	2.10	1.26	1.46	1.67
山　　东	2.24	1.98	2.04	1.10	1.34	1.73
河　　南	2.75	2.31	2.10	1.50	1.47	1.67
湖　　北	2.65	2.18	2.10	1.16	1.30	1.67
湖　　南	2.63	2.14	2.09	1.20	1.31	1.67
广　　东	2.81	2.49	2.14	1.36	1.55	1.59
广　　西	2.90	2.54	2.19	1.18	1.43	1.67
海　　南	2.88	2.66	2.38	2.07	1.72	1.74

续表

地 区	农业人口			非农业人口		
	1990 年	2000 年	2010 年	1990 年	2000 年	2010 年
四川(含重庆)	1.97	1.85	2.04	1.07	1.15	1.79
贵　　州	2.92	2.53	2.39	1.39	1.34	1.55
云　　南	2.86	2.36	2.35	1.08	1.22	1.59
陕　　西	2.75	2.29	2.11	1.20	1.32	1.63
甘　　肃	2.68	2.41	2.19	1.17	1.33	1.63
青　　海	2.77	2.26	2.25	1.21	1.59	1.69
宁　　夏	2.88	2.50	2.29	1.20	1.59	1.69
新　　疆	2.74	2.75	2.74	1.57	1.69	1.78

注：各省份参数由国家人口和计划生育委员会郭震威提供。

"五普"数据表明，农业人口的1孩、2孩和多孩出生性别比比"四普"时有较大幅度的上升，分别达到105.1、158.5和166.2。我们在测算中假定，在21世纪头10年能基本遏制出生性别比继续升高的势头，恢复到1990年时的水平；在2020年全国回归正常值（108）。

二　死亡参数

死亡水平比较容易把握。设定2020年农业人口的男性、女性平均预期寿命分别为72.11岁和76.49岁，2050年达到77岁和82岁。

2000~2050年，分省（区、市）的平均预期寿命可按同样的方法设定，见表10-9。

表 10-9　平均预期寿命设定

单位：岁

地 区	农业人口						非农业人口					
	2000 年		2020 年		2050 年		2000 年		2020 年		2050 年	
	男性	女性	男性	女性	男性	女性	男性	女性	男性	女性	男性	女性
北　京	71.34	74.11	74.78	78.15	77.84	81.87	73.89	76.98	76.31	80.24	78.95	83.10
天　津	71.92	74.14	75.18	78.18	78.06	81.90	73.28	76.00	75.94	79.52	78.66	82.72
河　北	70.45	74.51	74.09	78.43	77.45	82.03	71.89	75.88	75.19	79.44	78.07	82.66
山　西	68.64	72.66	72.84	77.06	76.68	81.26	71.38	75.31	74.82	78.95	77.86	82.37

续表

地区	农业人口						非农业人口					
	2000 年		2020 年		2050 年		2000 年		2020 年		2050 年	
	男性	女性	男性	女性	男性	女性	男性	女性	男性	女性	男性	女性
内蒙古	65.58	68.75	70.68	74.67	75.58	80.11	69.70	73.75	73.54	77.91	77.14	81.75
辽　宁	69.42	72.78	73.34	77.18	77.00	81.34	71.50	75.32	74.90	78.96	77.88	82.38
吉　林	70.80	71.10	74.36	76.04	77.64	80.74	69.92	74.43	73.68	78.35	77.22	82.01
黑龙江	66.68	69.00	71.42	74.76	75.92	80.14	69.46	72.92	73.38	77.28	77.04	81.38
上　海	72.99	77.56	75.77	80.52	78.53	83.32	75.45	78.90	77.45	81.32	79.87	83.96
江　苏	69.89	74.74	73.65	78.58	77.19	82.12	73.13	77.08	75.85	80.28	78.59	83.14
浙　江	70.00	73.92	73.76	78.00	77.24	81.78	72.61	77.54	75.51	80.50	78.31	83.32
安　徽	67.95	72.15	72.31	76.75	76.37	81.11	71.09	75.95	74.61	79.47	77.75	82.67
福　建	69.18	73.26	73.18	77.58	76.90	81.54	71.29	76.67	74.77	80.07	77.83	82.97
江　西	65.85	68.35	70.85	74.43	75.65	79.95	70.41	73.82	74.05	77.94	77.41	81.72
山　东	70.63	74.42	74.23	78.34	77.53	82.00	72.38	76.38	75.44	79.82	78.26	82.86
河　南	69.17	73.40	73.17	77.68	76.89	81.58	71.30	76.18	74.74	79.66	77.80	82.78
湖　北	66.50	70.65	71.30	75.75	75.90	80.61	70.43	74.91	74.07	78.67	77.43	82.21
湖　南	66.50	70.65	71.30	75.75	75.90	80.61	70.52	75.13	74.12	78.81	77.48	82.29
广　东	70.80	75.63	74.36	79.23	77.64	82.53	72.81	77.81	75.65	80.65	78.43	83.43
广　西	66.93	69.76	71.57	75.20	76.03	80.36	71.02	74.35	74.54	78.31	77.68	81.97
海　南	69.23	74.81	73.23	78.61	76.95	82.15	71.11	77.29	74.59	80.39	77.73	83.23
四　川 （含重庆）	68.64	72.66	72.84	77.06	76.68	81.26	71.38	75.31	74.82	78.95	77.86	82.37
贵　州	64.31	67.34	69.91	73.80	75.21	79.56	68.06	72.28	72.42	76.82	76.42	81.12
云　南	62.9	66.99	68.90	73.67	74.62	79.43	69.71	74.70	73.55	78.54	77.15	82.14
陕　西	67.53	71.23	71.97	76.13	76.23	80.79	71.22	75.07	74.70	78.79	77.76	82.27
甘　肃	66.93	69.76	71.57	75.20	76.03	80.36	71.02	74.35	74.54	78.31	77.68	81.97
青　海	58.07	62.32	66.43	70.92	73.11	77.84	69.20	74.07	73.20	78.11	76.92	81.83
宁　夏	66.84	70.78	71.54	75.82	76.00	80.62	72.82	75.70	75.66	79.26	78.44	82.56
新　疆	61.51	65.11	68.41	72.67	74.29	78.79	69.08	73.52	73.12	77.76	76.84	81.66

注：各省份参数由国家人口和计划生育委员会郭震威提供。

三　人口城镇化参数

1990 年全国非农业人口比例为 21.1%，2000 年为 24.73%（"五普"结果），平均每年增加 0.36 个百分点。而 2000 年城镇化水平为 36.22%，

10 年间平均每年增加约 1 个百分点。根据党的十六大确定的目标，2020 年我国将全面建成小康社会，城镇化水平将达到 60%，总体达到目前中等发达国家的平均水平，到 21 世纪中叶（2050 年），城镇化水平将达到 80%，总体达到目前发达国家的水平（李培林、朱庆芳，2003）。我国人口城镇化进程的重要特点是，人口非农化滞后于人口城镇化。相应的，我们设定 2020 年非农业人口比重为 40%，2050 年为 60%，基本结束农业人口占多数的历史。

各省（区、市）非农业人口比重设定情况如表 10-10 所示。

表 10-10　非农业人口比重设定

地　　区	2000 年	2020 年	2050 年
北　　京	0.60	0.70	0.85
天　　津	0.55	0.65	0.80
河　　北	0.18	0.35	0.55
山　　西	0.25	0.35	0.55
内　蒙　古	0.35	0.40	0.50
辽　　宁	0.46	0.55	0.70
吉　　林	0.43	0.55	0.68
黑　龙　江	0.47	0.55	0.70
上　　海	0.65	0.75	0.90
江　　苏	0.29	0.55	0.80
浙　　江	0.21	0.55	0.80
安　　徽	0.18	0.35	0.50
福　　建	0.20	0.35	0.55
江　　西	0.23	0.40	0.60
山　　东	0.20	0.40	0.60
河　　南	0.17	0.35	0.50
湖　　北	0.29	0.43	0.60
湖　　南	0.20	0.38	0.55
广　　东	0.27	0.45	0.70
广　　西	0.17	0.35	0.50
海　　南	0.32	0.45	0.65
四川（含重庆）	0.19	0.35	0.50
贵　　州	0.14	0.30	0.45

续表

地　　区	2000 年	2020 年	2050 年
云　　南	0.15	0.30	0.45
陕　　西	0.21	0.38	0.55
甘　　肃	0.19	0.35	0.50
青　　海	0.25	0.35	0.50
宁　　夏	0.27	0.35	0.50
新　　疆	0.30	0.40	0.50

注：各省份参数由国家人口和计划生育委员会郭震威提供。

四　残疾发生率参数

我国残疾人口调查比较少，基础研究也比较薄弱。1949 年以来，我国只有 1987 年和 2006 年进行过两次残疾人口全国性抽样调查。由于残疾人口年龄别发生比例较低，分省份样本量较少，分省份年龄别残疾发生率很不稳定。

从现有抽样调查数据来看，残疾人口年龄别发生比例的高低一方面与年龄大小有关；另一方面与农业、非农业性质不同有关（见图 10－3）。从东、中、西部分地区数据来看，在农业人口中，西部地区年龄别农业人口残疾发生比例最高；在非农业人口中，中部地区年龄别非农业人口残疾

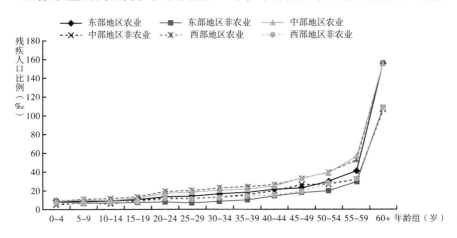

图 10－3　2006 年全国分东、中、西部地区残疾人口比例

发生比例最高。受基础数据的限制和保险起见，各省（区、市）农业人
口残疾发生比例采用西部地区调查结果，非农业人口残疾发生比例采用中
部地区数据，具体参数设定情况见表 10 - 11。

表 10 - 11　年龄别残疾人口比例参数设定

单位：岁，‰

年龄组	农业	非农业
0 ~ 4	9.034566	5.212306
5 ~ 9	11.25793	6.936416
10 ~ 14	11.71936	6.237006
15 ~ 19	13.82546	9.778409
20 ~ 24	19.22699	12.30228
25 ~ 29	20.11784	11.53421
30 ~ 34	22.6443	13.07455

第六节　测算结果及讨论

我们首先测算了 2007 ~ 2050 年各省（区、市）全国独生子女伤残死
亡家庭扶助中母亲的数量变动情况，然后加总、计算得到全国及东、中、
西部的测算结果。

一　全国测算结果

基于上述参数和假定条件，可以按如前所述四种界定方式，即 1933
年以后出生、年龄在 49 岁及以上（或 45 岁及以上，或 40 岁及以上）、只
曾经生育一个子女、现无存活子女，或独生子女存活但为三级以上残疾对
妇女的总量和结构进行估计。按年龄在 49 岁及以上统计口径进行估计可
以得到 2007 ~ 2050 年独生子女死亡、伤残的母亲总量（见图 10 - 4 和图
10 - 5，详细数据结果见附表 10 - 1 和附表 10 - 2）。估计 2007 年 49 岁及
以上全国死亡独生子女的母亲总量在 30 万以内，独生子女死亡扶助目标
人群在 58 万以内。从图 10 - 4 可以看到，死亡独生子女母亲目标人群规

模在 2038 年以前持续增长，2038 年以后开始下降；峰值规模在 110 万左右。那么，死亡独生子女父母目标人群规模估计应该在 220 万以内。估计 2007 年全国 49 岁及以上伤残独生子女母亲总量在 22 万左右，独生子女伤残扶助目标人群在 44 万左右。从图 10 - 5 可以看到，伤残独生子女母亲目标人群规模将比死亡独生子女母亲目标人群规模提前达到峰值，预计 49 岁及以上伤残独生子女母亲目标人群在 2017 年以前持续增长，2017 年以后开始下降；峰值规模在 40 万左右。相应的，伤残独生子女父母目标人群规模估计应该在 80 万以内。从图 10 - 4 和图 10 - 5 还可以看到，40 岁及以上伤残独生子女母亲目标人群与 49 岁及以上目标人群的规模差别同这两种口径下的死亡独生子女母亲目标人群的规模差别明显不同，这主要是由规模估计方法、参数设定和死亡等方面的原因引起的。

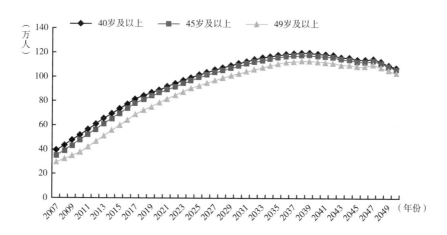

图 10 - 4　全国死亡独生子女母亲人数估计

二　分东、中、西部测算结果

与全国测算一样，可以分东、中、西部测算妇女的总量和结构。从分东、中、西部地区的情况来看，东部地区 2007 年 49 岁及以上死亡独生子女母亲总量在 12.5 万左右，死亡独生子女扶助对象目标人群在 25 万以内。中部和西部地区规模均在 7.5 万左右（见图 10 - 6，详细数据见附表

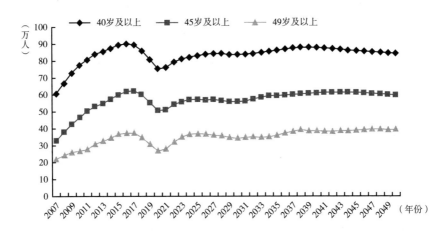

图 10 - 5　全国伤残独生子女母亲人数估计

10 - 3），中、西部地区死亡独生子女扶助对象目标人群合计在 30 万以内。东、中、西部地区 2037 年前后达到峰值，东部地区峰值年份死亡独生子女母亲总量规模达到 35 万左右，扶助对象目标人群达到 70 万左右；中、西部地区峰值总量规模也分别达到 27 万 ~ 30 万，扶助对象目标人群合计达到 120 万左右。伤残独生子女母亲年龄分布与死亡情况略有不同，从分东、中、西部地区的情况来看，东部地区 2007 年 49 岁及以上伤残独生子女母亲总量在 11.5 万左右，伤残独生子女扶助对象目标人群在 23 万左右。中部和西部地区伤残独生子女母亲总量规模也均在 4.5 万左右，中、西部地区伤残独生子女扶助对象目标人群合计在 18 万左右（见图 10 - 7，详细数据见附表 10 - 4）。东、中、西部地区 2017 年前后达到峰值，东部地区峰值年份伤残独生子女母亲总量规模达到 18 万左右，目标人群规模也将达到 40 万左右；中、西部地区峰值总量规模也分别达到 10 万，目标人群规模也分别达到 20 万左右。

　　这里需要说明的是，分东、中、西部或分省份估计的合计数据并不等于基础数据合并估计的全国数据，但两种测算结果相差并不大。例如，2007 年死亡、伤残独生子女母亲人数，分省份合计数分别为 26.83 万、20.06 万，全国直接测算数为 29.42 万、22.03 万。其原因在于分东、中、

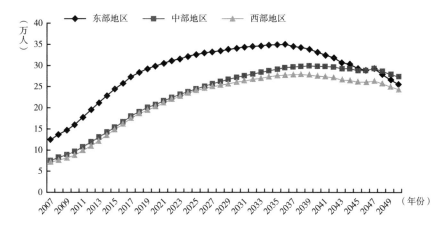

图 10－6　全国东、中、西部地区死亡独生子女母亲人数估计

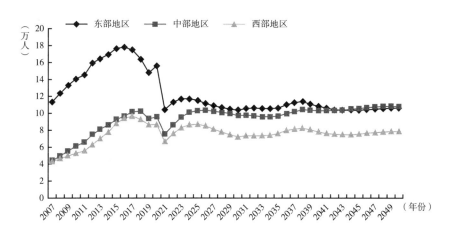

图 10－7　全国东、中、西部地区伤残独生子女母亲人数估计

西部地区或分省份预测参数与全国的平均水平并不完全一致，或需要加权平均。在估计过程中，为了保险起见设定的参数较高，如死亡参数。

三　讨论

　　伤残死亡独生子女家庭目标人群测算是一项非常复杂的研究任务，无论测算方法设计还是数据运算规模都是目前人口预测研究最为复杂的研究项目之一，需要在方法创新的同时，仔细研究预测参数的设置，尤其是在目前直接可供使用的数据比较缺乏的情况下，目标人群的测算更加困难。考虑到数据来源、统计口径和参数设置等方面的原因，本项研究结果与实际情况的可能偏差主要来源于以下几个方面。

第一，抽样基础数据。虽然 2000 年第五次全国人口普查和 2005 年全国 1% 人口抽样调查数据已经公布，但目前可获得的仅为 2000 年人口普查 0.95‰ 原始数据，而且存在比较严重的漏报问题。2005 年可供使用的原始数据的抽样比例为 2‰，其数据质量和较小的样本量都不适合以省级为单位的研究任务，只能作为研究的参考。本项研究采用 1990 年第四次全国人口普查 1% 的抽样数据，难免由于数据的现实性和抽样问题对一些省级单位存在一些偏差。

第二，残疾发生率。2006 年全国残疾人口抽样调查数据是推算残疾人口比例的唯一数据来源，数据质量的高低和代表性的好坏还比较难以评价。如果仅以抽样数据本身的标准差做统计区间估计，如果按目前的年龄别残疾率 99% 的置信水平进行估计的上限和下限进行统计推断，其结果将与目前估计的伤残独生子女母亲规模相差 5%～10%，目标人群也可能相差 5%～10%。

第三，2 孩递进率及 2 孩递进间隔分布。2 孩递进率的高低一方面影响总体生育水平的高低，另一方面影响独生子女总量结构的大小。2 孩递进间隔关系到子女和母亲年龄结构二维分布。实际上育龄妇女在不同年龄上有着不同的 2 孩递进间隔分布，然而由于可得数据规模限制及预测程序的简练，本测算对不同人口子集采用的是相应人口类型汇总的递进间隔分布。

第四，城镇化水平。本项研究根据户口性质将总人口划分为农业人口和非农业人口，并将农业人口视为农村人口，非农业人口视为城镇人口。由于城镇与农村计划生育政策存在明显差别，而且目前城镇和农村实际生育水平也存在明显的差异，对城镇化水平（即假定人口非农化进程的快慢）和城乡生育水平差别大小的估计等会直接影响对独生子女总量结构的判断，并进一步影响到对目标人群的估计。

此外，本研究只给出了伤残、死亡独生子女的母亲人数，没有直接测算父母双方的人数。要测算父母双方的人数，最简单的处理方法是将母亲人数乘以 2。这样处理既存在高估的可能，即妇女平均预期寿命高于男性，年龄较高的妇女（40 岁及以上）人数因此将多于其丈夫人数；也存在低估的可能，即对于父亲在，但母亲不在（去世或离家）的独生子女，对其父亲的统计被遗漏了。两种因素相抵（不考虑抽样及预测参数等其他影响因素），得到的推算结果应该略高于实际情况，是较为保险的估计。

附表 10-1　全国死亡独生子女母亲人数估计

单位：万人

年份	40 岁及以上	45 岁及以上	49 岁及以上
2007	39.53	34.98	29.42
2008	43.52	38.90	32.26
2009	47.68	43.05	34.79
2010	51.99	47.50	37.77
2011	56.40	51.80	42.23
2012	60.78	56.25	46.70
2013	65.11	60.74	51.19
2014	69.35	65.17	55.85
2015	73.45	69.49	59.94
2016	77.34	73.57	64.14
2017	81.44	77.94	68.74
2018	84.34	81.08	72.20
2019	86.84	83.77	75.34
2020	89.20	86.27	78.28
2021	91.74	88.88	81.47
2022	94.39	91.55	84.68
2023	96.62	93.85	87.34
2024	99.15	96.40	90.15
2025	101.41	98.62	92.58
2026	103.64	100.99	94.90
2027	105.51	102.87	96.91
2028	107.47	104.76	98.88
2029	109.24	106.52	100.61
2030	110.93	108.27	102.63
2031	112.44	109.99	104.27

年份	40 岁及以上	45 岁及以上	49 岁及以上
2032	113.94	111.66	105.79
2033	115.31	113.16	107.25
2034	116.76	114.57	108.92
2035	117.71	115.56	110.35
2036	118.64	116.52	111.65
2037	118.79	116.71	112.09
2038	119.29	117.28	112.58
2039	119.28	117.34	112.70
2040	118.58	116.72	112.16
2041	118.14	116.39	111.91
2042	117.49	115.82	111.48
2043	115.54	113.95	109.77
2044	115.24	113.72	109.74
2045	113.60	112.14	108.36
2046	113.41	112.01	108.43
2047	114.71	113.36	109.95
2048	112.08	110.77	107.51
2049	109.31	108.04	104.91
2050	107.15	105.92	102.91

注：基础数据合并测算。

附表 10 - 2　全国伤残独生子女母亲人数估计

单位：万人

年份	40 岁及以上	45 岁及以上	49 岁及以上
2007	60.57	32.78	22.03
2008	67.04	38.13	24.17
2009	73.17	42.80	26.14
2010	77.64	46.64	26.86
2011	80.84	50.56	27.94
2012	83.92	53.12	31.05
2013	85.64	54.88	32.64
2014	87.60	57.40	34.39
2015	89.38	60.06	36.61
2016	90.15	61.93	37.26

年份	40 岁及以上	45 岁及以上	49 岁及以上
2017	89.59	62.35	37.30
2018	86.35	60.06	34.93
2019	80.75	55.39	30.63
2020	75.48	50.80	26.85
2021	76.10	51.06	28.02
2022	79.42	54.22	32.30
2023	81.28	55.99	35.10
2024	82.43	57.07	36.59
2025	83.22	57.25	37.09
2026	84.06	56.82	36.88
2027	84.35	57.09	36.25
2028	84.36	56.66	35.69
2029	83.77	56.01	34.91
2030	83.72	55.79	34.21
2031	83.97	56.22	34.85
2032	84.38	57.51	35.02
2033	84.94	58.55	34.97
2034	85.59	59.43	35.25
2035	86.26	59.32	35.95
2036	86.90	59.66	37.43
2037	87.41	60.02	38.46
2038	87.76	60.40	39.17
2039	87.85	60.73	38.67
2040	87.73	60.99	38.55
2041	87.46	61.20	38.46
2042	87.09	61.33	38.41
2043	86.74	61.46	38.55
2044	86.38	61.47	38.80
2045	86.03	61.35	39.10
2046	85.66	61.14	39.36
2047	85.32	60.86	39.54
2048	85.01	60.52	39.57
2049	84.72	60.13	39.42
2050	84.47	59.71	39.19

注：基础数据合并测算。

附表 10 – 3　全国东、中、西部地区死亡独生子女母亲人数估计

单位：万人

年份	东部地区	中部地区	西部地区	合计
2007	12.39	7.44	7.00	26.83
2008	13.63	8.14	7.56	29.34
2009	14.74	8.79	8.07	31.61
2010	15.98	9.58	8.72	34.29
2011	17.81	10.73	9.78	38.32
2012	19.57	11.87	10.94	42.38
2013	21.27	12.99	12.15	46.40
2014	22.91	14.19	13.51	50.61
2015	24.36	15.34	14.77	54.48
2016	25.79	16.64	16.08	58.52
2017	27.36	18.07	17.45	62.89
2018	28.37	19.08	18.49	65.94
2019	29.32	20.02	19.44	68.79
2020	29.95	20.76	20.23	70.94
2021	30.60	21.58	21.05	73.23
2022	31.21	22.42	21.92	75.55
2023	31.62	23.09	22.64	77.35
2024	32.14	23.82	23.36	79.33
2025	32.53	24.46	23.97	80.96
2026	32.93	25.10	24.48	82.51
2027	33.23	25.65	24.88	83.76
2028	33.53	26.19	25.29	85.02
2029	33.77	26.65	25.65	86.07
2030	34.11	27.16	26.07	87.34
2031	34.33	27.58	26.38	88.29
2032	34.51	27.97	26.66	89.14
2033	34.64	28.34	26.97	89.96
2034	34.86	28.77	27.29	90.93
2035	34.95	29.14	27.59	91.67
2036	34.98	29.48	27.78	92.24
2037	34.54	29.65	27.84	92.03
2038	34.31	29.84	27.84	91.98
2039	33.87	29.88	27.72	91.47

续表

年份	东部地区	中部地区	西部地区	合计
2040	33.05	29.79	27.52	90.36
2041	32.48	29.78	27.29	89.55
2042	31.80	29.70	27.10	88.59
2043	30.65	29.22	26.60	86.47
2044	30.24	29.21	26.48	85.92
2045	29.27	28.81	26.10	84.18
2046	28.91	28.86	26.07	83.83
2047	29.24	29.31	26.28	84.82
2048	27.91	28.57	25.70	82.18
2049	26.63	27.88	24.93	79.45
2050	25.62	27.39	24.32	77.32

附表 10 - 4　全国东、中、西部地区伤残独生子女母亲人数估计

单位：万人

年份	东部地区	中部地区	西部地区	合计
2007	11.33	4.44	4.29	20.06
2008	12.36	4.99	4.67	22.02
2009	13.36	5.58	4.99	23.94
2010	14.09	6.13	5.31	25.54
2011	14.54	6.59	5.58	26.71
2012	15.95	7.51	6.36	29.83
2013	16.46	8.15	7.03	31.64
2014	16.98	8.65	7.79	33.42
2015	17.69	9.29	8.87	35.86
2016	17.81	9.67	9.42	36.90
2017	17.51	10.22	9.71	37.44
2018	16.38	10.24	9.33	35.95
2019	14.80	9.39	8.62	32.81
2020	15.65	9.65	8.72	34.02
2021	10.47	7.58	6.67	24.72
2022	11.32	8.68	7.62	27.62
2023	11.72	9.55	8.32	29.59
2024	11.73	10.11	8.67	30.51
2025	11.52	10.35	8.71	30.58

年份	东部地区	中部地区	西部地区	合计
2026	11.18	10.35	8.53	30.07
2027	10.87	10.24	8.16	29.27
2028	10.72	10.16	7.81	28.68
2029	10.52	10.00	7.48	27.99
2030	10.35	9.77	7.27	27.39
2031	10.59	9.78	7.37	27.74
2032	10.63	9.73	7.37	27.72
2033	10.57	9.62	7.36	27.56
2034	10.55	9.62	7.46	27.63
2035	10.66	9.69	7.65	28.00
2036	11.03	9.97	7.98	28.99
2037	11.30	10.22	8.15	29.67
2038	11.39	10.43	8.25	30.07
2039	11.09	10.39	8.11	29.58
2040	10.84	10.34	7.85	29.02
2041	10.62	10.33	7.65	28.60
2042	10.47	10.36	7.53	28.36
2043	10.39	10.41	7.50	28.30
2044	10.37	10.49	7.53	28.38
2045	10.38	10.57	7.59	28.55
2046	10.44	10.67	7.67	28.79
2047	10.51	10.77	7.76	29.04
2048	10.58	10.83	7.83	29.24
2049	10.63	10.85	7.86	29.35
2050	10.65	10.82	7.86	29.33

附表 10 – 5 北京市 49 岁及以上死亡伤残独生子女母亲人数估计

单位：人

年份	死亡			伤残		
	农业	非农业	合计	农业	非农业	合计
2007	1428	5459	6887	1304	6768	8072
2008	1601	6072	7673	1468	7220	8688
2009	1739	6648	8387	1641	7689	9330
2010	1893	7211	9104	1809	7854	9663
2011	2152	7878	10031	1884	7874	9758
2012	2387	8495	10882	2187	7978	10165
2013	2611	8967	11578	2255	7876	10132

续表

年份	死亡			伤残		
	农业	非农业	合计	农业	非农业	合计
2014	2800	9346	12146	2345	7474	9819
2015	2968	9657	12625	2430	6877	9307
2016	3136	9941	13077	2448	6228	8676
2017	3288	10344	13632	2388	5562	7950
2018	3417	10485	13902	2225	4778	7003
2019	3529	10600	14129	2134	3715	5849
2020	3592	10695	14286	2213	3717	5931
2021	3641	10775	14416	1060	3928	4988
2022	3696	10849	14546	1163	3856	5018
2023	3714	10808	14522	1214	3755	4969
2024	3737	10925	14663	1163	3613	4776
2025	3748	10863	14611	1098	3433	4531
2026	3759	10841	14601	993	3229	4222
2027	3762	10763	14526	902	3024	3926
2028	3776	10713	14488	854	2857	3711
2029	3780	10673	14453	851	2743	3593
2030	3791	10667	14458	851	2685	3535
2031	3799	10621	14421	923	2716	3639
2032	3787	10571	14358	990	2775	3765
2033	3783	10451	14235	999	2824	3822
2034	3771	10465	14236	1016	2854	3870
2035	3777	10301	14077	1076	2896	3972
2036	3756	10270	14026	1144	2968	4112
2037	3685	9982	13667	1180	3006	4186
2038	3594	9777	13372	1168	3020	4189
2039	3518	9354	12872	1091	2973	4064
2040	3414	8727	12141	1036	2893	3929
2041	3325	8370	11695	967	2816	3783
2042	3218	7912	11129	904	2754	3658
2043	3116	7269	10385	864	2707	3572
2044	3015	7128	10142	837	2690	3528
2045	2872	6631	9502	826	2686	3511
2046	2792	6335	9128	817	2699	3516
2047	2758	6538	9296	808	2731	3539
2048	2569	6013	8582	795	2766	3561
2049	2421	5261	7683	774	2799	3573
2050	2255	4935	7191	746	2831	3576

附表 10 – 6　天津市 49 岁及以上死亡伤残独生子女母亲人数估计

单位：人

年份	死亡			伤残		
	农业	非农业	合计	农业	非农业	合计
2007	1077	3900	4977	1001	4560	5561
2008	1172	4365	5537	1084	4951	6035
2009	1260	4785	6045	1142	5263	6404
2010	1350	5217	6567	1249	5315	6564
2011	1519	5735	7254	1267	5312	6579
2012	1680	6210	7890	1470	5366	6835
2013	1859	6584	8442	1532	5237	6769
2014	2025	6900	8924	1688	4919	6607
2015	2172	7168	9340	1885	4506	6392
2016	2313	7425	9738	1978	4034	6012
2017	2454	7696	10150	1996	3564	5559
2018	2576	7835	10411	1928	2888	4816
2019	2690	7916	10606	1915	1906	3821
2020	2766	7984	10751	2039	1839	3878
2021	2841	8038	10879	1138	1973	3111
2022	2905	8091	10996	1252	1896	3149
2023	2955	8079	11034	1286	1804	3090
2024	3014	8108	11122	1272	1690	2963
2025	3057	8091	11148	1240	1556	2796
2026	3097	8069	11165	1180	1432	2612
2027	3133	8055	11188	1119	1328	2447
2028	3158	7990	11148	1097	1247	2344
2029	3181	7937	11118	1044	1194	2239
2030	3219	7908	11127	1023	1177	2200
2031	3233	7892	11125	1057	1230	2288
2032	3235	7831	11066	1048	1295	2343
2033	3223	7801	11024	1002	1338	2340
2034	3226	7825	11050	957	1356	2313
2035	3220	7724	10943	948	1370	2318
2036	3213	7595	10807	966	1407	2373
2037	3172	7423	10595	970	1401	2371
2038	3140	7244	10384	973	1364	2337

续表

年份	死亡			伤残		
	农业	非农业	合计	农业	非农业	合计
2039	3084	6987	10071	934	1310	2245
2040	3015	6526	9542	913	1243	2156
2041	2943	6202	9145	883	1182	2065
2042	2897	5800	8697	851	1138	1989
2043	2807	5367	8174	823	1109	1932
2044	2749	5101	7851	805	1093	1898
2045	2688	4662	7351	799	1093	1892
2046	2635	4560	7195	796	1102	1898
2047	2626	4669	7295	790	1116	1905
2048	2502	4264	6766	780	1131	1911
2049	2408	3791	6198	763	1143	1906
2050	2285	3588	5873	743	1149	1892

附表 10 - 7　河北省 49 岁及以上死亡伤残独生子女母亲人数估计

单位：人

年份	死亡			伤残		
	农业	非农业	合计	农业	非农业	合计
2007	7099	4536	11636	3056	4417	7473
2008	7358	5096	12453	3289	4785	8075
2009	7571	5583	13154	3495	5197	8692
2010	7868	6092	13960	3847	5301	9148
2011	8494	6816	15309	4093	5362	9455
2012	9163	7542	16704	5044	5671	10716
2013	9972	8178	18150	5683	5831	11514
2014	10968	8762	19730	6725	5809	12534
2015	12099	9249	21347	8327	5649	13975
2016	13213	9719	22932	9905	5331	15236
2017	14350	10199	24550	10883	4894	15776
2018	15082	10435	25517	10924	3985	14909
2019	15808	10635	26443	10979	2404	13383
2020	16256	10859	27115	11859	2421	14280

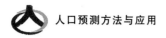
年份	死亡			伤残		
	农业	非农业	合计	农业	非农业	合计
2021	16695	11059	27754	5103	2806	7909
2022	17105	11248	28353	6065	2948	9013
2023	17333	11344	28677	6290	2961	9251
2024	17645	11515	29160	6104	2908	9012
2025	17953	11619	29572	5816	2819	8635
2026	18264	11734	29998	5633	2718	8351
2027	18548	11814	30362	5561	2679	8240
2028	18866	11903	30769	5720	2637	8357
2029	19193	12012	31204	5866	2661	8527
2030	19677	12175	31853	6086	2738	8825
2031	19928	12344	32273	6738	3053	9791
2032	20218	12439	32657	6848	3239	10088
2033	20522	12600	33121	6911	3364	10275
2034	20783	12799	33582	7035	3511	10546
2035	21123	13083	34206	7127	3684	10811
2036	21333	13271	34603	7490	3999	11489
2037	21306	13106	34412	7793	4278	12071
2038	21414	13107	34520	7780	4465	12244
2039	21428	13120	34548	7276	4466	11741
2040	21388	12752	34140	6639	4443	11082
2041	21331	12726	34056	6047	4430	10477
2042	21267	12529	33796	5664	4400	10064
2043	21134	12146	33280	5511	4372	9884
2044	21039	12257	33296	5503	4366	9869
2045	20867	11826	32693	5524	4408	9932
2046	20797	11856	32653	5507	4507	10014
2047	20781	12443	33224	5439	4630	10069
2048	20329	12113	32442	5338	4733	10071
2049	19936	11623	31559	5217	4807	10024
2050	19458	11370	30828	5101	4863	9964

附表 10 - 8　山西省 49 岁及以上死亡伤残独生子女母亲人数估计

单位：人

年份	死亡			伤残		
	农业	非农业	合计	农业	非农业	合计
2007	2616	1994	4610	673	1759	2432
2008	2698	2300	4997	765	2102	2867
2009	2752	2597	5350	895	2395	3290
2010	2847	2940	5787	1099	2600	3699
2011	2985	3385	6370	1231	2804	4035
2012	3118	3840	6958	1427	3141	4567
2013	3257	4270	7527	1547	3388	4935
2014	3466	4671	8137	1693	3536	5229
2015	3727	5012	8740	2032	3584	5616
2016	4108	5333	9442	2405	3444	5849
2017	4556	5679	10235	3023	3221	6244
2018	4848	5831	10679	3531	2712	6243
2019	5076	5987	11063	3844	1832	5675
2020	5181	6136	11317	3905	1833	5737
2021	5338	6302	11640	1954	2105	4059
2022	5538	6460	11998	2405	2139	4544
2023	5673	6556	12229	2814	2153	4968
2024	5848	6691	12539	3131	2134	5266
2025	5997	6779	12776	3353	2106	5458
2026	6157	6877	13034	3476	2077	5553
2027	6273	6955	13228	3490	2026	5517
2028	6418	7032	13450	3477	1982	5458
2029	6550	7124	13674	3455	1974	5429
2030	6699	7211	13910	3417	1980	5396
2031	6814	7290	14104	3420	2047	5467
2032	6917	7348	14265	3359	2102	5460
2033	7000	7439	14439	3266	2157	5423
2034	7083	7514	14597	3202	2243	5445
2035	7154	7609	14763	3122	2334	5456
2036	7174	7691	14865	3041	2457	5498
2037	7140	7768	14909	2942	2556	5499
2038	7146	7863	15009	2822	2643	5465

续表

年份	死亡			伤残		
	农业	非农业	合计	农业	非农业	合计
2039	7147	7883	15030	2642	2661	5304
2040	7126	7817	14943	2490	2710	5200
2041	7106	7754	14860	2363	2760	5122
2042	7080	7704	14783	2269	2808	5077
2043	7009	7587	14596	2215	2861	5076
2044	6964	7438	14402	2189	2922	5111
2045	6861	7224	14085	2194	2991	5185
2046	6834	7249	14083	2209	3072	5281
2047	6760	7426	14186	2221	3150	5372
2048	6622	7166	13787	2232	3227	5458
2049	6490	6928	13418	2247	3283	5530
2050	6393	6728	13121	2246	3331	5577

附表 10－9　内蒙古自治区 49 岁及以上死亡伤残独生子女母亲人数估计

单位：人

年份	死亡			伤残		
	农业	非农业	合计	农业	非农业	合计
2007	1641	2558	4199	435	1786	2220
2008	1775	2967	4742	519	2106	2625
2009	1908	3390	5298	650	2414	3064
2010	2092	3863	5955	833	2679	3513
2011	2426	4514	6940	1009	2920	3929
2012	2777	5183	7960	1326	3336	4662
2013	3215	5817	9032	1525	3669	5195
2014	3708	6425	10133	1822	3895	5717
2015	4160	6935	11095	2219	4036	6255
2016	4659	7389	12048	2418	3905	6323
2017	5141	7875	13016	2555	3624	6179
2018	5502	8204	13706	2478	3032	5509
2019	5876	8567	14444	2358	2122	4480
2020	6120	8924	15045	2351	2423	4774
2021	6384	9281	15664	1176	2978	4154
2022	6681	9630	16311	1478	3186	4664

年份	死亡			伤残		
	农业	非农业	合计	农业	非农业	合计
2023	6923	9885	16807	1718	3286	5004
2024	7165	10158	17323	1871	3305	5177
2025	7366	10370	17736	1946	3244	5189
2026	7551	10569	18120	1923	3099	5023
2027	7724	10736	18460	1859	2928	4787
2028	7911	10882	18792	1833	2769	4603
2029	8082	11003	19085	1844	2641	4484
2030	8273	11177	19450	1848	2526	4374
2031	8431	11324	19755	1929	2555	4484
2032	8562	11398	19961	1955	2565	4520
2033	8672	11524	20196	1937	2560	4497
2034	8752	11597	20349	1908	2587	4495
2035	8823	11730	20553	1835	2595	4430
2036	8854	11725	20578	1793	2635	4427
2037	8852	11822	20674	1725	2661	4386
2038	8830	11795	20626	1645	2662	4306
2039	8806	11746	20552	1531	2568	4099
2040	8780	11676	20456	1480	2518	3998
2041	8750	11576	20326	1467	2466	3934
2042	8698	11517	20215	1478	2438	3916
2043	8627	11190	19818	1518	2430	3948
2044	8573	11126	19699	1549	2445	3994
2045	8462	10863	19325	1582	2485	4066
2046	8380	10764	19145	1612	2552	4164
2047	8305	10933	19238	1641	2624	4265
2048	8115	10550	18665	1651	2697	4348
2049	7948	10078	18026	1655	2750	4405
2050	7738	9760	17497	1656	2779	4435

附表 10 - 10　辽宁省 49 岁及以上死亡伤残独生子女母亲人数估计

单位：人

年份	死亡			伤残		
	农业	非农业	合计	农业	非农业	合计
2007	6619	12261	18880	5160	12293	17453
2008	7391	13977	21369	5685	13611	19296
2009	8016	15554	23571	6296	14879	21175
2010	8696	17021	25717	6918	15424	22342
2011	10058	19238	29296	7142	15436	22578
2012	11425	21336	32762	8573	16440	25013
2013	12892	23172	36064	9274	16781	26055
2014	14357	24745	39103	10344	16531	26875
2015	15731	25960	41691	11775	15792	27567
2016	17036	27063	44099	12731	14465	27196
2017	18350	28199	46550	13108	12825	25934
2018	19401	28690	48092	12915	10263	23178
2019	20466	29038	49504	12550	6217	18767
2020	21118	29350	50467	13200	5721	18921
2021	21828	29605	51433	6266	6113	12379
2022	22468	29874	52341	7042	5940	12982
2023	22978	29889	52867	7393	5763	13156
2024	23408	30057	53465	7349	5464	12813
2025	23778	30029	53808	7032	5079	12111
2026	24165	30067	54232	6580	4660	11240
2027	24591	29993	54584	6269	4399	10668
2028	24923	29894	54817	6356	4271	10627
2029	25149	29726	54875	6326	4124	10451
2030	25439	29683	55122	6203	3973	10176
2031	25549	29545	55093	6331	4214	10546
2032	25560	29407	54968	5976	4353	10329
2033	25538	29194	54732	5414	4357	9772
2034	25513	29490	55003	4935	4297	9232
2035	25569	29137	54706	4705	4347	9052
2036	25491	29078	54569	4928	4526	9454
2037	25193	28286	53479	5097	4650	9747
2038	24926	27940	52865	5185	4617	9802

续表

年份	死亡			伤残		
	农业	非农业	合计	农业	非农业	合计
2039	24571	26908	51479	4962	4441	9402
2040	24096	25815	49911	4689	4293	8982
2041	23631	24739	48370	4371	4182	8553
2042	23116	23684	46801	4156	4058	8213
2043	22507	21843	44350	4130	3919	8050
2044	22139	21125	43263	4227	3806	8033
2045	21508	19454	40962	4341	3764	8104
2046	21116	18276	39392	4413	3807	8220
2047	21026	19935	40961	4420	3898	8318
2048	20077	18066	38144	4379	3989	8368
2049	19239	16184	35423	4313	4079	8392
2050	18284	14845	33129	4245	4141	8386

附表 10-11　吉林省 49 岁及以上死亡伤残独生子女母亲人数估计

单位：人

年份	死亡			伤残		
	农业	非农业	合计	农业	非农业	合计
2007	2538	5280	7818	1492	4472	5964
2008	2799	6102	8901	1699	5164	6862
2009	3045	6919	9964	2010	5799	7809
2010	3338	7743	11081	2526	6255	8781
2011	3811	8894	12705	2791	6543	9334
2012	4324	9991	14315	3328	7197	10525
2013	4906	11079	15984	3757	7556	11313
2014	5602	12028	17630	4315	7752	12066
2015	6330	12832	19162	5210	7621	12830
2016	7055	13612	20666	5962	7179	13141
2017	7768	14325	22093	6626	6582	13208
2018	8431	14728	23158	6958	5301	12260
2019	9054	15077	24131	7073	3155	10228
2020	9447	15407	24853	6904	2952	9856
2021	9839	15689	25527	2814	3488	6302

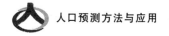

续表

年份	死亡			伤残		
	农业	非农业	合计	农业	非农业	合计
2022	10181	15952	26133	3370	3467	6836
2023	10471	16100	26571	3615	3367	6982
2024	10754	16287	27041	3620	3229	6849
2025	10986	16394	27381	3530	3059	6589
2026	11222	16542	27764	3321	2899	6220
2027	11449	16616	28065	3209	2775	5984
2028	11668	16711	28379	3224	2709	5933
2029	11804	16722	28526	3243	2634	5877
2030	11960	16754	28714	3101	2548	5648
2031	12038	16812	28850	3056	2624	5680
2032	12103	16795	28898	2870	2671	5541
2033	12181	16787	28968	2694	2666	5360
2034	12241	16870	29112	2661	2687	5349
2035	12301	16879	29180	2675	2741	5416
2036	12316	16884	29200	2784	2836	5620
2037	12235	16759	28994	2820	2927	5747
2038	12161	16654	28815	2755	2956	5711
2039	12058	16386	28444	2524	2871	5395
2040	11968	15987	27956	2388	2822	5210
2041	11842	15725	27566	2303	2776	5079
2042	11714	15256	26970	2290	2736	5027
2043	11544	14517	26061	2340	2721	5062
2044	11428	14112	25539	2404	2735	5140
2045	11213	13474	24687	2451	2769	5221
2046	11051	12988	24039	2453	2813	5266
2047	10926	13447	24373	2442	2855	5297
2048	10628	12514	23142	2411	2892	5303
2049	10325	11898	22223	2376	2918	5295
2050	10014	11143	21156	2337	2942	5279

附表 10 – 12　黑龙江省 49 岁及以上死亡伤残独生子女母亲人数估计

单位：人

年份	死亡			伤残		
	农业	非农业	合计	农业	非农业	合计
2007	3687	8658	12346	1688	6765	8453
2008	4113	10047	14160	1950	7768	9718
2009	4516	11464	15980	2311	8801	11112
2010	4981	12913	17894	2866	9582	12449
2011	5662	14874	20537	3161	10136	13297
2012	6356	16868	23224	3678	11190	14868
2013	7099	18728	25827	4027	11964	15991
2014	8028	20442	28471	4450	12312	16762
2015	8932	21824	30755	5261	12272	17533
2016	9931	23095	33026	5859	11580	17440
2017	10890	24258	35148	6556	10571	17127
2018	11724	24930	36654	6880	8554	15434
2019	12519	25506	38025	6880	5239	12119
2020	13027	26044	39071	6543	4960	11503
2021	13613	26543	40156	2346	5805	8151
2022	14210	27009	41219	3186	5764	8950
2023	14711	27255	41966	3760	5696	9456
2024	15146	27584	42730	4008	5494	9503
2025	15493	27650	43143	4025	5167	9192
2026	15828	27785	43613	3840	4775	8615
2027	16154	27813	43966	3641	4446	8087
2028	16455	27813	44267	3569	4186	7755
2029	16664	27729	44393	3515	3926	7441
2030	16902	27709	44611	3409	3670	7079
2031	17054	27612	44667	3400	3660	7060
2032	17142	27414	44556	3295	3635	6930
2033	17226	27256	44482	3096	3555	6651
2034	17276	27240	44516	3002	3508	6510
2035	17318	26941	44259	2914	3554	6469
2036	17275	26767	44042	2910	3628	6537
2037	17138	26465	43602	2840	3686	6526
2038	16985	26110	43094	2739	3695	6434

年份	死亡			伤残		
	农业	非农业	合计	农业	非农业	合计
2039	16843	25425	42268	2524	3576	6100
2040	16643	24812	41455	2417	3531	5948
2041	16419	24189	40607	2353	3489	5843
2042	16190	23495	39685	2353	3461	5814
2043	15905	22125	38030	2399	3444	5844
2044	15694	21554	37248	2468	3465	5933
2045	15380	20536	35915	2524	3524	6048
2046	15131	19664	34795	2571	3628	6199
2047	14921	20071	34991	2589	3748	6337
2048	14493	18843	33336	2580	3863	6443
2049	14085	17377	31462	2554	3959	6514
2050	13725	16276	30001	2515	4027	6542

附表 10-13　上海市 49 岁及以上死亡伤残独生子女母亲人数估计

单位：人

年份	死亡			伤残		
	农业	非农业	合计	农业	非农业	合计
2007	2296	5520	7816	3459	8998	12457
2008	2616	6152	8769	3767	9700	13467
2009	2857	6741	9598	4225	10259	14484
2010	3099	7332	10432	4571	10416	14988
2011	3456	7917	11373	4608	10429	15037
2012	3771	8436	12207	4975	10206	15181
2013	4048	8848	12896	4915	9646	14561
2014	4313	9203	13516	4810	8826	13636
2015	4529	9475	14004	4852	7894	12746
2016	4754	9697	14451	4721	6877	11598
2017	4997	10083	15080	4598	5804	10402
2018	5165	10086	15251	4393	4504	8897
2019	5308	10073	15381	4218	2896	7113
2020	5366	10012	15377	4207	2603	6810
2021	5421	9988	15409	2116	2666	4781
2022	5470	9984	15453	2116	2389	4505

年份	死亡			伤残		
	农业	非农业	合计	农业	非农业	合计
2023	5506	9902	15408	2038	2165	4203
2024	5555	9916	15471	1903	1991	3894
2025	5595	9864	15459	1818	1836	3654
2026	5642	9812	15453	1748	1730	3477
2027	5671	9725	15396	1752	1640	3392
2028	5715	9678	15393	1790	1580	3370
2029	5738	9617	15356	1857	1567	3424
2030	5776	9574	15351	1874	1578	3452
2031	5780	9554	15334	1965	1734	3698
2032	5765	9572	15337	1930	1928	3858
2033	5734	9468	15202	1823	2081	3904
2034	5701	9448	15149	1667	2211	3878
2035	5680	9215	14894	1551	2354	3906
2036	5608	9022	14630	1506	2526	4032
2037	5451	8616	14067	1403	2654	4056
2038	5310	8546	13855	1303	2714	4017
2039	5119	8280	13400	1167	2659	3826
2040	4887	7642	12529	1080	2571	3652
2041	4699	7148	11847	1008	2456	3464
2042	4434	6795	11229	952	2327	3278
2043	4166	5820	9987	931	2194	3125
2044	4047	5405	9451	935	2059	2994
2045	3742	4860	8602	947	1927	2874
2046	3584	4580	8164	959	1816	2775
2047	3529	4370	7899	967	1734	2701
2048	3243	3851	7094	962	1679	2641
2049	3004	3386	6389	966	1651	2617
2050	2832	3238	6069	963	1637	2600

附表 10 - 14　江苏省 49 岁及以上死亡伤残独生子女母亲人数估计

单位：人

年份	死亡			伤残		
	农业	非农业	合计	农业	非农业	合计
2007	17970	7632	25602	16361	8975	25336
2008	19498	8550	28048	17592	9685	27276
2009	20797	9400	30197	18334	10388	28722
2010	22468	10294	32762	19334	10613	29948
2011	24937	11414	36350	19833	10759	30592
2012	27268	12465	39733	21812	11116	32927
2013	29717	13369	43085	22026	11088	33114
2014	32224	14177	46401	23168	10728	33896
2015	34334	14800	49134	25403	10163	35566
2016	36483	15359	51841	26264	9283	35547
2017	38668	15993	54661	26521	8200	34721
2018	40248	16234	56483	25563	6541	32104
2019	41720	16455	58175	24481	4109	28591
2020	42224	16638	58862	25241	4020	29260
2021	42658	16825	59483	9418	4518	13936
2022	43018	17017	60035	9770	4544	14314
2023	43167	17098	60265	9541	4556	14097
2024	43375	17351	60727	8925	4552	13477
2025	43502	17454	60956	8274	4566	12839
2026	43579	17584	61162	7680	4530	12210
2027	43476	17620	61095	7127	4472	11599
2028	43363	17695	61059	6720	4458	11178
2029	43164	17781	60945	6219	4496	10715
2030	42996	17875	60870	5729	4587	10315
2031	42635	17995	60630	5602	4877	10479
2032	42242	18086	60328	5271	5022	10294
2033	41809	18106	59915	4886	5089	9975
2034	41257	18287	59544	4592	5172	9763
2035	40711	18315	59026	4474	5374	9848
2036	40056	18521	58577	4648	5751	10398
2037	38955	18039	56994	4876	6173	11049
2038	37942	17862	55804	4962	6450	11413

续表

年份	死亡			伤残		
	农业	非农业	合计	农业	非农业	合计
2039	36804	17679	54483	4857	6526	11383
2040	35209	16936	52145	4844	6691	11535
2041	33979	16744	50722	4832	6904	11735
2042	32359	16475	48834	4826	7120	11946
2043	30667	15511	46178	4824	7262	12086
2044	29530	15455	44986	4816	7359	12175
2045	28296	14806	43101	4765	7436	12201
2046	27671	14770	42441	4696	7553	12250
2047	26956	15313	42269	4603	7686	12288
2048	25093	14580	39673	4475	7806	12281
2049	23522	13805	37327	4343	7916	12259
2050	21839	13492	35331	4217	8019	12236

附表 10－15　浙江省 49 岁及以上死亡伤残独生子女母亲人数估计

单位：人

年份	死亡			伤残		
	农业	非农业	合计	农业	非农业	合计
2007	8007	4368	12375	6059	5060	11118
2008	8916	4961	13876	6878	5539	12418
2009	9706	5491	15197	7841	6071	13912
2010	10764	6061	16824	8857	6273	15130
2011	12454	6723	19177	9819	6435	16255
2012	14204	7323	21527	11874	6628	18502
2013	16054	7830	23884	13185	6557	19742
2014	17965	8265	26230	14718	6250	20968
2015	19615	8611	28226	16727	5841	22568
2016	21240	8917	30157	17717	5298	23015
2017	22922	9251	32172	18116	4663	22779
2018	24243	9398	33641	17737	3726	21463
2019	25462	9479	34941	17316	2456	19771
2020	26239	9569	35808	17952	2362	20315
2021	27035	9696	36732	9868	2631	12499
2022	27723	9800	37522	10930	2687	13618

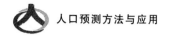

续表

年份	死亡			伤残		
	农业	非农业	合计	农业	非农业	合计
2023	28284	9850	38134	11205	2702	13907
2024	28858	9960	38818	11085	2712	13797
2025	29347	10039	39386	10771	2708	13479
2026	29795	10109	39904	10212	2690	12902
2027	30131	10145	40276	9674	2675	12348
2028	30388	10176	40564	9187	2677	11864
2029	30562	10220	40782	8536	2644	11180
2030	30799	10272	41071	7921	2638	10559
2031	30914	10363	41277	7766	2816	10582
2032	30974	10458	41432	7526	3011	10537
2033	30924	10483	41407	7205	3173	10378
2034	30834	10595	41430	6823	3276	10099
2035	30741	10639	41380	6540	3435	9975
2036	30569	10573	41142	6486	3670	10156
2037	30188	10460	40649	6353	3890	10243
2038	29907	10375	40282	6137	4031	10168
2039	29376	10238	39613	5717	4008	9725
2040	28799	9949	38748	5392	3975	9366
2041	28207	9722	37930	5134	3962	9096
2042	27521	9552	37073	4961	3992	8952
2043	26615	8949	35564	4876	4046	8923
2044	26042	8940	34983	4874	4114	8988
2045	25173	8405	33578	4933	4187	9120
2046	24671	8368	33038	5023	4298	9321
2047	24165	8529	32694	5097	4453	9551
2048	22914	8056	30970	5141	4652	9793
2049	21681	7589	29270	5138	4851	9989
2050	20412	7492	27903	5099	5044	10143

附表 10 – 16　安徽省 49 岁及以上死亡伤残独生子女母亲人数估计

单位：人

年份	死亡			伤残		
	农业	非农业	合计	农业	非农业	合计
2007	5242	3493	8735	1143	3365	4508
2008	5273	3920	9193	1181	3716	4898
2009	5306	4301	9608	1247	4012	5258
2010	5461	4781	10242	1475	4122	5597
2011	5760	5563	11323	1767	4305	6072
2012	6073	6306	12379	2307	4963	7270
2013	6495	6982	13477	2804	5385	8189
2014	7129	7630	14759	3470	5616	9086
2015	7840	8162	16003	4562	5711	10274
2016	8915	8689	17604	5672	5540	11212
2017	10327	9260	19586	7494	5268	12762
2018	11538	9598	21136	9520	4625	14145
2019	12673	9934	22607	11396	3378	14774
2020	13608	10242	23850	12772	3524	16297
2021	14614	10584	25198	11094	4100	15194
2022	15613	10871	26484	12697	4298	16995
2023	16503	11108	27611	13944	4326	18271
2024	17431	11360	28792	14772	4322	19095
2025	18325	11572	29897	15189	4230	19419
2026	19185	11806	30991	15345	4103	19448
2027	19972	11965	31937	15261	3972	19233
2028	20800	12123	32923	15127	3884	19011
2029	21516	12290	33806	14873	3793	18667
2030	22201	12390	34591	14404	3685	18089
2031	22769	12507	35276	13982	3680	17662
2032	23339	12651	35990	13504	3678	17182
2033	23874	12749	36623	13128	3708	16836
2034	24398	13003	37401	12835	3796	16631
2035	24896	13132	38028	12636	3916	16552
2036	25331	13273	38604	12631	4114	16746
2037	25696	13392	39088	12649	4370	17019
2038	26142	13418	39560	12725	4660	17385

续表

年份	死亡			伤残		
	农业	非农业	合计	农业	非农业	合计
2039	26512	13481	39993	12769	4881	17650
2040	26858	13219	40077	12811	5101	17912
2041	27178	13272	40450	12956	5310	18267
2042	27517	13227	40744	13160	5536	18696
2043	27766	12789	40555	13375	5753	19128
2044	28057	12778	40835	13570	5954	19525
2045	28288	12547	40835	13721	6131	19852
2046	28550	12881	41431	13829	6292	20121
2047	28668	13728	42396	13890	6448	20338
2048	28557	13117	41674	13876	6582	20458
2049	28446	12648	41093	13775	6693	20468
2050	28271	12382	40653	13582	6767	20349

附表 10－17 福建省 49 岁及以上死亡伤残独生子女母亲人数估计

单位：人

年份	死亡			伤残		
	农业	非农业	合计	农业	非农业	合计
2007	2447	2645	5092	821	2633	3454
2008	2544	3012	5556	935	2945	3880
2009	2603	3345	5947	1058	3251	4309
2010	2699	3707	6406	1154	3393	4546
2011	2883	4191	7074	1267	3514	4781
2012	3062	4653	7715	1529	3788	5318
2013	3302	5066	8368	1654	3906	5559
2014	3619	5420	9039	1921	3920	5841
2015	4039	5729	9768	2371	3807	6178
2016	4561	6035	10596	2969	3615	6585
2017	5200	6351	11551	3611	3403	7014
2018	5643	6536	12178	4166	2966	7131
2019	6099	6700	12799	4459	2186	6645
2020	6422	6891	13313	5042	2256	7298
2021	6795	7071	13866	2261	2589	4850
2022	7188	7244	14432	2902	2682	5584

年份	死亡			伤残		
	农业	非农业	合计	农业	非农业	合计
2023	7537	7343	14880	3439	2742	6181
2024	7928	7496	15424	3762	2714	6475
2025	8331	7596	15928	4014	2682	6695
2026	8722	7698	16420	4208	2647	6855
2027	9070	7773	16843	4350	2578	6928
2028	9374	7847	17221	4413	2507	6920
2029	9648	7883	17531	4319	2403	6722
2030	9997	7966	17963	4196	2303	6499
2031	10316	8030	18347	4356	2329	6685
2032	10615	8093	18709	4456	2380	6836
2033	10903	8170	19073	4476	2432	6908
2034	11157	8255	19412	4491	2489	6980
2035	11382	8252	19635	4399	2562	6961
2036	11551	8314	19864	4318	2651	6970
2037	11641	8337	19978	4159	2737	6896
2038	11771	8315	20085	4019	2839	6858
2039	11915	8228	20143	3758	2834	6592
2040	12008	8095	20103	3660	2884	6544
2041	12108	7997	20105	3622	2919	6540
2042	12206	7706	19912	3627	2966	6593
2043	12222	7494	19716	3634	3032	6666
2044	12277	7425	19702	3649	3101	6750
2045	12273	7113	19386	3654	3180	6835
2046	12350	7107	19457	3662	3283	6945
2047	12387	7401	19788	3661	3400	7060
2048	12299	7043	19343	3659	3512	7171
2049	12258	6713	18972	3645	3633	7278
2050	12152	6444	18596	3611	3737	7348

附表 10 – 18　江西省 49 岁及以上死亡伤残独生子女母亲人数估计

单位：人

年份	死亡			伤残		
	农业	非农业	合计	农业	非农业	合计
2007	2447	2754	5200	336	2253	2588
2008	2469	3187	5657	381	2580	2961
2009	2484	3606	6090	442	2959	3401
2010	2512	4051	6563	536	3202	3738
2011	2595	4656	7251	607	3401	4008
2012	2703	5302	8006	749	3780	4529
2013	2839	5908	8747	899	4107	5006
2014	3147	6487	9634	1071	4293	5364
2015	3553	7002	10555	1491	4374	5865
2016	4171	7475	11646	1999	4262	6261
2017	5065	7930	12995	2794	4038	6832
2018	5783	8212	13995	3761	3435	7195
2019	6404	8488	14892	4421	2339	6760
2020	6884	8772	15656	4571	2372	6943
2021	7533	9078	16611	2995	2808	5803
2022	8240	9389	17629	3880	2981	6861
2023	8927	9653	18580	4707	3128	7834
2024	9720	9951	19671	5408	3257	8665
2025	10519	10217	20736	6030	3384	9414
2026	11296	10475	21771	6537	3474	10011
2027	12034	10667	22701	6917	3520	10437
2028	12665	10841	23506	7186	3499	10685
2029	13241	10962	24203	7163	3396	10559
2030	13839	11106	24945	7007	3229	10236
2031	14386	11221	25607	6955	3123	10078
2032	14932	11321	26253	6847	3051	9899
2033	15485	11428	26912	6762	2985	9747
2034	15974	11520	27494	6769	2972	9740
2035	16472	11631	28103	6669	2972	9640
2036	16895	11706	28600	6670	3035	9705
2037	17265	11845	29110	6616	3130	9747
2038	17616	11827	29444	6584	3279	9863

续表

年份	死亡			伤残		
	农业	非农业	合计	农业	非农业	合计
2039	17899	11822	29721	6408	3325	9733
2040	18165	11662	29827	6169	3380	9549
2041	18392	11673	30066	5982	3441	9423
2042	18602	11658	30260	5847	3505	9352
2043	18778	11251	30030	5776	3575	9351
2044	18943	11301	30244	5746	3672	9419
2045	19071	11011	30083	5755	3778	9533
2046	19197	10949	30146	5791	3917	9708
2047	19311	11268	30579	5850	4081	9931
2048	19340	11090	30431	5906	4255	10161
2049	19304	10715	30019	5938	4433	10372
2050	19326	10512	29838	5940	4605	10546

附表 10 - 19　山东省 49 岁及以上死亡伤残独生子女母亲人数估计

单位：人

年份	死亡			伤残		
	农业	非农业	合计	农业	非农业	合计
2007	14206	5903	20109	9672	6362	16034
2008	15256	6636	21892	10410	6935	17345
2009	16180	7314	23494	11293	7477	18771
2010	17323	8024	25347	12522	7682	20205
2011	19316	9113	28430	13261	7800	21060
2012	21187	10108	31295	15711	8459	24169
2013	23067	10980	34047	16612	8676	25288
2014	24960	11731	36691	17937	8617	26554
2015	26650	12362	39012	19960	8337	28297
2016	28145	12949	41094	20907	7835	28743
2017	29812	13616	43428	20567	7184	27751
2018	31121	13970	45090	19455	6093	25548
2019	32496	14302	46799	19596	4310	23906
2020	33252	14629	47881	21928	4459	26388
2021	34110	14923	49033	11760	5111	16871
2022	34929	15213	50142	14309	5272	19582

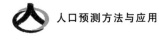

续表

年份	死亡			伤残		
	农业	非农业	合计	农业	非农业	合计
2023	35597	15393	50991	15953	5363	21317
2024	36336	15680	52016	16848	5344	22192
2025	36964	15814	52778	17101	5175	22276
2026	37560	15941	53501	16737	4890	21627
2027	38079	16009	54087	16202	4557	20760
2028	38586	16121	54706	15903	4319	20222
2029	38996	16195	55191	15432	4164	19596
2030	39458	16357	55815	15009	4086	19095
2031	39717	16502	56219	14988	4272	19259
2032	39974	16616	56590	14801	4480	19281
2033	40152	16692	56844	14568	4668	19237
2034	40350	17010	57360	14425	4870	19295
2035	40611	17126	57738	14552	5179	19731
2036	40567	17444	58010	15034	5638	20673
2037	40195	17263	57458	15294	6065	21358
2038	39904	17131	57034	15298	6360	21657
2039	39572	17068	56640	14729	6374	21103
2040	38958	16705	55663	14243	6393	20636
2041	38394	16487	54881	13790	6476	20266
2042	37812	16219	54030	13378	6614	19992
2043	37055	15431	52486	13063	6740	19803
2044	36699	15400	52098	12882	6855	19738
2045	35973	14945	50917	12795	6985	19779
2046	35579	14977	50556	12808	7216	20024
2047	35378	16052	51430	12830	7522	20353
2048	33969	15155	49124	12834	7850	20684
2049	32795	14484	47279	12764	8146	20910
2050	31617	14077	45694	12623	8382	21005

附表 10 - 20　河南省 49 岁及以上死亡伤残独生子女母亲人数估计

单位：人

年份	死亡			伤残		
	农业	非农业	合计	农业	非农业	合计
2007	8151	4160	12312	2238	3714	5952
2008	8351	4718	13069	2450	4141	6591
2009	8542	5210	13752	2775	4655	7430
2010	8915	5791	14706	3497	4886	8383
2011	9485	6730	16215	4143	5168	9311
2012	10043	7594	17637	5106	5978	11084
2013	10659	8391	19050	5772	6440	12212
2014	11596	9154	20750	6516	6693	13210
2015	12662	9775	22437	8038	6789	14827
2016	13934	10379	24313	9542	6529	16072
2017	15375	11054	26429	11519	6143	17662
2018	16442	11449	27891	13053	5262	18315
2019	17564	11933	29497	14385	3737	18122
2020	18432	12472	30904	15649	4257	19906
2021	19494	13055	32548	11496	5313	16809
2022	20664	13643	34308	14190	6037	20227
2023	21675	14017	35692	16789	6577	23367
2024	22775	14425	37200	18823	6753	25576
2025	23875	14806	38681	20060	6688	26748
2026	24996	15207	40203	20684	6563	27247
2027	26047	15477	41524	20986	6388	27374
2028	27098	15791	42889	21222	6115	27337
2029	28130	16011	44141	21113	5789	26903
2030	29209	16310	45519	21009	5495	26504
2031	30092	16545	46636	21082	5411	26493
2032	30899	16805	47704	20988	5456	26444
2033	31659	17073	48733	20596	5521	26118
2034	32476	17386	49862	20275	5652	25927
2035	33356	17760	51115	20218	5882	26100
2036	34087	18135	52222	20767	6334	27101
2037	34627	18280	52907	21207	6842	28049
2038	35236	18503	53739	21498	7311	28810

年份	死亡			伤残		
	农业	非农业	合计	农业	非农业	合计
2039	35757	18615	54371	21213	7495	28708
2040	36228	18597	54824	20954	7744	28698
2041	36659	18699	55358	20712	8042	28755
2042	37025	18871	55897	20474	8357	28831
2043	37338	18499	55837	20218	8629	28847
2044	37685	18894	56579	20033	8902	28935
2045	37905	18588	56493	19916	9181	29097
2046	38234	18964	57198	19904	9536	29440
2047	38371	20066	58437	19893	9938	29831
2048	38178	19385	57562	19857	10326	30183
2049	38055	19033	57089	19758	10658	30416
2050	37994	18933	56927	19582	10891	30473

附表 10-21　湖北省 49 岁及以上死亡伤残独生子女母亲人数估计

单位：人

年份	死亡			伤残		
	农业	非农业	合计	农业	非农业	合计
2007	4923	7838	12760	1485	7217	8702
2008	5077	8945	14022	1627	8085	9712
2009	5211	9924	15135	1756	8868	10624
2010	5484	11163	16647	2078	9178	11256
2011	5849	12759	18608	2362	9698	12061
2012	6237	14249	20486	2744	10600	13344
2013	6634	15536	22170	3025	11031	14056
2014	7225	16711	23937	3354	10974	14328
2015	7915	17676	25591	4083	10617	14699
2016	8904	18666	27570	4831	9814	14646
2017	10102	19735	29837	6086	8967	15053
2018	11067	20347	31414	7324	7557	14881
2019	11955	20864	32819	8219	4980	13199
2020	12604	21268	33872	8661	4865	13526
2021	13296	21634	34930	5709	5567	11275
2022	13972	21948	35920	6869	5513	12382

续表

年份	死亡			伤残		
	农业	非农业	合计	农业	非农业	合计
2023	14596	22171	36767	7800	5328	13128
2024	15241	22409	37649	8569	5125	13694
2025	15878	22554	38432	8968	4799	13766
2026	16504	22715	39219	9107	4446	13553
2027	17069	22767	39836	9068	4107	13175
2028	17681	22817	40498	9029	3869	12898
2029	18198	22819	41018	8971	3732	12704
2030	18742	22829	41571	8818	3604	12421
2031	19262	22807	42069	8823	3626	12448
2032	19793	22873	42666	8841	3699	12540
2033	20307	22872	43179	8937	3768	12705
2034	20844	23004	43848	9163	3883	13046
2035	21422	22877	44299	9434	4031	13465
2036	21951	22989	44940	9876	4243	14119
2037	22355	22630	44985	10240	4461	14700
2038	22821	22371	45192	10546	4682	15227
2039	23176	21939	45116	10649	4785	15435
2040	23462	21446	44907	10574	4832	15406
2041	23746	20993	44738	10488	4899	15387
2042	23983	20465	44448	10383	4978	15361
2043	24067	19355	43422	10264	5063	15326
2044	24224	18982	43205	10124	5145	15270
2045	24322	17929	42250	9965	5230	15195
2046	24493	18320	42813	9774	5308	15082
2047	24469	18672	43140	9546	5386	14932
2048	24310	17337	41647	9285	5446	14731
2049	24092	16109	40201	8995	5465	14459
2050	23966	15523	39489	8682	5450	14132

附表 10 - 22 湖南省 49 岁及以上死亡伤残独生子女母亲人数估计

单位：人

年份	死亡			伤残		
	农业	非农业	合计	农业	非农业	合计
2007	5976	4653	10629	1658	4144	5802
2008	6132	5258	11389	1780	4544	6324
2009	6235	5831	12066	1934	4973	6908
2010	6435	6473	12908	2219	5213	7433
2011	6868	7438	14306	2405	5416	7821
2012	7294	8388	15682	2910	6053	8963
2013	7829	9242	17071	3263	6486	9749
2014	8549	10004	18553	3799	6652	10450
2015	9526	10643	20169	4678	6602	11280
2016	10860	11291	22151	5769	6287	12056
2017	12495	11912	24407	7384	5916	13300
2018	13592	12284	25876	8902	5002	13904
2019	14556	12606	27161	9536	3471	13006
2020	15166	12888	28054	9199	3492	12691
2021	16001	13203	29204	4278	3971	8249
2022	16965	13500	30465	5939	4101	10040
2023	17783	13727	31510	7316	4152	11468
2024	18610	13999	32609	8254	4178	12432
2025	19363	14167	33530	8797	4088	12885
2026	20046	14365	34411	8959	3935	12894
2027	20711	14500	35211	8810	3768	12578
2028	21400	14621	36021	8768	3707	12475
2029	22043	14706	36749	8752	3648	12400
2030	22862	14870	37732	8717	3586	12303
2031	23574	15052	38626	9176	3716	12892
2032	24212	15171	39382	9429	3829	13258
2033	24835	15261	40096	9461	3888	13349
2034	25459	15430	40889	9565	3990	13555
2035	26104	15507	41611	9661	4147	13808
2036	26672	15652	42323	9981	4400	14381
2037	27127	15746	42873	10257	4670	14927
2038	27649	15883	43532	10480	4939	15419

续表

年份	死亡			伤残		
	农业	非农业	合计	农业	非农业	合计
2039	28053	15803	43856	10449	5106	15556
2040	28348	15573	43921	10198	5254	15452
2041	28635	15494	44129	9974	5432	15406
2042	28859	15315	44174	9785	5629	15414
2043	28991	14703	43694	9646	5807	15453
2044	29192	14811	44003	9564	5977	15541
2045	29284	14511	43795	9483	6119	15602
2046	29462	14590	44052	9389	6257	15646
2047	29574	15375	44949	9255	6398	15654
2048	29340	14781	44121	9077	6525	15601
2049	29166	14155	43321	8847	6622	15468
2050	28920	13752	42673	8573	6694	15268

附表 10－23　广东省 49 岁及以上死亡伤残独生子女母亲人数估计

单位：人

年份	死亡			伤残		
	农业	非农业	合计	农业	非农业	合计
2007	5025	4562	9588	1206	4721	5927
2008	5115	5095	10211	1374	5276	6650
2009	5207	5610	10818	1582	5737	7320
2010	5395	6188	11584	1873	5993	7867
2011	5719	6871	12591	2364	6297	8662
2012	6114	7531	13645	3192	6696	9889
2013	6583	8105	14688	4044	6913	10958
2014	7138	8624	15761	5111	6938	12050
2015	7722	9100	16821	6414	6831	13246
2016	8549	9601	18149	7689	6672	14361
2017	9563	10332	19894	9430	6584	16014
2018	10303	10809	21111	11043	6471	17514
2019	10997	11311	22308	12834	6078	18912
2020	11675	11768	23443	14870	7071	21941
2021	12392	12242	24634	13934	8090	22024
2022	13161	12721	25882	15295	8563	23858

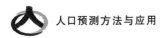

年份	死亡			伤残		
	农业	非农业	合计	农业	非农业	合计
2023	13785	13086	26871	16409	8983	25392
2024	14469	13496	27965	17035	9173	26208
2025	15144	13860	29004	17336	9153	26489
2026	15844	14246	30090	17510	9057	26567
2027	16506	14573	31079	17672	8937	26609
2028	17225	14926	32151	17860	8875	26735
2029	17944	15259	33203	17988	8826	26814
2030	18677	15640	34317	18126	8843	26969
2031	19305	15986	35292	18283	8718	27001
2032	19971	16342	36314	18250	8711	26961
2033	20617	16773	37391	18287	8813	27100
2034	21233	17119	38352	18430	9055	27485
2035	21820	17421	39241	18594	9403	27997
2036	22276	17647	39923	18845	9830	28675
2037	22612	17814	40426	18814	10217	29031
2038	23028	18059	41087	18626	10598	29224
2039	23362	18227	41589	18075	10741	28816
2040	23671	18138	41809	17551	10977	28528
2041	23948	18275	42223	17074	11221	28295
2042	24178	18404	42582	16622	11472	28094
2043	24316	18198	42514	16191	11726	27917
2044	24438	18234	42672	15729	12003	27732
2045	24505	18112	42617	15256	12295	27551
2046	24602	18447	43049	14799	12614	27413
2047	24609	18851	43460	14386	12929	27315
2048	24379	18589	42968	14029	13236	27265
2049	24095	18194	42289	13713	13562	27275
2050	23702	18036	41738	13436	13844	27280

附表 10 – 24　广西壮族自治区 49 岁及以上死亡伤残独生子女母亲人数估计

单位：人

年份	死亡			伤残		
	农业	非农业	合计	农业	非农业	合计
2007	3549	2917	6466	732	2507	3239
2008	3598	3294	6892	796	2799	3596
2009	3642	3658	7300	867	3033	3900
2010	3786	4063	7850	911	3184	4095
2011	4084	4584	8668	1157	3325	4482
2012	4446	5101	9547	1647	3590	5237
2013	4953	5575	10528	2146	3806	5952
2014	5604	5982	11586	2886	3905	6791
2015	6271	6318	12589	3848	3877	7726
2016	7071	6634	13705	4750	3671	8420
2017	8040	6963	15002	5746	3417	9163
2018	8832	7127	15959	6670	2881	9551
2019	9474	7256	16730	7435	2182	9617
2020	10141	7394	17535	7378	2200	9578
2021	10843	7556	18399	7900	2450	10350
2022	11662	7727	19389	8692	2493	11185
2023	12444	7842	20286	9548	2574	12121
2024	13285	8003	21287	10299	2613	12913
2025	14115	8149	22264	10922	2677	13599
2026	14917	8295	23212	11453	2713	14166
2027	15707	8389	24096	11851	2788	14639
2028	16556	8542	25097	12240	2880	15120
2029	17354	8650	26004	12636	3003	15638
2030	18128	8785	26913	12893	3085	15978
2031	18818	8884	27702	13100	3199	16299
2032	19564	9001	28565	13119	3284	16403
2033	20317	9180	29498	13203	3397	16600
2034	21019	9349	30368	13436	3576	17012
2035	21634	9486	31119	13539	3763	17302
2036	22135	9536	31671	13557	3958	17515
2037	22549	9624	32174	13348	4090	17438
2038	22894	9660	32554	13004	4206	17210

续表

年份	死亡			伤残		
	农业	非农业	合计	农业	非农业	合计
2039	23159	9590	32749	12426	4208	16634
2040	23370	9549	32919	11844	4208	16052
2041	23561	9408	32969	11372	4203	15575
2042	23692	9354	33046	10968	4193	15162
2043	23775	9125	32901	10609	4182	14792
2044	23836	9082	32918	10264	4173	14437
2045	23840	8897	32737	9952	4178	14130
2046	23884	8955	32839	9684	4216	13900
2047	23858	9193	33051	9470	4296	13766
2048	23624	8992	32616	9330	4411	13741
2049	23390	8696	32086	9274	4540	13814
2050	23033	8426	31459	9280	4689	13969

附表 10 - 25　海南省 49 岁及以上死亡伤残独生子女母亲人数估计

单位：人

年份	死亡			伤残		
	农业	非农业	合计	农业	非农业	合计
2007	441	467	907	84	313	397
2008	452	509	962	100	337	437
2009	463	557	1021	123	365	488
2010	480	623	1104	153	395	548
2011	508	703	1211	195	453	649
2012	548	785	1334	257	526	783
2013	579	869	1449	321	588	909
2014	616	938	1554	369	641	1010
2015	652	1005	1658	421	661	1082
2016	703	1070	1773	477	671	1148
2017	789	1149	1938	546	678	1223
2018	838	1199	2037	637	622	1259
2019	882	1258	2140	727	516	1242
2020	926	1308	2234	856	610	1466
2021	971	1361	2332	662	724	1386
2022	1016	1417	2433	755	799	1553

年份	死亡			伤残		
	农业	非农业	合计	农业	非农业	合计
2023	1049	1460	2509	789	858	1647
2024	1088	1527	2615	812	896	1708
2025	1127	1563	2690	819	916	1734
2026	1171	1613	2784	823	932	1755
2027	1211	1664	2875	835	947	1782
2028	1259	1719	2978	858	966	1824
2029	1306	1757	3063	891	998	1889
2030	1353	1823	3176	907	1007	1914
2031	1395	1868	3263	918	1034	1952
2032	1443	1914	3357	929	1050	1980
2033	1483	1968	3451	945	1069	2014
2034	1512	2017	3529	944	1072	2016
2035	1545	2086	3632	934	1077	2010
2036	1567	2106	3673	922	1086	2008
2037	1578	2109	3687	907	1090	1998
2038	1605	2165	3770	892	1087	1979
2039	1628	2187	3814	875	1086	1961
2040	1644	2166	3810	858	1088	1945
2041	1658	2207	3865	845	1107	1952
2042	1671	2217	3888	831	1123	1954
2043	1677	2204	3881	822	1149	1971
2044	1687	2237	3925	811	1173	1983
2045	1686	2270	3956	802	1200	2001
2046	1693	2332	4024	796	1230	2026
2047	1680	2359	4039	784	1264	2047
2048	1666	2333	3999	776	1291	2067
2049	1633	2287	3920	765	1316	2080
2050	1605	2221	3826	756	1334	2090

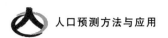

附表 10 - 26　重庆市 49 岁及以上死亡伤残独生子女母亲人数估计

单位：人

年份	死亡			伤残		
	农业	非农业	合计	农业	非农业	合计
2007	5440	5041	10481	3488	4188	7676
2008	5837	5458	11295	3740	4409	8149
2009	6195	5813	12008	3994	4533	8527
2010	6714	6184	12898	4465	4496	8961
2011	7784	6697	14481	4782	4375	9157
2012	9160	7249	16409	5928	4465	10393
2013	10540	7689	18229	7177	4580	11757
2014	12219	8064	20283	8562	4469	13031
2015	13784	8355	22139	10663	4265	14928
2016	15318	8611	23929	11936	3845	15781
2017	16833	9043	25876	12576	3392	15968
2018	18209	9096	27305	12454	2631	15085
2019	19483	9102	28585	12424	1608	14032
2020	20452	9048	29500	12580	1529	14109
2021	21551	9061	30612	8491	1691	10182
2022	22652	9088	31740	9934	1721	11655
2023	23612	8998	32610	10815	1732	12547
2024	24324	9080	33404	11095	1679	12774
2025	24801	9096	33897	10555	1780	12335
2026	25059	9117	34176	9443	1839	11282
2027	25238	9055	34293	7869	1780	9649
2028	25347	9055	34402	6431	1795	8226
2029	25426	9078	34504	5091	1846	6937
2030	25583	9172	34755	4301	2004	6305
2031	25599	9200	34799	4233	2303	6536
2032	25542	9214	34756	4123	2404	6527
2033	25512	9318	34830	3995	2417	6412
2034	25559	9311	34870	4001	2449	6450
2035	25623	9429	35052	4250	2582	6832
2036	25531	9424	34955	4662	2765	7427
2037	25348	9258	34606	4778	2837	7615
2038	25120	9002	34122	4938	2828	7766

续表

年份	死亡			伤残		
	农业	非农业	合计	农业	非农业	合计
2039	24858	8842	33700	4862	2732	7594
2040	24542	8334	32876	4586	2537	7123
2041	24095	7992	32087	4347	2378	6725
2042	23753	7691	31444	4269	2213	6482
2043	23272	7021	30293	4378	2054	6432
2044	22986	6946	29932	4610	1913	6523
2045	22643	6597	29240	4891	1809	6700
2046	22424	6582	29006	5152	1774	6926
2047	22294	6934	29228	5332	1811	7143
2048	21655	6762	28417	5394	1889	7283
2049	20631	6208	26839	5318	1979	7297
2050	19814	5955	25769	5121	2062	7183

附表 10 – 27　四川省 49 岁及以上死亡伤残独生子女母亲人数估计

单位：人

年份	死亡			伤残		
	农业	非农业	合计	农业	非农业	合计
2007	16065	5761	21826	10432	6590	17022
2008	16946	6546	23492	10948	7102	18050
2009	17657	7263	24921	11157	7412	18569
2010	18754	7995	26749	11877	7499	19376
2011	20994	9036	30030	12147	7428	19575
2012	23551	10133	33683	14148	7776	21924
2013	26347	11013	37360	15640	8116	23755
2014	29923	11800	41723	18234	7974	26208
2015	33414	12386	45800	22827	7700	30527
2016	36877	12932	49809	25975	6930	32906
2017	40421	13332	53753	27680	6082	33762
2018	43309	13568	56877	27685	4557	32242
2019	46122	13749	59871	27211	2590	29801
2020	48158	13925	62083	27213	2372	29584
2021	50296	14069	64365	15027	2707	17734
2022	52448	14208	66656	18381	2702	21083

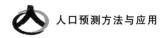

续表

年份	死亡			伤残		
	农业	非农业	合计	农业	非农业	合计
2023	54217	14337	68554	20455	2748	23203
2024	55764	14384	70148	20873	2788	23661
2025	56902	14372	71274	19926	2521	22447
2026	57630	14322	71952	18221	2270	20491
2027	58046	14210	72256	15769	2012	17782
2028	58296	14107	72403	13471	1773	15244
2029	58479	13963	72442	11263	1560	12823
2030	58739	13836	72575	9901	1349	11249
2031	58728	13731	72459	9582	1239	10821
2032	58577	13561	72138	9132	1206	10337
2033	58444	13478	71923	8703	1228	9930
2034	58470	13337	71806	8532	1309	9841
2035	58561	13263	71824	8959	1484	10443
2036	58383	13142	71525	9962	1748	11710
2037	57874	12867	70741	10544	1928	12472
2038	57302	12399	69700	11034	2072	13106
2039	56440	11960	68400	10746	2179	12925
2040	55503	11382	66886	10109	2397	12506
2041	54514	10894	65407	9587	2663	12250
2042	53719	10572	64291	9437	2927	12364
2043	52570	9666	62236	9698	3184	12882
2044	51898	9479	61376	10179	3447	13626
2045	51252	8984	60236	10716	3729	14446
2046	50983	8930	59913	11134	4050	15184
2047	50788	9683	60470	11366	4336	15702
2048	49345	9350	58695	11375	4604	15979
2049	47629	8293	55922	11164	4780	15944
2050	46070	7931	54001	10760	4878	15638

附表 10 - 28　贵州省 49 岁及以上死亡伤残独生子女母亲人数估计

单位：人

年份	死亡			伤残		
	农业	非农业	合计	农业	非农业	合计
2007	2941	1485	4426	434	943	1376
2008	2989	1682	4671	480	1078	1558
2009	3024	1861	4885	545	1173	1717
2010	3146	2071	5217	649	1223	1871
2011	3452	2395	5848	822	1285	2107
2012	3854	2726	6580	1176	1463	2638
2013	4381	3047	7428	1556	1613	3170
2014	5057	3344	8401	2065	1723	3787
2015	5752	3574	9326	2725	1797	4522
2016	6644	3819	10464	3245	1743	4988
2017	7620	4075	11695	3822	1693	5515
2018	8360	4262	12623	4207	1502	5709
2019	9020	4439	13459	4421	1183	5604
2020	9557	4638	14195	4586	1309	5894
2021	10146	4848	14994	3286	1574	4860
2022	10835	5077	15912	3895	1703	5598
2023	11498	5278	16776	4530	1829	6358
2024	12153	5498	17651	5034	1928	6962
2025	12770	5668	18438	5403	1999	7402
2026	13320	5841	19162	5638	2038	7675
2027	13782	6008	19790	5716	2052	7768
2028	14246	6156	20402	5700	2059	7760
2029	14670	6304	20974	5689	2052	7741
2030	15130	6488	21618	5661	2057	7718
2031	15468	6636	22104	5726	2109	7835
2032	15795	6762	22556	5587	2129	7716
2033	16093	6911	23004	5435	2170	7605
2034	16351	7105	23455	5309	2242	7552
2035	16626	7272	23898	5165	2347	7512
2036	16849	7425	24273	5173	2505	7678
2037	17003	7600	24603	5150	2656	7806
2038	17166	7749	24915	5104	2793	7898

年份	死亡			伤残		
	农业	非农业	合计	农业	非农业	合计
2039	17232	7854	25086	5013	2904	7917
2040	17297	8012	25309	4821	2970	7791
2041	17341	8061	25402	4702	3055	7757
2042	17347	8137	25484	4647	3143	7790
2043	17358	8183	25541	4636	3241	7877
2044	17354	8229	25583	4669	3341	8010
2045	17305	8278	25583	4707	3462	8169
2046	17307	8459	25766	4748	3604	8352
2047	17269	8839	26107	4798	3762	8560
2048	17095	8838	25933	4856	3936	8792
2049	16876	8804	25680	4911	4103	9014
2050	16613	8794	25407	4963	4268	9231

附表 10 – 29　云南省 49 岁及以上死亡伤残独生子女母亲人数估计

单位：人

年份	死亡			伤残		
	农业	非农业	合计	农业	非农业	合计
2007	3440	3353	6793	640	2761	3402
2008	3555	3788	7343	702	3029	3731
2009	3649	4210	7860	799	3286	4084
2010	3880	4673	8554	943	3442	4385
2011	4270	5257	9527	1161	3584	4745
2012	4752	5828	10579	1495	3832	5326
2013	5374	6368	11742	1805	3993	5798
2014	6129	6818	12947	2280	4061	6340
2015	6873	7181	14053	2897	3994	6891
2016	7792	7502	15294	3318	3702	7020
2017	8770	7831	16601	3768	3332	7101
2018	9532	7987	17518	4005	2679	6684
2019	10206	8111	18316	4144	1788	5932
2020	10755	8241	18996	4210	1766	5977
2021	11333	8376	19709	2833	2010	4843
2022	11968	8486	20454	3431	2021	5452

年份	死亡			伤残		
	农业	非农业	合计	农业	非农业	合计
2023	12537	8525	21062	3966	1983	5949
2024	13117	8607	21724	4341	1933	6274
2025	13737	8636	22373	4628	1861	6489
2026	14323	8674	22997	4909	1781	6690
2027	14822	8619	23440	5068	1701	6768
2028	15238	8630	23868	5140	1620	6760
2029	15636	8575	24212	5049	1519	6568
2030	16057	8552	24609	4963	1435	6398
2031	16410	8488	24898	4967	1421	6388
2032	16735	8469	25205	4896	1398	6295
2033	17046	8439	25484	4820	1390	6209
2034	17316	8447	25764	4771	1389	6160
2035	17575	8259	25834	4689	1423	6112
2036	17760	8302	26062	4685	1492	6177
2037	17878	8205	26083	4616	1563	6179
2038	18031	8131	26162	4539	1635	6175
2039	18115	7825	25940	4486	1692	6178
2040	18135	7607	25742	4344	1726	6070
2041	18150	7357	25507	4254	1761	6015
2042	18136	7112	25248	4196	1800	5996
2043	18077	6596	24673	4151	1838	5988
2044	18041	6547	24588	4131	1873	6004
2045	17942	6233	24175	4125	1921	6046
2046	17902	6169	24071	4129	1978	6107
2047	17771	6279	24050	4145	2055	6200
2048	17551	5890	23441	4167	2144	6311
2049	17295	5530	22825	4189	2242	6431
2050	16952	5141	22094	4203	2330	6534

附表 10 – 30　陕西省 49 岁及以上死亡伤残独生子女母亲人数估计

单位：人

年份	死亡			伤残		
	农业	非农业	合计	农业	非农业	合计
2007	3344	3052	6396	979	2745	3724
2008	3470	3489	6959	1061	3095	4156
2009	3566	3891	7457	1189	3438	4626
2010	3718	4329	8047	1368	3627	4994
2011	3997	4945	8942	1514	3773	5287
2012	4308	5529	9838	1804	4150	5954
2013	4684	6053	10737	1986	4391	6377
2014	5230	6539	11769	2335	4474	6809
2015	5800	6943	12742	2997	4474	7470
2016	6368	7331	13698	3496	4216	7712
2017	6948	7734	14683	3792	3919	7711
2018	7311	7981	15292	3758	3309	7067
2019	7724	8234	15957	3551	2462	6013
2020	8046	8489	16535	3493	2597	6090
2021	8415	8744	17159	2003	3077	5079
2022	8807	9003	17810	2739	3165	5904
2023	9125	9143	18268	3252	3240	6493
2024	9460	9337	18797	3582	3190	6772
2025	9767	9454	19221	3736	3092	6828
2026	10060	9584	19644	3782	2989	6771
2027	10338	9648	19986	3789	2818	6608
2028	10630	9724	20354	3841	2643	6484
2029	10892	9785	20678	3860	2454	6313
2030	11240	9844	21084	3922	2297	6219
2031	11561	9875	21437	4150	2249	6400
2032	11886	9936	21823	4378	2241	6618
2033	12258	9991	22250	4573	2266	6839
2034	12612	10103	22715	4866	2349	7216
2035	12986	10191	23177	5106	2489	7595
2036	13300	10240	23540	5400	2667	8066
2037	13525	10225	23750	5580	2855	8435
2038	13781	10253	24033	5631	3059	8691

年份	死亡			伤残		
	农业	非农业	合计	农业	非农业	合计
2039	13945	10170	24116	5427	3127	8554
2040	14082	10086	24168	5167	3196	8363
2041	14220	9996	24216	4940	3266	8206
2042	14330	9889	24219	4745	3321	8065
2043	14387	9539	23926	4625	3377	8001
2044	14468	9549	24017	4551	3429	7980
2045	14473	9189	23662	4527	3493	8020
2046	14533	9164	23697	4507	3566	8073
2047	14554	9543	24097	4470	3662	8132
2048	14464	9127	23591	4397	3748	8145
2049	14346	8712	23058	4299	3828	8127
2050	14226	8511	22736	4171	3880	8051

附表 10-31　甘肃省 49 岁及以上死亡伤残独生子女母亲人数估计

单位：人

年份	死亡			伤残		
	农业	非农业	合计	农业	非农业	合计
2007	2090	1914	4005	405	1622	2027
2008	2116	2164	4280	418	1820	2238
2009	2129	2377	4506	453	1987	2440
2010	2181	2655	4836	520	2038	2558
2011	2288	3033	5321	590	2153	2744
2012	2457	3396	5853	737	2390	3127
2013	2706	3748	6454	912	2554	3466
2014	3079	4074	7153	1220	2663	3883
2015	3499	4346	7846	1711	2731	4441
2016	4061	4616	8677	2159	2640	4799
2017	4660	4876	9536	2692	2542	5233
2018	5063	5038	10102	2989	2196	5184
2019	5447	5209	10656	3023	1720	4743
2020	5759	5369	11128	2989	1827	4816
2021	6108	5541	11649	1838	2104	3942
2022	6472	5699	12170	2434	2208	4641

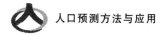

续表

年份	死亡			伤残		
	农业	非农业	合计	农业	非农业	合计
2023	6743	5822	12565	2909	2241	5150
2024	7010	5928	12938	3148	2223	5370
2025	7265	6045	13310	3265	2147	5412
2026	7522	6151	13673	3335	2072	5407
2027	7773	6202	13975	3398	1996	5394
2028	8010	6250	14261	3474	1930	5404
2029	8239	6280	14519	3473	1819	5292
2030	8509	6369	14878	3435	1720	5155
2031	8732	6394	15126	3496	1691	5186
2032	8972	6430	15402	3495	1682	5177
2033	9226	6474	15700	3524	1683	5207
2034	9469	6580	16048	3615	1704	5320
2035	9742	6516	16258	3719	1739	5457
2036	9976	6548	16524	3900	1829	5729
2037	10176	6582	16758	4039	1924	5963
2038	10353	6524	16877	4099	2007	6106
2039	10499	6509	17008	4001	2038	6039
2040	10627	6395	17022	3870	2075	5944
2041	10753	6338	17091	3785	2127	5913
2042	10864	6283	17147	3738	2187	5926
2043	10943	6124	17066	3721	2247	5967
2044	11031	6100	17130	3736	2311	6048
2045	11079	5870	16949	3744	2378	6122
2046	11139	6035	17174	3737	2452	6189
2047	11164	6210	17373	3699	2533	6232
2048	11123	5967	17090	3633	2607	6239
2049	11047	5791	16839	3543	2671	6214
2050	10945	5635	16580	3442	2716	6158

附表 10-32 青海省 49 岁及以上死亡伤残独生子女母亲人数估计

单位：人

年份	死亡			伤残		
	农业	非农业	合计	农业	非农业	合计
2007	460	367	827	64	253	317
2008	474	432	906	75	308	382
2009	489	497	986	82	361	444
2010	523	570	1094	99	400	499
2011	594	686	1279	124	443	567
2012	687	808	1495	167	534	701
2013	783	930	1713	216	611	827
2014	934	1040	1974	270	671	940
2015	1089	1150	2238	369	719	1088
2016	1251	1240	2492	452	741	1194
2017	1485	1340	2824	522	710	1233
2018	1676	1407	3082	620	640	1261
2019	1865	1463	3327	682	494	1176
2020	2011	1523	3533	746	506	1252
2021	2155	1582	3738	556	579	1136
2022	2292	1638	3930	642	593	1235
2023	2425	1690	4115	727	586	1314
2024	2556	1743	4300	798	588	1387
2025	2674	1786	4460	863	581	1444
2026	2803	1834	4638	915	574	1489
2027	2917	1870	4787	968	570	1538
2028	3033	1914	4946	1011	576	1587
2029	3131	1949	5081	1050	580	1630
2030	3235	1981	5216	1068	574	1642
2031	3322	2008	5330	1094	580	1673
2032	3386	2032	5418	1102	584	1687
2033	3461	2052	5513	1095	572	1667
2034	3520	2088	5608	1099	558	1657
2035	3578	2102	5679	1087	550	1638
2036	3617	2140	5757	1081	555	1636
2037	3643	2135	5778	1068	560	1628
2038	3646	2151	5797	1042	570	1612

续表

年份	死亡			伤残		
	农业	非农业	合计	农业	非农业	合计
2039	3656	2159	5815	996	560	1555
2040	3654	2171	5825	961	556	1518
2041	3641	2221	5862	930	562	1492
2042	3625	2185	5810	901	565	1466
2043	3604	2102	5706	877	568	1445
2044	3573	2091	5664	858	572	1430
2045	3540	2043	5583	836	582	1418
2046	3510	2039	5549	818	591	1409
2047	3477	2110	5588	805	602	1407
2048	3413	2050	5462	796	615	1411
2049	3328	1965	5293	787	630	1418
2050	3266	1902	5168	785	644	1429

附表 10 – 33　宁夏回族自治区 49 岁及以上死亡伤残独生子女母亲人数估计

单位：人

年份	死亡			伤残		
	农业	非农业	合计	农业	非农业	合计
2007	290	305	595	19	265	284
2008	290	334	624	23	309	332
2009	289	374	663	28	326	354
2010	291	418	709	39	353	391
2011	308	484	792	49	388	437
2012	335	539	874	82	454	536
2013	370	601	970	122	497	619
2014	426	661	1087	166	535	701
2015	504	716	1221	265	561	826
2016	634	774	1409	360	571	931
2017	755	828	1583	524	567	1091
2018	863	872	1735	624	515	1139
2019	957	904	1861	718	427	1145
2020	1034	950	1984	760	445	1205
2021	1114	1002	2115	562	525	1087
2022	1200	1034	2235	600	566	1165

续表

年份	死亡			伤残		
	农业	非农业	合计	农业	非农业	合计
2023	1289	1075	2365	684	586	1270
2024	1383	1117	2501	781	612	1393
2025	1463	1157	2620	848	627	1475
2026	1534	1197	2731	883	639	1522
2027	1612	1224	2837	885	639	1524
2028	1695	1251	2946	902	641	1542
2029	1779	1280	3059	928	639	1568
2030	1867	1315	3182	956	626	1582
2031	1931	1329	3260	1001	634	1635
2032	2000	1365	3365	999	621	1621
2033	2068	1387	3455	1001	613	1613
2034	2130	1410	3540	996	604	1600
2035	2191	1440	3631	976	603	1580
2036	2233	1444	3677	976	610	1587
2037	2272	1470	3742	957	608	1565
2038	2306	1466	3772	946	612	1558
2039	2337	1483	3820	910	608	1518
2040	2361	1480	3841	861	603	1464
2041	2387	1477	3865	827	606	1433
2042	2398	1507	3906	795	618	1412
2043	2418	1465	3883	779	622	1401
2044	2430	1433	3862	763	641	1404
2045	2438	1460	3898	754	660	1413
2046	2448	1475	3923	751	681	1433
2047	2450	1534	3984	751	704	1456
2048	2450	1472	3923	751	734	1486
2049	2430	1453	3883	760	765	1524
2050	2425	1434	3859	766	795	1560

附表 10 - 34　新疆维吾尔自治区 49 岁及以上死亡伤残独生子女母亲人数估计

单位：人

年份	死亡			伤残		
	农业	非农业	合计	农业	非农业	合计
2007	1854	2111	3965	419	1211	1629
2008	2032	2386	4419	485	1384	1868
2009	2177	2632	4809	592	1603	2195
2010	2372	2941	5314	745	1738	2482
2011	2620	3324	5944	855	1913	2768
2012	2902	3692	6594	991	2153	3144
2013	3256	4078	7334	1055	2335	3391
2014	3605	4449	8054	1215	2484	3699
2015	3919	4752	8671	1411	2631	4042
2016	4258	5044	9302	1502	2608	4110
2017	4612	5364	9976	1562	2545	4107
2018	5157	5536	10692	1568	2256	3825
2019	5513	5724	11237	1836	1848	3683
2020	5802	5955	11757	1948	2004	3952
2021	6012	6132	12144	964	2326	3290
2022	6217	6347	12564	1165	2440	3605
2023	6431	6529	12961	1288	2529	3817
2024	6654	6908	13562	1399	2594	3993
2025	6826	7265	14091	1491	2953	4444
2026	6989	7531	14520	1545	3255	4800
2027	7121	7801	14922	1591	3563	5154
2028	7294	8169	15463	1610	3792	5401
2029	7427	8481	15908	1676	4110	5786
2030	7576	8851	16427	1691	4358	6049
2031	7719	9178	16897	1745	4708	6454
2032	7847	9543	17390	1795	5017	6812
2033	7969	9905	17875	1818	5244	7062
2034	8116	10292	18408	1844	5464	7308
2035	8175	10677	18851	1888	5709	7597
2036	8242	10974	19216	1929	5931	7860
2037	8282	11254	19535	1927	6074	8002
2038	8308	11530	19838	1904	6158	8062

续表

年份	死亡			伤残		
	农业	非农业	合计	农业	非农业	合计
2039	8363	11664	20028	1891	6182	8072
2040	8330	11796	20126	1898	5745	7643
2041	8357	11841	20199	1913	5305	7218
2042	8352	11837	20189	1930	4831	6761
2043	8304	11633	19937	1939	4350	6289
2044	8297	11721	20019	1955	3877	5832
2045	8194	11442	19637	1964	3427	5390
2046	8161	11450	19611	1981	3000	4982
2047	8100	11470	19570	2003	2693	4696
2048	8018	11172	19190	2016	2502	4518
2049	7936	10962	18898	2037	2402	4439
2050	7772	10808	18580	2063	2387	4450

参考文献

国务院人口普查办公室、国家统计局人口统计司编，1993，《中国1990年人口普查资料》，中国统计出版社。

国务院人口普查办公室、国家统计局人口和社会科技统计司编，2001，《2000年第五次全国人口普查主要数据》，中国统计出版社。

国家人口计生委政策法规司编，2003，《全国各省（区、市）人口与计划生育条例及规范文件汇编》，中国人口出版社。

郭志刚，2001，《利用人口普查原始数据对独生子女信息的估计》，《市场与人口分析》1期。

郭志刚、刘金塘、宋健，2002，《现行生育政策与未来家庭结构》，《中国人口科学》第1期。

郭志刚，2005，《2000年人口普查按生育政策类型的人口分析》，载国务院人口普查办公室、国家统计局人口和社会科技统计司编《2000年人口普查国家级重点课题研究报告》，中国统计出版社。

郭震威、郭志刚、王广州，2005，《2003～2050年农村实行计划生育的老年夫妇人数变动预测》，《人口研究》第2期。

李培林、朱庆芳，2003，《中国小康社会》，中国社会科学出版社。

马瀛通，1989，《人口统计分析学》，红旗出版社。

马瀛通，1993，《人口控制实践与思考》，甘肃人口出版社。

马瀛通、王彦祖、杨书章，1986a，《递进人口发展模型的提出与总和递进指标体系的确立》，《人口与经济》第 2 期。

马瀛通、王彦祖、杨书章，1986b，《递进人口发展模型的提出与总和递进指标体系的确立（续）》，《人口与经济》第 3 期。

杨魁孚、陈胜利、魏津生，2000，《中国计划生育效益与投入》，人民出版社。

杨书章、郭震威，2000，《中国独生子女现状及其对未来人口发展的影响》，《市场与人口分析》4 期。

杨书章、王广州，2007，《一种独生子女数量间接估计方法》，《中国人口科学》第 4 期。

姚新武编，1995，《中国生育数据集》，中国人口出版社。

张二力、路磊，1993，《孩次—持续时间生育模型及其在人口预测中的应用》，人口发展前景与对策科学讨论会论文，北京。

张汉湘、武家华、郭震威、吴士勇、郭志刚、王广州，2004，《农村计划生育家庭奖励计划》目标人群测算研究报告，载《中国农村部分计划生育家庭奖励扶助制度：研究报告·测算方案》，中国人口出版社。

张羚广、蒋正华，1996，《人口分析与信息处理技术》，中国统计出版社。

中国现代化战略研究课题组、中国科学院中国现代化研究中心，2003，《中国现代化报告 2003——现代化理论、进程与展望》，北京大学出版社。

中国人口信息研究中心，2003，《90 年代以来生育水平分析课题研究报告》，全国第五次人口普查科学讨论会论文，北京。

Feeney, Griffith. 1985. Parity Progression Projection. In International Population Conference, Florence 1985, Volume 4. Liege, Belgium: International Union for the Scientific Study of Population.

Feeney, Griffith & Jingyuan Yu. 1987. Period Parity Progression Measures of Fertility in China. *Population Studies*, 41 (1).

Ni Bhrolchain, Maire. 1992. Period Paramount? A Critique of the Cohort Approach to Fertility. *Population and Development Review*, 18 (4).

Ng, Siu - Man Ng. 1992. "*Age - parity - duration - specific Measures of Fertility: Application to China.*" Ph. D. diss. , University of Hawaii at Manoa.

第十一章　劳动力与高等教育
人口预测案例

    内容提要： 本章主要包含两个研究案例，第一部分是对劳动力供给和就业人口总量、结构进行预测研究的案例，第二部分是对高等教育人口和就学人口总量、结构进行预测研究的案例。通过两个案例进一步探索除了经典人口预测参数和预测方法以外，为了预测特定人口群体的总量、结构，需要对经典人口预测模型进行拓展，并建立相关的参数估计方法和基本变动规律研究。劳动力供给和就业人口总量、结构预测研究是在劳动年龄人口预测基础上，预测参与劳动就业人口的总量与结构，然后对实际可能就业人口的总量、结构和变化趋势进行预测。高等教育年龄人口研究案例以人口普查数据为基础，以年龄别受教育模式、平均受教育年限和预期受教育年限为主要测量方法，分析中国人口受高等教育的人口总量、结构和存在的主要问题。在此基础上，通过递进人口预测模型，预测全面二孩生育政策条件下中国高等教育年龄人口总量、结构和变动趋势。

    我们生活在充满许多不确定性因素的社会经济环境之中，人口预测条件越复杂，人口的不可预测性越强。正是无限的可能，才使探索充满了挑战和乐趣。与单纯的出生人口数量相比，在教育、就业和健康等社会经济问题研究过程中，人口预测基础研究的重要意义不言而喻。本章试图通过劳动就业和高等教育人口研究，来探讨人口预测模型和参数的构建方法。

第一节　劳动力供给与就业预测[①]

一　研究背景

长期以来，劳动就业问题一直是我国社会经济发展中的重大问题，也是政府与普通百姓所共同关心和面临的棘手问题。劳动力就业压力的增加和减小是经济运行中相关矛盾长期积累的结果，劳动就业问题主要来自持续递增或递减的劳动力供给与经济系统尤其是劳动力市场发育和劳动力配置机制不相协调造成的。就业岗位的稀缺与过剩，始终牵动着社会经济发展的敏感神经。因此，劳动就业问题不仅是一个经济问题，还有可能转变成社会问题，甚至政治或制度安排问题。

协调供给劳动力总量、结构与经济系统总量及内部结构之间的关系，是一个长期、复杂的系统工程。研究劳动就业问题是一个首先要把经济系统和人口系统运行机制、运行过程和相互作用关系搞清楚，然后才有可能从自发系统调节过程进入目标调节过程的良性系统互动过程。这是一个涉及经济系统、人口系统和社会系统等方面的复杂系统问题，因此，研究劳动就业问题需要首先抓住研究的基础与核心。

本研究试图以劳动年龄人口的受教育状况为出发点，探讨近期内劳动年龄人口（适龄劳动力）、供给劳动力和就业劳动力的总量结构特点，进一步分析我国未来几年内供给劳动力总量结构和面临的主要问题，从而有助于对劳动就业问题的发展趋势有一个基本判断。

二　研究方法与数据

从劳动年龄人口是否进入劳动力市场的角度看，劳动年龄人口基本状态包括在校、就业和失业三种情况。根据劳动年龄人口基本状态的情况分

[①]　本节内容以题为《近期内我国劳动力供给形势分析》，发表在《人口与社会》2008年第2期，作者：王广州。

类，我们可以把 15~64 岁人口区分为在校劳动力、供给劳动力和就业劳动力。在校劳动力即在校劳动年龄人口；供给劳动力指不在校的劳动年龄人口；就业劳动力是指在业劳动年龄人口。

影响劳动力能否顺利进入劳动力市场的主要因素之一是受教育情况。受教育情况的主要标志是是否接受学校教育。是否在校和劳动年龄人口的受教育程度，不仅影响劳动年龄人口的就业竞争能力，而且影响其是否参与就业岗位竞争，同时还影响到该人口成为供给劳动力时间的长短。学校教育是提高劳动力基本素质的重要手段，人口受教育的主要形式是学校教育。因此，劳动年龄人口一旦离开学校就标志着该人口从后备劳动力转变为供给劳动力。

本项研究主要采用宏观递进人口预测模型，其中包括以教育递进和人口系统微观仿真模型来模拟分析劳动年龄人口的状态变化。递进是指只有完成小学教育才能进入中学；只有完成中学教育才能进入大学等。在研究教育递进时，按照目前年龄别在校情况和教育年限，假定近期内学制和递进模式不变。微观仿真是对人口系统的行为和过程进行定量描述，表达系统的微观过程与宏观表现的内在机制和外在统一（Siegel & Swanson，2004；李善同、高嘉陵，1999）。

由于递进模型需要的参数比较多，只能采用原始数据进行汇总和基本参数计算。本项研究采用的主要数据是 2000 年全国第五次人口普查和 2005 年 1% 人口抽样调查的原始数据，并结合 1990 年和 2000 年人口普查的汇总数据。

三　劳动年龄人口

（一）劳动年龄人口的总量与结构

从 2000 年到 2005 年，劳动年龄人口总量持续增长。2000 年全国劳动年龄人口总量为 8.60 亿人，占总人口的比重为 69.21%；2005 年全国劳动年龄人口总量增长到 9.15 亿人，占总人口的比重达到 70.06%。回顾 1990 年到 2005 年这 15 年的发展历史，中国的劳动年龄人口经历了从快速增长到缓慢增长的转变。1990 年全国劳动年龄人口总量为 7.55 亿人。1990~2000 年平均每年增长 1.31%；2000~2005 年平均每年增长 1.25%。

从 2005 年劳动年龄人口的年龄构成来看，15~24 岁劳动年龄人口为 1.87 亿人；25~44 岁劳动年龄人口为 4.29 亿人；45~64 岁劳动年龄人口为 2.99 亿人（见表 11－1）。与 2000 年相比，劳动年龄人口增长主要来源于 45~64 岁人口。45~64 岁劳动年龄人口增量达到 5000 万人左右。从劳动年龄人口构成的相对比例来看，2000~2005 年，25 岁以下劳动年龄人口比例降低，25 岁及以上劳动年龄人口比例上升，尤其是 45~64 岁劳动年龄人口比例由 30% 以下上升到 30% 以上。这种变化的结果是劳动年龄人口的平均年龄上升很快，2005 年劳动年龄人口平均年龄上升到 37.78 岁，比 2000 年提高了 4.26 岁。

表 11－1 劳动年龄人口年龄构成对比

年龄（岁）	2000 年		2005 年			
	总量（亿人）	比例（%）	总量（亿人）	比例（%）	其中:城镇总量(亿人)	比例（%）
15~24	1.86	21.61	1.87	20.46	0.87	20.21
25~44	4.28	49.77	4.29	46.88	2.13	49.42
45~64	2.46	28.62	2.99	32.67	1.31	30.37
平均年龄（岁）	33.52	—	37.78	—	37.23	—

资料来源：①2000 年全国第五次人口普查数据；②2005 年全国 1% 人口抽样调查。

从 2005 年劳动年龄人口的城乡构成来看，城镇劳动年龄人口达到 4.31 亿人，占 2005 年全国劳动年龄人口的 47.10%；农村劳动年龄人口 4.84 亿人，占 2005 年全国劳动年龄人口的 52.90%。从城镇劳动年龄人口的年龄构成来看，15~24 岁城镇劳动年龄人口为 0.87 亿人，占城镇劳动年龄人口的 20.21%；25~44 岁城镇劳动年龄人口为 2.13 亿人，占城镇劳动年龄人口的 49.42%；45~64 岁城镇劳动年龄人口为 1.31 亿人，占城镇劳动年龄人口的 30.37%（见表 11－1）。由此可见，城镇劳动年龄人口不仅主要集中在 25～44 岁年龄组，而且比农村 25～44 岁年龄组劳动年龄人口占农村劳动年龄人口比例高 4.8 个百分点。

（二）劳动年龄人口的受教育状况

首先，劳动年龄人口受教育比例高低和时间长短是影响劳动年龄人口进入劳动力市场的重要因素。2000～2005 年无论是劳动年龄人口在校总量规模还是在校比例都有显著的增加。2005 年在校劳动年龄人口达到 7700 多万人，比 2000 年增加 2400 多万人（见表 11-2）。在劳动年龄人口在校总量增加的同时，劳动年龄人口在校比例也增长将近 3 个百分点。从绝对数量增长来看，由于 15～24 岁人口也是接受高中、大学教育适龄人口，此年龄段在校人口规模增长量最大，增长了 2300 多万人。在校比例由不到 30% 增长到接近 40%。

表 11-2　劳动年龄人口在校比例

年龄（岁）	2000 年		2005 年	
	总量（万人）	比例（%）	总量（万人）	比例（%）
15～24	5253.47	28.27	7646.20	39.10
25～44	34.63	0.08	70.15	0.17
45～64	0.53	0.002	3.10	0.01
15～64	5288.63	6.15	7719.45	9.00

资料来源：①2000 年全国第五次人口普查 0.95‰原始数据；②2005 年全国 1% 人口抽样调查 2‰原始数据（未加权）。

其次，从劳动年龄人口文化程度分布来看，2005 年劳动年龄人口受教育程度仍然以初中文化程度为主，占劳动年龄人口的 43.37%。第二是小学及以下，占劳动年龄人口的 32.22%。第三是高中及以上文化程度的劳动年龄人口，2005 年比例达到 24.40%（见表 11-3）。与 2000 年相比，初中及以上受教育水平的劳动年龄人口比例持续提高。这既与教育状况有关，也与年龄结构有关。

表 11 - 3　劳动年龄人口受教育分布

单位：%

受教育程度	2000 年	2005 年
小学及以下	37.14	32.22
初中	42.31	43.37
高中(中专)	15.42	16.63
大专及以上	5.14	7.77

资料来源：①2000 年全国第五次人口普查 0.95‰原始数据；②2005 年全国 1% 人口抽样调查 2‰原始数据（未加权）。

再次，从年龄别劳动年龄人口文化构成来看，2005 年 15～24 岁组劳动年龄人口中初中受教育程度的比例为 53.60%，25～44 岁组初中受教育程度的比例为 48.10%；而 45～64 岁组则以小学受教育程度为主，占同龄劳动力的比例为 39.54%（见表 11 - 4）。对比 2000 年劳动年龄人口受教育状况来看，2005 年变化的显著特点是各年龄组小学文化程度比例下降，大专及以上受教育比例上升。由此可见，随着教育水平的提高，劳动年龄人口中受小学教育人口的比重不断下降，而接受初中及以上教育的人口比重持续上升。

表 11 - 4　劳动年龄人口中接受各种教育人口的比重

单位：岁，%

年龄组	小学		初中		高中及中专		大专及以上	
	2000 年	2005 年	2000 年	2005 年	2000 年	2005 年	2000 年	2005 年
15～24	15.4	9.83	54.65	53.60	22.74	26.03	5.85	8.88
25～44	27.4	23.07	47.52	48.10	16.18	15.23	5.5	9.49
45～64	47.41	39.54	24.83	29.06	8.26	12.24	3.03	4.39
总计	30.12	25.33	45.82	43.37	16.66	16.63	5.2	7.77

资料来源：①2000 年全国第五次人口普查 0.95‰原始数据；②2005 年全国 1% 人口抽样调查 2‰原始数据（未加权）。

从初中受教育程度人口构成来看，15～24 岁和 25～44 岁初中受教育程度的比例最高，而 15～24 岁尚有一部分人未完成正规受教育过程，因此还有希望通过提高现有教育普及程度来提高劳动力的科学文化素质。

最后，劳动年龄人口预期受教育时间——总和受教育年限[①]。总和受教育年限是指消除不同地区、不同年份人口年龄结构的影响，假设现有教育水平不变的条件下，某地区人口未来可能的受教育年限或预期受教育年限。总和受教育年限的显著优点是剔除了地区间人口年龄结构差异的影响，是衡量受教育水平高低的年龄结构标准化指标。虽然对各地区未来教育水平的发展不好做简单地判断，但用总和受教育年限来衡量当前的地区间教育水平的差异还是比平均受教育年限更客观。平均受教育年限受年龄结构的影响很大，因此在横向和纵向比较时可能产生偏差。

利用2005年1%人口抽样调查数据和2000年第五次人口普查抽样数据计算2005年全国总和受教育年限为12.30年，2000年为11.06年（见表11-5）。与2000年相比6~24岁人口总和受教育年限人均提高了1.24年，说明现阶段的平均预期教育水平基本是高中。从表11-5还可以看到，我国受教育水平的城乡差异和性别差异都比较明显。城镇与农村的差异在0.23年左右，男性与女性的差异在1.25年左右。可见，劳动年龄人口平均预期受教育年限的差异主要表现在男女性别差异上。

表 11-5　总和受教育年限

单位：年

全国（2000）	11.06
全国（2005）	12.30
其中:城镇（男性）	13.04
城镇（女性）	11.79

[①]　总和受教育年限是对受教育指标进行相应的标准化。因此，总和受教育年限是新构建的消除年龄结构影响的标准化指标。总和受教育年限 $= \sum\limits_{k=6}^{24} \dfrac{k \text{ 岁在校人口数}}{k \text{ 岁人口数}}$；总和受教育年限假定自6岁开始接受教育，到24岁基本完成。总和受教育年限取值范围是0~19年。总和受教育年限越接近19则人口所受教育就越充分。从算法来看，总和受教育年限实际上是各年龄别受教育率的和。该指标的相关应用研究见王广州（2008）和杨书章（1994）。

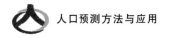

续表

农村（男性）	12.81
农村（女性）	11.56

资料来源：①2000 年全国第五次人口普查 0.95‰原始数据；②2005 年全国 1%人口抽样调查 2‰原始数据（未加权）。

四　劳动力供给

（一）供给劳动力的总量与结构

劳动力供给总量与结构不仅受人口总量与年龄结构影响，而且受在校劳动年龄人口总量与结构的影响。根据 2005 年 1%抽样调查原始数据推算，2005 年供给劳动力总量增长到 8.4 亿人左右，比 2000 年增长了 3700 多万人（见表 11 - 6）。从供给劳动力的年龄构成来看，25～44 岁劳动力在 4.35 亿人左右，占 2005 年供给劳动力总量的 51.59%，其次是 45～64 岁供给劳动力，总量规模达到 2.86 亿人，占 2005 年供给劳动力总量的 33.91%。从各年龄组变化的相对量来看，与 2000 年相比供给劳动力变化主要体现在 45～64 岁年龄组。2005 年 45～64 岁组供给劳动力增加了 4000 万人左右，占给劳动力增加部分的 80%以上[1]。15～24 岁供给劳动力规模减小，减少了 1000 万人左右，这主要是由于在校劳动力比例和总量增加。

表 11 - 6　供给劳动力的总量与结构

年龄组（岁）	2000 年		2005 年			
	总量（万人）	比例（%）	总量（万人）	比例（%）	其中:城镇总量（万人）	城镇比例（%）
15～24	13329.58	16.52	12235.05	14.50	5777.75	13.83
25～44	42752.95	52.99	43539.00	51.59	22560.55	53.99

---

[1]　25～64 岁年龄组净增 4802.94 万人，以下增减幅度仅计算增加或减少部分的比例。

续表

年龄组（岁）	2000 年		2005 年			
	总量（万人）	比例（％）	总量（万人）	比例（％）	其中：城镇总量（万人）	城镇比例（％）
45 ~ 64	24605.16	30.49	28622.05	33.91	13447.15	32.18
15 ~ 64	80687.68	100	84396.1	100	41785.45	100

资料来源：①2000 年全国第五次人口普查 0.95‰原始数据；②2005 年全国 1％人口抽样调查 2‰原始数据（未按人加权，仅按抽样比推算，故与表 11 - 1 有不同）。

根据 2005 年 1％抽样调查原始数据推算 2005 年供给劳动力的城乡构成可以看到，2005 年城镇供给劳动力在 4.18 亿人左右，乡村供给劳动力为 4.26 亿人，城镇供给劳动力占全国供给劳动力总量的 49.51％。从城镇供给劳动力年龄构成来看，15 ~ 24 岁城镇供给劳动力为 0.58 亿人，占城镇供给劳动力的 13.83％；25 ~ 44 岁城镇供给劳动力为 2.26 亿人，占城镇供给劳动力的 53.99％；45 ~ 64 岁城镇供给劳动力为 1.34 亿人左右，占城镇供给劳动力的 32.18％。由此可见，城镇供给劳动力也主要集中在 25 ~ 44 岁年龄组。

（二）供给劳动力的受教育状况

从供给劳动力的受教育状况来看，2005 年供给劳动力主要以初中文化程度为主，占供给劳动力的 43.59％。第二是小学及以下，占 35.03％。第三是高中及以上，占 21.38％（见表 11 - 7）。

表 11 - 7　供给劳动力的受教育状况

单位：岁，％

年龄组	小学及以下		初中		高中及中专		大专及以上	
	2000 年	2005 年	2000 年	2005 年	2000 年	2005 年	2000 年	2005 年
15 ~ 24	21.42	17.73	60.17	61.22	15.38	15.00	3.02	6.05
25 ~ 44	30.93	27.22	47.22	48.18	16.04	15.23	5.81	9.37
45 ~ 64	64.20	54.31	24.57	29.06	8.10	12.24	3.13	4.38
总计	39.50	35.03	42.45	43.59	13.51	14.18	4.53	7.20

资料来源：①2000 年全国第五次人口普查 0.95‰原始数据；②2005 年全国 1％人口抽样调查 2‰原始数据（未加权）。

从 2005 年供给劳动力受教育状况的年龄差异来看，15~24 岁以初中为主，占 60% 以上；25~44 岁供给劳动力的受教育程度仍然以初中为主，但所占比例降低到 50% 以下；45~64 岁以小学为主，占 54.31%。比较 2000~2005 年供给劳动力受教育状况的变化可以看到：2005 年供给劳动力的主要变化是受初中及以上受教育程度劳动力比例提高的影响，2005 年比 2000 年提高了 4.48 个百分点。提高的主要原因是大专及以上供给劳动力比例提高比较明显，提高了 2.7 个百分点左右。

五 就业劳动力

（一）就业劳动力的总量与结构

劳动力就业总量结构不仅受供给劳动力总量结构影响，而且受经济总量与结构对劳动力需求的影响，同时还受劳动力市场以及宏观就业政策的影响。我们观察到的就业劳动力的状况是劳动力供给、需求和劳动力市场运行过程与历史等多方面因素长期作用的结果。根据 2005 年 1% 抽样调查原始数据推算，2005 年就业劳动力总量由 2000 年的 6.83 亿人左右下降到 6.75 亿人左右，就业劳动力规模减少 800 多万人（见表 11-8）。

从就业劳动力的年龄构成来看，25~44 岁就业劳动力在 3.8 亿人左右，占 2005 年就业劳动力 56.23%，其次是 45~64 岁劳动力，总量达到 1.97 亿人，占就业劳动力的 29.25%。从各年龄组变化的相对量来看，与 2000 年相比，2005 年就业劳动力变化主要体现在 15~24 岁年龄组。2005 年 15~24 岁就业劳动力减少了 1700 多万人，占就业劳动力减少部分的 77.8%。45~64 岁就业劳动力规模增加，增量在 1400 万人左右，这主要是年龄结构等方面的原因造成该年龄组就业劳动力比例和数量的增加。

根据 2005 年 1% 抽样调查原始数据可以估计城镇就业劳动力总量。估计结果是：2005 年城镇就业劳动力总量为 3.66 亿人左右，农村就业劳动力为 3.09 亿人。其中，城镇就业劳动力占全国就业劳动力总量的 54.22%。从城镇就业劳动力年龄构成来看，15~24 岁城镇就业劳动力为 0.48 亿人，占城镇就业劳动力的 13.24%；25~44 岁城镇就业劳动力为

2.00亿人，占城镇就业劳动力的54.78%；45～64岁城镇就业劳动力为1.17亿人左右，占城镇就业劳动力的31.98%。城镇就业劳动力也主要集中在25～44岁年龄组。

表11-8　就业劳动力总量与结构

年龄组（岁）	2000年		2005年			
	总量（万人）	比例（%）	总量（万人）	比例（%）	其中：城镇总量（万人）	城镇比例（%）
15～24	11563.89	16.93	9796.75	14.52	4841.50	13.24
25～44	38433.58	56.27	37930.75	56.23	20038.25	54.78
45～64	18303.89	26.80	19732.05	29.25	11699.25	31.98
15～64	68301.37	100	67459.55	100	36579.00	100
平均年龄	37.48	—	38.79	—	38.67	—

资料来源：①2000年全国第五次人口普查0.95‰原始数据；②2005年全国1%人口抽样调查2‰原始数据（未加权）。

根据就业劳动力与供给劳动力的总量结构关系，可以大体估计劳动年龄人口的不在业比例，如果不考虑丧失劳动能力的比例，15～64岁人口不在业的比例由2000年的15.4%提高到2005年的20%左右。考虑到退休年龄等原因，我们分别考察25～44岁劳动力不在业比例，可以看到25～44岁劳动力不在业比例由2000年的10%上升到2005年的12.88%。

此外，根据城镇供给劳动力和就业劳动力的总量结构可以估计城镇不在业人口总量结构，结果表明：2005年全国城镇不在业供给劳动力大约有5200万人，占城镇供给劳动力的12.46%。从城镇不在业供给劳动力的年龄结构来看，其中15～24岁城镇不在业供给劳动力为940万人左右，占城镇不在业供给劳动力的17.98%，该年龄组不在业比例为16.20%；25～44岁不在业供给劳动力为2500多万人，占城镇不在业供给劳动力的48.45%，该年龄组不在业比例为11.18%；45～64岁为1700万人左右，占城镇不在业供给劳动力的33.57%，该年龄组不在业比例为13.00%。

（二）劳动力预期就业时间——劳动力总和就业年限[①]

劳动力不在业的比例受年龄结构影响很大。因为年龄结构不同，所以要确定不在业比例变化是由就业状况变化还是由年龄结构不同引起的就需要用标准化指标来进行分析和判断。我们构造的劳动力总和就业年限－劳动力预期就业年限指标，就是劳动力预期就业时间的标准化指标，是消除年龄结构差异的标准化指标。

利用2005年1%人口抽样调查数据和第五次人口普查抽样数据可以计算2000年和2005年全国总和就业年限。2005年供给劳动力总和就业年限为38.36年（见表11-9）。与2000年（40.57年）相比，15~64岁供给劳动力平均预期就业年限降低了2.21年。另外，从平均预期就业时间来看，女性平均预期就业年限高于男性，城镇平均预期就业年限高于农村。

表11-9　总和就业年限

单位：年

	供给劳动力[①]	劳动年龄人口[②]
全国（2000）	40.57	38.43
全国（2005）	38.36	35.79
其中:城镇（男性）	38.02	35.21
城镇（女性）	45.62	43.33
农村（男性）	28.67	28.85
农村（女性）	39.93	37.90

注：①不含在校学生。②含在校学生。

资料来源：①2000年全国第五次人口普查0.95‰原始数据；②2005年全国1%人口抽样调查2‰原始数据（未加权）。

---

① 总和就业年限是对就业指标进行相应的标准化。因此，总和就业年限是新构建的消除年龄结构影响的标准化指标。总和受教育年限 $= \sum_{k=15}^{64} \frac{k \, 岁在校人口数}{k \, 岁人口数}$；总和就业年限假定自15岁开始就业，到64岁退出劳动力市场。总和就业年限取值范围是0~49年。越接近49人口就业就越充分。从算法来看，总和就业年限实际上是各年龄别就业率的和。该指标的相关应用研究参见王广州2007年提交深圳市人口计生局的研究报告《深圳市人口和计划生育指标体系构建及应用研究》和王广州（2008）。

（三）就业劳动力的受教育状况

从就业劳动力的受教育状况来看，2005 年就业劳动力主要以初中文化程度为主，占供给劳动力的 44.05%；第二是小学及以下，占 34.79%；第三是高中及以上，占 21.16%（见表 11 - 10）。

从就业劳动力受教育状况的年龄差异来看，15 ~ 24 岁以初中为主，占 61.73%；25 ~ 44 岁的仍然以初中为主，但所占比例降低到 47.76%；45 ~ 64 岁以小学为主，占 56.48%。比较 2000 ~ 2005 年就业劳动力受教育状况变化可以看到：2005 年就业劳动力受教育状况的主要变化也是初中及以上受教育程度劳动力的比例提高，比 2000 年提高了 4.28 个百分点。提高的主要原因也是大专及以上供给劳动力的比例提高比较明显，提高了 3.04 个百分点左右。

表 11 - 10　就业劳动力的受教育状况

单位：岁，%

年龄组	小学及以下		初中		高中及中专		大专及以上	
	2000 年	2005 年	2000 年	2005 年	2000 年	2005 年	2000 年	2005 年
15 ~ 24	21.99	18.01	61.20	61.73	13.86	14.19	2.96	6.08
25 ~ 44	31.46	27.85	46.94	47.76	15.42	14.29	6.18	10.10
45 ~ 64	65.84	56.48	24.02	28.14	7.15	11.09	2.99	4.29
总计	39.07	34.79	43.21	44.05	12.94	13.34	4.78	7.82

资料来源：①2000 年全国第五次人口普查 0.95‰原始数据；②2005 年全国 1% 人口抽样调查 2‰原始数据（未加权）。

六　劳动力供给形势的基本判断

对未来供给劳动力总量结构的估计实际上是对劳动年龄人口和在校劳动年龄人口总量结构的估计。在校劳动年龄人口总量结构一方面受人口年龄结构影响，另一方面还受预期教育水平的影响。

（一）劳动力供给总量结构估计

根据 2005 年 1% 抽样调查原始数据和 1990 年、2000 年全国人口普查数据，通过微观仿真方法推算年龄别不同受教育水平的在校劳动力和供给劳动力的比例，然后结合人口总量结构预测，估计 2008 年和 2010 年供给劳动力的总量和结构，具体估计结果见表 11 - 11 和表 11 - 12。从表 11 - 11 可以看到，2010 年以前我国供给劳动力总量将持续增长。预计 2010 年供给劳动力达到 8.9 亿人左右，比 2000 年增加 8400 万人左右。从供给劳动力的年龄构成来看，25 ~ 44 岁劳动力在 4.3 亿人左右，占 2010 年供给劳动力的 48% 左右；其次是 45 ~ 64 岁劳动力，估计总量达到 3.1 亿人左右，占供给劳动力的 35% 以上。从各年龄组变化的相对量来看，与 2000 年相比供给劳动力变化主要体现在 45 ~ 64 岁年龄组。2010 年 45 ~ 64 岁组供给劳动力比 2000 年增加了 6800 多万人，占供给劳动力增量的 81% 左右。25 ~ 44 岁组供给劳动力大体持平，增加 250 万人左右。15 ~ 24 岁供给劳动力规模也有增加，增量在 1200 万人左右。

表 11 - 11　供给劳动力的总量与结构

年龄组（岁）	2008 年		2010 年	
	总量（万人）	比例（%）	总量（万人）	比例（%）
15 ~ 24	14166.99	16.25	14585.27	16.38
25 ~ 44	44246.09	50.76	43005.54	48.29
45 ~ 64	28749.91	32.98	31474.51	35.34
15 ~ 64	87162.99	100	89065.31	100

表 11 - 12　供给劳动力的受教育状况

单位：岁，%

年龄组	小学及以下		初中		高中及中专		大专及以上	
	2008 年	2010 年	2008 年	2010 年	2008 年	2010 年	2008 年	2010 年
15 ~ 24	4.86	2.12	37.43	27.22	51.48	64.47	6.23	6.19
25 ~ 44	23.32	21.79	49.70	49.14	16.24	17.69	10.73	11.38
45 ~ 64	40.90	37.54	38.16	40.05	15.25	16.05	5.68	6.36
总计	26.12	24.14	43.90	42.34	21.64	24.77	8.33	8.76

（二）供给劳动力的受教育状况估计

由于预期受教育水平的提高和年龄结构的变化，2010 年虽然供给劳动力仍然以初中受教育水平为主，但初中受教育水平的供给劳动力比例持续下降，降低到 42% 左右。从年龄别供给劳动力的受教育构成来看，预计 2010 年供给劳动力的显著变化是 15~24 岁年龄组受教育水平已经由初中为主过渡到以高中为主。15~24 岁受高中教育的比例上升到接近 65%。供给劳动力中受教育水平为大专及以上的比例接近 9%。45~64 岁供给劳动力受小学教育的比例由 2008 年的 40% 以上下降到 2010 年的 40% 以下。

（三）15 岁新进入劳动年龄人口总量规模发生根本性转变

在 2000~2005 年的 5 年里，年满 15 岁进入劳动年龄的人口总量由 1800 万人左右持续上升到 2500 万人左右，2006~2010 年进入劳动年龄的人口总量将由 2370 万人左右持续下降到 1850 万人左右。从劳动年龄人口新增规模来看，新增劳动年龄人口在过去的 5 年中持续增长，而在未来的 5 年中将持续减少。

（四）退出劳动力的总量结构

在 15 岁新进入劳动年龄的人口持续减少的同时，年满 65 岁退出劳动年龄的人口规模从 2000 年的 760 万人左右上升到 2005 年的 900 万人左右。2005 年到 2010 年退出劳动年龄的人口规模从 900 万人左右上升到 1100 万人左右。

（五）劳动年龄人口持续老化

随着人口总量的增加，劳动年龄人口结构也呈现老化的趋势。从以上分析可以看出，2010 年全国供给劳动力中，45~64 岁人口比例由 2000 年的 30.49% 增长到 2010 年的 35.35%，增长了 4.86 个百分点。从供给劳动力平均年龄变化也可以看出劳动力老化的趋势，预计 2010 年供给劳动力的平均年龄将上升到 39.19 岁。比 2000 年全国供给劳动力平均年龄（37.42 岁）增长了 1.77 岁。可见，供给劳动力的老化是在中国人口老龄化的宏观背景下发生的，这种趋势从一定意义上说也是不可避免的。

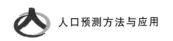

（六） 城镇不在业供给劳动力规模庞大。

从全国总体来看，2000～2005 年供给劳动力总量增加，就业劳动力总量减少，因此可以判断就业压力持续增长。2005 年全国城镇不在业供给劳动力大约 5200 万人，占城镇供给劳动力的 12.46%。

七 结论与讨论

（一） 基本结论

2000～2005 年是劳动年龄人口、供给劳动力总量持续增长的 5 年，未来的 5～10 年将是劳动力供给总量结构发生转折变化的重要阶段，根据上述分析可得出以下基本结论。

第一，虽然供给劳动力规模仍然处于增长趋势之中，但内部结构已经开始发生重要变化。无论是年龄构成还是受教育构成都在发生根本性变化。从总量来看，供给劳动力增长速度大于零，但增长的加速度已经小于零。也就是说，供给劳动力将转变为惯性增长。

第二，供给劳动力受教育状况由高中及以上所占比重在 40% 以下向 40% 以上转变，估计在 2015 年之前将完成这种转变[1]，同时，预计 2020 年供给劳动力中这一人口比重将接近 50%。

第三，供给劳动力老化趋势不可逆转，且日益严重。受生育水平下降引起的年龄结构变化和受教育时间延长的影响，劳动年龄人口无论是进入劳动力市场的时间推迟还是总体年龄结构老化都会造成供给劳动力平均年龄的提高。

（二） 讨论

数据质量是本研究的基础。出于数据质量的原因本研究受到两方面的影响。一方面，由于统计口径和数据的可获得性，研究的深入开展受到影

---

① 根据表 11-12 和表 11-1 数据推算。

响，如对于城镇的定义在 2005 年 1% 抽样调查原始数据中有清晰明确的界定，但在 2000 年人口普查原始数据中却很难区分，因此很不利于对城镇就业和失业问题做比较研究和趋势判断。另一方面，流动、迁移人口数据的质量影响了对就业问题的判断，如女性平均预期就业年限高于男性，这与通常观察到的结果明显不同，如何确认研究结果的可靠性还有待进一步深入研究。

方法是本研究的关键。数据结构很难完全满足新方法的应用，因此需要一些假定条件，在进行微观仿真研究时，由于没有当年发生的不在校登记，只能以观察到的在校比例估计不在校或毕业的概率。此外，对学生"复读"、乡－城转换也没有相应的记录，因此，可能会影响对教育递进过程的确切描述。

第二节　高等教育人口预测案例①

一　研究背景

20 世纪 70 年代以来，中国社会经济等领域发生了翻天覆地的变化，开启了经济转轨、社会转型和人口转变的伟大历史进程。人口作为社会经济发展最基础、最核心的要素，人口结构和发展态势的跌宕起伏和根本性变化，改变了社会经济发展的本质特征。

2013 年中共中央十八届三中全会决定，2014 年启动实施"单独二孩"政策。2015 年 10 月 29 日中共中央十八届五中全会公报进一步提出"全面实施一对夫妇可生育两个孩子政策"。2016 年 1 月 1 日开始全国统一实施全面二孩生育政策。全面二孩生育政策彻底改变了中国实施了 35 年的独生子女政策，不仅标志着严格生育政策的调整，也标志着人口再生产关系的转变。然而，在过去的 30 多年里，由于严格的独生子女政策和

---

① 本节内容来自王广州：《中国高等教育年龄人口总量、结构及变动趋势》，《人口与经济》2017 年第 6 期。

超生处罚制度，中国人口的出生规模和生育水平成为困扰中国人口研究的一个重要问题。尽管学术界和政府相关部门对过去 20 多年的出生规模和生育水平争论不休，但中国人口受生育政策影响以及经历了快速的人口转变，并进入低生育水平国家行列的基本事实是毋庸置疑的（郭志刚，2017；王广州，2015）。由于人口变动是社会经济运行中最基础、最根本的影响因素，其深远的社会经济影响是巨大和不可逆的，快速的人口结构性转变必然对社会经济产生巨大影响，也必然形成很多新的人口问题。从基本常识性判断来看，生育政策对出生规模的控制，会直接影响到医疗卫生和教育资源的配置。教育和医疗资源都是关系民生的基本公共服务。出生规模的剧烈变动对教育系统，特别是高等教育的影响也是不言而喻的。

从 1977 年恢复高考以来，中国的高等教育开始重新走上了正常发展的轨道。随着社会经济快速发展的需要和对高等教育需求的增加以及阶段性出生高峰队列就业压力的增大，1990 年 7 月 9 日国家出台了《普通高等院校招收自费生暂行规定》，该规定于 1991 年开始施行，这个规定一方面解决招生规模扩大的财政压力；另一方面在一定程度上满足民众对高等教育的强烈需求。

1999 年教育部出台《面向 21 世纪教育振兴行动计划》，计划目标是适龄人口高等教育毛入学率为 15%，全国普通高校开始大幅度扩招，高等院校招生规模增长速度从 1999 年以前的 8%~9% 一跃上升到 48%，招生规模从 1998 年的 108 万人上升到 1999 年的 160 万人。到 2015 年，全国普通高校本专科招生规模达到 737.8 万人，高校在校生人数为 2625.3 万人，研究生招生 64.5 万人，在校研究生 191.1 万人。高等教育毛入学率也从 1999 年的 10.5% 提高到 2015 年的 40%。

十年树木，百年树人。全面提高人口科学文化素质、形成源源不断的人才队伍是中国社会经济发展的需要，但接受高等教育人口的规模和比例不是无限提高的，必然受到未来出生人口规模和受教育模式的影响。出生规模对初等教育的影响与高等教育则完全不同，初等教育属于义务教育，具有强制性，因此，出生规模的变动直接影响义务教育阶段在校就学人口规模的变化，但对高等教育的影响不仅有很大的延迟，同时也受到各种条件的限制和教育历程的选择性影响。如何确定人口变化对高等教育总量、结构的影响不仅是一个具有重大前瞻意义的研究课题，也确是一个复杂的问题。长期低生育水平是否会冲击高等教育规模？全面放开二孩政策对未来高等教育的影响有多大？这些问题不仅是国家发展规划需要探讨的基础研究问题，也是国家重大发展战略需要面临的现实问题。

二　研究方法与数据来源

高等教育在校人口总量、结构和未来变动趋势的研究涉及两方面的关键问题，一方面是对人口基数总量、结构的统计分析和未来变化趋势的预测；另一方面是受教育模式及其变化过程。通过人口基数和受教育模式的结合，可以预测不同人口群体的在校和学业完成情况。从方法论的角度看，在目前的教育体系结构下，由于小学和初中属于义务教育阶段，学生辍学或离校的可能性很小，预测具有很强的确定性，而高中和高等教育不属于义务教育，特别是高等教育具有很强的选择性，研究高等教育在校人口总量、结构和未来变动趋势涉及的不确定性环节和因素还是非常复杂的。因此，在预测的技术层面上是非常困难的。本项研究试图探索一个切合实际的方法，使预测的结果更加接近实际。

（一）人口预测方法

受教育情况与年龄结构密切相关，因此，对人口总量与结构的预测是受教育人口总量与结构预测的基础。从研究积累的角度看，对人口总量与结构预测有比较成熟的人口预测模型，比如分要素人口预测方法和递进人口预测模型等。仅从人口预测的角度看，我国的情况与其他国家和地区不同，在过去的30多年里，中国计划生育政策对中国人口变动的过程产生巨大影响，而计划生育政策与育龄妇女现有孩子的数量甚至结构密切相关。因此，常规的分要素人口预测方法并不完全适合中国人口预测的需要，也就是说，以总和生育率方法为基础的人口预测方法并不适合生育政策调整研究的需要。正是由于生育政策调整和变化与孩次密切相关，为了解决生育政策对生育行为或出生人口的影响（王广州，2016；张丽萍、

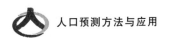

王广州，2015），中国学者提出了孩次递进人口预测模型（马瀛通等，1986a，1986b），该方法更适合研究生育政策对出生人口规模的影响，本项研究采用孩次递进人口预测模型来预测人口总量和结构等人口基数。

（二）总和受教育年限

除了生育行为具有递进属性外，受教育过程也具有递进属性，具体来说就是，在生育过程中，生了1孩，递进生育2孩，生了2孩递进生育3孩；受教育过程也是一样，上了一年级上二年级，上完小学上初中，上完初中上高中等。受教育程度与生育行为略有不同，受教育可以重复上一年级或重复上某一个年级，在具体测量和研究过程中，为了简化，可以不考虑生育行为中的双胞胎、多胞胎的情况和受教育过程中的重复上某一年级的现象。

一般生命表的起点是假想队列根据年龄别死亡概率生成静止人口的各年龄人口数，直到生命表的最高年龄人口为止，然后，推算出生人口平均预期寿命（或存活时间）。教育生命表则是以一般生命表为基础，在此基础上根据时期年龄别退学率或不在校率生成一个受教育人口平均预期受教育时间。教育的终止方式有两种，一种是死亡退出，另一种是退学退出。构建完整的教育生命表是比较复杂的，为了近似估计平均预期受教育时间，本文采用总和受教育年限指标。总和受教育年限对终身受教育年限的估计并不完全反映假想队列的时期变化，只是历史积累的结果。总和受教育年限与育龄妇女总和生育率的测量方法类似，也是按目前年龄别发生率估计终身平均预期状况。不同之处是，总和生育率是年龄别生育率的和，而总和受教育年限是年龄别在校率的和。总和受教育年限的基本内涵是：假定一个年龄队列按照考察年份的年龄别在校率进入或退出学校教育，该队列终身平均预期受教育的年数。

$$TSchR = \sum_{x=6}^{n} SchR(x) = \sum_{x=6}^{n} S(x)/P(x)$$

其中，$TSchR$ 为总和受教育年限；$SchR$（x）为年龄别在校率；

S（x）为观察时期年龄别 x 的平均在校人口数；P（x）为观察期内第 x 年龄的平均人口数。[①] 该指标的显著优点是用假想队列人口的方法剔除了人口年龄结构差异的影响，是将人口年龄结构标准化后对人均预期受教育水平高低进行测量。平均受教育年限受年龄结构的影响很大，因此在横向和纵向比较时可能产生偏差（王广州，2008）。作为标准化的方法，总和受教育年限不受人口年龄结构的影响，可以用来对不同国家和地区的教育水平进行比较分析，测量结果相对更为合理可靠。

（三）高等教育年龄在校人口规模估计

年龄别在校人口预测是以年龄别人口数量和年龄别在校人口结构为基础的，假定在总和受教年限已知的条件下，估计不同受教育程度人口在校总量和结构。

$$Ped = P(x) \times SchR'(x)$$

总和受教育年限参数与年龄别在校率关系推算：

$$\sum_{x=6}^{n} SchR'(x) = \sum_{x=6}^{n} \{ SchR(x) + \Delta R(x) [1 - SchR(x)] \}$$

$$= \sum_{x=6}^{n} SchR(x) + \sum_{x=6}^{n} \Delta R(x) [1 - SchR(x)]$$

$$TSchR' - TSchR = \sum_{x=6}^{n} \Delta R(x) [1 - SchR(x)]$$

如果假定 ΔR（x）$= \Delta R$（$x+1$），那么

$$TSchR' - TSchR = \sum_{x=6}^{n} \Delta R - \sum_{x=6}^{n} [\Delta R \times SchR(x)]$$

$$TSchR' - TSchR = \sum_{x=6}^{n} \Delta R - \Delta R \times \sum_{x=6}^{n} SchR(x)$$

$$TSchR' - TSchR = (n-6) \times \Delta R - \Delta R \times TSchR$$

由此得到：

$$\Delta R = (TSchR' - TSchR)/(n - 6 - TSchR)$$

---

① 　$x = 6$ 是假定最低就学年龄为 6 岁。

通过简化算法，假定年龄别在校模式不变，可以将总和受教育年限推算为年龄别在校率，由此估计年龄别在校人口数。

（四）数据来源

由于目前所获得的教育统计指标没有按年龄进行划分的，为了研究未来高等教育年龄人口和高等教育在校学生总量变化，本研究除了采用《中国统计年鉴》中的教育统计资料外，更重要的基础数据来源为 1982 年、1990 年、2000 年、2010 年全国人口普查和 2005 年、2015 年 1% 人口抽样调查数据。

按照中国目前的学制安排，18～22 岁是大学教育阶段，由于不同时期入学年龄规定不同，学龄人口入学年龄参差不齐。我国历年入学儿童中，6 岁入学、7 岁入学以及 8 岁入学的均占相当的比例。如 1982 年，6 岁儿童在校率不足 20%，7 岁儿童在校率不足 50%；1990 年，我国 6 岁儿童在校率接近 40%，7 岁儿童在校率超过 70%；2000 年，6 岁和 7 岁儿童在校率分别约为 70% 与 95%。因此，进入高等教育的年龄也有很大差别，为了兼顾教育部高等教育统计指标，如毛入学率（18～22 岁人口）、学制、复读和硕士研究生教育等，本文将普通高等教育年龄人口定义为 18～24 岁，将采用 18～24 岁和 18～22 岁两个统计口径来分析高等教育年龄人口总量与结构。然而，各个时期调查对受教育状况的统计口径并不完全一致，比如高中与中专、全日制教育与成人教育等，因此，有些指标之间的差别主要是由统计口径界定标准和数据质量两个方面的因素造成的。

三 高等教育人口的总量与结构特征

高等教育人口总量和结构一方面取决于高等教育年龄人口总量与结构；另一方面取决于受教育人口递进受教育变化的历史积累情况。高等教育年龄人口总量与结构的变化是出生人口队列变化的结果，而受教育人口教育递进过程和递进水平的高低则是教育发展水平的反映。随着九年义务教育的全面普及，中国高等教育人口总量与结构的变化主要取决于人口变化和高中及以上受教育递进水平的变化。

（一）高等教育年龄人口总量结构

一方面，从总量变化趋势来看，高等教育年龄人口总量进入下降阶段。回顾过去几十年中国人口总量变化的历史可以看到，虽然中国人口总量一直处于增长过程中，但是，不同历史时期出生人口规模变动并不是始终保持持续增长的，因此，特定人群总量变动趋势与总人口增长态势并不完全相同，高等教育年龄人口的总量、结构的变化与出生队列人口的高峰与低谷密切相关。根据 2015 年人口抽样调查数据推算，18 ~ 24 岁人口规模为 12158.00 万人，比 2010 年的 16971.13 万人减少了 4800 多万人，下降的幅度超过 25%。与历史上高等教育年龄人口规模最大时期的 1987 ~ 1992 年的 1.76 亿 ~ 1.78 亿人相比，下降了 5000 万人以上，下降幅度超过 30%。

另一方面，从结构变动趋势来看，各年龄队列之间人口规模从差距巨大向差距显著缩小转变。除了人口总量变化以外，高等教育年龄人口结构也发生很大变化，同样是人口规模在 1.3 亿人左右，各年度人口结构还是有很大差别的。比如，1982 年人口普查，18 ~ 24 岁人口总量为 12687.40 万人，其中 18 岁和 19 岁人口都超过了 2500 万人，而 20 ~ 23 岁各年龄组人口规模仅为 1050 万 ~ 1600 万人，远低于 18 岁、19 岁队列，1982 年人口数最多的年龄队列为 19 岁队列，人口总量达到 2727.96 万人，比人数最少的 21 岁年龄队列 1069.08 万人的规模多了 1600 多万人，可见这个差距是巨大的。而 2015 年 18 岁、19 岁队列人口不到 1600 万人，比 1982 年 18 岁、19 岁队列人口少了 1000 万人左右。从 2015 年高等教育年龄人口各队列的人口规模来看，各队列人口规模都在 2000 万人以内，人数最多的年龄队列为 24 岁，人口规模为 1990.80 万人，比人数最少的 18 岁年龄队列 1552.30 万人多了不到 450 万人，24 岁多出的人口不到 18 岁人口总量的 30%。

（二）高等教育年龄人口在校生总量与比例

随着人口年龄结构的变化，高等教育年龄人口总量经历了大的起落，内部结构也发生了巨大变化。与高等教育年龄人口总量变化特征相对应

表 11 - 13 高等教育年龄人口总量与结构

单位：岁，万人

年龄	1982 年	1990 年	2000 年	2005 年	2010 年	2015 年
18	2513.14	2449.60	2310.04	2231.87	2075.53	1552.30
19	2737.96	2599.45	1912.29	1843.08	2154.35	1591.40
20	1562.10	2603.61	1839.38	1664.04	2802.70	1720.00
21	1069.08	2715.57	1892.48	1650.91	2655.66	1654.80
22	1430.72	2455.21	1883.16	1686.06	2447.42	1781.60
18 ~ 22	9313.00	12823.43	9837.36	9075.96	12135.65	8300.10
23	1428.42	2282.32	1793.12	1941.57	2569.60	1867.10
24	1945.98	2519.42	2049.18	1736.21	2265.88	1990.80
18 ~ 24	12687.40	17625.16	13679.65	12753.74	16971.13	12158.00

资料来源：根据中国历次人口普查汇总数据和人口 1% 抽样调查数据样本推算。

的，随着教育事业的快速发展，高等教育年龄人口在校生总量变化特点却完全不同，其变化特征主要表现在：高等教育年龄人口在校人数快速增长阶段已过，2010 年达到总量高峰，高等教育年龄人口在校生总量为4440.01 万人，比 1990 年 1192.86 万人增加了 3200 多万人，比 2000 年的1692.64 万人增加了 2700 多万人。2015 年全国高等教育年龄人口在校人数为 3965.50 万人，比 2010 年减少了 470 多万人，减少了 10% 以上。虽然目前下降的幅度不大，但高等教育年龄人口在校总量整体规模进入下降时期。

尽管高等教育年龄人口在校总量开始下降，但高等教育年龄人口在校比例持续、显著提高。高等教育年龄人口在校比例变化主要表现在以下三个方面。

第一，从高等教育年龄人口在校比例的整体水平来看，18 ~ 24 岁人口在校比例不断提高，2015 年高等教育年龄人口在校比例达到 32.62%，比 1982 年 4.00% 的在校比例提高了 28.62 个百分点。

第二，从高等教育年龄人口在校比例变化趋势来看，2000 年以前变化相对比较缓慢，比如，1982 ~ 1990 年仅提高了 2.77 个百分点，1990 ~2000 年也仅提高了 6.67 个百分点。而 1999 年高校扩招后，2000 ~ 2010

年高等教育年龄人口在校比例提高到 27.40%，提高了 13.96 个百分点。随着高校大规模扩招的停止，2010～2015 年高等教育年龄人口在校比例提高速度放缓，5 年内高等教育年龄人口在校比例只提高了 5.22 个百分点。

第三，从年龄别在校比例来看，2015 年 18 岁在校比例达到 67.31%，比 2010 年的 56.95% 提高了 10 多个百分点。比 1990 年的 17.15% 提高了 50 多个百分点。

表 11-14 高等教育年龄人口年龄别在校人数及在校率

年龄（岁） \ 年份	1982 年		1990 年		2000 年		2010 年		2015 年	
	人数（万）	比例（%）	人数（万）	比例（%）	人数（万）	比例（%）	人数（万）	比例（%）	人数（万）	比例（%）
18	244.53	9.73	420.11	17.15	717.05	33.18	1150.00	56.95	1044.80	67.31
19	153.33	5.60	293.74	11.30	417.37	23.38	942.95	45.86	893.80	56.16
20	52.64	3.37	202.56	7.78	246.21	15.13	972.32	36.08	778.70	45.27
21	22.99	2.15	146.64	5.40	168.84	9.81	682.53	27.20	562.90	34.02
22	16.02	1.12	81.51	3.32	92.11	5.29	389.47	16.84	368.60	20.69
18～22	489.51	5.26	1144.56	8.93	1641.58	18.17	4137.27	35.69	3648.80	43.96
23	9.14	0.64	32.18	1.41	36.95	2.22	204.42	8.35	203.00	10.87
24	8.95	0.46	16.12	0.64	14.11	0.74	98.32	4.55	113.70	5.71
18～24	507.60	4.00	1192.86	6.77	1692.64	13.44	4440.01	27.40	3965.50	32.62

资料来源：①根据 1982 年、1990 年、2000 年、2010 年人口普查样本数据推算；②根据 2015 年 1% 人口抽样调查样本数据推算。

(三) 年龄别高等教育在校比例

高等教育年龄人口在校生总量和比例提高，一方面表现在高中、中专教育在校人口比例增加；另一方面表现在普通高等教育在校比例也有很大提高。18 岁年龄别人口在高中、中专、中职的比例最高，19 岁、20 岁年龄别人口在高等院校的比例最高。由于受教育的递进特点，18 岁年龄别人口在高中的比例越高，19 岁、20 岁递进到大学的可能性才能提高。

从高等教育年龄人口在高校比例的变化来看，2015 年在高校的比例达到 21.01%，比 2010 年的 16.36% 提高了 4.65 个百分点，比 2000 年的 5.6% 提高了 15 个百分点以上。从年龄别在校比例来看，在高等教育年龄人口中，19 岁、20 岁年龄别人口在高等院校的比例最高。2015 年 19 岁、20 岁年龄别人口在高等院校的比例分别为 33.22% 和 35.69%，比 2010 年的 23.33% 和 26.72% 分别提高了 10 个百分点左右。与 2000～2010 年在高校的比例变化相比，2015 年 19 岁、20 岁年龄别人口在高等院校的比例又有非常显著的提高。

（四）高等教育在校学生总量

在校受教育人口总量、结构一方面受人口规模变动的影响；另一方面与教育资源的配置有直接关系。高等教育在校生总量和变化趋势既受教育资源配置的影响，同样也对教育市场变化产生巨大冲击。

由于统计体系和渠道的不同，各个渠道对高等教育在校学生总量的统计结果并不完全相同。从教育统计年鉴得到的普通高等院校本专科在校学生统计结果来看，1995 年全国普通高等教育在校人口总量 290.60 万人，当年高等院校毛入学率为 7.2%。经过近 30 多年的快速发展和大规模扩招，我国普通高等院校在校生人数迅速增长，2015 年全国普通高等院校本专科在校生规模达到 2625.30 万人，高等教育毛入学率达到 40%。从基本概念和统计口径的科学性来看，毛入学率的概念比较粗糙，分子和分母的概念界定与实际人口构成有一些差距，只能粗略反映高等教育的普及程度和入学招生水平。

除了教育统计年鉴获得的普通高等院校在校生人数外，人口普查登记信息和抽样调查也可以用于推算高等院校在校生人数。然而，从人口普查和人口抽样调查推算的全国普通高等本专科在校人口总量与教育统计的数量还是有一些差别的。比如，根据 2000 年人口普查推算，本专科在校人口总量为 734.84 万人，比教育统计公布的 556.09 万人多了接近 180 万人。2005 年教育统计公布的本专科在校人口总量为 1561.78 万人，而 2005 年人口抽样调查推算的本专科在校人口总量为 1058.84 万人，两者相差 500 多万人，这种差距可能与调查样本以及统计口径的差别有关，比

表 11－15　年龄别高等教育在校人口比例

单位：岁，%

年龄 年份	2000 年					2010 年					2015 年			
	高中 （中专）	大学 （大专）	研究生	其他		高中	大学 （大专）	研究生	其他	高中 （中职）	大学 （大专）	研究生	其他	
18	24.81	4.70	0.00	3.67		39.58	12.03	0.00	5.35	43.77	20.36	0.01	3.16	
19	11.57	10.24	0.00	1.57		19.97	23.30	0.03	2.57	21.30	33.18	0.04	1.64	
20	4.82	10.15	0.00	0.16		9.33	26.68	0.04	0.04	9.52	35.64	0.05	0.07	
21	1.96	7.78	0.04	0.02		3.82	23.15	0.21	0.03	4.54	29.22	0.23	0.03	
22	0.88	4.23	0.18	0.01		1.73	14.43	0.65	0.03	2.35	17.39	0.93	0.02	
18～22	9.63	7.27	0.04	1.22		13.78	20.32	0.19	1.41	15.65	27.11	0.26	0.93	
23	0.30	1.71	0.21	0.00		0.74	6.47	1.12	0.02	1.18	8.38	1.29	0.02	
24	0.19	0.39	0.16	0.00		0.44	2.74	1.33	0.03	0.61	4.00	1.09	0.02	
18～24	6.98	5.50	0.08	0.88		10.03	15.88	0.48	1.01	10.97	20.45	0.56	0.64	

资料来源：①根据 2000 年、2010 年人口普查样本数据推算；②根据 2015 年 1% 人口抽样调查样本数据推算。

如是否将成人院校等纳入统计在有些人口调查中区分得并不是特别明确。

随着高等教育规模的扩大，统计口径的规范化，人口调查和教育统计之间的相对差距和绝对差距都在不断缩小，比如，2010年教育统计和人口普查统计的普通高等本专科在校人口总量分别为2231.80万人和2735.89万人，两者的绝对数量差距为500多万人。2015年教育统计和人口普查统计的普通高等本专科在校人口总量分别为2625.30万人和2718.60万人，两者的绝对数量差距不到100万人，远远小于以往两者的差距。

表11-16 全国普通高等本专科在校人口总量

单位：万人，%

年份	教育统计	毛入学率（18~22周岁）	人口调查
1995	290.60	7.20	—
2000	556.09	12.50	734.84
2005	1561.78	21.00	1058.84
2010	2231.80	26.50	2735.89
2015	2625.30	40.00	2718.60

资料来源：①《中国统计年鉴2016》；②根据2000年、2010年人口普查样本数据推算；③根据2005、2015年1%人口抽样调查样本数据推算。

通过教育统计与人口普查或抽样调查推算的全国普通高等本专科在校人口总量差距可以断定人口普查、人口抽样调查数据与教育统计数据越来越接近，统计口径越来越一致。

四 平均预期受教育年限估计

我国在校人口总量结构的变动与人口规模以及教育发展密切联系，受学制变化和教育改革的影响很大。年龄别在校率或年龄别进入、退出学校教育的比例是测量假想队列终身受教育水平的基础。平均预期受教育年限是队列终身预期受教育水平的统计综合。年龄别在校率曲线的特征决定平均预期受教育时间的长短，分析年龄别在校率曲线的变化可以判断教育发展水平的高低。

学龄人口在校总量结构的变化与年龄别在校率密切相关，这不仅预示受教育的可能性，而且决定了受教育人口的年龄结构和受教育结构。中国年龄别在校率曲线的基本特征及其变化特点主要表现在以下几个方面。

第一，受教育水平的提高由低龄人口的年龄别在校率显著提高逐步转化为义务教育适龄阶段的年龄别在校率的显著提高。比如1990年人口普查，9岁人口在校比例为93%，6岁、7岁和8岁人口在校比例都比较低一些。6岁仅为37%，7岁达到73%，8岁提高到90%。2015年6岁提高到80%，7岁达到96.26%，8岁提高到98%。显然，低龄人口年龄别在校率的显著提高与最低入学年龄改变和义务教育水平提高密切相关。

第二，受教育水平提高的阶段性变化特征明显。比较2000~2015年历次人口普查和抽样调查结果可以看到，各年度7~13岁年龄别在校率曲线差别很小。年龄别在校率曲线的主要差别是15~22岁。

第三，中国在校率过早地发生转折。15~17岁是在校与不在校的转折点，也就是说15岁以后，我国学龄人口在校率急剧下降。因此，能否完成初中教育和升入高中阶段继续接受教育，是目前制约我国平均预期受教育年限继续提高的拐点。

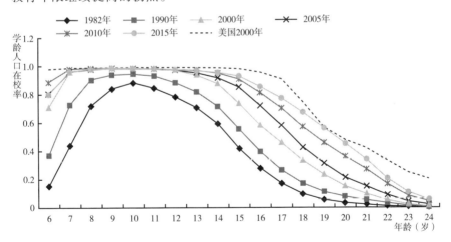

图 11-1　学龄人口年龄别在校率

资料来源：①1982年全国第三次人口普查1%原始数据；②1990年全国第四次人口普查1%原始数据；③2000年全国第五次人口普查0.95‰原始数据、2010人口普查和2015年1%人口抽样调查汇总数据；④2005年全国1%人口抽样调查原始数据。

第四，从 20 岁人口在校率来看，2015 年中国 20 岁人口在校率45.27%，比 2010 年的 36.08% 提高了近 10 个百分点。这一方面体现 20 世纪 90 年代以来"九年义务教育"的全面普及；另一方面体现出 1999 年以后的全国高校爆炸式扩招。但与美国、日本相比仍存在差距，中国 2015 年20 岁在校率（45.27%）比美国 2000 年 20 岁在校率（47.82%）低 2 个百分点，比日本 2000 年 20 岁在校率（61.87%）低 15 个百分点以上。

年龄别在校率是受教育水平和受教育模式的反映。年龄别在校率曲线之间很难进行综合比较，因此，需要综合统计指标对受教育水平和受教育模式进行测量。总和受教育年限既是年龄别在校率的统计综合，也是平均预期受教育年限的估计。

从总和受教育年限来看，2015 年中国人口总和受教育年限为 13.52年，比 2010 年的 13.07 年提高了 0.45 年，比 2005 年的 12.30 年提高了1.22 年。对比中国与美国的总和受教育年限，2015 年中国 13.52 年的总

表 11 - 17 中国人口平均预期受教育年限估计

单位：%，年

年度	20 岁人口在校率	24 岁人口平均受教育年限	总和受教育年限（6 ~ 24 岁）
1982 年中国	3.37	7.41	7.05[①]
1990 年中国	7.78	8.03	8.91
2000 年中国	15.13	9.15	11.06
2005 年中国	21.30	9.76	12.30
2010 年中国	36.08	—	13.07
2015 年中国	45.27	—	13.52
2000 年美国	47.82	13.84	14.72
2005 年印度	—	8.27	10.82
2000 年日本	61.87	14.00	—

注：①10 ~ 14 岁年龄别在校率为估计值；估计模型 $y_{1982} = 0.004 + 1.44 \times x_{1990} - 0.546 \times x_{2000}$；$R = 0.995^{a}$。

资料来源：①1982 年全国第三次人口普查 1% 原始数据；②1990 年全国第四次人口普查 1%原始数据；③2000 年全国第五次人口普查 0.95‰ 原始数据；④2005 年全国 1% 人口抽样调查原始数据；⑤Census of Population and Housing, 2000（United States），Public Use Micro-data Sample：5 - Percent Sample，样本量：9280822，www.icpsr.com；⑥ India Human Development Survey（IHDS），2005，样本量，134887，www.icpsr.com；⑦Japan 2000 National Survey on Family and Economic Conditions（NSFEC），年龄 20 ~ 50 岁，样本量：4469，www.icpsr.com。

和受教育年限比美国 2000 年的 14.72 年低 1.20 年。可见，如果按照过去 10 年的发展速度，即使美国总和受教育年限不变，中国至少还需要 10 年的时间才能达到美国 2000 年的水平。

总之，从统计数据来看，我国人口文化素质有了很大的提高，然而，现阶段我国与发达国家的差距仍然很大。与美国、日本等发达国家相比，我国人口文化素质和受教育状况存在明显差距。

五　高等教育年龄在校人口总量趋势预测

不同队列人口规模大小取决于育龄妇女总量、结构和生育水平的高低。在校人口总量一方面取决于年龄别人口总量；另一方面取决于平均预期受教育年限的长短。中国计划生育政策对出生规模的影响是显而易见的，除了生育政策以外，受教育水平、城镇化和人口迁移流动等社会经济发展因素对生育水平的影响也是非常重要的。全面二孩政策实施后，到底政策生育水平的变化对高等教育会产生多大作用？出生人口堆积对未来高等教育年龄人口总量的变化趋势有多大影响？这些问题都是需要前瞻性研究和预判的，它不仅关系到人口发展本身，也关系到国家发展战略和相关规划。

（一）高等教育年龄人口总量变化趋势预测

持续 30 多年的独生子女政策，使中国育龄妇女生育水平迅速下降且稳定在低生育或超低生育水平的状态，其结果是对应的出生人口规模在快速波动中下降。受人口年龄结构剧烈变化的影响，中国高等教育年龄人口规模在 1990 年曾经高达 17625.16 万人，此后一直在波动中下降，2010 年下降到 16204.42 万人（见图 11 - 2）。与 2010 年波动中下降的变化特点不同，采用递进人口预测模型对年龄别人口规模进行预测（王广州，2016；王广州、张丽萍，2012），预测结果显示，预计今后 15 年内高等教育年龄人口规模将持续稳定下降，人口规模从 2015 年的 12849.16 万人下降到 2035 年的 9114.74 万人，比 2015 年减少了 3700 多万人，下降幅度近 1/3。受二孩政策的影响，预计 2035 年开始高等教育年龄人口规模开始回升，回升时间持续到 2040 年前后，人口规模增长到 11077 万人左右，回升人口规模增量达到 2000 万人左右，增量达到 2035 年高等教育年龄人口规模的 2/9 左右（见图 11 - 2）。

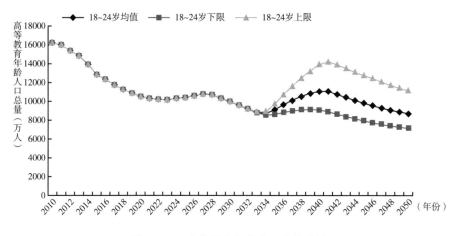

图 11 - 2　高等教育年龄人口总量预测

（二）高等教育年龄人口在校规模预测

由于高等教育年龄人口规模下降，如果年龄别在校率或平均预期受教育年限保持不变，那么，高等教育年龄人口在校规模肯定处于下降趋势。根据过去十多年的总和受教育年限变化趋势，假定 2050 年中国人口平均预期受教育年限均值为 14.5 年，接近美国 2000 年 14.7 年的水平，大概十年提高 0.36 年；上限是 15 年，略高于美国 2000 年的水平，大概十年提高 0.48 年；而下限为 14 年，处于比较缓慢的增长趋势（见图 11 - 3）。由于出生人口的区间估计与受教育水平的叠加效应，上限和下限水平实现的可能性只作为参考，也就是未来的高等教育年龄人口在校规模具有很强的不确定性。

从具体预测结果来看，可以得出以下几个基本判断。

第一，2020 年之前处于下降趋势，2015 ~ 2020 年保持在 3000 万 ~ 4000 万人。

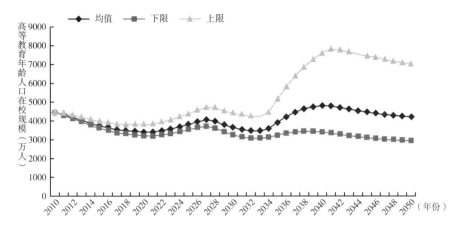

图 11 - 3 高等教育年龄人口在校规模估计

第二，尽管高等教育年龄人口处于下降趋势，但 2050 年之前各年度高等教育年龄人口在校规模低于 3000 万人的可能性不大。

第三，高等教育年龄人口在校规模在 2035 年之前区间估计的置信区间相对较小，2035 年之后不确定性远远大于 2035 年之前。

总之，随着人口结构的转变，即使是全面放开二孩生育政策，对高等教育在校人口规模的影响也是比较有限的。受教育水平的提高幅度大小和生育政策新增人口规模大小的双重转化因素的影响，未来受过初等教育的人口转变为接受高等教育的人口需要很多环节，具有很强不确定性。保守估计，如果保持目前的年龄别受教育水平，高等教育在校人口规模持续提高的可能性很小。因此，教育普及因素将成为决定未来高等教育在校人口规模的关键因素。可以预见，未来 30 年受人口规模因素的影响，以往教育扩张的历史趋势必将终止或逆转，可能面临部分高校招生严重不足和师生比例关系的重大变化。

六 研究结论与讨论

高等教育年龄人口总量和结构变动既关系到教育资源的配置，也关系到劳动力市场的变化，还关系到中国人口受教育水平的全面提高。对高等教育在校人口规模的研究不同于通常的人口预测本身，需要在人口预测的基础上，研究受教育水平和受教育模式。通过对高等教育年龄人口、高等教育年龄在校人口总量及变化趋势的分析，可以得出以下基本结论。

第一，高等教育年龄人口总量进入下降阶段。各年龄队列之间人口规模从差距巨大，向差距显著缩小转变。

第二，受教育水平提高的阶段性变化特征明显。受教育水平的提高由低龄人口的年龄别在校率显著提高逐步转化为义务教育适龄阶段的年龄别在校率的显著提高。能否完成初中教育和升入高中阶段继续接受教育，是目前制约我国平均预期受教育年限继续提高的拐点。

第三，从20岁人口在校率来看，2015年中国20岁人口在校率为45.27%，比2010年的36.08%提高了近10个百分点，但仍低于美国、日本2000年的水平。从总和受教育年限来看，2015年中国人口总和受教育年限为13.52年，比美国2000年的14.72年低1.20年。

第四，预计今后15年内高等教育年龄人口规模将持续稳定下降，人口规模从2015年的12849.16万人下降到2035年的9114.74万人，比2015年减少了3700多万人，下降幅度近1/3。

第五，未来的高等教育年龄人口在校规模具有很强的不确定性。预计2020年之前高等教育年龄人口在校规模处于下降趋势，2015～2020年保持在3000万～4000万人。

本研究采用不同来源的统计数据对中国高等院校在校学生规模和比例进行分析，而来源不同的数据之间存在一些差距。此外，尽管对高等教育年龄人口的受教育模式有了一些研究数据，但还需要不同来源的数据进行对照研究。人口普查或抽样调查毕竟是申报数据，与行政登记数据还是有一些差别的，今后需要对两种来源的数据进行深入的分析；同时需要对年龄别在校率的变化规律以及参数进行更深入的研究和反复的检验。

参考文献

国家统计局编，2007，《中国统计年鉴2006》，中国统计出版社。

国家统计局编，2007，《中国财政年鉴2006》，中国统计出版社。

郭志刚，2017，《中国低生育进程的主要特征——2015年1%人口抽样调查结果的启示》，《中国人口科学》第4期；

教育部财务司、国家统计局社会和科技统计司编，2007，《中国教育经费统计年鉴2006》，中国统计出版社。

李善同、高嘉陵，1999，《微观分析模拟模型及其应用》，机械工业出版社。

马瀛通、王彦祖、杨书章，1986a，《递进人口发展模型的提出与总和递进指标体系的确立》，《人口与经济》第2期。

马瀛通、王彦祖、杨书章，1986b，《递进人口发展模型的提出与总和递进指标体系的确立（续）》，《人口与经济》第3期。

王广州，2007，《深圳市人口和计划生育指标体系构建及应用研究》，2007年提交深圳人口计生局。

王广州，2008，《近期内我国劳动力供给形势分析》，《南京人口管理干部学院学报》第2期。

王广州，2012，《"单独"育龄妇女总量、结构及变动趋势研究》，《中国人口科学》第3期。

王广州，2015，《生育政策调整研究中存在的问题与反思》，《中国人口科学》第2期

王广州，2016，《中国失独妇女总量、结构及变动趋势计算机仿真研究》，《人口与经济》第5期。

王广州、张丽萍，2012，《到底能生多少孩子？——中国人的政策生育潜力估计》，《社会学研究》第5期。

杨书章，1994，《学龄儿童失学状况分析》，《人口与计划生育》第5期。

张丽萍、王广州，2015，《育龄人群二孩生育意愿与生育计划》，《人口与经济》第6期。

Siegel, Jacob & David A. Swanson. 2004. *The Methods and Materials of Demography* (*2nd Edittion*). California: Elsevier Academic Press.

后　记

　　不知不觉到了知天命的年纪，从 1987 年进入人口学研究领域已经三十多年，其间经历了中国人口科学研究从起步到繁荣的发展历史。一个热爱人口科学研究的学者，能在这样一个时代发挥一技之长是非常幸运的。

　　作为一个研究人员离不开丰富的基础研究数据。从 1982 年人口普查到 2015 年 1% 人口抽样调查，国家统计局提供部分原始抽样数据，这为人口研究提供了丰富的数据基础。随着中国的现代化进程和信息化社会的构建，人口数据信息日益丰富，遗憾的是近年来人口普查原始样本数据的获得却愈加艰难，但这也促使我在人口间接估计技术方法方面探讨的不断深入。

　　作为一个定量分析为主的研究人员离不开好的研究工具。个人学习和学术研究伴随着计算机技术发展而不断展开，操作系统从 DOS 更新至 Windows，开发工具从 Basic、Foxpro、C、C＋＋，逐渐发展到 Delphi 和 Python。有了功能强大的软件才使人口预测软件编程环境更加灵活、高效，也使软件框架构建和具体技术实现都充满了艰辛和乐趣。

　　作为一个研究人员离不开充分展示研究能力的历史机遇。21 世纪初对人口原始数据的开发利用还很不充分，这对人口科学研究、分析工具提出了需求。中国的生育政策调整、"失独"家庭研究等目标人群测算更具有中国本土特色，是国际人口科学研究前所未有的，需要开发适合的人口分析工具。受国家计生委、国家人口计生委和国家卫计委的委托，完成了计划生育家庭奖励扶助制度、独生子女死亡伤残特别扶助制度以及生育政策调整目标人群测算等项目，这些研究既是对人口预测技术的应用和拓展，也实现了人口预测软件的丰富和完善。实践证明，这些测算为国家相关政策调整提供了比较科学和符合实际的结果，经历了独生子女家庭和生育政策调整研究的各个阶段，没有误导重大决策，作为研究者，能尽绵薄之力，心中甚慰。

从事人口分析技术研究离不开扎实的人口学研究基础。近年来人口分析技术在间接估计、人口大数据分析和微观仿真研究等领域的发展一日千里，对研究人员的要求也是时不我待。虽深耕于人口分析技术领域，随着年龄的增长，愈发希望能有更多的年轻人在这一领域有所贡献。本书作为人口学研究的基础知识和基本训练素材，希望能为他们研究能力的提高助一臂之力，也希望厚积而薄发。由于能力有限，错误或疏漏在所难免，也请多多谅解。

从事深入的研究离不开师友的帮助。人口预测和人口预测软件的雏形是我的博士论文《中国人口与市场信息系统研究》，感谢我的博士生导师北京大学光华管理学院涂平教授对我研究的所有帮助和指导。北京大学社会学系的郭志刚教授，中国人口与发展研究中心的马瀛通研究员、杨书章研究员都在人口分析技术方面有深厚的造诣，与他们的每次讨论都让我受益匪浅；每每想起，感激之情犹在。

总之，一直以从事科学研究为自己的旨趣，这样的个人追求也被我用来要求家人，以不断学习新的知识来提升自己而感到幸福。多年来，全家人一起学习、一起读书，共同成长。在这样一个书香相伴的家庭中，生活很简单，夫妻相濡以沫，同甘共苦，女儿自强自立，生活美满！感谢妻子和女儿默默地全力支持！感谢妻子张丽萍在本书写作过程中的资料整理并提出许多宝贵意见以及在我松懈时的督促，感谢在这样一个和谐美满的家庭氛围中，我能完成一个研究人员在学术上的追求和努力，并有更多的研究成果回馈社会。

王广州

2018 年 3 月 30 日于北京

图书在版编目（CIP）数据

人口预测方法与应用 / 王广州著. －－北京：社会
科学文献出版社，2018.10
ISBN 978 - 7 - 5201 - 3593 - 1

Ⅰ.①人…　Ⅱ.①王…　Ⅲ.①人口预测 – 研究 – 中国
Ⅳ.①C924.23

中国版本图书馆 CIP 数据核字（2018）第 227453 号

人口预测方法与应用

著　　者 / 王广州

出 版 人 / 谢寿光
项目统筹 / 邓泳红　郑庆寰
责任编辑 / 郑庆寰　柯　宓

出　　版 / 社会科学文献出版社·皮书出版分社（010）59367127
　　　　　　地址：北京市北三环中路甲 29 号院华龙大厦　邮编：100029
　　　　　　网址：www.ssap.com.cn
发　　行 / 市场营销中心（010）59367081　59367083
印　　装 / 三河市尚艺印装有限公司

规　　格 / 开　本：787mm × 1092mm　1/16
　　　　　　印　张：25　字　数：384 千字
版　　次 / 2018 年 10 月第 1 版　2018 年 10 月第 1 次印刷
书　　号 / ISBN 978 - 7 - 5201 - 3593 - 1
定　　价 / 89.00 元